Uwe Rozanski

COBOL – Altsysteme warten und erweitern

Das umfassende Praxis-Handbuch

mitp

Bibliografische Information der Deutschen Nationalbibliothek
Die Deutsche Nationalbibliothek verzeichnet diese Publikation in der Deutschen Nationalbibliografie; detaillierte bibliografische Daten sind im Internet über http://dnb.d-nb.de abrufbar.

Bei der Herstellung des Werkes haben wir uns zukunftsbewusst für umweltverträgliche und wiederverwertbare Materialien entschieden.
Der Inhalt ist auf elementar chlorfreiem Papier gedruckt.

ISBN 978-3-7475-0646-2
1. Auflage 2023

www.mitp.de
E-Mail: mitp-verlag@sigloch.de
Telefon: +49 7953 / 7189 - 079
Telefax: +49 7953 / 7189 - 082

Lektorat: Janina Bahlmann
Sprachkorrektorat: Petra Heubach-Erdmann
Covergestaltung: Christian Kalkert
Bildnachweis: © conorcrowe / stock.adobe.com
Satz: III-satz, Kiel, www.drei-satz.de
Druck: Plump Druck & Medien GmbH, Rheinbreitbach

COBOL – Altsysteme warten und erweitern

Inhaltsverzeichnis

Einleitung

Die Programmiersprache COBOL gibt es seit etwa 1960 und COBOL steht ausgeschrieben für *Common Business Oriented Language*, also für eine Programmiersprache zur Lösung von kaufmännischen Problemen.

Aufgrund des Alters und der Zielrichtung dieser Sprache ist es nicht verwunderlich, dass es sehr viele Implementierungen auf den unterschiedlichsten Plattformen gibt und diese bis heute noch in Funktion sind.

Auch wenn es heutzutage keine großen Neuentwicklungen mehr geben dürfte, die in COBOL stattfinden, spielt die Wartung der immer noch produktiv laufenden Systeme eine wichtige Rolle. Allerdings gibt es immer weniger geschultes oder gar erfahrenes Personal, das diese Wartung übernehmen könnte. Moderne, oft objektorientierte Programmiersprachen stehen heute im Fokus von Aus- und Weiterbildung und nicht so eine prozedurale Sprache wie COBOL.

Dieses Buch bemüht sich, alle Aspekte von COBOL so zu erklären, dass sie jeder versteht, der zwar programmieren kann, aber noch nicht mit COBOL gearbeitet hat. Die einzelnen Kapitel sind thematisch geordnet. Das erleichtert den Einstieg in diese Programmiersprache, aber vor allem auch die zielgerichtete Suche nach einem Thema, das Sie gerade benötigen.

COBOL ist eine sehr geschwätzige Programmiersprache, meint, der Quellcode ist oft recht umfangreich, dafür aber auch leicht zu lesen. Was in modernen Sprachen oft mit einem Methodenaufruf oder der Verwendung einer Funktion erledigt ist, wird in COBOL durch spezifische Befehle programmiert, die oft über mehrere Zeilen gehen. Programme mit 10.000 Zeilen und mehr sind keine Seltenheit und in COBOL durchaus üblich.

In der Praxis werden Sie aber selten reine COBOL Programme finden, also solche, die komplett mit dem Befehlsumfang dieser Sprache auskommen. Oft sind es Programme, die Datenbanken bearbeiten müssen und für diesen Zweck gibt es keine COBOL-Befehle. Neben relationalen Datenbanken gibt es auch hierarchische Datenbanksysteme wie IMS, die vor allem in älteren Implementierungen vorkommen können. Dem Thema COBOL und Datenbanken ist daher ein eigenes Kapitel gewidmet.

Auch auf Host-Systemen hat man schon sehr frühzeitig begonnen, Anwendungen zu entwickeln, mit denen Benutzer interagieren können, sogenannte *Onlineanwendungen* mit textbasierten Terminals. CICS spielt hier eine wichtige Rolle, vor allem, weil es auch für die Steuerung von Industriemaschinen verwendet wurde. Will man ein solches Programm warten, muss man verstehen, wie es tickt. Auf die Besonderheiten der CICS-Programmierung unter COBOL geht daher ebenfalls ein eigenes Kapitel ein.

Die klare Zielrichtung dieses Buches ist, es erfahrenen Programmierern zu ermöglichen, auch ältere COBOL-Programme zu pflegen und zu erweitern, auch wenn sie mit Datenbank- oder Onlinesystemen arbeiten.

Was Sie in diesem Buch erwartet

Das vorliegende Buch behandelt alle COBOL-Definitionen und -Befehle, ohne sich auf einen bestimmten Dialekt oder einen spezifischen Hersteller zu beschränken.

Wer eine bestehende COBOL-Anwendung warten muss, hat es mit einem bestimmten COBOL-Compiler und Dialekt zu tun. Es kann nicht garantiert werden, dass der gesamte Umfang dieses Dialekts hier beschrieben ist, oder umgekehrt, dass alles, was hier erklärt wird, auch mit dem verwendeten Dialekt funktioniert. Sie werden aber mit Sicherheit genügend Informationen vorfinden, um die täglichen Herausforderungen zu bewältigen und die vorgefundenen Anweisungen verstehen zu können.

Absichtlich nicht behandelt werden in diesem Buch die objektorientierten Erweiterungen von COBOL. Tatsächlich ist es möglich, vollwertige, objektorientierte Programme in COBOL zu schreiben, inklusive eigener Klassendefinitionen mit Methoden und Attributen. Eigene COBOL-Klassen von bestehenden Klassen abzuleiten und Methoden zu überladen, ist vollständig implementiert. Hier alle Möglichkeiten aufzuzeigen, ist ein eigenes Buch wert und würde an dieser Stelle den Umfang sprengen.

Die objektorientierte Spracherweiterung kam zu spät. Zu dieser Zeit hatten ganz andere Programmiersprachen wie C++ oder Java bereits so viele Anhänger, dass sich kaum jemand für OO-COBOL interessiert hat. Ziel dieses Buches ist es, erfahrene Entwickler in die Lage zu versetzen, bestehende COBOL-Programme zu pflegen und diese dürften kaum objektorientiert sein. Viel wahrscheinlicher ist es, dass es sich um CICS-Programme und/oder um Anwendungen handelt, die mit Datenbanken arbeiten. Daher wurden die bereits erwähnten Kapitel in das Buch mit aufgenommen.

DOWNLOADS zum Buch

Unter `https://mitp.code-load.de` finden Sie zwei umfangreiche Bonuskapitel zu den Themen »Instristic-Funktionen« sowie »Konkurrierende Dateizugriffe« zum kostenlosen Download.

Nutzen Sie folgenden Code, um den Download freizuschalten:

`42ea53388f`

Kapitel 1

Was unterscheidet COBOL von modernen, objektorientierten Sprachen?

1.1 Die Geschichte von COBOL

An dieser Stelle soll nicht bis ins kleinste Detail beschrieben werden, an welchem Tag welches Feature in die Programmiersprache COBOL aufgenommen wurde, vielmehr soll ein grober Überblick über die Entstehung dieser Sprache und die verschiedenen Standards gegeben werden. In Tabelle 1.1 findet sich eine chronologische, wenn auch oberflächliche Aufstellung der Entstehungsgeschichte.

Jahr	Entwicklungsschritt
1960	Unter dem Namen COBOL-60 wurde eine erste Version von COBOL von einem Gremium mit den Namen CODASYL verabschiedet. Dieses Gremium bestand aus Vertretern von Regierung, Militär und Privatwirtschaft der USA und hat es sich zur Aufgabe gemacht, eine gemeinsame Programmiersprache zu entwickeln, die auf unterschiedlichen Computersystemen lauffähig sein sollte.
1961	Die Programmiersprache wurde komplett überarbeitet und war nicht abwärtskompatibel. Aus dieser Erfahrung heraus hat man festgelegt, künftig dafür zu sorgen, dass ältere Programme mit neuen Compiler-Versionen noch übersetzt werden können. In diesem Jahr wurden der COBOL-SORT und REPORT WRITER aufgenommen. Es handelt sich dabei um Module, um Dateien zu sortieren und Auswertungen zu erstellen.
1965	Definition von Tabellen und die Möglichkeit, Dateien zu bearbeiten, haben den Sprachumfang erweitert.
1968	In diesem Jahr wurde der ANSI-Standard X3.23-1968 für COBOL verabschiedet und seither ständig weiterentwickelt.
1974	Einzug der strukturierten Programmierung bestehend aus internen Unterprogrammen
1985	Unter der Bezeichnung COBOL-85 wurden beispielsweise die Begrenzer `END-IF` und `END-PERFORM` eingeführt. Auch die internen Funktionen wurden zu dieser Zeit definiert.
2002	Die Verarbeitung von Unicode und die objektorientierte Programmierung wurden aufgenommen.

Tabelle 1.1: Grobe Entstehungsgeschichte

Wichtig zu wissen ist, dass es sich bei COBOL um eine standardisierte Programmiersprache handelt und es unterschiedliche Hersteller von Compilern gibt, die natürlich auch immer eigene Erweiterungen eingebracht haben.

Interessant ist auch, dass es zuletzt eine standardisierte, objektorientierte Version von COBOL gegeben hat, die aber kaum zum Einsatz kam.

1.2 Fest definierter Sprachumfang

Moderne, objektorientierte Programmiersprachen kennen oft nur sehr wenige Befehle wie `if`, `while`, `for` usw. Ihre ganz große Stärke liegt darin, dass sie über mächtige Klassenbibliotheken mit einer Unzahl an Methoden verfügen, die durch eigene Entwicklungen permanent erweitert werden. Jedes noch so komplizierte Problem kann durch teilweise simple Methodenaufrufe gelöst werden.

Klassisches COBOL kennt solche Bibliotheken nicht. Hier werden alle Anforderungen durch fest vorgegebene Befehle gelöst. Will man beispielsweise in einer Zeichenkette den Buchstaben Ä durch AE ersetzen, geht das in Java recht einfach, wie in Listing 1.1 zu sehen.

```
String zeichenkette = "ÄÖÜ";
String neu = zeichenkette.replace("Ä", "AE");
```

Listing 1.1: Ersetzen von Zeichen in Java

Um dieselbe Aufgabe in COBOL zu lösen, ist weit mehr Text erforderlich, wie in Listing 1.2 abgedruckt. Da sich in diesem Beispiel der Ausgangstext in seiner Länge maximal verdoppeln kann, muss das bei der Definition des neuen Feldes berücksichtigt werden. Ein Java-Entwickler macht sich darüber eher wenig Gedanken. In COBOL haben alle Datenfelder eine feste Länge. Die Angabe `PIC X(3)` bestimmt, dass das Datenfeld drei alphanumerische Zeichen beinhalten kann.

```
WORKING-STORAGE SECTION.
01  ZEICHENKETTE           PIC X(3) VALUE "ÄÖÜ".
01  NEU                    PIC X(6) VALUE SPACE.
01  NEU-TABELLE REDEFINES NEU.
    05  NEU-ELEMENT        PIC X OCCURS 6.
01  I                      PIC 9.
01  K                      PIC 9.
PROCEDURE DIVISION.
    MOVE 1 TO K.
    MOVE SPACE TO NEU.
    PERFORM VARYING I FROM 1 BY 1 UNTIL I > 3
        IF ZEICHENKETTE(I:1) = "Ä"
            MOVE "A" TO NEU-ELEMENT(K)
            ADD 1 TO K
```

```
            MOVE "E" TO NEU-ELEMENT(K)
            ADD 1 TO K
        ELSE
            MOVE ZEICHENKETTE(I:1) TO NEU-ELEMENT(K)
            ADD 1 TO K
        END-IF
    END-PERFORM.
```

Listing 1.2: Ersetzen von Zeichen in COBOL

Das Problem bei dem hier gezeigten Beispiel ist, dass aus einem Zeichen zwei Zeichen werden können und sich die restlichen Zeichen daran anschließen müssen. Ist dagegen gefordert, aus jedem Ä ein einfaches A zu machen, lässt sich die Aufgabe auch in COBOL viel kürzer lösen (siehe Listing 1.3).

```
WORKING-STORAGE SECTION.
01  ZEICHENKETTE             PIC X(3) VALUE "ÄÖÜ".
01  NEU                      PIC X(3) VALUE SPACE.
PROCEDURE DIVISION.
    MOVE ZEICHENKETTE TO NEU.
    INSPECT NEU REPLACING ALL "Ä" BY "A".
```

Listing 1.3: Ersetzen einzelner Zeichen in COBOL

Für die unterschiedlichen Aufgaben stehen in COBOL verschiedene Befehle zur Verfügung. Diese muss man geschickt kombinieren, um das gewünschte Ziel zu erreichen.

1.3 Prozedurale Programmierung

COBOL ist eine prozedurale Programmiersprache, was meint, dass man alle Anweisungen in einer einzigen Prozedur hintereinander schreibt und diese linear abgearbeitet werden.

In einer funktionsorientierten Programmiersprache wie beispielsweise C schreibt man eine Reihe von Funktionen und kombiniert diese geschickt. In objektorientierten Sprachen programmiert man dagegen Klassen, die mithilfe von Methoden die Attribute der Klasseninstanzen manipulieren.

In COBOL definiert man seine Daten in der `DATA DIVISION` und dort meist in der `WORKING-STORAGE SECTION`. Alle Datenfelder stehen allen Anweisungen innerhalb der Prozedur zur Verfügung, die in der `PROCEDURE DIVISION` programmiert werden. Es gibt keine Kapselung der Datenfelder wie beispielsweise die innerhalb einer Funktion oder wie die Attribute einer Instanz. Es ist auch nicht möglich, lokale Variablen innerhalb einer Schleife zu programmieren, deren Sichtbarkeit dann auf die Anweisungen innerhalb dieser Schleife begrenzt wäre.

In COBOL können externe Unterprogramme geschrieben werden, um die Komplexität einer Aufgabe in mehrere kleinere Programme aufzuteilen und um die Wiederverwendbarkeit von Logik zu ermöglichen. Typische COBOL-Programme sind aber dennoch meist mehrere Tausend Zeilen lang und bestehen nicht aus einer Unzahl an Unterprogrammaufrufen.

Die Möglichkeiten, heute in COBOL ebenfalls objektorientiert zu programmieren oder eigene Funktionen zu implementieren, findet man so gut wie gar nicht.

1.4 Linearer Programmablauf

Alle Anweisungen eines COBOL-Programms stehen in der `PROCEDURE DIVISION`. Das Programm beginnt mit der ersten dort stehenden Anweisung, die eine nach der anderen abgearbeitet werden.

Dieser lineare Programmablauf wird nur durch Befehle wie `GO TO` oder `PERFORM` unterbrochen. Während man mit `GO TO` schlicht zu einer anderen Stelle innerhalb der Prozedur springt, um von dort an wieder linear weiterzulaufen, ruft man mit `PERFORM` ein internes Unterprogramm auf, an dessen Ende man wieder an die rufende Stelle zurückspringt und es dann mit der Anweisung weitergeht, die auf die `PERFORM`-Anweisung folgt. In den Genen der Programmiersprache COBOL findet man eine solche Aufteilung in interne Unterprogramme jedoch nicht. Wenn sich der Programmierer nicht um den ordentlichen Ablauf innerhalb seines Programms kümmert, passieren durchaus überraschende Dinge.

Um interne Unterprogramme zu programmieren, benötigt man Sprungmarken, bei denen es sich um Sections oder Paragraphen handeln kann. Die Details werden in späteren Kapiteln erklärt. In Listing 1.4 ist ein COBOL-Programm zu sehen, das über drei interne Unterprogramme verfügt, die mithilfe der Anweisung `PERFORM` auch aufgerufen werden.

```
WORKING-STORAGE SECTION.
01  FELD                  PIC 99.
PROCEDURE DIVISION.
STEUER SECTION.
    MOVE 0 TO FELD.
    PERFORM UPRO-01.
    PERFORM UPRO-02.
UPRO-01 SECTION.
    ADD 1 TO FELD.
UPRO-02 SECTION.
    ADD 2 TO FELD.
ENDE SECTION.
    DISPLAY FELD.
```

Listing 1.4: COBOL-Programm mit internen Unterprogrammen

Was passiert in Listing 1.4 genau? Das Programm beginnt mit der Anweisung MOVE 0 TO FELD, was dieses mit 0 initialisiert. Danach wird das interne Unterprogramm UPRO-01 aufgerufen. Da es sich hier um eine SECTION handelt, endet das interne Unterprogramm mit dem Beginn der nächsten SECTION. Durch den Aufruf PERFORM UPRO-01 wird also lediglich die Anweisung ADD 1 TO FELD ausgeführt, Der Inhalt der Variablen FELD ist jetzt 1. Die Steuerung geht an die nächste Anweisung nach dem PERFORM zurück. Dort steht PERFORM UPRO-02. Einzige Anweisung dieses internen Unterprogramms ist ADD 2 TO FELD. Diese wird ausgeführt und in der Variablen FELD steht jetzt der Wert 3. Die Steuerung geht wieder an die nächste Anweisung nach dem PERFORM zurück und die nächste Anweisung ist tatsächlich ADD 1 TO FELD. Diese wird ausgeführt und in FELD steht jetzt 4. Jetzt kommt auch noch ADD 2 TO FELD dran, womit wir schon bei dem Wert 6 sind. Am Ende wird dann noch DISPLAY FELD ausgeführt, was den Wert 6 auf dem Bildschirm ausgibt oder in die Standardausgabe schreibt. Danach folgt nichts mehr und die Steuerung geht an das Betriebssystem zurück.

Das meint COBOL mit einem linearen Programmablauf.

Um die erneuten Additionen, also den erneuten linearen Ablauf der internen Unterprogramme, zu verhindern, müsste nach dem zweiten PERFORM entweder ein GO TO ENDE stehen oder ein PERFORM ENDE, gefolgt von der Anweisung STOP RUN, die das Programm jetzt beendet und die Steuerung an das Betriebssystem zurückgibt.

1.5 Datenfelder mit fester Länge

Alle Datenfelder, mit denen man in einem COBOL-Programm arbeiten will, müssen in der DATA DIVISION definiert werden. Je nach Verwendung findet man diese Felder dort zum Beispiel in der FILE SECTION oder der WORKING-STORAGE SECTION.

Für alle Datenfelder gilt, dass ihr Datentyp und ihre Länge in Byte fest definiert sind. Datenfelder mit variabler Länge, die sich erst zur Laufzeit ergibt, gibt es in COBOL nicht.

Manchmal spricht man in COBOL von einem Feld oder einer Tabelle mit variabler Länge, meint damit aber nicht dasselbe wie ein Entwickler in einer objektorientierten Sprache. Will man beispielsweise in COBOL mit einem Datenbankfeld arbeiten, das vom Typ VARCHAR ist, muss man Folgendes definieren:

```
01 FELDNAME.
   05 FELDLAENGE           PIC S9(4) COMP.
   05 FELDINHALT           PIC X(200).
```

Zu dem eigentlichen Datenfeld gehört zunächst ein Längenfeld, gefolgt von einem weiteren Feld für den Feldinhalt. Dieses ist aber in dem Beispiel immer 200 Byte lang, egal, welcher Wert in FELDLAENGE steht. Der COBOL-Programmierer muss vielmehr selbst darauf achten, dass er maximal so viele Bytes verarbeitet, wie das Längenfeld angibt.

Nicht selten füllt er FELDINHALT vor einem Zugriff mit lauter Leerzeichen, um so die Werte aus einem vorangegangenen Zugriff zu überschreiben.

Auch eine Tabelle mit einer variablen Anzahl an Elementen lässt sich in COBOL zwar definieren, dennoch belegt eine solche Tabelle im Hauptspeicher immer den maximal benötigten Platz.

```
01  ANZAHL              PIC 99.
01  TABELLE.
    05  ELEMENT         OCCURS 1 TO 20 DEPENDING ON ANZAHL.
        10  DATENFELD   PIC X(20).
```

Listing 1.5: Tabelle mit variabler Elementanzahl

In Listing 1.5 ist eine solche Tabelle definiert. Sie soll mindestens ein, maximal zwanzig Elemente besitzen, je nachdem, was zur Laufzeit in dem Feld ANZAHL steht. Und tatsächlich kommt es zu einem schweren Fehler, wenn das Programm auf ein ungültiges Element zugreift. Im Hauptspeicher befinden sich aber immer 20 Elemente, die jeweils 20 Byte lang sind.

Dieser Umstand muss bei dem Design einer COBOL-Anwendung bedacht werden, auch wenn heute der zur Verfügung stehende Hauptspeicher viel größer ist als früher.

Es gibt aber nicht nur das Problem, dass die Datenfelder in Summe zu groß sein könnten, manchmal sind sie schlicht auch zu klein. Will man beispielsweise eine XML-Datei lesen, weiß man gar nicht, wie groß die einzelnen Felder für die Aufnahme der Daten definiert werden müssen. Moderne COBOL-Compiler bieten tatsächlich die Möglichkeit, solche Dateien zu lesen, über entsprechende Statusfelder bekommt man dabei die Information, ob es dabei dazu gekommen ist, dass Feldinhalte abgeschnitten werden mussten.

1.6 Module statt Instanzen

Eine komplexe Anwendung besteht aus einer Menge einzelner COBOL-Programme, die sich untereinander aufrufen können. Typischerweise sind sie oft mehrere Hundert oder gar Tausende Zeilen lang. Das hängt einerseits damit zusammen, dass die Programmiersprache COBOL sehr geschwätzig ist, man also viel Quellcode für relativ wenig Funktion schreiben muss, andererseits gibt es aber auch keine wirkliche Motivation, stark zu modularisieren.

Ein COBOL-Programm erledigt typischerweise eine Aufgabe, und diese komplett. Dabei greift es gleichzeitig auf alle Datenfelder zu, die es dafür benötigt.

Objektorientierte Sprachen kapseln zusammengehörige Daten in Klassen in Form von Attributen. Diese Klassen bieten eine Reihe von Methoden, um ihre Attribute zu manipulieren. Benötigt man zur Laufzeit mehrere Daten desselben Typs, erzeugt man die passende Anzahl von Instanzen dieser Klassen.

Eine komplexe objektorientierte Anwendung besteht daher aus einer umfangreichen Menge von Klassen, die sich gegenseitig benutzen und ihre Daten vor anderen schützen.

Benötigt man in COBOL mehrere Daten desselben Typs, definiert man sich eine Tabelle, die groß genug ist. Die eigenen Daten werden an externe Unterprogramme übergeben, die diese manipulieren können. Von einer Kapselung der Daten kann hier nicht die Rede sein.

Um ein COBOL-Programm zu verstehen und um es ändern zu können, muss man seinen Blickwinkel ändern. In COBOL stehen nicht die Daten im Vordergrund, sondern die Befehle der programmierten Prozedur. Ein COBOL-Programmierer fragt sich, welche Daten er in Gänze zur Bewältigung seiner Aufgabe benötigt, und definiert diese dann komplett in seiner `DATA DIVISION`. Er wird nur dann ein externes Unterprogramm aufrufen, wenn er die dort programmierte Prozedur auch in anderen COBOL-Programmen verwenden will. Für das eigene Programm ist das externe lediglich eine Art verlängerte Werkbank.

Um zu verstehen, was das bedeutet, stellen Sie sich ein Hauptprogramm vor, das in Folge seiner Verarbeitung dasselbe externe Unterprogramm zweimal aufruft. Beim ersten Aufruf befindet es sich noch in seinem initialen Zustand. Die Datenfelder sind leer oder mit Initialwerten gefüllt. Beim zweiten Aufruf stehen in den Feldern jedoch noch genau die Werte, die die Felder am Ende des ersten Aufrufs hatten, außer man gibt das externe Modul nach dem Aufruf explizit wieder frei. Über die `LINKAGE SECTION` teilen sich beide Module einen Teil der Daten, die sie beide manipulieren können. Es gibt auch keine Instanzen von externen Unterprogrammen.

Kapitel 2

Programmstruktur und grundlegende Sprachelemente

Die meisten Programmiersprachen erlauben die Definition von Variablen, Konstanten und Dateien, aber auch die Codierung von ausführbaren Anweisungen an beliebigen Stellen im Quellprogramm. In COBOL sieht es dagegen anders aus. In diesem Kapitel werden die Struktur und die Elemente eines COBOL-Programms beschrieben, sodass Sie sich in einem bestehenden COBOL-Programm leichter zurechtfinden.

2.1 COBOL-Programmstruktur

In der Programmiersprache COBOL hat man für Übersicht im Quellprogramm gesorgt, indem man das Quellprogramm in vier Programmteile, `DIVISION`s genannt, untergliedert hat. Jedem Programmteil wurde ein fester Name als Überschrift und ein Verwendungszweck gegeben:

```
IDENTIFICATION DIVISION.
ENVIRONMENT DIVISION.
DATA DIVISION.
PROCEDURE DIVISION.
```

Listing 2.1: Die vier Teile eines COBOL-Programms

Diese `DIVISION`s müssen in der hier angegebenen Reihenfolge im Programm erscheinen. Manche sind optional und können weggelassen werden.

`DIVISION`s unterteilen sich weiter in `SECTION`s, deren Namen durch die COBOL-Syntax vorgegeben sind, außer in der `PROCEDURE DIVISION`.

`SECTION`s (auch Kapitel genannt) können sich weiter in Paragraphen unterteilen. Auch hier gilt, dass deren Namen vorgeschrieben sind, außer in der `PROCEDURE DIVISION`.

Die eigentlichen COBOL-Definitionen und Anweisungen schreibt man schließlich in Sätzen, wobei diese Bezeichnung wörtlich zu nehmen ist. Sätze enden mit einem Punkt und der spielt in der Syntax von COBOL eine wichtige Rolle. Spätestens in dem Kapitel 9 über Verzweigungen und interne Unterprogramme wird das deutlich.

Sätze bestehen aus Klauseln und Wörtern, die teils durch die Syntax vorgegeben und teils frei durch den Programmierer wählbar sind.

2.1.1 Die Bedeutung der Programmteile (DIVISIONs)

Der Erkennungsteil `IDENTIFICATION DIVISION` enthält eine Reihe von Informationen zur Benennung und Dokumentation des Quellprogramms. Dieser Teil hat wenig Einfluss auf das Programm. Die hier gemachten Angaben werden – für spätere Bezugnahme – *Kommentareintragungen* genannt. Der Maschinenteil `ENVIRONMENT DIVISION` beschreibt die für das Programm notwendige Umgebung. Zusätzlich werden Beziehungen zwischen den logischen Dateien, die im Quellprogramm definiert sind, und den tatsächlichen Ein/Ausgabeeinheiten, auf denen sich diese Dateien befinden, hergestellt. Die an dieser Stelle gemachten Angaben werden *Klauseln* genannt.

Der Datenteil `DATA DIVISION` dient dazu, die Daten zu beschreiben, die im Programm verarbeitet werden sollen. Das umfasst Dateisatzbeschreibungen, Konstanten und Variablen. Diese Angaben werden *Definitionen* und *Klauseln* genannt.

Der Prozedurteil `PROCEDURE DIVISION` enthält eine Reihe von ausführbaren Anweisungen, die zusammen mit den definierten Daten das Objektprogramm bilden. Die in diesem Teil gemachten Angaben werden *Anweisungen* genannt.

2.1.2 Die Hierarchie in einem COBOL-Programm

```
IDENTIFICATION DIVISION
     |--> Paragraphen
            |--> Kommentare

ENVIRONMENT DIVISION
     |--> SECTIONs
            |--> Paragraphen
                   |--> Sätze
                          |--> Klauseln
                                |--> Wörter

DATA DIVISION
     |--> SECTIONs
            |--> Definitionen
                   |--> Sätze
                          |--> Klauseln
                                |--> Wörter

PROCEDURE DIVISION
     |--> SECTIONs
            |--> Paragraphen
                   |--> Sätze
                          |--> Anweisungen
                                |--> Wörter
```

Listing 2.2: COBOL-Hierarchie

Alle Namen der SECTIONs und der Paragraphen in den ersten drei DIVISIONs sind von COBOL fest vorgegeben. In der PROCEDURE DIVISION können Sie beliebige Namen verwenden.

2.1.3 Das COBOL-Programm im Überblick

```
(1)     IDENTIFICATION DIVISION.             Kommentareintragungen ...

(2)     ENVIRONMENT DIVISION.
        CONFIGURATION SECTION.
        SOURCE-COMPUTER.
              Name des Umwandlungssystems
        OBJECT-COMPUTER.
              Name des ausführenden Systems
        SPECIAL-NAMES.
              Speziell vom Programmierer
              festzulegende Namen und Regeln
        REPOSITORY.
              Namen von objektorientierten Klassen,
              Funktionen, Interfaces, die in diesem
              Programm benutzt werden sollen. Diese sind
              nicht Gegenstand dieses Buches
        INPUT-OUTPUT SECTION.
        FILE-CONTROL.
              Klauseln zur Definition von Dateien
        I-O-CONTROL.
              Klauseln zu speziellen Ein/Ausgabetechniken

(3)     DATA DIVISION.
        FILE SECTION.
              Definition von Datensätzen
        WORKING-STORAGE SECTION.
              Definition von Konstanten und Variablen
        LOCAL-STORAGE SECTION.
              Definition von Variablen, die bei jedem
              Programmaufruf dynamisch angelegt werden
        LINKAGE SECTION.
              Felder für den Datenaustausch in einem
              Unterprogramm
        REPORT SECTION.
              Für Definitionen für den REPORT-WRITER
        SCREEN SECTION.
              Definition von Eingabemasken

(4)     PROCEDURE DIVISION.
              Anweisungen für die Verarbeitung
```

Listing 2.3: Aufbau eines COBOL-Programms

Eine detaillierte Beschreibung der einzelnen DIVISIONs und SECTIONs finden Sie in Kapitel 3.

2.2 COBOL-Sprachelemente

Sie haben im vorangehenden Abschnitt gesehen, dass ein COBOL-Programm letztendlich aus Wörtern besteht.

2.2.1 Reservierte Wörter

Unter einem *reservierten Wort* versteht man ein Wort, das für die Darstellung einer Klausel oder einer Anweisung reserviert worden ist. Diese Wörter umfassen:

Schlüsselwörter

Dies sind Wörter, die vorhanden sein müssen, um eine korrekte Anweisung zu programmieren. Es gibt drei Arten von Schlüsselwörtern:

- Verben wie `MOVE`, `PERFORM`, `COMPUTE`
- Notwendige Wörter, die in den Klauseln und Anweisungen vorkommen, z.B. `TO`, `FROM`
- Wörter, die eine besondere funktionelle Bedeutung haben, z.B. `NEGATIVE`, `NUMERIC`

Kontextsensitive Schlüsselwörter

Verschiedene Schlüsselwörter sind nur dann reserviert, wenn sie innerhalb einer Anweisung verwendet werden, für die sie als Schlüsselwort vorgesehen sind. Wird dasselbe Wort in einem anderen Zusammenhang genutzt, wird es als Programmiererwort betrachtet (Programmiererwörter). Beispiele für solche Wörter sind `ARITHMETIC`, `BACKGROUND-COLOR`, `BYTE-LENGTH`.

Wahlwörter

Die Wahlwörter können wahlweise, wo sie erlaubt sind, verwendet werden. Sie haben keinen Einfluss auf die Wirkung einer Klausel oder einer Anweisung und dienen ausschließlich der besseren Lesbarkeit des Programms, z.B. `IS`, `ARE`.

Verknüpfer

Ein Verknüpfer kann sein

- ein *Kennzeichnerbindewort*: `IN`, `OF` verknüpft einen Datennamen oder Paragraphennamen mit seinem Kennzeichner, z.B. `NAME IN KUNDENSATZ`
- oder ein *boolescher Operator*: `AND`, `OR`, `AND NOT`, `OR NOT` wird verwendet zur Herstellung von zusammengesetzten Bedingungen.

2.2.2 Programmiererwörter

Ein Programmiererwort ist ein COBOL-Wort, das vom Programmierer selbst gewählt werden kann. Es wird als symbolische Adresse zur Benennung von Datenbereichen, Dateien oder Programm-Verzweigungszielen verwendet.

Aufbau

1. Ein Wort besteht aus 1 bis 31 Zeichen des folgenden Vorrates: A bis Z, 0 bis 9, – (Bindestrich) und _ (Unterstrich).
2. Ein Wort darf nicht mit einem Bindestrich beginnen oder enden.
3. Es darf kein Leerzeichen enthalten.
4. Alle Programmiererwörter, ausgenommen Segmentnummern, Stufennummern und Paragraphennamen in der `PROCEDURE DIVISION`, müssen eindeutig sein. Paragraphennamen innerhalb einer einzigen `SECTION` dürfen sich nicht wiederholen.

   Es ist zwar möglich, mehrere Variablen mit demselben Namen zu definieren; um sie dann aber auch verwenden zu können, müssen sie sich eindeutig qualifizieren lassen, also zum Beispiel innerhalb verschiedener Datengruppen angelegt worden sein.
5. Alle Programmiererwörter, ausgenommen Paragraphennamen, SECTION-Namen, Stufennummern und Segmentnummern, müssen mindestens ein alphabetisches Zeichen enthalten. Stufennummern dienen der hierarchischen Deklaration von Variablen und Segmentnummern der Segmentierung der `PROCEDURE DIVISION`. Auf Letzteres wird im Rahmen dieses Buches nicht weiter eingegangen.

Beispiele

```
Datennamen   ---->     BETRAG     MWST   KUNDEN-SATZ
Kapitel u. Paragraphennamen ----> VERARBEITUNG LESEN
```

Listing 2.4: Beispiele für Programmiererwörter

2.2.3 Literale

Ein Literal ist eine Konstante, die in der Form einer Zeichenfolge angegeben wird. Diese kann mittels einer `MOVE`-Anweisung übertragen oder für die Vorbesetzung eines Datenfelds mittels der `VALUE`-Klausel verwendet werden.

Nicht numerische Literale

Ein nicht numerisches Literal ist eine Zeichenfolge von 1 bis 160 Zeichen, die in einfachen oder doppelten Anführungszeichen eingeschlossen ist.

Das Literal kann alle Zeichen aus dem aktuellen Zeichenvorrat enthalten. Sollen die Anführungszeichen selbst Bestandteil der Zeichenkette sein, müssen sie verdoppelt werden.

Beispiele

```
"Nachricht ""in Anführungszeichen"""
'16%'
"Umsatzliste"
```

Listing 2.5: Beispiele für nicht numerische Variable

Hexadezimale Literale

Damit Sie jeden Wert aus der aktuellen Codetabelle von 0 bis 255 in einem Literal im Programm verwenden können, bietet COBOL die Möglichkeit, ein hexadezimales Literal von `X"00"` bis `X"FF"` anzugeben. Das Literal wird als nicht numerisches betrachtet und muss für jedes Byte zwei hexadezimale Ziffern beinhalten.

Beispiele

```
X"00000F"           (3 Byte)
X"2020202020"       (5 Byte)
X'313233343536'     (6 Byte)
```

Listing 2.6: Beispiele für hexadezimale Literale

Verketten von nicht numerischen Literalen

Mit dem Ampersandzeichen & lassen sich sowohl nicht numerische als auch hexadezimale Literale in verschiedenen Befehlen verketten.

Beispiele

```
01 EINGABE-NAME   PIC X(40) VALUE "PETER" & " SCHULZ".
```

Auch in der `MOVE`- oder in jeder anderen Anweisung lässt sich die Verkettung anwenden:

```
MOVE "PETER" & " SCHULZ" TO EINGABE-NAME
DISPLAY "PETER" & " SCHULZ" AT 1001
```

Listing 2.7: Beispiele für das Verketten nicht numerischer Literale

Numerische Literale (Festkommazahlen)

Ein numerisches Literal ist eine Folge aus den Zeichen:

1. Ziffern von 0 bis 9
2. Vorzeichen + oder -
3. Dezimalpunkt .

Aufbau

1. Das Literal darf maximal 1 bis 31 Ziffern enthalten.
2. Das Literal darf nur ein Vorzeichen enthalten und muss dann auch mit diesem beginnen. Wird das Vorzeichen weggelassen, wird + angenommen.
3. Das Literal darf nur einen Dezimalpunkt enthalten, der nie als letztes Zeichen angegeben werden darf.
4. Es muss mindestens eine Ziffer verwendet werden.

Beispiele

```
-123.45
+9876
.99
00000
```

Listing 2.8: Beispiele für numerische Literale

Numerische Literale (Fließkommazahlen)

Ein solches Literal besteht aus zwei Festpunktzahlen, die durch den Buchstaben E getrennt sind.

Aufbau

1. Das erste Literal darf maximal 1 bis 31 Ziffern enthalten und kann mit einem Vorzeichen und einem Dezimalpunkt ausgestattet sein.
2. Das zweite Literal ist der Exponent. Es kann vorzeichenbehaftet sein, darf aber maximal drei Ziffern umfassen. Die Angabe eines Dezimalpunkts ist nicht erlaubt.
3. Es muss jeweils mindestens eine Ziffer verwendet werden.

Beispiele

```
-123.45E5
+9876E123
.99E-3
0E0
```

Listing 2.9: Beispiele für Fließkommazahlen

Boolesche Literale

Ein boolesches Literal besteht aus den Zeichen 0 und 1 oder einer hexadezimalen Ziffer 0 bis F und kann eine Gesamtlänge von 160 Zeichen annehmen. Es beginnt mit einem B bzw. BX und ist in einfachen oder doppelten Anführungszeichen eingeschlossen.

Boolesche Literale können zusammen mit den booleschen Operatoren B-XOR, B-AND, B-OR und B-NOT verwendet werden.

Beispiele

```
B"1100"
B'11110000'
BX"8"
```

Listing 2.10: Beispiele für boolesche Literale

Nationale Literale

COBOL kennt neben den alphanumerischen Literalen (USAGE DISPLAY) auch nationale Literale (USAGE NATIONAL). Letztere kennzeichnen sich besonders dadurch, dass sie für die interne Darstellung jedes Zeichens mehr Speicherplatz benötigen als alphanumerische Zeichen. Bei Verwendung von UTF-16 ist jedes Zeichen zwei Byte groß.

Nationale Literale lassen sich auch in hexadezimaler Form darstellen.

Beispiele

```
N"Text mit nationalem Zeichensatz"
N'123'
NX"02A102A2"
```

Listing 2.11: Beispiele für nationale Literale

2.2.4 Figurative Konstanten

Eine figurative Konstante ist ein COBOL-Wort, für das vom Compiler ein bestimmter Wert erzeugt wird.

ZERO bzw. ZEROS bzw. ZEROES

Der Inhalt des Datenfelds, das diese figurative Konstante enthält, hängt von seinem Attribut ab.

Beispiel

Feldbeschreibung	Binär	entpackt	Gepackt
Inhalt (hex)	"000000"	"303030"	"00000F"

SPACE bzw. SPACES

Eine oder mehrere Wiederholungen des Zeichens »Leerzeichen«.

Beispiel

Löschen des Bereichs KUNDEN-SATZ:

```
MOVE SPACE TO KUNDEN-SATZ
```

Inhalt des Bereichs in hexadezimaler Schreibweise (lauter Leerzeichen):

```
X"20202020202020202020202020202020"
```

Die MOVE-Anweisung überträgt Daten zu einem Feld und wird im 6 detailliert ausgeführt.

HIGH-VALUE bzw. HIGH-VALUES

Damit ist das Zeichen mit der höchsten Ordnungsnummer im aktuell verwendeten Zeichensatz gemeint. Im ASCII-Zeichensatz entspricht das X"FF".

Beispiel

```
MOVE HIGH-VALUE TO KENNZEICHEN
```

Inhalt des Datenfelds:

```
X"FFFFFF"
```

LOW-VALUE bzw. LOW-VALUES

Eine oder mehrere Wiederholungen des Zeichens X"00". Damit ist das Zeichen mit der niedrigsten Ordnungsnummer im aktuell verwendeten Zeichensatz gemeint.

Beispiel

```
MOVE LOW-VALUE TO KENNZEICHEN.
```

Inhalt des Datenfelds:

```
X"000000"
```

QUOTE bzw. QUOTES

Eine oder mehrere Wiederholungen des Zeichens »Anführungszeichen«.

Beispiel

```
MOVE QUOTE TO DATENFELD
```

ALL Literal

Die figurative Konstante ALL Literal wurde für den Programmierer freigelassen. Er kann damit bestimmen, welches Zeichen hier eingesetzt werden soll.

Beispiel 1

Aufbauen einer Linie

```
MOVE ALL "-" TO LINIE
```

Inhalt des Datenfelds:

```
"-------------------------"
```

Beispiel 2

Aufbauen einer Tabulatorzelle

```
MOVE ALL "I----" TO TABZEILE
```

Inhalt des Datenfelds:

```
"I----I----I----I----I----I"
```

Sie können anhand dieses Beispiels sehen, dass dies so lange wiederholt wird, bis die Feldlänge nicht mehr ausreicht.

2.2.5 Trennsymbole

Interpunktion

Leerzeichen

Das Leerzeichen muss immer nach jedem COBOL-Element angegeben werden. Wo ein Leerzeichen vorhanden ist, können auch mehrere angegeben werden.

Beispiel

```
COMPUTE SUMME = ZAHL1 + ZAHL2
```

Komma und Semikolon

Diese Zeichen haben keine Bedeutung für die Interpretation des Quellprogramms. Sie verbessern lediglich die Lesbarkeit der Klauseln und Anweisungen.

Beispiel

```
ADD 1 TO ZAHL1, ZAHL2, ZAHL3.
01 STEUER PIC S9(0); COMP;    VALUE ZERO.
```

Listing 2.12: Interpunktionsbeispiel

Punkt

Der Punkt stellt das Endkriterium einer Aussage dar, z.B. das Ende

- einer Teil- oder Kapitelüberschrift
- einer Dateibeschreibung
- einer Feldbeschreibung
- einer Anweisung

Beispiel

```
WORKING-STORAGE SECTION.
01 SCHALTER      PIC 9 VALUE ZERO.

PROCEDURE DIVISION.
VERARBEITUNG SECTION.
    IF SCHALTER = 1
        DISPLAY "ENDE"
        STOP RUN.
```

Listing 2.13: Korrekte Verwendung des COBOL-Punkts

Insbesondere zeigt sich die Bedeutung des Punkts in der Beendigung von bedingten Anweisungen, wie in Listing 2.14.

```
    IF ZZ = 50
        MOVE ZERO TO ZZ
        ADD 1 TO SZ
        WRITE A-SATZ AFTER PAGE.

    WRITE A-SATZ FROM POSTENZEILE
```

Listing 2.14: Fehlerhafte Verwendung des COBOL-Punkts

Der Punkt beendet in diesem Beispiel die IF-Anweisung; eine nachfolgende Anweisung wird in jedem Fall ausgeführt.

Anweisungsbegrenzer

In ANSI85 wurden einige Anweisungen um einen Anweisungsbegrenzer erweitert. Dieser Begrenzer hat die Aufgabe, eine Anweisung zu beenden und syntaxmäßig von der nachfolgenden Anweisung zu trennen. Der Begrenzer ersetzt damit die Funktion des Punkts, wie in Listing 2.15.

```
    IF ZZ = 50
        MOVE ZERO TO ZZ
        ADD 1 TO SZ
        WRITE A-SATZ AFTER PAGE
```

```
    END-IF
    WRITE A-SATZ FROM POSTENZEILE
```

Listing 2.15: Verwendung von Anweisungsbegrenzern

Ohne Anweisungsbegrenzer war es oft problematisch, ein nicht so sauber geschriebenes COBOL-Programm richtig zu lesen. Wenn der Entwickler nicht auf korrekte Einrückungen in seinem Quellcode geachtet hat, konnte ein COBOL-Punkt schnell mal überlesen werden.

```
    IF ZZ = 50
        MOVE ZERO TO ZZ
        ADD 1 TO SZ.
        WRITE A-SATZ AFTER PAGE.    *> ACHTUNG !!
    WRITE A-SATZ FROM POSTENZEILE.
```

Listing 2.16: Gefährliche Verwendung des COBOL-Punkts

Verwendet man für jede entsprechende Anweisung ihren Anweisungsbegrenzer, wird man vom Compiler auf fehlerhaft eingesetzte COBOL-Punkte aufmerksam gemacht. Beispiel: Am Ende eines Befehls einer `IF`-Anweisung wird versehentlich ein Punkt gesetzt. Außerdem wird das `IF` durch ein `END-IF` beendet. Der COBOL-Compiler wird nun dieses `END-IF` als fehlerhaft markieren, weil das `IF` ja bereits durch den Punkt beendet wurde.

Wird also ein Anweisungsbegrenzer als fehlerhaft betrachtet, muss man den darüber liegenden Block auf versehentlich gesetzte COBOL-Punkte oder natürlich auch auf fehlerhaft benutzte Anweisungsbegrenzer hin untersuchen.

```
    IF ZZ = 50
        MOVE ZERO TO ZZ
        ADD 1 TO SZ.
        WRITE A-SATZ AFTER PAGE
    END-IF.                          *> Syntaxfehler !!
    WRITE A-SATZ FROM POSTENZEILE.
```

Listing 2.17: Syntaktisch fehlerhafte Verwendung des COBOL-Punkts

Tabelle 2.1 enthält alle Anweisungsbegrenzer.

Begrenzer	Anweisung
END-ACCEPT	ACCEPT
END-ADD	ADD
END-CALL	CALL
END-COMPUTE	COMPUTE

Tabelle 2.1: Die Anweisungsbegrenzer von COBOL

Begrenzer	Anweisung
END-DELETE	DELETE
END-DISPLAY	DISPLAY
END-DIVIDE	DIVIDE
END-EVALUATE	EVALUATE
END-IF	IF
END-MULTIPLY	MULTIPLY
END-PERFORM	PERFORM
END-READ	READ
END-RECEIVE	RECEIVE
END-RETURN	RETURN
END-REWRITE	REWRITE
END-SEARCH	SEARCH
END-START	START
END-STRING	STRING
END-SUBTRACT	SUBTRACT
ENO-UNSTRING	UNSTRING
END-WRITE	WRITE

Tabelle 2.1: Die Anweisungsbegrenzer von COBOL (Forts.)

Anführungszeichen

Diese dürfen nur paarweise zur Begrenzung von nicht numerischen Literalen auftreten, außer wenn das Literal fortgesetzt wird. Es können wahlweise die doppelten oder das einfache Anführungszeichen paarig verwendet werden.

Einem öffnenden Anführungszeichen muss ein Leerzeichen oder eine runde Klammer unmittelbar vorausgehen. Einem schließenden Anführungszeichen muss eines der folgenden Trennzeichen unmittelbar folgen:

Leerzeichen, Komma, Semikolon, Punkt oder schließende runde Klammer.

Beispiel

```
MOVE "FALSCHES KENNZEICHEN" TO FEHLER-MELDUNG.
```

Linke und rechte Rundklammern

Diese dürfen nur paarweise als Begrenzer von Normal- und Spezialindizes, arithmetischen Ausdrücken oder Bedingungen verwendet werden.

Runden Klammern können Leerzeichen vorausgehen und/oder folgen; sie müssen es aber nicht.

Den Rundklammern kommt beim Aufruf von Funktionen eine besondere Bedeutung zu, da sie hier dazu verwendet werden können, die Parameterliste der Funktion zu umschließen.

2.2.6 Operatoren

Arithmetische Operatoren

Folgende arithmetische Operatoren sind in COBOL bekannt und müssen immer durch mindestens ein Leerzeichen getrennt angegeben werden:

+ Addition

- Subtraktion

* Multiplikation

/ Division

** Potenzierung

Außerdem kann das Additions- und Subtraktionszeichen auch als Vorzeichen für eine Konstante oder Variable verwendet werden.

Boolesche Operatoren

Diese Operatoren dienen zur bitweisen Verknüpfung zweier boolescher Datenfelder beziehungsweise Konstanten.

B-AND Boolesche UND-Verknüpfung

B-OR Boolesche ODER-Verknüpfung

B-XOR Boolesche EXKLUSIV-ODER-Verknüpfung

B-NOT Boolesche Negation (nur ein Operand erlaubt)

Vergleichsoperatoren

Auch hier muss vor und nach jedem Operator ein Leerzeichen vorhanden sein. Einen eigenen Operator für »ungleich« gibt es nicht. Die Abfrage auf »gleich« muss mit dem Schlüsselwort NOT negiert werden.

> größer

< kleiner

= gleich

>= größer gleich

<= kleiner gleich

NOT = nicht gleich

2.2.7 Sonderregister

Sonderregister sind Datenfelder, in denen bei Verwendung bestimmter Bestandteile von COBOL die dort angefallene Information abgelegt wird. Die Attribute und Namen dieser Sonderregister sind vorgegeben, z.B. `LINAGE-COUNTER`, `TALLY`, `RETURN-CODE`, `CURRENT-DATE`, `TIME-OF-DAY`, `WHEN-COMPILED` usw.

Weitere Details finden Sie in Kapitel 13.

2.3 COBOL-Zeichensatz

Es geht in diesem Abschnitt um die Zeichen, die in einem COBOL-Quellprogramm verwendet werden können. Der COBOL-Zeichensatz enthält 81 Codezeichen:

- 52 Buchstaben (26 Großbuchstaben und 26 Kleinbuchstaben)
- 10 arabische Ziffern
- 19 Sonderzeichen

Dies sind die Zeichen, aus denen Klauseln und Anweisungen zusammengesetzt sind. Außerdem können Kleinbuchstaben benutzt werden, was aber nicht zu empfehlen ist. Die restlichen Zeichen können nur in Kommentaren und nicht numerischen Literalen verwendet werden.

Zeichenvorrat	Bedeutung
0 bis 9	Ziffern
A bis Z	Großbuchstaben
a bis z	Kleinbuchstaben
	Leerzeichen
+	Pluszeichen
-	Minuszeichen (Bindestrich)
*	Stern
/	Schrägstrich
=	Gleichheitszeichen
$	Währungszeichen (Dollarsymbol)
,	Komma
.	Punkt
;	Semikolon
"	Anführungszeichen
'	Apostroph
(	öffnende runde Klammer
)	schließende runde Klammer
>	größer als

Tabelle 2.2: COBOL-Zeichensatz

Zeichenvorrat	Bedeutung
<	kleiner als
&	Verkettungszeichen für Literale
:	Doppelpunkt
_	Unterstrich

Tabelle 2.2: COBOL-Zeichensatz (Forts.)

2.4 Interpretation der COBOL-Klausel- und -Anweisungsformate

Jede Klausel oder Anweisung wird von COBOL in einem bestimmten Format vorgegeben. Der Programmierer hat diese Formate genauestens zu beachten, das heißt, er darf nichts hinzufügen und kein »Muss-Wort« auslassen.

```
DIVIDE {Bezeichner-1} INTO {Bezeichner-2 [ROUNDED] }...
       {Literal-1   }

[| ON SIZE ERROR unbedingte-Anweisung-1      |]
[| NOT ON SIZE ERROR unbedingte-Anweisung-2  |]

[END-DIVIDE]
```

Abb. 2.1: Beispiel zur COBOL-Syntax

Wie werden nun die einzelnen Elemente eines Formats interpretiert?

- **Wörter in Großbuchstaben:**

  Dies sind reservierte COBOL-Wörter. Sie dürfen nur in dem Zusammenhang verwendet werden, in dem sie aufgetreten sind, z.B. `DIVIDE`, `ROUNDED` und `ON`.

- **Wörter in Kleinbuchstaben:**

  Dies sind Programmiererwörter, die vom Programmierer selbst gewählt werden können. Sie dürfen nicht mit einem der reservierten Wörter identisch sein, z.B. `KUNDEN-SATZ`, `EINKOMMEN-STEUER`, `LAGER-STAMMDATEI` usw.

- **Pflichteintrag:**

  Pflichteinträge müssen codiert werden; sie können COBOL-Schlüsselwörter oder Bezeichner sein, z.B. `DIVIDE`, `INTO` usw. Alle in der Syntax unterstrichenen Wörter sind Pflichteinträge.

- **Wahlfreier Eintrag:**

  Es handelt sich hier um eine zusätzliche Angabe, deren Wirkung manchmal, jedoch nicht immer, bei der Programmierung gewünscht wird. Es können auch Wahlwörter sein, die angegeben oder ausgelassen werden können. Diese dienen lediglich der besseren Lesbarkeit des Programms und haben keinen Einfluss auf die Wirkung der Anweisungen oder Klauseln. Wahlwörter sind z.B. `ON`, `IS` und `ARE`. Alle reservierten COBOL-Wörter, die nicht unterstrichen sind, gehören zu dieser Gruppe.

- **Alternative:**

  Hier werden mehrere Angaben zur Wahl angeboten: Sie müssen eine dieser Angaben wählen. Alternativen werden durch geschweifte Klammern `{ }` gekennzeichnet.

- **Wahlfreie Alternative:**

  Bei wahlfreien Alternativen stehen dem Programmierer mehrere Angaben zur Verfügung, von denen eine gewählt werden kann; man kann aber auch alle weglassen. Sie werden in der Syntaxbeschreibung in eckige Klammern `[ ]` eingeschlossen.

- **Wiederholungen:**

  Drei aufeinanderfolgende Punkte `...` zeigen an, dass der jeweils letzte Term wiederholt angegeben werden darf. In der `DIVIDE`-Anweisung ist dies der Bezeichner zusammen mit der optionalen `ROUNDED`-Angabe.

  Zwei senkrechte Striche zeigen an, dass mehrere der angegebenen Alternativen verwendet werden dürfen. Für die `DIVIDE`-Anweisung bedeutet das, dass sowohl die `ON SIZE ERROR`- als auch die `NOT ON SIZE ERROR`-Angabe verwendet werden darf. Beide sind jedoch optional.

2.5 Das Codierformat

2.5.1 Fixed-form reference format

Klassische COBOL-Programme sind in Zeilen zu je maximal 80 Zeichen geschrieben, die in Bereiche unterteilt werden. Verschiedene dieser Bereiche (Spaltenbereiche) haben eine besondere Bedeutung. Dieses Spaltenkonzept kann nach wie vor verwendet werden und sorgt für einen übersichtlichen Quellcode.

```
0        1         2         3...6         7         8
1234567890123456789012345678901234567890...0123456789012345678901234567890
-----------------------------------------------------
000010 IDENTIFICATION DIVISION.                    PROG1000
000020 PROGRAM-ID. PROG1000.                       PROG1000
000030*                                            PROG1000
...
000160 PROCEDURE DIVISION.                         PROG1000
000170 STEUER SECTION.                             PROG1000
000180 ST01.                                       PROG1000
000190* Programmstart                              PROG1000
000200     MOVE SPACE TO A.                        PROG1000
```

Listing 2.18: Typisches COBOL-Listing

Jede Zeile wird wie folgt eingeteilt:

Zeilennummerierung (Spalte 1 bis 6)

Dieser Bereich enthält eine fortlaufende Zahl zur Nummerierung der Programmzeilen oder Leerzeichen.

A-Bereich (Spalte 8 bis 11)

Im A-Bereich müssen die nachfolgenden COBOL-Elemente begonnen werden:

- Teilüberschriften (`DIVISIONs`)
- Kapitelüberschriften (`SECTIONs`)
- Paragraphennamen
- Stufenbezeichnungen `FD`, `SD`
- Stufennummern 01 und 77

Die Stufennummern 66 und 88 können im A-Bereich beginnen.

B-Bereich (Spalte 12 bis 72)

Im B-Bereich müssen die nachfolgenden COBOL-Elemente begonnen werden:

- Klauseln
- Datennamen
- Stufennummern 02 bis 49
- Anweisungen

Die Stufennummern 66 und 88 können im B-Bereich beginnen.

Programmtextbereich (Spalten 8 bis 72)

Moderne Compiler unterscheiden nicht mehr zwischen A-Bereich und B-Bereich, sondern haben diese in dem sogenannten *Programmtextbereich* zusammengefasst. Aus Gründen der besseren Lesbarkeit wurde aber auch später noch in vielen Programmen die ehemals vorgeschriebene Einrückung beibehalten.

Fortsetzungsbereich (Spalte 7)

In diesem Bereich kann eines der nachfolgenden Zeichen für den jeweils angegebenen Verwendungszweck eingetragen werden:

*	In jede Zeile, die in Spalte 7 das Stern-Zeichen enthält, kann ein *Kommentar* geschrieben werden. Solche Zeilen werden bei der Übersetzung des COBOL-Programms nicht übersetzt.
/	Der Schrägstrich in Spalte 7 hat den gleichen Verwendungszweck wie der Stern; der Schrägstrich bewirkt hier jedoch zusätzlich einen Seitenvorschub im Quellprogrammprotokoll, also, wenn der Quellcode ausgedruckt wird.
D	Das Zeichen D in Spalte 7 kennzeichnet eine *Testhilfezeile*. Eine solche Zeile enthält Testhilfe-Anweisungen, die nur dann übersetzt werden, wenn die Klausel `WITH DEBUGGING MODE` im `SOURCE-COMPUTER`-Eintrag angegeben wird.

- Der Bindestrich in Spalte 7 zeigt eine *Fortsetzungszeile* an. Er wird notwendig, wenn ein COBOL-Element in zwei Zeilen getrennt werden muss. Unter einem COBOL-Element verstehen wir hier ein COBOL-Wort oder ein Literal. In diesem Fall wird der erste Teil des COBOL-Elements bis einschließlich Spalte 72 geschrieben und der Rest in Spalte 12 der Fortsetzungszeile. Nur ein alphanumerisches Literal darf auch nach Spalte 12 fortgesetzt werden. Zwischen einer fortgesetzten Zeile und einer Fortsetzungszeile dürfen keine Leerzeilen vorhanden sein.

Beispiel 1

Das Trennen einer Anweisung erfordert kein Fortsetzungszeichen.

```
|7|8  |12                                                      72|
| |   |MOVE RECHNUNGS-DATUM TO A-RECH-DAT.  MOVE                  |
| |   |PERSONAL-NUMMER TO AUSGABE-PERSONAL-NUMMER.                |
```

Abb. 2.2: Codierformular

Beispiel 2

```
|7|8  |12                                                      72|
| |   |MOVE RECHNUNGS-DATUM TO A-RECH-DAT.                    MO |
|-|   |VE PERSONAL-NUMMER TO AUSGABE-PERSONAL-NUMMER.            |
```

Abb. 2.3: Fortsetzen eines COBOL-Elements

Beispiel 3

```
|7|8  |12                                                      72|
| |   |MOVE "Name         Strasse          PLZ               O |
|-|   |   "rt"    TO AUSGABE-BEREICH.                            |
```

Abb. 2.4: Fortsetzen eines Literals

Beispiel 4

Abb. 2.5: Angabe eines Kommentars

Programmidentifikationsbereich (Spalte 73 bis 80)

Dieser Bereich ist für die Aufnahme des Programmnamens vorgesehen. Er kann auch Leerzeichen oder beliebige Zeichen zur Identifikation eines Teiles des Programms enthalten.

2.5.2 Free-form reference format

Neuere COBOL-Programme sind in frei aufgeteilten Zeilen mit einer maximalen Länge von 255 Zeichen geschrieben. Es gibt keinerlei Bestimmungen, wo in welcher Zeile ein bestimmtes COBOL-Wort verwendet werden darf.

Standardmäßig ist der Compiler jedoch auf die Interpretation des festen COBOL-Formats programmiert. Um das freie Format benutzen zu können, muss es mithilfe einer Compiler-Direktive eingeschaltet werden. Wie das gemacht werden kann, zeigt das folgende Beispiel.

Compiler-Direktiven mit >>

Um den Übersetzer mit besonderen Angaben zu steuern, können entsprechende Direktiven nach dem doppelten Größer-Zeichen angegeben werden. Damit wird zum Beispiel auch die ehemalige Spaltenaufteilung von COBOL aufgehoben.

Beispiel

```
       >>SOURCE FORMAT IS FREE
IDENTIFICATION DIVISION.
PROGRAM-ID. BEISPIEL.
*> Jede Zeile beginnt ab Spalte 1 und kann bis zu
*> 255 Zeichen lang sein.
```

Listing 2.19: Setzen einer Compiler-Direktive

Kommentare mit *>

Mit dieser Zeichenkombination kann man in der gleichen Zeile am Ende des Befehls einen Kommentar angeben. Der Kommentar beginnt mit *> und gilt bis zum Ende der Zeile.

Beispiel

```
COMPUTE ZB = KAPITAL * ZINSSATZ / 100 *> Berechnung
                                      *> Zinsbetrag
```

Listing 2.20: Inlinekommentare

Literale mit "- oder '- fortsetzen

Passt ein Literal nicht ganz in eine Zeile, kann es mit diesen Zeichenkombinationen beliebig fortgesetzt werden. Diese Fortsetzung kann sich über mehrere Zeilen erstrecken.

Beispiel

```
       >>SOURCE FORMAT IS FREE
IDENTIFICATION DIVISION.
```

```
PROGRAM-ID. BEISPIEL.
DATA DIVISION.
WORKING-STORAGE SECTION.
01  FELD   PIC X(100)  VALUE "Das ist ein Feld, das"-
       " mit einem sehr langen Literal vorbelegt we"-
       "rden soll.".
```

Listing 2.21: Literale fortsetzen

Testhilfezeilen mit >>D

Zeilen, die mit dieser Zeichenkombination beginnen, werden nur übersetzt, wenn die Klausel `WITH DEBUGGING MODE` im `SOURCE-COMPUTER`-Eintrag angegeben wird.

Beispiel

```
       >>SOURCE FORMAT IS FREE
IDENTIFICATION DIVISION.
PROGRAM-ID. BEISPIEL.
DATA DIVISION.
WORKING-STORAGE SECTION.
01  FELD1      PIC 9(5).
    :
PROCEDURE DIVISION.
    :
 >>D DISPLAY "Programmanfang"  *> Debug-Zeile
    :
```

Listing 2.22: Testzeilen einbinden

Kapitel 3

Bedeutung der 4 DIVISIONs

Die folgende Darstellung zeigt das allgemeine Format für den Aufbau eines COBOL-Quellprogramms; die einzelnen Angaben werden in den entsprechenden Abschnitten systematisch erläutert.

```
[IDENTIFICATION DIVISION. ]

{ program-id-Paragraph       }
{ function-id-Paragraph      }
{ class-id-Paragraph         }
{ factory-Paragraph          }
{ object-Paragraph           }
{ method-id-Paragraph        }
{ interface-id-Paragraph     }

[options-Paragraph]

[environment-division]

[data-division]

[procedure division [Programm-Definition] ...]

[END PROGRAM Programmname1.]
```

Abb. 3.1: COBOL-Quellprogramm

3.1 IDENTIFICATION DIVISION

Wirkung

In der `IDENTIFICATION DIVISION` werden Kommentareintragungen gemacht, die zu Dokumentationszwecken dienen.

```
[IDENTIFICATION DIVISION. ]

                                           [    { | COMMON        | }         ]
PROGRAM-ID. Programmname1 [AS Literal-1]   [ IS { | { INITIAL   } | } PROGRAM ] .
                                           [    { | { RECURSIVE } | }         ]
```

Abb. 3.2: `IDENTIFICATION DIVISION`

Erläuterung

Die IDENTIFICATION DIVISION besteht lediglich aus einer der Angaben PROGRAM-ID, FUNCTION-ID, CLASS-ID, FACTORY, OBJECT, METHOD-ID oder INTERFACE-ID, die als Einzige unbedingt angegeben werden müssen. Mithilfe der FUNCTION-ID werden in COBOL Funktionen programmiert, wie man sie aus anderen Sprachen wie C kennt. Die Programmierung solcher Funktionen ist jedoch nicht Gegenstand dieses Buches. CLASS-ID, FACTORY, OBJECT, METHOD-ID und INTERFACE-ID gehören zur objektorientierten Programmierung. Auch sie werden in diesem Buch nicht behandelt.

Mit der PROGRAM-ID werden klassische COBOL-Programme eingeleitet. Programmname1 bezeichnet den Namen dieses Programms. Geschachtelte COBOL-Programme müssen sich durch diesen Namen unterscheiden.

Literal-1 ist optional und weist auf den physischen Programmnamen hin. In geschachtelten COBOL-Programmen ist diese Angabe nicht erlaubt.

COMMON darf nur angegeben werden, wenn mehrere COBOL-Programme geschachtelt wurden. In einem solchen Fall kann ein »inneres« Programm nur von einem es umgebenden Programm aufgerufen werden. Der Zusatz COMMON hingegen erlaubt den Aufruf des entsprechend definierten Programms von jeder Stelle aus.

Komplexe Anwendungen bestehen oft aus mehreren einzelnen Unterprogrammen, die sich gegenseitig aufrufen. In einem COBOL-Programm können mithilfe der WORKING-STORAGE SECTION sehr viele statische Datenfelder definiert und mit beliebigen Werten vorbelegt werden. Diese Vorbelegung wirkt aber quasi nur einmal. Wurde das Programm aufgerufen und wurden dadurch die Feldinhalte verändert, bleiben diese Änderungen für den nächsten Aufruf bestehen. Der INITIAL-Zusatz der PROGRAM-ID schreibt dagegen vor, dass sich alle Datenfelder und Dateiverknüpfungen bei jedem Programmaufruf immer wieder in dem Zustand befinden müssen, wie sie der Programmierer vorbelegt hat.

Beispiel

```
IDENTIFICATION DIVISION.
PROGRAM-ID. VERTRETER.
```

Listing 3.1: IDENTIFICATION DIVISION

Lange Zeit war es nicht möglich, dass sich ein aktives COBOL-Programm direkt oder indirekt selbst als Unterprogramm aufrufen konnte. Ein solcher rekursiver Aufruf macht auch wenig Sinn, wenn man ausschließlich über statische Datenfelder, wie sie in der WORKING-STORAGE SECTION definiert werden, verfügt. Seit Einführung der LOCAL-STORAGE SECTION ist das anders. Dort definierte Variablen werden zum Zeitpunkt eines jeden Programmaufrufs erzeugt und nach Verlassen des Programms mithilfe von EXIT PROGRAM oder GOBACK wieder zerstört. Damit ein COBOL-Programm rekursiv aufgerufen werden kann, benötigt es die zusätzliche Angabe RECURSIVE in der PROGRAM-ID.

3.2 ENVIRONMENT DIVISION

In der ENVIRONMENT DIVISION wird die Hardware-Umgebung des Programms beschrieben.

```
ENVIRONMENT DIVISION.
[configuration section]
[input-output-section ]
```

Abb. 3.3: ENVIRONMENT DIVISION

3.2.1 CONFIGURATION SECTION

Die CONFIGURATION SECTION beschreibt die Hardware-Konfiguration des Programms und stellt wahlweise Beziehungen zwischen den systemintern definierten Namen und dem Programm her. Darüber hinaus können Programm-individuelle Anforderungen gestellt werden.

```
CONFIGURATION SECTION.
[source-computer-Paragraph]
[object-computer-Paragraph]
[special-names-Paragraph ]
[repository-Paragraph ]
```

Abb. 3.4: CONFIGURATION SECTION

SOURCE-COMPUTER

Soll auf den Rechnertyp hinweisen, für den das Programm geschrieben wurde. COBOL versteht es besser als andere Sprachen, Hardware-Unterschiede auszugleichen. Die meisten COBOL-Programme laufen auf nahezu jeder Plattform. Wenn sich das Ihnen vorliegende Programm an den in diesem Buch beschriebenen Standard hält, lässt es sich auf nahezu jeder Plattform kompilieren. Die Angabe eines Computernamens hat daher eher dokumentarischen Charakter.

```
SOURCE-COMPUTER. [Computername1][WITH DEBUGGING MODE].
```

Abb. 3.5: SOURCE-COMPUTER

WITH DEBUGGING MODE

Während der Testphase eines COBOL-Programms kann es notwendig sein. Testbefehle im Programm zur Kontrolle des Programmablaufs einzufügen. Diese Befehle werden jedoch in der Endphase nicht benötigt.

Solche Befehle können im Programm als Testhilfezeilen eingefügt werden, wenn diese Zeilen in Spalte 7 das Zeichen `D` enthalten.

Die `DEBUGGING MODE`-Klausel bewirkt, dass alle Testhilfezeilen als normale Zeilen des Quellprogramms übersetzt werden (Testphase). Fehlt diese Klausel, werden alle Testhilfezeilen als Kommentarzeilen betrachtet (Endphase).

OBJECT-COMPUTER

Beschreibt den Rechner, der das COBOL-Programm ausführt.

```
OBJECT-COMPUTER.

 [computername1]

 [ [ CHARACTER CLASSIFICATION     { IS local-phrase-1 locale-phrase-2              }  ] ]
 [ [                              { { | FOR ALPHANUMERIC IS locale-phrase-1 | }    }  ] ]
 [ [                              { { | FOR NATIONAL is locale-phrase-2     | }    }  ] ].
 [ [                                                                                  ] ]
 [ [ PROGRAM COLLATING SEQUENCE   { IS alphabet-name-1 alphabet-name-2             }  ] ]
 [ [                              { { | FOR ALPHANUMERIC IS alphabet-name-1 | }    }  ] ]
 [ [                              { { | FOR NATIONAL IS alphabet-name-2     | }    }  ] ]

 locale-phrase-1:

 { locale-name-1  }
 { LOCALE         }
 { SYSTEM-DEFAULT }
 { USER-DEFAULT   }

 locale-phrase-2:

 { locale-name-2  }
 { LOCALE         }
 { SYSTEM-DEFAULT }
 { USER-DEFAULT   }
```

Abb. 3.6: `OBJECT-COMPUTER`

PROGRAM COLLATING SEQUENCE

Mit dieser Klausel kann der Programmierer eine bestimmte Sortierfolge, die im `SPECIAL-NAMES`-Paragraphen mit einem bestimmten Alphabetnamen verknüpft wurde, als maßgebliche Sortierfolge für alle alphanumerischen Vergleiche festlegen. Fehlt diese Klausel, wird die Sortierfolge des Rechners (ASCII, ANSI oder EBCDIC) verwendet.

SPECIAL-NAMES

Aus dem Namen des Paragraphen ist erkenntlich, dass dieser Paragraph für die Festlegung von programmindividuellen Anforderungen benutzt wird. So kann es z.B. der Fall sein, dass der Benutzer die Dezimalstelle in einer Druckliste durch ein Komma kennzeichnen muss und nicht durch das dafür gedachte Standardzeichen, nämlich den Punkt.

```
SPECIAL-NAMES.
[switch-name-1
    { IS Merkname1 [ | ON STATUS IS Bedingungsname1  | ]
                   [ | OFF STATUS IS Bedingungsname2 | ]
                                                          }
      { | ON STATUS IS Bedingungsname1  | }
      { | OFF STATUS IS Bedingungsname2 | }               }    ...
 feature-name-1 IS Merkname2
 device-name-1 IS Merkname3                               ]

[alphabet-name-Klausel]...

[symbolic-characters-Klausel]...

[LOCALE locale-name-1 IS {external-locale-name-1} ]...
                         {literal-4             }

[ORDER TABLE Sortiername1 IS literal-9]

[CLASS Klassenname1 [FOR {ALPHANUMERIC}]
                         {NATIONAL    }
                                                                   ]...
    IS {literal-5 [{THROUGH} literal-6]} ... [IN Alphabetname4]    ]
                  [{THRU   }          ]

[CURRENCY SIGN IS literal-7 [WITH PICTURE SYMBOL literal-8]]...

[DECIMAL-POINT IS COMMA ]

[CURSOR IS Datenname1]

[CRT STATUS IS Datenname2] .
```

```
alphabet-name-Klausel:

                                                     { LOCALE [locale-name-2] }
                                                     { NATIVE                 }
             { Alphabetname1 [FOR ALPHANUMIRIC]IS    { STANDARD-1             }
             {                                       { STANDARD-2             }
             {                                       { code-name-1            }
  ALPHABET   {                                       { {literal-phrase}...    }
             {                                   { LOCAL [locale-name-2] }
             {                                   { NATIVE                }
             { Alphabetname2 FOR NATIONAL IS     { UCS-4                 }
             {                                   { UTF-8                 }
             {                                   { UTF-16                }
             {                                   { code-name-2           }
             {                                   { {literal-phrase}...   }

literal-phrase:

              [ { THROUGH }              ]
  literal-1   [ { THRU    } literal-2    ]
              [ {ALSO literal-3}...      ]


symbolic-characters-Klausel:

  SYMBOLIC CHARACTERS

    [ FOR { ALPHANUMERIC } ]
    [     { NATIONAL     } ]

    { {symbolic-character-1}... [ IS  ] {Ganzzahl-1}... }...
                                [ ARE ]
    [IN Alphabetname3]
```

Abb. 3.7: SPECIAL-NAMES

DECIMAL-POINT IS COMMA-Klausel

Das Standardzeichen zur Darstellung der Dezimalstelle in Literalen und druckaufbereiteten Datenfeldern ist der Punkt. Mit der DECIMAL-POINT IS COMMA-Klausel können die Funktionen des Kommas und des Dezimalpunkts ausgetauscht werden.

Beispiel:

```
Standardangabe             DECIMAL-POINT IS COMMA.
MOVE 677.56 TO WERT.       MOVE 677,56 TO WERT.
PIC 999,999.99             PIC 999.999,99
```

Listing 3.2: Auswirkungen von DECIMAL-POINT IS COMMA

CURRENCY SIGN-Klausel

Das Standard-Währungszeichen, das in einer PIC-Klausel erscheinen darf, ist das Dollarsymbol $. Mithilfe der CURRENCY SIGN-Klausel kann der Benutzer ein beliebiges Zeichen als Währungszeichen festlegen, sofern es sich nicht um eine figurative Konstante handelt. Soll das Währungszeichen aus mehr als einem Zeichen bestehen, muss zusätzlich über PICTURE SYMBOL dasjenige Zeichen angegeben werden, das stellvertretend für das Währungszeichen in der PIC-Klausel verwendet werden soll.

Beispiel:

```
CURRENCY SIGN IS "F".
```

CURSOR IS Datenname-1

Nach Abschluss der Bildschirmeingabe einer ACCEPT-Anweisung ist es oftmals wünschenswert, die aktuelle Position des Cursors zu erfahren. Die CURSOR IS-Klausel verwendet ein Datenfeld, in dem die aktuelle Cursorposition, ausgedrückt in Zeilen und Spalten, übertragen wird. Datenname-1 ist ein vierstelliges Datenfeld, das in der WORKING-STORAGE SECTION definiert werden muss (WORKING-STORAGE SECTION).

CRT STATUS IS Datenname-2

Im Datenname-2 wird der Code der Taste geliefert, die die Eingabe durch die ACCEPT-Anweisung beendet hat (siehe *ACCEPT-Anweisung in Kapitel 7*).

Datenname-2 ist ein dreistelliges Datenfeld, das in der WORKING-STORAGE SECTION definiert werden muss.

Feature-name und device-name

Jeder Compilerhersteller definiert im Compiler Funktionsnamen. Hinter jedem Funktionsnamen verbirgt sich eine bestimmte Funktion oder ein Verwendungszweck. Jeder Funktionsname kann im Programm benutzt werden, wenn er gleich einem vergleichbaren Namen (*Merkname*) gesetzt wird. Das allgemeine Format hierzu lautet:

```
Funktionsname IS Merkname
```

wobei:

1. Funktionsname ein COBOL-Wort ist, das eine bestimmte Bedeutung hat.
2. Merkname ein Programmiererwort ist, das dann in den entsprechenden Anweisungen verwendet werden kann. Bei einem MicroFocus-Compiler sind beispielsweise die folgenden Funktionsnamen vorhanden:

Funktionsname	Verwendungszweck
C01 bis C12	in der WRITE-Anweisung als Vorschub
CONSOLE	in den Anweisungen ACCEPT/DISPLAY
SYSIN SYSIPT	in der ACCEPT-Anweisung als logische Systemeingabeeinheit

Funktionsname	Verwendungszweck
SYSOUT SYSLST SYSLIST SYSPUNCH SYSPNCH	in der DISPLAY-Anweisung als logische Systemausgabeeinheit
TAB	in der WRITE-Anweisung für Zeilenvorschub in Druckdateien
FORMFEED	in der WRITE-Anweisung für Seitenvorschub in Druckdateien
ARGUMENT-NUMBER	für ACCEPT/DISPLAY, liefert Argumentnummer für die Kommandozeile
ARGUMENT-VALUE	für ACCEPT, liefert den Inhalt der Kommandozeile
ENVIRONMENT-NAME	für DISPLAY, Name der Umgebungsvariablen
ENVIRONMENT-VALUE	für ACCEPT/DISPLAY, liefert den Inhalt der Umgebungsvariablen
SYSERR	für DISPLAY, Fehlernachrichten

Beispiel:

```
SPECIAL-NAMES.
    SYSIN    IS TASTATUR,
    SYSOUT   IS BILDSCHIRM,
    TAB      IS ZEILENVORSCHUB,
    FORMFEED IS BLATTVORSCHUB.
```

Listing 3.3: Beispiel für SPECIAL-NAMES-Angaben

SWITCHNAME

Diese Klausel ermöglicht dem Programmierer die Verwendung von einem der acht COBOL-Schalter (SWITCH 0-7). Jeder der zwei möglichen Zustände eines Schalters (»ON« oder »OFF«) kann einem Bedingungsnamen zugeordnet werden. Jeder Schalter kann bei Aufruf des Programms auf »ON« oder »OFF« gesetzt werden. In der PROCEDURE DIVISION wird der Zustand eines Schalters mit der IF-Anweisung abgefragt.

Sinn und Zweck dieser Schalter ist beispielsweise das Gewinnen von Informationen im aktuellen Programm über Zustände aus Vorprogrammen.

Beispiel:

```
SPECIAL-NAMES.
     SWITCH 5 IS DEZEMBER-UMSATZ,
                 ON STATUS IS DEZ-VORHANDEN,
                 OFF STATUS IS DEZ-NICHT-VORHANDEN.
```

Listing 3.4: Beispiel für SWITCH

In diesem Beispiel soll im Programm eine bestimmte Situation gekennzeichnet und erkennbar gemacht werden, nämlich ob eine bestimmte Datei während der Programmausführung vorhanden ist oder nicht. Der ON-Status wurde mit dem Bedingungsnamen DEZ-VORHANDEN und der OFF-Status mit dem Bedingungsnamen DEZ-NICHT-VORHANDEN verknüpft. In der PROCEDURE DIVISION kann der Zustand eines Schalters mithilfe der IF-Anweisung abgefragt werden:

```
IF DEZ-VORHANDEN THEN .....
```

bzw.

```
IF DEZ-NICHT-VORHANDEN THEN .....
```

ALPHABET Alphabet-name IS

Diese Klausel wird benötigt, um eine andere Sortierfolge oder einen anderen Zeichensatz als den, der vom Rechner standardmäßig verwendet wird, festzulegen. Die Angabe STANDARD-1 oder ASCII spezifiziert den ASCII-Code als Zeichensatz mit Sortierfolge gemäß American National Standard X3.4-1968.

Die Angabe STANDARD-2 spezifiziert den ISO-7-Bit-Code als Zeichensatz mit Sortierfolge gemäß International Standard 646.

EBCDIC spezifiziert den EBCDI-Code als Zeichensatz mit Sortierfolge gemäß Extended Binary-Coded Decimal Interchange Code.

Können Sie zum Zeitpunkt der Codierung noch nicht entscheiden, ob ASCII- oder EBCDI-Code verwendet werden soll, codieren Sie NATIVE. Spätestens jedoch zum Zeitpunkt der Übersetzung muss mithilfe der Übersetzungsdirektive NATIVE festgelegt werden, welcher Code verwendet werden soll.

Die Steuerung kann bei MicroFocus wie folgt vorgenommen werden:

```
A>COBOL CHECK BEISPIEL NATIVE"ASCII"
```

bzw.

```
A>COBOL CHECK BEISPIEL NATIVE"EBCDIC"
```

Sortierfolge anderer Systeme

Weiterhin kann der Programmierer mithilfe dieser Klausel systemeigene Sortierfolgen festlegen. Dies kann erforderlich sein, wenn Daten auf einer Anlage erstellt wurden, die mit einem anderen Zeichensatz arbeitet. Schließlich sollen alle Datenvergleiche so durchgeführt werden, als ob sie auf der gleichen Anlage verarbeitet werden, auf der sie erstellt wurden.

Beispiel:

```
OBJECT-COMPUTER. IBM-PC,
    PROGRAM COLLATING SEQUENCE IS ANLAGEN-CODE.
```

```
SPECIAL-NAMES.

    ALPHABET ANLAGEN-CODE IS "a" THRU "z"
                             "A" THRU "Z"
                             "0" THRU "9".
```

Listing 3.5: Eigenes Alphabet definieren

In Listing 3.5 werden sämtliche Zeichen der anderen Anlage in eine Beziehung (Sortierfolge) miteinander gebracht, die der Sortierfolge dieser Anlage entspricht.

Sollen bestimmte Zeichen einen anderen Sortierrang innerhalb der ASCII-Code-Sortierfolge einnehmen, gibt man lediglich diese Zeichen im Alphabetnamen an.

Beispiel:

```
OBJECT-COMPUTER. IBM-PC.
     PROGRAM COLLATING SEQUENCE IS RANG.
SPECIAL-NAMES.
     ALPHABET RANG IS "Z" "Y" "X" "W" "V" "U" "T" "S".
```

Listing 3.6: Rangfolgen von einzelnen Zeichen

In Listing 3.6 haben die aufgeführten Zeichen eine niedrigere Sortierfolge als alle anderen Zeichen, wobei

Z kleiner als Y ist und

Y kleiner als X ist.

Gleichsetzen verschiedener Zeichen

Das Gleichsetzen ist oft wünschenswert bei einem Vergleich von zwei Datenfeldern, die zwar den gleichen Inhalt aufweisen, jedoch das eine Mal in Großbuchstaben und das andere Mal in Kleinbuchstaben geschrieben sind. In diesem Fall müssen diese Zeichen gleichwertig gemacht werden.

Beispiel:

```
OBJECT-COMPUTER. IBM-PC,
     PROGRAM COLLATING SEQUENCE IS GLEICH.
SPECIAL-NAMES.
     ALPHABET GLEICH IS "A" ALSO "a" "B" ALSO "b"
                        "C" ALSO "c" "D" ALSO "d"
                        "E" ALSO "e" "F" ALSO "f"
                        ...
WORKING-STORAGE SECTION.
01  FELD1      PIC X(5)  VALUE "HUBER".
01  FELD2      PIC X(5)  VALUE "Huber".
```

Listing 3.7: Gleichwertige Zeichen definieren

In Listing 3.7 wird das "A" gleich dem "a" gesetzt. Somit sind die folgenden Feldinhalte von FELD1 und FELD2 identisch.

SYMBOLIC CHARACTERS

Diese Klausel verwendet man, um eine benutzereigene figurative Konstante zu definieren. Ohne den Zusatz IN Alphabetname bezieht sich die angegebene Ganzzahl auf die Position des gewünschten Zeichens im Standard-Zeichensatz. Andernfalls bezieht sich Ganzzahl auf die Position innerhalb des angegebenen Alphabetnamens.

Beispiel:

Das Zeichen * liegt auf Position 42 in der ASCII-Codetabelle und wird wie in Listing 3.8 zugeordnet.

```
SYMBOLIC CHARACTERS STERN IS  42.

01 AUSGABEZEILE          PIC X(80).

MOVE ALL STERN TO AUSGABEZEILE
```

Listing 3.8: Zeichen mit symbolischen Namen versehen

CLASS IS

Mit CLASS lassen sich benutzereigene Klassen festlegen. Hier sind jedoch keine Klassen im objektorientierten Sinn gemeint, sondern lediglich Datenklassen. Eine Datenklasse ist lediglich ein Begriff, dem eine Menge zulässiger Zeichen logisch zugeordnet werden. Nun können Sie mit einer IF-Abfrage den Inhalt eines Feldes mithilfe dieser Klasse auf die zulässigen Zeichen hin überprüfen.

Beispiel:

```
ENVIRONMENT DIVISION.
CLASS IS DEUTSCHES-ALPHABET IS "A" THRU "Z"
                               "a" THRU "z"
                               "äÖÜÄÖÜß".
DATADIVISION.
01  NAME                PIC X(30).
PROCEDURE DIVISION.
    IF NAME DEUTSCHES-ALPHABET THEN .....
```

Listing 3.9: Eigene Datenklassen definieren

REPOSITORY

An dieser Stelle werden die Namen aller objektorientierten Klassen, Interfaces, Funktionen und Programmprototypen definiert, die in diesem COBOL-Programm verwendet werden sollen. Außerdem werden hier die Namen aller Properties aufgelistet, über die eine Klasse verfügt.

```
REPOSITORY.

[ { class-specifier     }      ]
[ { interface-specifier }      ]
[ { function-specifier  } ... .]
[ { program-specifier   }      ]
[ { property-specifier  }      ]


class-specifier:

   CLASS Klassenname-1 [AS Literal-1]

     [ EXPANDS Klassenname-2 USING {Klassenname-3    } ... ]
     [                             {Interfacename-1  }     ]

interface-specifier:

   INTERFACE Interfacename-2 [AS Literal-2]

     [ EXPANDS Interfacename-3 USING {Klassenname-4   } ... ]
     [                               {Interfacename-4 }     ]

function-specifier:
  Format-1 (user-defined):

   FUNCTION Funktionsprototypname-1 [AS Literal-3]

  Format-2 (intrinsic):

   FUNCTION { {Intrinsic-Function-name-1} ... } INTRINSIC
            { ALL                             }


program-specifier:

   PROGRAM Programmprototypname-1 [AS Literal-4]


property-specifier:

   PROPERTY Propertyname-1 [AS Literal-5]
```

Abb. 3.8: Repository

Die objektorientierte Programmierung in COBOL ist nicht Gegenstand dieses Buches.

3.2.2 INPUT-OUTPUT SECTION

In der INPUT-OUTPUT SECTION werden dateispezifische Eintragungen codiert. Eine ausführliche Beschreibung dafür finden Sie im Kapitel 15 über die Dateiverarbeitung. An dieser Stelle beschreibe ich die wichtigsten Klauseln im Überblick.

```
INPUT-OUTPUT SECTION.

[FILE-CONTROL. [file-control-Eintrag]... ]

[I-O-CONTROL. [i-o-control-Eintrag]...]
```

Abb. 3.9: INPUT-OUTPUT SECTION

3.2.3 FILE-CONTROL

Der FILE-CONTROL-Paragraph beinhaltet die notwendigen Dateidefinitionen. Jede Datei, die im Programm verwendet werden soll, muss mit einer SELECT-Klausel definiert werden.

Beispiel

```
FILE-CONTROL.
    SELECT DRUCKER-DATEI ASSIGN TO "PRN:".
```

Listing 3.10: Dateidefinition

In Listing 3.10 wird eine Datei definiert. Die Datei erhält den logischen Namen DRUCKER-DATEI und den physischen Namen "PRN:". Alle Anweisungen, die sich auf den Dateinamen beziehen, wie z.B. OPEN-Anweisung bzw. CLOSE-Anweisung, müssen sich immer auf den logischen Namen der Datei beziehen.

Beispiel

```
OPEN OUTPUT DRUCKER-DATEI.
```

Hier wird oben genannte Datei für die Ausgabe geöffnet.

3.2.4 I-O-CONTROL

Dieser Paragraph enthält Eintragungen zur Steuerung der Ein/Ausgabe-Operationen, wie z.B. SAME AREA.

3.3 DATA DIVISION

Die DATA DIVISION ist der einzige Programmteil, in dem Datendefinitionen erfolgen können.

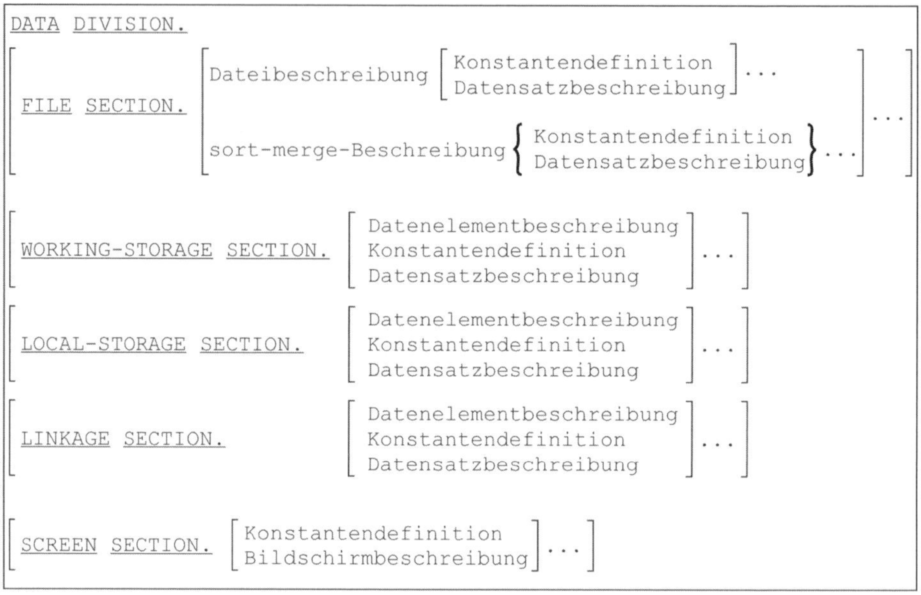

```
DATA DIVISION.
┌                  ┌                          ┌ Konstantendefinition   ┐      ┐   ┐
│                  │ Dateibeschreibung        └ Datensatzbeschreibung  ┘...   │   │
│ FILE SECTION.    │                                                          │...│
│                  │ sort-merge-Beschreibung  { Konstantendefinition   }      │   │
└                  └                          { Datensatzbeschreibung  }...   ┘   ┘

┌                                ┌ Datenelementbeschreibung ┐    ┐
│ WORKING-STORAGE SECTION.       │ Konstantendefinition     │... │
└                                └ Datensatzbeschreibung    ┘    ┘
┌                                ┌ Datenelementbeschreibung ┐    ┐
│ LOCAL-STORAGE SECTION.         │ Konstantendefinition     │... │
└                                └ Datensatzbeschreibung    ┘    ┘
┌                                ┌ Datenelementbeschreibung ┐    ┐
│ LINKAGE SECTION.               │ Konstantendefinition     │... │
└                                └ Datensatzbeschreibung    ┘    ┘

┌                    ┌ Konstantendefinition    ┐    ┐
└ SCREEN SECTION.    └ Bildschirmbeschreibung  ┘... ┘
```

Abb. 3.10: DATA DIVISION

3.3.1 FILE SECTION

Für jede Datei, die in einer SELECT-Klausel definiert wurde, muss in der FILE SECTION ein FD-Eintrag erfolgen. Hier wird unter anderem der Aufbau der Datensätze, die in der Datei gespeichert sind, beschrieben. Eine genauere Beschreibung findet sich im Kapitel 15 über die Dateiverarbeitung.

```
FD DRUCKER.
01 DRUCKER-SATZ      ..........
```

Listing 3.11: Notwendige Einträge in der DATA DIVISION

3.3.2 WORKING-STORAGE SECTION

In der WORKING-STORAGE SECTION werden alle statischen Datenfelder definiert. Sie existieren während der Programmausführung nur einmal und stehen von Programmstart bis Programmende zur Verfügung. Der von ihnen reservierte Speicherbereich bleibt auch dann belegt, wenn gerade ein anderes COBOL-Modul die Steuerung hat. Hier definierte Datenfelder unterscheiden sich also deutlich von Attributen von Klassen oder lokalen Variablen innerhalb von Methoden.

3.3.3 LOCAL-STORAGE SECTION

Diese SECTION erscheint im Programm zwischen WORKING-STORAGE und LINKAGE SECTION und ist als SECTION für lokale Daten in einem Unterprogramm anstelle von bzw. zusätzlich zur WORKING-STORAGE SECTION gedacht.

Daten in der LOCAL-STORAGE SECTION werden jedes Mal neu angelegt, wenn das betreffende Programm durch eine CALL-Anweisung aufgerufen wird. Die Daten bleiben auch nur so lange erhalten, wie die CALL-Anweisung (das Unterprogramm) aktiv ist. Diese SECTION ist für rekursive CALLs in einem COBOL-Programm vorgesehen, oder besser ausgedrückt, ein rekursiver Aufruf ist nur sinnvoll, wenn die LOCAL-STORAGE SECTION vorhanden ist.

Hier definierte Datenfelder ähneln also Attributen von Klassen und lokalen Variablen von Methoden. Die LOCAL-STORACE SECTION gibt es aber nur in moderneren COBOL-Compilern.

3.3.4 LINKAGE SECTION

Struktur und Inhalt der LINKAGE SECTION entsprechen ebenfalls denen der WORKING-STORAGE SECTION, jedoch werden hier die Daten eines Unterprogramms beschrieben.

COBOL unterscheidet bei der Übergabe von Datenfeldern an ein Unterprogramm zwischen einem CALL BY VALUE und einem CALL BY REFERENCE.

Bei einem CALL BY VALUE wird der Wert des Datenfelds als Kopie übergeben. Ändert man den Wert im gerufenen Programm, hat das keine Auswirkungen auf das rufende Programm.

Bei einem CALL BY REFERENCE wird die Adresse des Feldes aus dem rufenden Programm übergeben. Ändert man also den Wert des Datenfelds im gerufenen Programm, wirkt sich diese Änderung auf die Daten des rufenden Programms aus.

Wie die einzelnen Datenfelder übergeben werden, wird in der PROCEDURE DIVISION bestimmt. Details finden sich in dem Kapitel 12 über externe Unterprogramme.

3.4 PROCEDURE DIVISION

In der PROCEDURE DIVISION werden alle ablauffähigen Befehle (COBOL-Anweisungen) codiert, das heißt also, dass hier nur Befehle codiert werden dürfen, die eine bestimmte Aktion bewirken, wie z.B. Übertragen, Addieren, Ausführen oder Verzweigen.

```
PROCEDURE DIVISION [using-phrase][RETURNING Bezeichner2]

    [          { exception-name-1               }    ]
    [ RAISING  { [ FACTORY OF ] Klassenname1    }... ]  .
    [          { Interfacename1                 }    ]
```

```
[ DECLARATIVES.
  { section-name-1 SECTION.
       USE-Anweisung.
       [COBOL-Satz]...[ paragraphen-name-1.[COBOL-Satz]...]...}...
  END DECLARATIVES.]

[{ section-name-1 SECTION.
       [COBOL-Satz ]... [ paragraphen-name-1.[COBOL-Satz]...]... }...]

using-phrase:
  USING  {[ BY REFERENCE]{[OPTIONAL]Bezeichner1}...}...
         { BY VALUE {Bezeichner1}...              }
```

Abb. 3.11: PROCEDURE DIVISION

3.4.1 USING-Zusatz

Der USING-Zusatz darf nur in externen Unterprogrammen vorkommen, die in einem Hauptprogramm mithilfe der CALL-Anweisung aufgerufen werden. Er hat die Aufgabe, Daten des Hauptprogramms im Unterprogramm zugänglich zu machen. Dem Thema »Externe Unterprogramme« haben wir das Kapitel 12 gewidmet.

3.4.2 RAISING-Zusatz

Dieser Zusatz dient dem Exceptionhandling, was nicht Gegenstand dieses Buches ist.

3.4.3 DECLARATIVES (Sondervereinbarungen)

Die Eintragung des DECLARATIVES-Teils ist wahlfrei und abhängig von den Programmanforderungen. Dieser Teil beinhaltet zentrale Fehlerbehandlungsroutinen, die automatisch ausgeführt werden, wenn der entsprechende Fehler auftritt.

3.4.4 END PROGRAM

Diese Anweisung teilt dem Übersetzer das Ende des Programms mit. Als Programmname muss der Name, der im Paragraphen PROGRAM-ID festgelegt wurde, angegeben werden. Sie ist aber nur dann notwendig, wenn noch im selben Source ein weiteres COBOL-Programm folgt oder COBOL-Programme ineinander geschachtelt werden.

Beispiel

```
PROGRAM-ID. DEMO1.
.
.
END PROGRAM DEMO1.
```

Listing 3.12: Die Verwendung von END PROGRAM

3.4.5 Aufbau der PROCEDURE DIVISION

Die PROCEDURE DIVISION ist die einzige DIVISION in einem COBOL-Programm, deren Aufbau und Gestaltung allein vom Programmierer abhängt; der Compiler schreibt hier nichts vor. COBOL-Anweisungen können also theoretisch in beliebiger Reihenfolge codiert werden. Die Praxis jedoch empfiehlt die Strukturierung dieser DIVISION. Die PROCEDURE DIVISION sollte also in Kapitel (SECTIONs) unterteilt werden. Jedes Kapitel kann weiter in Paragraphen aufgeteilt werden.

Ein Kapitel ist gekennzeichnet durch das Auftreten eines Namens, gefolgt von dem Wort SECTION. Bei einem Paragraphen darf das Wort SECTION nicht vorkommen. Ein Paragraph definiert sich ausschließlich durch seinen Namen.

Ein Kapitel umfasst alle nachfolgenden Paragraphen, bis ein weiteres Kapitel codiert wird (gekennzeichnet durch SECTION). Spätestens vor dem Auftreten eines neuen Paragraphen muss ein Punkt angegeben werden.

Beispiel

```
PROCEDURE DIVISION.
VERARBEITUNG SECTION.
VER-1000.
    (COBOL-Anweisungen)
    (COBOL-Anweisungen)
    (COBOL-Anweisungen)
VER-2000.
    (COBOL-Anweisungen)
    (COBOL-Anweisungen)
    (COBOL-Anweisungen)
VER-9999.
LESEN   SECTION.
```

Listing 3.13: Beispielhafter Aufbau einer PROCEDURE DIVISION

Kapitel 4

Definitionen von Datenfeldern

Ein Datenfeld ist ein Teil des Hauptspeichers, der zur Aufnahme von Daten vorgesehen ist. Aus der Sicht eines COBOL-Programms ist das Datenfeld, syntaktisch gesehen, ein symbolischer Name, der nach bestimmten Regeln und mit bestimmten Eigenschaften definiert wird. Die Eigenschaften eines Feldes werden durch Vergabe von bestimmten Klauseln festgelegt.

In modernen Programmiersprachen definiert man Attribute und lokale Variable. Diese werden oft nur mit ihrem Typ wie `Integer` oder `String` deklariert. In COBOL ergibt sich der Datentyp aus der `PICTURE`-Klausel. Dort wird auch immer die Größe eines Feldes definiert. Anders als in modernen Programmiersprachen haben COBOL-Datenfelder immer eine feste Länge.

Die Definition eines Datenfelds muss immer mit einer Stufennummer beginnen.

4.1 Stufennummer 77

Jedes Datenfeld in COBOL hat eine Stufennummer. Damit lässt sich eine Hierarchie von Felddefinitionen festlegen, womit ausgedrückt wird, dass ein Datenfeld mit einer höheren Stufennummer Teil eines übergeordneten Datenfelds ist.

Die Stufennummer 77 wird verwendet, um unabhängige Datenfelder zu definieren. Solche Datenfelder werden als Datenelemente (Variable) im Sinne der COBOL-Sprache verstanden und dürfen daher nicht in einem Datensatz beschrieben werden. Die Stufennummer 77 darf nur in der `WORKING-STORAGE SECTION`, der `LOCAL-STORAGE SECTION` und `LINKAGE SECTION` angegeben werden.

Beispiel

```
77   BETRAG    .......
77   GEHALT    .......
77   KONSTANTE .......
```

Listing 4.1: Felder mit Stufennummer 77

4.2 PICTURE-Klausel

Wirkung

Die PICTURE-Klausel beschreibt ein Datenfeld hinsichtlich seiner Datenklasse und seiner Länge.

```
Stufennummer [ { Datenname } ] [ { PICTURE } IS Zeichenkette ]
               { FILLER    }     { PIC     }
```

Abb. 4.1: PICTURE-Klausel

Erläuterung

Ein Datenelement muss mit einer PICTURE-Klausel beschrieben werden. Es gibt jedoch bestimmte Elementtypen, die von dieser Regel ausgeschlossen sind. Dazu gehören Indexdatenelemente, Zeiger oder auch Instanzreferenzen.

Soweit eine Abkürzung im Format ausdrücklich erlaubt ist, kann diese hier verwendet werden.

PIC kann gleichwertig wie PICTURE verwendet werden.

Die Zeichenkette, mit der das Datenfeld definiert wird, kann maximal 50 Zeichen lang sein, die Feldlänge selbst kann viel größer sein.

Die Zeichenkette muss eine Kombination aus den folgenden 21 Zeichen aufweisen:

```
A N X B   1 9 E S V P . , - + * Z $ 0 / CR DB
```

Beispiel

```
77 DATENFELD  PIC 9999
```

definiert ein vierstelliges numerisches Datenfeld, das heißt also, dass jede »9« ein Byte reserviert.

Sollte das gleiche Symbol mehrfach in der PICTURE-Zeichenkette aufeinanderfolgen, braucht dies nur einmal codiert zu werden, gefolgt von Klammem, in denen die Anzahl der Wiederholungen des Symbols angegeben wird.

Beispiel

```
77 DATENFELD  PIC 9(4)
```

Die Zeichen S, V, ., CR, DB dürfen nur einmal in der PIC-Zeichenkette auftreten.

Wenigstens eines der Symbole A, N, X, Z, 1, 9, * oder wenigstens zwei der Symbole +, -, $ müssen in der Zeichenfolge vorkommen.

Die Kombination der PIC-Zeichenkette bestimmt die Datenkategorie eines Datenfelds.

Klasse	Kategorie
Alphabetisch	Alphabetisch
Alphanumerisch	Alphanumerisch Alphanumerisch-druckaufbereitet Numerisch-druckaufbereitet (falls USAGE DISPLAY)
Boolean	Boolean
Index	Index
National	National National-druckaufbereitet Numerisch-druckaufbereitet (falls USAGE NATIONAL)
Numerisch	Numerisch
Objekt	Objektreferenz
Zeiger	Datenzeiger Programmzeiger

Tabelle 4.1: Klassen und Kategorien von Datenfeldern

Die Klassifizierung der Datenfelder in Tabelle 4.1 ist notwendig, weil sich bestimmte Anweisungen auf bestimmte Datenkategorien beziehen müssen.

In den nachfolgenden Erläuterungen und Beispielen werden Sie erfahren, welchen Verwendungszweck das jeweilige Symbol der PICTURE-Zeichenkette hat.

4.2.1 Alphabetische Datenfelder

Alphabetische Datenfelder sind zur Aufnahme von allen Groß- und Kleinbuchstaben und des Leerzeichens vorgesehen. Die PIC-Zeichenkette eines alphabetischen Datenfelds darf nur aus den Symbolen A und B bestehen.

A Das Symbol A in einer PIC-Zeichenkette kann einen Buchstaben des Alphabets oder ein Leerzeichen aufnehmen.

B Das Symbol B kann nur ein Leerzeichen aufnehmen.

Beispiel

```
77 ALPHABET             PIC    A(10)
```

Sie werden jetzt eine Reihe von immer gleich gestalteten Beispielen sehen. Man sollte sich dabei vorstellen, dass der Inhalt eines Datenfelds SENDEFELD mit der MOVE-Anweisung zu einem Empfangsfeld übertragen wird. Es ist einfach, die Wirkung der PICTURE-Klausel auf den Inhalt eines Feldes zu sehen, nachdem dieses übertragen wurde.

Um die Lesbarkeit zu erhöhen, werden in diesem Kapitel alle Leerzeichen, die den Inhalt eines Feldes betreffen, durch das Symbol »·« dargestellt.

```
working-storage section.

01  sendefeld-1      pic A(5).        *> Inhalt: "IBMPC"
01  empfangsfeld-1   pic A(3)BAA.     *> Inhalt: "IBM·PC"

01  sendefeld-2      pic A(5).        *> Inhalt: "COBOL"
01  empfangsfeld-2   pic ABABABABA.   *> Inhalt: "C·O·B·O·L"

procedure division.

   move sendefeld-1 to empfangsfeld-1
   move sendefeld-2 to empfangsfeld-2
```

Listing 4.2: Alphabetische Datenfelder

4.2.2 Alphanumerische Datenfelder

Alphanumerische Datenfelder sind zur Aufnahme aller Zeichen des aktuellen Zeichenvorrats vorgesehen. Die PIC-Zeichenkette eines alphanumerischen Datenfelds darf nur aus den Symbolen X, N, A, 9 bestehen. Dabei muss mindestens ein X, N oder eine 9 mit einem A vorhanden sein, um das Feld als alphanumerisches zu interpretieren.

X Das Symbol X in einer PIC-Zeichenkette kann jedes Zeichen des aktuellen Zeichenvorrats aufnehmen.

N Das Symbol N dient ebenfalls zur Aufnahme eines beliebigen Zeichens. Da hier jedoch die Zeichen eines nationalen Zeichensatzes gemeint sind, benötigt jedes Zeichen unter Umständen mehr als ein Byte Speicherplatz.

9 Das Symbol 9 kann nur eine Ziffer von 0 bis 9 aufnehmen.

A Das Symbol A kann einen Buchstaben des Alphabets oder ein Leerzeichen annehmen.

```
working-storage section.

01  sendefeld-1     pic x(5).        *> Inahlt: "IBMPC"
01  empfangsfeld-1  pic x(7).        *> Inhalt: "IBMPC··"

01  sendefeld-2     pic x(6).        *> Inhalt: "IBM-PC"
01  empfangsfeld-2  pic x(8).        *> Inhalt: "IBM-PC··"

01  sendefeld-3     pic x(9).        *> Inhalt: "08:30·UHR"
01  empfangsfeld-3  pic x(9).        *> Inhalt: "08:30·UHR"
```

```
01  sendefeld-4     pic x(9).        *> Inhalt: "08:30·UHR"
01  empfangsfeld-4 pic 99x99xxxx. *> Inhalt: "08:30·UHR"

01  sendefeld-5     pic x(9).        *> Inhalt: "08:30·UHR"
01  empfangsfeld-5 pic 99x99aaaa. *> Inhalt: "08:30·UHR"

01  sendefeld-6     pic x(6).        *> Inhalt: "456XYZ"
01  empfangsfeld-6 pic 999aaa.      *> Inhalt: "456XYZ"

procedure division.

   move sendefeld-1 to empfangsfeld-1
   move sendefeld-2 to empfangsfeld-2
   move sendefeld-3 to empfangsfeld-3
   move sendefeld-4 to empfangsfeld-4
   move sendefeld-5 to empfangsfeld-5
   move sendefeld-6 to empfangsfeld-6
```

Listing 4.3: Alphanumerische Datenfelder

4.2.3 Numerische Datenfelder

Numerische Datenfelder sind ausschließlich für die Durchführung von Rechenoperationen vorgesehen. Die PICTURE-Zeichenkette eines numerischen Datenfelds darf nur aus den Symbolen 9, V, S, P bestehen. Dabei muss mindestens eine 9 vorhanden sein, um das Feld als numerisches zu interpretieren.

9 Das Symbol 9 kann nur eine Ziffer von 0 bis 9 aufnehmen, wobei maximal 31 Stellen angegeben werden können.

Beispiel

```
77 RECHNUNGSSUMME          PIC 9(4)
```

Dieses Feld ist 4 Byte lang und kann nur positive, ganzzahlige Werte von 0 bis 9999 annehmen.

V Das Symbol V kennzeichnet einen fiktiven Dezimalpunkt. Das heißt also, wenn Sie ein Datenfeld mit Nachkommastellen definieren wollen, zählen Sie die Nachkommastellen und geben das Symbol V davor an. Das Symbol V benötigt keinen Speicherplatz und darf nur einmal vorkommen.

Beispiel

```
77 RECHNUNGSSUMME          PIC 9(4)V99
```

Dieses Feld ist 6 Byte lang und kann nur positive Werte von 0000.00 bis 9999.99 annehmen, z.B. Euro-Beträge mit Cent.

S Das Symbol S ist immer zu verwenden, wenn das Datenfeld negative Werte aufnehmen soll. Dieses Symbol kennzeichnet also das Vorhandensein eines Vorzeichens, es reserviert keinen Speicherplatz und darf nur einmal vorkommen, gegebenenfalls muss es als erstes in der PICTURE-Zeichenkette erscheinen.

Beispiel

```
77 FEHL-STUNDEN             PIC S99
```

Dieses Feld ist 2 Byte lang und kann nur ganzzahlige Werte von -99 bis +99 aufnehmen.

P Das Symbol P erweitert das Fassungsvermögen eines Datenfelds, ohne Speicherplatz dafür reservieren zu müssen. Ein P erweitert den Wert eines Datenfelds um eine Zehnerpotenz. Das Symbol P darf nur nebeneinander, ganz links oder ganz rechts in der Zeichenkette erscheinen.

Beispiel

```
77 GRAMM                    PIC 99PPP
```

Dieses Feld ist 2 Byte lang und kann zwar nur ganzzahlige Werte von 0 bis 99 aufnehmen, der rechnerische Wert wird jedoch um das 1000-Fache höher angenommen. Nehmen wir an, das Feld GRAMM enthält den Wert 5 (5 Kilo), wird dieser bei einer Rechenoperation als 5000 (5000 Gramm) interpretiert.

Beispiel

```
77 KILO                     PIC PPP99
```

Dieses Feld ist 2 Byte lang und kann zwar nur Nachkommastellen von .00 bis .99 aufnehmen, der rechnerische Wert wird jedoch um das 1000-Fache weniger angenommen. Nehmen wir also an, das Feld KILO enthält den Wert .8 (8 Gramm), wird dieser bei einer Rechenoperation als 0,008 interpretiert.

```
working-storage section.

01  sendefeld-1    pic 9(4).      *> Inhalt: 1234
01  empfangsfeld-1 pic 9(6).      *> Inhalt: 001234

01  sendefeld-2    pic 9(4).      *> Inhalt: 1234
01  empfangsfeld-2 pic 9(3).      *> Inhalt: 234
```

```
01  sendefeld-3     pic 9(4)v99.   *> Inhalt: 123456
01  empfangsfeld-3 pic 9(6)v999.  *> Inhalt: 001234560

01  sendefeld-4     pic 9(4)v99.   *> Inhalt: 123456
01  empfangsfeld-4 pic 9(6)v9.    *> Inhalt: 0012345

01  sendefeld-5     pic v9(3).     *> Inhalt: 567
01  empfangsfeld-5 pic 9(6).      *> Inhalt: 000000

procedure division.

  move sendefeld-1 to empfangsfeld-1
  move sendefeld-2 to empfangsfeld-2
  move sendefeld-3 to empfangsfeld-3
  move sendefeld-4 to empfangsfeld-4
  move sendefeld-5 to empfangsfeld-5
```

Listing 4.4: Numerische Datenfelder

4.2.4 Boolesche Datenfelder

Datenfelder dieser Klasse werden mithilfe des PICTURE-Symbols 1 definiert. Sie können zusätzlich mit der Angabe USAGE BIT versehen werden, was dann zur Folge hat, dass für jede 1 auch wirklich nur ein Bit Hauptspeicher reserviert wird. Fehlt die USAGE-Angabe, wird auch hier USAGE DISPLAY angenommen, womit es möglich wird, die Bitkombination anzuzeigen, die das Datenfeld repräsentiert.

Die USAGE-Angabe hat keinen Einfluss auf die Verwendbarkeit boolescher Datenfelder.

Die Operatoren B-AND, B-OR, B-XOR und B-NOT wurden geschaffen, um boolesche Felder bitweise zu verknüpfen.

1 Das Symbol 1 kann nur eine der Ziffern 0 oder 1 aufnehmen, wobei bis zu 160 Stellen angegeben werden können.

Beispiel

```
working-storage section.

01  flag-1    pic 1111 usage bit  value b"0000".
01  flag-2    pic 1111 usage bit.

01  schalter  pic 1    usgae bit.

procedure division.
```

```
move b"0011" to flag-2
compute flag-1 = flag-2 b-or b"1000"
*> Inhalt von flag-1: b"1011"

if schalter    *> Gültiger boolescher Ausdruck
  call "Upro"
end-if
```

Listing 4.5: Boolesche Datenfelder

4.2.5 Alphanumerische druckaufbereitete Datenfelder

Alphanumerische Datenfelder sind zum Drucken in eine Liste bzw. zu deren Anzeige auf dem Bildschirm vorgesehen. Die PICTURE-Zeichenkette eines alphanumerischen Datenfelds darf nur aus den Symbolen X, N, A, 9, B, 0, / bestehen. Dabei muss mindestens eine der Kombinationen (X und B), (X und 0), (X und /) usw. vorhanden sein, um das Feld als alphanumerisches zu interpretieren. Die Symbole X, N, A, 9 haben den gleichen Zweck, wie bereits in den anderen Datenkategorien aufgeführt.

Einfügungssymbole B 0 /

Einfügungssymbole werden dann benutzt, wenn der Inhalt eines Feldes in einer anderen Form aufbereitet werden soll. Sollen z.B. Leerzeichen an beliebigen Stellen in einem Datenfeld eingefügt werden, gibt man an diesen Stellen das Symbol B an usw.

```
working-storage section.

01 sendefeld-1     pic x(6).        *> Inhalt: "UMSATZ"
01 empfangsfeld-1 pic XBXBXBXBXBX.*> Inhalt: "U·M·S·A·T·Z"

01 sendefeld-2     pic x(6).        *> Inhalt: "111111"
01 empfangsfeld-2 pic X0X0X0X0X0X.*> Inhalt: "10101010101"

01 sendefeld-3     pic x(6).        *> Inhalt: "190586"
01 empfangsfeld-3 pic XX/XX/XX.     *> Inhalt: "19/05/86"

procedure division.

  move sendefeld-1 to empfangsfeld-1
  move sendefeld-2 to empfangsfeld-2
  move sendefeld-3 to empfangsfeld-3
```

Listing 4.6: Alphanumerische druckaufbereitete Felder

4.2.6 Numerische druckaufbereitete Datenfelder

Diese Datenkategorie wird benutzt, um numerische Felder (Rechenfelder und Ergebnisse) druckfähig zu machen. Sie wird ebenfalls für die Aufbereitung von Ein/Ausgabedatenfeldern für den Bildschirm genommen. Die PICTURE-Zeichenkette eines numerischen Datenfelds darf nur aus den folgenden Symbolen bestehen:

9 Zifferstelle

Z Zifferstelle mit Nullenunterdrückung

* Zifferstelle mit Nullenunterdrückung

, Einfügungszeichen oder Dezimalkomma

. Dezimalpunkt oder Einfügungszeichen

- Minus-Vorzeichen

+ Plus-Vorzeichen

B Einfügungszeichen (Blank)

0 Einfügungszeichen (Null)

/ Einfügungszeichen (Schrägstrich)

CR Einfügungszeichen (Kreditor-Zeichen)

DB Einfügungszeichen (Debitor-Zeichen)

$ Zifferstelle mit Nullenunterdrückung

V Ausrichtung der Dezimalstelle

P Ausrichtung der Zehnerpotenzen

Bei der Zusammenstellung der PICTURE-Zeichenkette sind jedoch die folgenden Regeln zu beachten:

- Die maximale Anzahl der Symbole, die als Ziffernstellen vorgesehen sind, beträgt 31.
- Die maximale Länge eines numerischen druckaufbereiteten Datenfelds beträgt 160 Zeichen.
- Die PICTURE-Zeichenkette muss mindestens eines der Symbole 0, B, /, Z, *, +, -, ,, ., CR, DB, $ enthalten, damit das Feld als druckaufbereitet anerkannt wird.

Festlegung der Dezimalstelle

Im Standardfall gelten der Punkt als Dezimalzeichen und das Komma als Einfügungssymbol. Im deutschsprachigen Raum werden jedoch die zwei Symbole mit vertauschten Funktionen verwendet. Dies ist einfach im eigenen Programm zu realisieren, wenn im SPECIAL-NAMES-Paragraphen die Klausel DECIMAL-POINT IS COMMA codiert wird.

Mithilfe des Dezimalzeichens kann der Wert des Sendefelds innerhalb des Empfangsfelds ausgerichtet werden. Das Einfügungszeichen hat die Aufgabe, als Symbol im Druckbild zu erscheinen, z.B. für die Kennzeichnung der Tausenderstelle innerhalb eines größeren Betrags.

Das Dezimalzeichen darf nur einmal vorkommen; das Einfügungszeichen darf so oft vorkommen, wie es erforderlich ist, jedoch nur links vom Dezimalzeichen.

In den nachfolgenden Beispielen wollen wir davon ausgehen, dass die Klausel `DECIMAL-POINT IS COMMA` codiert wurde. Wir wollen weiter annehmen, dass der Inhalt eines Sendefelds `BETRAG` zu einem Empfangsfeld `DRUCK-FELD` übertragen werden soll, und dabei die Arbeitsweise der Aufbereitung üben.

```
working-storage section.

01 betrag-1    pic 999v99.      *> Inhalt: 12345
01 druckfeld-1 pic 999,99.      *> Inhalt: 123,45

01 betrag-2    pic 999v99.      *> Inhalt: 00345
01 druckfeld-2 pic 999,99.      *> Inhalt: 003,45

01 betrag-3    pic v9(5).       *> Inhalt: 12345
01 druckfeld-3 pic 999,99.      *> Inhalt: 000,12

01 betrag-4    pic 9(5)v99.     *> Inhalt: 1234567
01 druckfeld-4 pic 99.999,99.   *> Inhalt: 12.345,67

01 betrag-5    pic 999v99.      *> Inhalt: 12345
01 druckfeld-5 pic 999.99.      *> Inhalt: 001.23


procedure division.

  move betrag-1 to druckfeld-1
  move betrag-2 to druckfeld-2
  move betrag-3 to druckfeld-3
  move betrag-4 to druckfeld-4
  move betrag-5 to druckfeld-5
```

Listing 4.7: Numerische druckaufbereitete Datenfelder

Unterdrückung der führenden Nullen

Das Symbol 9 kann eine Ziffer aus dem Sendefeld aufnehmen und aufbereiten, jedoch werden hier die führenden Nullen nicht unterdrückt. Die Symbole Z und * haben die gleiche Aufgabe wie die 9, die führenden Nullen werden aber unterdrückt. Ein Z ersetzt also eine führende Null durch ein Leerzeichen und * durch ein Sternsymbol. Bei der Nullenunterdrückung müssen die folgenden Regeln beachtet werden:

- Man kann Z und 9 kombiniert verwenden oder * und 9.
- Die 9 kann nur rechts vom Z oder vom * vorkommen.
- Alle Einfügungszeichen und das Dezimalzeichen, deren Positionen innerhalb der führenden Nullen anfallen, werden entsprechend durch Z oder * unterdrückt.
- Das Auftreten des Dezimalzeichens in der PICTURE-Zeichenkette bewirkt die Aufhebung der Unterdrückung der führenden Nullen, alle nachfolgenden Nullen werden dann im Druckbild erscheinen. Die Aufhebung erfolgt ausnahmsweise nicht, wenn der gesamte Wert des Sendefelds, einschließlich Dezimalstellen, gleich null ist.
- Handelt es sich bei dem Unterdrückungssymbol um einen Stern, erscheint in jedem Fall das Dezimalzeichen.

```
working-storage section.

01 betrag-01     pic 999v99.     *> Inhalt: 12345
01 druckfeld-01 pic zz9,99.     *> Inhalt: "123,45"

01 betrag-02     pic 999v99.     *> Inhalt: 12345
01 druckfeld-02 pic zzz,zz.     *> Inhalt: "123,45"

01 betrag-03     pic 999v99.     *> Inhalt: 00340
01 druckfeld-03 pic zzz,zz.     *> Inhalt: "··3,40"

01 betrag-04     pic 9(5)v99.    *> Inhalt: 0000000
01 druckfeld-04 pic zz.zzz,zz.  *> Inhalt: "·········"

01 betrag-05     pic 999v99.     *> Inhalt: 00040
01 druckfeld-05 pic zzz,zz.     *> Inhalt: "···,40"

01 betrag-06     pic 9(6).       *> Inhalt: 000004
01 druckfeld-06 pic zzzz,zz.    *> Inhalt: "······4"

01 betrag-07     pic 9(5)v99.    *> Inhalt: 0003456
01 druckfeld-07 pic zz999,99.   *> Inhalt: "··034,56"

01 betrag-08     pic 999v99.     *> Inhalt: 00040
01 druckfeld-08 pic zzz,99.     *> Inhalt: "···,40"

01 betrag-09     pic 999v99.     *> Inhalt: 12345
01 druckfeld-09 pic **9,99.     *> Inhalt: "123,45"
```

```
01 betrag-10     pic 999v99.     *> Inhalt: 12345
01 druckfeld-10 pic ***,**.     *> Inhalt: "123,45"

01 betrag-11     pic 999v99.     *> Inhalt: 00340
01 druckfeld-11 pic ***,**.     *> Inhalt: "**3,40"

01 betrag-12     pic 9(5)v99.    *> Inhalt: 0000000
01 druckfeld-12 pic **.***,**. *> Inhalt: "******,**"

01 betrag-13     pic 999v99.     *> Inhalt: 00040
01 druckfeld-13 pic ***,**.     *> Inhalt: "***,40"

01 betrag-14     pic 9(6).       *> Inhalt: 000004
01 druckfeld-14 pic ****.**.    *> Inhalt: "******4"

01 betrag-15     pic 9(5)v99.    *> Inhalt: 0003456
01 druckfeld-15 pic **999,99.  *> Inhalt: "**034,56"

01 betrag-16     pic 999v99.     *> Inhalt: 00040
01 druckfeld-16 pic **9,99.     *> Inhalt: "**0,40"


procedure division.

  move betrag-01 to druckfeld-01
  move betrag-02 to druckfeld-02
  move betrag-03 to druckfeld-03
  move betrag-04 to druckfeld-04
  move betrag-05 to druckfeld-05
  move betrag-06 to druckfeld-06
  move betrag-07 to druckfeld-07
  move betrag-08 to druckfeld-08
  move betrag-09 to druckfeld-09
  move betrag-10 to druckfeld-10
  move betrag-11 to druckfeld-11
  move betrag-12 to druckfeld-12
  move betrag-13 to druckfeld-13
  move betrag-14 to druckfeld-14
  move betrag-15 to druckfeld-15
  move betrag-16 to druckfeld-16
```

Listing 4.8: Führende Nullen unterdrücken

Die Symbole + und - als Vorzeichen

Diese Symbole werden in der PICTURE-Zeichenkette benutzt, um negative und positive Beträge im Druckbild zu unterscheiden.

Bei der Verwendung des Vorzeichens müssen die folgenden Regeln beachtet werden:

- Es darf nur ein + oder ein - verwendet werden.
- Das Vorzeichen kann am Anfang oder am Ende der PICTURE-Zeichenkette angegeben werden.
- Sinnvollerweise sollte das Sendefeld ein S in seiner PICTURE-Klausel aufweisen, da sonst der Inhalt des Feldes immer als positiv angesehen wird.
- Das Ergebnis der Aufbereitung ist vom Inhalt des Feldes abhängig und ergibt sich aus Tabelle 4.2.

PICTURE-Symbol	Ergebnis bei positivem Inhalt	Ergebnis bei negativem Inhalt
+	+	-
-	Leerzeichen	-

Tabelle 4.2: Vorzeichenaufbereitung

```
working-storage section.

01 betrag-01     pic s9999.    *> Inhalt: (+)1234
01 druckfeld-01 pic +9999.    *> Inhalt: "+1234"

01 betrag-02     pic s9999.    *> Inhalt: (+)1234
01 druckfeld-02 pic 9999+.    *> Inhalt: "1234+"

01 betrag-03     pic s9999.    *> Inhalt: (-)1234
01 druckfeld-03 pic +9999.    *> Inhalt: "-1234"

01 betrag-04     pic s9999.    *> Inhalt: (-)0034
01 druckfeld-04 pic +zz99.    *> Inhalt: "-··34"

01 betrag-05     pic s9999.    *> Inhalt: (+)1234
01 druckfeld-05 pic -9999.    *> Inhalt: "·1234"

01 betrag-06     pic s9999.    *> Inhalt: (+)1234
01 druckfeld-06 pic 9999-.    *> Inhalt: "1234·"

01 betrag-07     pic s9999.    *> Inhalt: (-)1234
01 druckfeld-07 pic -9999.    *> Inhalt: "-1234"
```

```
01 betrag-08    pic s9999.    *> Inhalt: (-)0034
01 druckfeld-08 pic -zz99.    *> Inhalt: "-··34"

procedure division.

  move betrag-01 to druckfeld-01
  move betrag-02 to druckfeld-02
  move betrag-03 to druckfeld-03
  move betrag-04 to druckfeld-04
  move betrag-05 to druckfeld-05
  move betrag-06 to druckfeld-06
  move betrag-07 to druckfeld-07
  move betrag-08 to druckfeld-08
```

Listing 4.9: Felder mit Vorzeichen

Die Symbole CR und DB

Diese Symbole werden in der PICTURE-Zeichenkette benutzt, um negative und positive Beträge im Druckbild zu unterscheiden.

Bei der Verwendung dieser Symbole müssen die folgenden Regeln beachtet werden:

- Es darf entweder CR oder DB verwendet werden, und zwar nur an den letzten beiden Stellen.
- Das Ergebnis der Aufbereitung ist vom Inhalt des Feldes abhängig und ergibt sich aus Tabelle 4.3.

PICTURE-Symbol	Ergebnis bei positivem Inhalt	Ergebnis bei negativem Inhalt
DB	2 Leerzeichen	DB
CR	2 Leerzeichen	CR

Tabelle 4.3: Aufbereitung der Symbole CR und DB

```
working-storage section.

01 betrag-01    pic s9999.    *> Inhalt: (+)1234
01 druckfeld-01 pic 9999CR.   *> Inhalt: "1234··"

01 betrag-02    pic s9999.    *> Inhalt: (-)1234
01 druckfeld-02 pic 9999CR.   *> Inhalt: "1234CR"

01 betrag-03    pic s9999.    *> Inhalt: (+)1234
01 druckfeld-03 pic 9999DB.   *> Inhalt: "1234··"

01 betrag-04    pic s9999.    *> Inhalt: (-)1234
01 druckfeld-04 pic 9999DB.   *> Inhalt: "1234DB"
```

```
01 betrag-05     pic s9999.     *> Inhalt: (+)0000
01 druckfeld-05 pic ZZZZDB.    *> Inhalt: "······"

procedure division.

  move betrag-01 to druckfeld-01
  move betrag-02 to druckfeld-02
  move betrag-03 to druckfeld-03
  move betrag-04 to druckfeld-04
  move betrag-05 to druckfeld-05
```

Listing 4.10: Felder mit CR und DB

Einfügungssymbole B 0 /

Die Einfügungszeichen haben schlicht die Aufgabe, im Druckbild an den angegebenen Positionen zu erscheinen.

```
working-storage section.

01 betrag-01     pic 9999.     *> Inhalt: 1234
01 druckfeld-01 pic 99BB99.   *> Inhalt: "12··34"

01 betrag-02     pic 9999.     *> Inhalt: 1234
01 druckfeld-02 pic 9B9B9B9. *> Inhalt: "1·2·3·4"

01 betrag-03     pic 9999.     *> Inhalt: 1234
01 druckfeld-03 pic 990099.   *> Inhalt: "120034"

01 betrag-04     pic 9999.     *> Inhalt: 1234
01 druckfeld-04 pic 9090909. *> Inhalt: "1020304"

01 betrag-05     pic 9(6).     *> Inhalt: 123456
01 druckfeld-05 pic 99/99/99.*> Inhalt: "12/34/56"

01 betrag-06     pic 9999.     *> Inhalt: 1234
01 druckfeld-06 pic 99/99/99.*> Inhalt: "00/12/34"

01 betrag-07     pic 9999.     *> Inhalt: 1234
01 druckfeld-07 pic ZZ0BZZ0. *> Inhalt: "120·340"

procedure division.
```

```
   move betrag-01 to druckfeld-01
   move betrag-02 to druckfeld-02
   move betrag-03 to druckfeld-03
   move betrag-04 to druckfeld-04
   move betrag-05 to druckfeld-05
   move betrag-06 to druckfeld-06
   move betrag-07 to druckfeld-07
```

Listing 4.11: Felder mit Einfügungssymbolen B, 0 und /

Gleitendes Vorzeichen + -

Sie haben bereits die Symbole + und - (plus und minus) als Vorzeichen gesehen. Diese Art von Vorzeichen weist einen Nachteil auf, wenn der Inhalt des Sendefelds führende Nullen enthält; hier wird dann das Vorzeichen durch Leerzeichen von den Ziffern getrennt dargestellt.

Bei gleitendem Vorzeichen müssen mindestens zwei Symbole (+ oder -) verwendet werden; das Symbol rückt dann nach rechts ein bis zur ersten Ziffer.

```
working-storage section.

01 betrag-01    pic s9999.    *> Inhalt: (+)1234
01 druckfeld-01 pic +++++.    *> Inhalt: "+1234"

01 betrag-02    pic s9999.    *> Inhalt: (+)0034
01 druckfeld-02 pic +++++.    *> Inhalt: "··+34"

01 betrag-03    pic s9999.    *> Inhalt: (-)0034
01 druckfeld-03 pic +++++.    *> Inhalt: "··-34"

01 betrag-04    pic s9999.    *> Inhalt: (+)1234
01 druckfeld-04 pic -----.    *> Inhalt: "·1234"

01 betrag-05    pic s9999.    *> Inhalt: (+)0034
01 druckfeld-05 pic -----.    *> Inhalt: "···34"

01 betrag-06    pic s9999.    *> Inhalt: (-)0034
01 druckfeld-06 pic -----.    *> Inhalt: "··-34"

procedure division.

   move betrag-01 to druckfeld-01
   move betrag-02 to druckfeld-02
```

```
   move betrag-03 to druckfeld-03
   move betrag-04 to druckfeld-04
   move betrag-05 to druckfeld-05
   move betrag-06 to druckfeld-06
```

Listing 4.12: Felder mit gleitenden Vorzeichen

Das Währungssymbol $

Das Währungssymbol kann in der PICTURE-Zeichenkette als Zifferstelle oder als gleitende Zifferstelle verwendet werden. Im zweiten Fall müssen mindestens zwei Symbole verwendet werden.

```
working-storage section.

01 betrag-01    pic 9999.       *> Inhalt: 1234
01 druckfeld-01 pic $9999.      *> Inhalt: "$1234"

01 betrag-02    pic 9999.       *> Inhalt: 1234
01 druckfeld-02 pic $$$$$.      *> Inhalt: "$1234"

01 betrag-03    pic 9999.       *> Inhalt: 0034
01 druckfeld-03 pic $$$$$.      *> Inhalt: "··$34"

01 betrag-04    pic 99v9.       *> Inhalt: 123
01 druckfeld-04 pic $$$,$.      *> Inhalt: "$12,3"

01 betrag-05    pic 9999.       *> Inhalt: 1234
01 druckfeld-05 pic $$.$$9,$$. *> Inhalt: "$1.234,00"

01 betrag-06    pic 9999.       *> Inhalt: 0034
01 druckfeld-06 pic $$.$$9,$$. *> Inhalt: "···$34,00"

procedure division.

   move betrag-01 to druckfeld-01
   move betrag-02 to druckfeld-02
   move betrag-03 to druckfeld-03
   move betrag-04 to druckfeld-04
   move betrag-05 to druckfeld-05
   move betrag-06 to druckfeld-06
```

Listing 4.13: Felder mit Währungssymbol

4.3 VALUE-Klausel

Wirkung

Die VALUE-Klausel wird benutzt, um ein Datenfeld bereits bei der Definition mit einem Anfangswert zu versehen.

```
VALUE IS Literal1
```

Abb. 4.2: VALUE-Klausel

Erläuterung

Die VALUE-Klausel macht nur in der WORKING-STORAGE SECTION und LOCAL-STORAGE SECTION Sinn.

Man kann einem Datenelement oder einer Datengruppe einen Anfangswert zuweisen. Bei einer Datengruppe muss das angegebene Literal zur alphanumerischen Klasse gehören. Datenelemente solcher Gruppen dürfen nicht die Klausel JUSTIFIED, SYNCHRONIZED und USAGE (außer DISPLAY) enthalten.

Die VALUE-Klausel darf nicht verwendet werden bei Datenfeldern, die mit der REDEFINES-Klausel beschrieben sind oder die bereits wegen ihrer Zugehörigkeit zu einer Gruppe mit einem Anfangswert versehen wurden.

Beispiele

```
01  zeile-1     pic  X(20) VALUE  "Umsatzliste".
01  zeile-2     pic  X(08) VALUE  "Rechnung"
01  zeile-3     pic  X(99) VALUE  ALL "=".
01  MwSt        pic  99V99 VALUE  14.
01  Klein-Druck pic  XX    VALUE  X"1B0F".
```

Listing 4.14: Felder mit VALUE vorbelegen

4.4 USAGE-Klausel

Wirkung

Mithilfe der USAGE-Klausel kann die Abspeicherung unterschiedlicher Datenformate realisiert werden.

```
              ⎧ BINARY                                                      ⎫
              ⎪ BINARY-CHAR {SIGNED | UNSIGNED}                             ⎪
              ⎪ BINARY-SHORT {SIGNED | UNSIGNED}                            ⎪
              ⎪ BINARY-LONG {SIGNED | UNSIGNED}                             ⎪
              ⎪ BINARY-DOUBLE {SIGNED | UNSIGNED}                           ⎪
              ⎪ BIT                                                         ⎪
              ⎪ COMPUTATIONAL                                               ⎪
[ USAGE IS ]  ⎨ COMP                                                        ⎬
              ⎪ DISPLAY                                                     ⎪
              ⎪ FLOAT-SHORT                                                 ⎪
              ⎪ FLOAT-LONG                                                  ⎪
              ⎪ FLOAT-EXTENDED                                              ⎪
              ⎪ INDEX                                                       ⎪
              ⎪ NATIONAL                                                    ⎪
              ⎪                   ⎡ Interfacename1                        ⎤ ⎪
              ⎪ OBJECT REFERENCE  ⎢ [FACTORY OF] ACTIVE-CLASS             ⎥ ⎪
              ⎪                   ⎣ [FACTORY OF] Klassenname1 [ ONLY ]    ⎦ ⎪
              ⎪ PACKED-DECIMAL                                              ⎪
              ⎪ POINTER  TO Typname                                         ⎪
              ⎩ PROGRAM-POINTER  TO Programm-Prototypname                   ⎭
```

Abb. 4.3: USAGE-Klausel

Erläuterung

Diese Klausel ist wahlweise einzutragen. Fehlt die Klausel, wird `USAGE IS DISPLAY` angenommen. Sie kann im Zusammenhang mit einem Datenelement oder einer Datengruppe definiert werden. Im zweiten Fall werden alle untergliederten Elemente so interpretiert, als wären sie selbst mit der USAGE-Klausel beschrieben.

4.4.1 DISPLAY

Diese interne Datendarstellung wird für Felder benutzt, die ausgedruckt oder am Bildschirm angezeigt werden sollen. Sie muss für alphanumerische Felder implizit oder explizit angegeben werden; sie kann auch für numerische Felder angegeben werden.

Numerische Felder, die mit `USAGE DISPLAY` beschrieben wurden, werden auch »entpackt« oder »extern dezimal« genannt (Kurzbezeichnung: ED). Bei der Speicherplatzreservierung wird für jedes Zeichen ein Byte reserviert.

Beispiel 1

```
01 ALPHA-FELD  PIC X(4) VALUE "ABCD".

  *> Feldinhalt ASCII hexadezimal: 41 42 43 44
```

Listing 4.15: Felder mit USAGE DISPLAY

Beispiel 2

```
01 BETRAG       PIC 9(4) VALUE 5678.
*> oder:
01 BETRAG       PIC 9(4) VALUE 5678 USAGE DISPLAY.

  *> Feldinhalt ASCII hexadezimal: 35 36 37 38
```

Listing 4.16: Felder mit USAGE DISPLAY

Das Feld BETRAG in diesem Beispiel ist zwar rechenfähig, jedoch nicht optimal dafür definiert. Besser sind gepackte oder binäre Formate, die im Folgenden beschrieben werden.

4.4.2 PACKED-DECIMAL (manchmal auch COMP-3)

Diese interne Datendarstellung wird für numerische Felder verwendet, die in Rechenoperationen benutzt werden sollen.

Numerische Felder, die mit USAGE PACKED-DECIMAL beschrieben wurden, werden auch »gepackt« oder »intern dezimal« genannt (Kurzbezeichnung: ID). Bei der Speicherplatzreservierung wird für jede Ziffer ein Halbbyte reserviert.

Beispiel

```
01 ANZAHL-1     PIC 9(4) VALUE 5678 PACKED-DECIMAL.
  *> Feldinhalt ASCII hexadezimal: 05 67 8F

01 ANZAHL-2     PIC S9(4) VALUE 5678 PACKED-DECIMAL.
  *> Feldinhalt ASCII hexadezimal: 05 67 8C

01 ANZAHL-3     PIC S9(4) VALUE -5678 PACKED-DECIMAL.
  *> Feldinhalt ASCII hexadezimal: 05678D
```

Listing 4.17: Felder mit USAGE PACKED-DECIMAL

4.4.3 COMP oder BINARY

Diese interne Datendarstellung empfiehlt sich für numerische Felder, die an rechenintensiven Operationen beteiligt sind.

Numerische Felder, die mit USAGE COMP beschrieben wurden, werden auch *binäre Felder* genannt (Kurzbezeichnung: BI). Bei der Speicherplatzreservierung geht man nach Tabelle 4.4 vor.

PICTURE-Klausel	Anzahl der reservierten Bytes
S9(01) bis S9(02)	1
S9(03) bis S9(04)	2
S9(05) bis S9(06)	3
S9(07) bis S9(09)	4
S9(10) bis S9(11)	5
S9(12) bis S9(14)	6
S9(15) bis S9(16)	7
S9(17) bis S9(18)	8

Tabelle 4.4: Größe von binären Feldern

Beispiel

```
01 B-1          PIC S9(4) VALUE 14 COMP.
  *> Feldinhalt hexadezimal: 00 0E

01 B-2          PIC S9(4) VALUE -4 COMP.
  *> Feldinhalt hexadezimal: FF FC
  *> (Zweierkomplement)

01 B-2          PIC S9(4) VALUE ZERO COMP.
  *> Feldinhalt hexadezimal: 00 00
```

Listing 4.18: Felder mit USAGE COMP

4.4.4 BINARY-CHAR, BINARY-SHORT, BINARY-LONG und BINARY-DOUBLE

Damit werden binäre Datenfelder definiert, die standardmäßig vorzeichenbehaftet sind. Soll die Variable kein Vorzeichen haben, muss sie in der Form BINARY-CHAR UNSIGNED programmiert werden.

Die Größe und die interne Darstellung solcher Felder sind abhängig vom Compilerhersteller und von der Plattform, auf der das Programm ausgeführt werden soll.

BINARY-CHAR

Der COBOL-Standard fordert für Variablen vom Typ BINARY-CHAR eine Mindestgröße von einem Byte.

```
BINARY-CHAR SIGNED    -128 bis +127
BINARY-CHAR UNSIGNED     0 bis  255
```

Listing 4.19: Mögliche Wertebereiche für BINARY-CHAR-Felder

BINARY-SHORT

Der COBOL-Standard fordert für Variablen vom Typ `BINARY-SHORT` eine Mindestgröße von zwei Byte.

```
BINARY-SHORT SIGNED    -32768 bis +32767
BINARY-SHORT UNSIGNED       0 bis  65535
```

Listing 4.20: Mögliche Wertebereiche für `BINARY-SHORT`-Felder

Auf einem Rechner, der mit einer CPU der Firma Intel ausgestattet ist, sollte die interne Darstellung solcher Felder byteweise verdreht sein.

Beispiel

```
01  B-1          BINARY-SHORT VALUE 25.

   *> Feldinhalt hexadezimal: 19 00
```

Listing 4.21: Feld mit USAGE `BINARY-SHORT`

BINARY-LONG

Der COBOL-Standard fordert für Variablen vom Typ `BINARY-LONG` eine Mindestgröße von vier Byte.

```
BINARY-LONG SIGNED    -2**31 bis +2**31
BINARY-LONG UNSIGNED       0 bis  2**32
```

Listing 4.22: Mögliche Wertebereiche für `BINARY-LONG`-Felder

Auf einem Rechner, der mit einer CPU der Firma Intel ausgestattet ist, sollte die interne Darstellung solcher Felder byteweise verdreht sein.

Beispiel

```
01  B-1          BINARY-LONG VALUE 1025.

   *> Feldinhalt hexadezimal: 01 04 00 00
```

Listing 4.23: Feld mit USAGE `BINARY-LONG`

BINARY-DOUBLE

Der COBOL-Standard fordert für Variablen vom Typ `BINARY-DOUBLE` eine Mindestgröße von acht Byte.

```
BINARY-DOUBLE SIGNED    -2**63 bis +2**63
BINARY-DOUBLE UNSIGNED       0 bis  2**64
```

Listing 4.24: Mögliche Wertebereiche für `BINARY-DOUBLE`-Felder

Auf einem Rechner, der mit einer CPU der Firma Intel ausgestattet ist, sollte die interne Darstellung solcher Felder byteweise verdreht sein.

Beispiel

```
01  B-1          BINARY-DOUBLE VALUE 1234567.

   *> Feldinhalt hexadezimal: 87 D6 12 00 00 00 00 00
```

Listing 4.25: Feld mit USAGE BINARY-DOUBLE

4.4.5 FLOAT-SHORT

Bei Datenfeldern, die mit USAGE FLOAT-SHORT beschrieben sind, handelt es sich um Fließkommazahlen mit einfacher Genauigkeit. Ihre Größe und interne Darstellung sind abhängig vom Hersteller des Compilers und von der Plattform, auf der die Anwendung läuft.

Beispiel

```
01  B-1          FLOAT-SHORT VALUE -1.

   *> Feldinhalt hexadezimal: 00 00 80 BF
```

Listing 4.26: Feld mit USAGE FLOAT-SHORT

4.4.6 FLOAT-LONG

Bei Datenfeldern, die mit USAGE FLOAT-LONG beschrieben sind, handelt es sich um Fließkommazahlen mit doppelter Genauigkeit. Ihre Größe und interne Darstellung sind abhängig vom Hersteller des Compilers und von der Plattform, auf der die Anwendung läuft.

Beispiel

```
01  B-1          FLOAT-LONG VALUE -1.

   *> Feldinhalt hexadezimal: 00 00 00 00 00 00 F0 BF
```

Listing 4.27: Feld mit USAGE FLOAT-LONG

4.4.7 FLOAT-EXTENDED

Bei Datenfeldern, die mit USAGE FLOAT-EXTENDED beschrieben sind, handelt es sich um Fließkommazahlen mit erweiterter Genauigkeit. Ihre Größe und interne Darstellung sind abhängig vom Hersteller des Compilers und von der Plattform, auf der die Anwendung läuft.

MicroFocus macht keinen Unterschied zwischen FLOAT-EXTENDED und FLOAT-LONG.

Beispiel

```
01  B-1          FLOAT-EXTENDED VALUE -1.

    *> Feldinhalt hexadezimal: 00 00 00 00 00 00 F0 BF
```

Listing 4.28: Feld mit USAGE FLOAT-EXTENDED

4.4.8 INDEX

Datenfelder mit USAGE INDEX dienen der Tabellenverarbeitung und werden in Kapitel 13 ausführlich behandelt.

4.4.9 NATIONAL

In Datenfeldern, die mit dem Zusatz USAGE NATIONAL beschrieben sind, werden Zeichen im Unicode-Zeichensatz gespeichert, bei dem jedes Zeichen eine Länge von zwei Byte hat. Für solche Felder wurde auch das neue PICTURE-Symbol N eingeführt.

Beispiel

```
01  TEXT1        PIC X(5) USAGE NATIONAL.
01  TEXT2        PIC N(5) USAGE NATIONAL.

PROCEDURE DIVISION.

   MOVE "TEXT" TO TEXT1 TEXT2
   *> FELDINHALT TEXT1: 54 00 45 00 58
   *> FELDINHALT TEXT2: 54 00 45 00 58 00 54 00 20 00
```

Listing 4.29: Felder mit USAGE NATIONAL

4.4.10 OBJECT REFERENCE

Alle Variablen des Typs OBJECT REFERENCE dienen der Speicherung von Referenzen auf Instanzen objektorientierter Klassen beziehungsweise von Referenzen auf die Klassen selbst. Diese sind jedoch nicht Umfang dieses Buches.

4.4.11 POINTER

Diese Angabe definiert Felder zur Aufnahme der Adresse anderer Datenfelder. Solche Adressfelder werden mittels SET-Anweisung Format 3 versorgt. Die hauptsächliche Anwendung für Adressfelder findet in externen Unterprogrammen statt.

Beispiel

```
01   ZEIGER-1          POINTER.
01   ZEIGER-2          POINTER.
```

```
01    PERSONALSATZ.
      05 PR-NR             PIC X(06).
      05 NAME              PIC X(30).
      05 STR               PIC X(30).
      05 PLZ               PIC X(04).
      05 ORT               PIC X(30).
```

Listing 4.30: Felder mit USAGE POINTER

Diese Anweisung überträgt die Adresse von ZEIGER-2 nach ZEIGER-1:

```
SET ZEIGER-1 TO ZEIGER-2.
```

Diese Anweisung setzt die Adresse der Struktur PERSONALSATZ gleich dem Inhalt von ZEIGER-2:

```
SET ADDRESS OF PERSONALSATZ TO ZEIGER-2.
```

Dazu muss die Struktur PERSONALSATZ zwingend in der LINKAGE SECTION definiert sein, da nur solche Variablen auf eine bestimmte Adresse gesetzt werden können.

4.4.12 PROGRAM POINTER

Diese Angabe definiert ein Adressfeld (POINTER), das ausschließlich zur Aufnahme einer Prozeduradresse vorgesehen ist. Unter einer Prozeduradresse verstehen wir hier die Adresse des primären Eingangspunkts im Programm (Adresse des ersten Befehls in der PROCEDURE DIVISION) oder aber auch die Adresse eines beliebigen anderen Programms, dessen Prototypdefinition in die REPOSITORY-Klausel der CONFIGURATION SECTION aufgenommen wurde.

Beispiel

```
WORKING-STORAGE SECTION.
01 BEFEHLSADRESSE      USAGE PROGRAM-POINTER.
PROCEDURE DIVISION.
    SET BEFEHLSADRESSE TO UNTERPROGRAMM-5
```

Listing 4.31: Feld mit USAGE PROGRAM-POINTER

4.5 BLANK WHEN ZERO-Klausel

Wirkung

Diese Klausel bewirkt, dass in ein numerisches Datenfeld, in dem nur noch Nullen stehen, Leerzeichen übertragen werden.

```
BLANK WHEN ZERO
```

Abb. 4.4: BLANK WHEN ZERO-Klausel

Erläuterung

Die Klausel darf nur für numerische oder numerisch aufbereitete Datenelemente verwendet werden.

Die Klausel ist sinnvoll einzusetzen bei Datenfeldern, deren PICTURE-Klausel nicht nur aus dem Symbol Z (Zifferstelle mit Nullenunterdrückung) besteht.

Beispiel

```
01  UEBER-FEHL-STD          PIC -Z9.99   BLANK WHEN ZERO.

    MOVE  ZERO TO UEBER-FEHL-STD.
```

Listing 4.32: Feld mit BLANK WHEN ZERO

Diese Anweisung setzt den Inhalt des Feldes UEBER-FEHL-STD auf Null; damit stehen nur noch Leerzeichen in diesem Feld.

4.6 JUSTIFIED

Wirkung

Diese Klausel bewirkt die rechtsbündige Abspeicherung der Daten in einem alphabetischen bzw. alphanumerischen Datenfeld.

```
{ JUSTIFIED }
{ JUST      }  RIGHT
```

Abb. 4.5: JUSTIFIED-Klausel

Erläuterung

Gewöhnlich werden Daten in alphanumerischen Feldern linksbündig abgespeichert, in der Programmierung ist es jedoch manchmal erforderlich, dass die Daten rechtsbündig abgespeichert werden. Dies ist mithilfe der JUSTIFIED-Klausel in COBOL möglich.

Diese Klausel darf nur für Datenelemente angegeben werden, die zu einer alphabetischen oder alphanumerischen Klasse gehören.

Beispiel

```
01   TEXT-1                  PIC  X(6)   VALUE "SEITE:".
01   ZEILE-1                 PIC  X(10).
```

```
01  ZEILE-2             PIC  X(10) JUST.
    .
    .
    .
    MOVE TEXT-1 TO AUSGABE-ZEILE-1
    MOVE TEXT-1 TO AUSGABE-ZEILE-2

    *> Stellen:             "1234567890"
    *> Feldinhalt ZEILE-1: "SEITE:····"
    *> Feldinhalt ZEILE-2: "····SEITE:"
```

Listing 4.33: Feld mit JUST

4.7 SYNCHRONIZED-Klausel

Wirkung

Diese Klausel richtet Felder auf erforderliche Hauptspeichergrenzen aus. Dabei handelt es sich um Byte-, Wort- oder Halbwortgrenzen.

```
{ SYNCHRONIZED } [ LEFT  ]
{ SYNC         } [ RIGHT ]
```

Abb. 4.6: SYNCHRONIZED-Klausel

4.8 SIGN-Klausel

Wirkung

Die SIGN-Klausel beschreibt die Position und die Darstellungsart des Vorzeichens innerhalb eines numerischen Datenfelds.

```
[SIGN IS] { LEADING  } [SEPARATE CHARACTER]
          { TRAILING }
```

Abb. 4.7: SIGN-Klausel

Erläuterung

Die SIGN-Klausel darf nur für numerische Felder, deren PICTURE-Klausel das Symbol S (für negative Werte) enthält, spezifiziert werden. Die Datendefinition solcher Datenfelder muss mit USAGE IS DISPLAY beschrieben sein. LEADING bewirkt, dass das Vorzeichen am Anfang des Feldes abgespeichert wird.

TRAILING bewirkt, dass das Vorzeichen am Ende des Feldes abgespeichert wird.

Die SEPARATE CHARACTER-Angabe bewirkt, dass das Vorzeichen in einem zusätzlichen Byte angelegt wird.

Fehlt die SEPARATE CHARACTER-Angabe, wird kein zusätzliches Byte für das Vorzeichen reserviert.

Beispiel

```
working-storage section.

01  eingabe-1  PIC S9999.
01  eingabe-2  PIC S9999 SIGN IS LEADING.
01  eingabe-3  PIC S9999 SIGN IS TRAILING.
01  eingabe-4  PIC S9999 SIGN IS LEADING SEPARATE.
01  eingabe-5  PIC S9999 SIGN IS TRAILING SEPARATE.

procedure division.

  move -1234 to eingabe-1, eingabe-2, eingabe-3,
                eingabe-4, eingabe-5.

  *> Feldinhalt ASCII hexadezimal:

  *> eingabe-1:    31 32 33 74
  *> eingabe-2:    71 32 33 34
  *> eingabe-3:    31 32 33 74
  *> eingabe-4: 2D 31 32 33 34
  *> eingabe-5: 31 32 33 34 2D
```

Listing 4.34: Felder mit SIGN-Klausel

Das negative Vorzeichen wird bei entpackten Zahlen durch das Zeichen 7 dargestellt.

Kapitel 5

Definitionen von Datenstrukturen und Datensätzen

In der Programmierung ist es oft erforderlich, einzelne Datenfelder zu einer Datengruppe zusammenzufassen bzw. mehrere Datengruppen zu einem Datensatz. Man spricht dann in diesem Fall grundsätzlich von einer Datenstruktur.

In diesem Kapitel befassen wir uns nun mit dem Aufbau einer Struktur und den dazu notwendigen Stufennummern bzw. Klauseln in COBOL.

5.1 Stufennummern 01 bis 49

Wirkung

Mithilfe der Stufennummern 01 bis 49 können Sie den Aufbau einer Datengruppe (auch Datenstruktur genannt) und die Zusammenhänge deren einzelner Felder beschreiben.

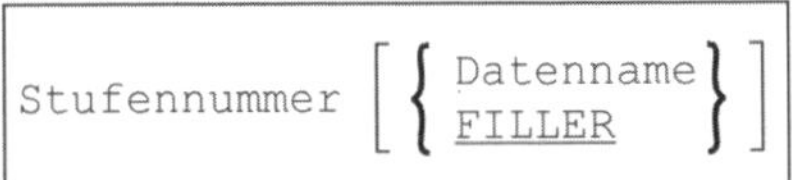

Abb. 5.1: Stufennummern

Erläuterung

Sie haben bereits erfahren, dass jede Datendefinition grundsätzlich mit einer Stufennummer beginnen muss. Mit der Stufennummer 77 konnte man z.B. nur Datenelemente beschreiben, die nicht weiter unterteilt werden durften.

Die Stufennummern 01 bis 49 beschreiben jedoch Datensätze und Datengruppen, die beliebig untergliedert werden können. Machen Sie sich zunächst einmal mit der Verwendung der Begriffe in COBOL vertraut, die in diesem Zusammenhang vorkommen.

Datenstruktur bzw. Datensatz

Unter einer Datenstruktur bzw. einem Datensatz versteht man einen Datenbereich, der üblicherweise in Datenelemente unterteilt wird. Der Datensatz beginnt auf Stufennummer 01 und gilt grundsätzlich als übergeordneter Bereich mehrerer Datenfelder.

Datengruppe

Eine oder mehrere Datengruppen können als Bestandteile in einem Datensatz vorkommen. Eine Gruppe kann weitere Gruppen und/oder Datenelemente umfassen, sie darf daher nicht mit einer `PICTURE`-Klausel beschrieben werden. Datengruppen werden vom COBOL-Compiler immer als alphanumerische Datenfelder behandelt.

Datenelement

Ein oder mehrere Datenelemente können als Bestandteile in einer Datengruppe vorkommen. Ein Datenelement kann nicht weiter untergliedert werden. Es muss daher mit einer `PICTURE`-Klausel beschrieben werden und wird auf der Stufennummer 02 bis 49 angegeben. Datenelemente werden bezüglich ihrer Datenklasse je nach `PICTURE`-Klausel in die entsprechende Klasse eingeordnet.

Bei alphanumerischen oder booleschen Datenfeldern kann die `PICTURE`-Klausel entfallen, wenn diese Felder bei ihrer Definition mit `VALUE` vorbelegt werden. In diesen Fällen ermittelt der Compiler die Länge des Feldes aus dem für die Vorbelegung verwendeten Literal.

Datenname

Ein Datenname ist lediglich eine symbolische Adresse, die die Bezugnahme auf einen Datensatz, eine Datengruppe oder ein Datenelement ermöglicht.

FILLER

`FILLER` ist ein COBOL-Wort, das anstelle des Datennamens angegeben werden kann. Es kann immer dann für einen Bereich angegeben werden, wenn dieser Bereich in der aktuellen Satzstruktur nicht angesprochen werden soll. Diese Einrichtung in COBOL entlastet den Programmierer davon, sich unnötige und willkürlich gewählte Datennamen auszudenken, wenn diese doch nicht angesprochen werden.

`FILLER` kann also – im Gegensatz zu Datennamen – nicht angesprochen werden. Es kann auf den Stufennummern 01 bis 49 vorkommen.

Es ist aber auch möglich, einem Datenelement oder einer Datengruppe gar keinen Namen zu geben. Natürlich kann es dann auch nicht benutzt werden.

Feldbeschreibung

Unter Feldbeschreibung versteht man jede Klausel, die für die Festlegung bestimmter Feldeigenschaften nötig ist.

Beispiel 1

In einem Programm sollen die Felder `VORNAME` und `NACHNAME` gleichzeitig unter einem Datennamen angesprochen werden. Die Felder haben jeweils eine Länge von 20 Byte.

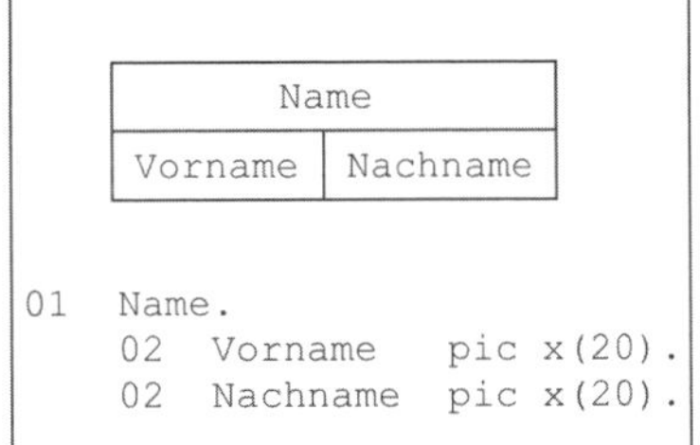

Abb. 5.2: Struktur NAME

Aus dieser einfachen Struktur können Sie ersehen, dass

- NAME eine Datenstruktur ist, die keine PICTURE-Klausel enthalten darf und eine Länge von 40 Byte aufweist
- VORNAME und NACHNAME Datenelemente sind, die eine PICTURE-Klausel enthalten müssen
- das Einrücken von Stufennummern und Datennamen ausschließlich der besseren Übersichtlichkeit und Lesbarkeit des Programms dient

Beispiel 2

In einem Programm soll für die Bezugnahme auf bestimmte Bereiche eines Datensatzes die folgende Struktur beschrieben werden.

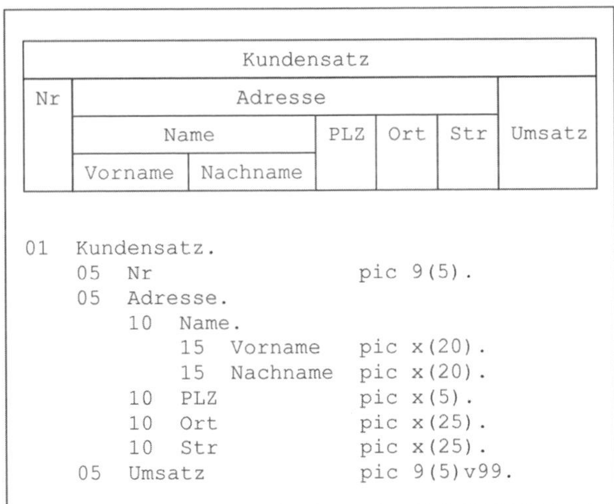

Abb. 5.3: Struktur KUNDENSATZ

Aus dieser Struktur können Sie ersehen, dass

- die Stufennummern mit einer Schrittweite von 5 gewählt wurden, um eine nachträgliche Veränderung der Struktur leichter vornehmen zu können

- die Datengruppe ADRESSE eine Länge von 94 Byte aufweist
- die Datengruppe NAME eine Länge von 40 Byte aufweist

Beispiel 3

Wir beschreiben den Datensatz einer Auftrags-Datei.

<table>
<tr><td colspan="11">AuftragSatz</td></tr>
<tr><td rowspan="3">KDNR</td><td colspan="4">Artikel</td><td colspan="2">Liefer</td><td colspan="2">Rueck</td><td rowspan="3">FILLER</td></tr>
<tr><td rowspan="2">Nr</td><td colspan="2">Bestand</td><td rowspan="2">Preis</td><td rowspan="2">Menge</td><td rowspan="2">Wert</td><td rowspan="2">Menge</td><td rowspan="2">Wert</td></tr>
<tr><td>Alt</td><td>Neu</td></tr>
</table>

```
01  AuftragSatz.
    05  Auf-KDNR                          pic 9(5).
    05  Auf-Artikel.
        10  Auf-Artikel-Nr                pic 9(4).
        10  Auf-Artikel-Bestand.
            15  Auf-Artikel-Bestand-Alt   pic 9(6).
            15  Auf-Artikel-Bestand-Neu   pic 9(6).
        10  Auf-Artikel-Preis             pic 9(5)v99.
    05  Auf-Liefer.
        10  Auf-Liefer-Menge              pic 9(6).
        10  Auf-Liefer-Wert               pic 9(10)v99.
    05  Auf-Rueck.
        10  Auf-Rueck-Menge               pic 9(6).
        10  Auf-Rueck-Wert                pic 9(10)v99.
    05  FILLER                            pic x(20).
```

Abb. 5.4: Struktur AuftragSatz

Aus dieser Struktur können Sie ersehen, dass

- Datennamen einen Bezugspunkt haben sollen, wonach sie schnell im Programm lokalisiert werden können; in diesem Fall wurden die ersten drei Buchstaben des Satznamens gewählt. Darüber hinaus sollen hauptsächlich nur aussagefähige Namen verwendet werden.
- FILLER dann benutzt werden kann, wenn ein Datenbereich innerhalb des Datensatzes nicht benötigt wird.

5.2 REDEFINES-Klausel

Wirkung

Die REDEFINES-Klausel wird verwendet, um Datenfelder, die bereits definiert worden sind, neu zu definieren.

```
Stufennummer [ { Datenname } ] REDEFINES Datenname2
               { FILLER    }
```

Abb. 5.5: REDEFINES-Klausel

Erläuterung

Der Vorteil der REDEFINES-Klausel liegt darin, dass man bei der neuen Definition die Eigenschaften eines Feldes verändern kann. Somit ist es möglich, ein Datenfeld unter verschiedenen Namen bzw. Eigenschaften (z.B. Datenklasse oder PICTURE-Klausel) anzusprechen.

```
01 AUSGABE-FELD-1                            PIC X(10).
01 AUSGABE-FELD-2 REDEFINES AUSGABE-FELD-1 PIC XBXBXBXBXB.
```

Listing 5.1: Beispiel 1 REDEFINES

Durch die vorliegenden Definitionen wird ein Datenbereich in einer Länge von insgesamt 10 Byte angelegt.

Der hier angelegte Datenbereich kann sowohl unter AUSGABE-FELD-1 als auch unter AUSGABE-FELD-2 angesprochen werden, wobei das erste ein alphanumerisches Feld, das zweite ein alphanumerisches druckaufbereitetes Feld ist.

```
05 PERSONAL-NR                            PIC 9(6).
05 PERSONAL-NR-ALPHA REDEFINES PERSONAL-NR PIC X(6).
```

Listing 5.2: Beispiel 2 REDEFINES

Hier kann das Feld einmal als numerisches und einmal unter dem Namen PERSONAL-NR-ALPHA als alphanumerisches Feld angesprochen werden.

Die gleiche Ausgabezeile soll für die Verarbeitung in verschiedenen Strukturen benötigt werden.

```
01  AUSGABE-ZEILE.
    05  ERSTE-FELD         PIC X(20).
    05  ZWEITE-FELD        PIC X(30).
    05  DRITTE-FELD        PIC X(40).
    05  VIERTE-FELD        PIC X(20).
01  AUSGABE-ZEILE-NEU-1  REDEFINES AUSGABE-ZEILE.
    05  A                  PIC X(20).
    05  B                  PIC X(20).
    05  C                  PIC X(20).
    05  D                  PIC X(20).
01  AUSGABE-ZEILE-NEU-2  REDEFINES AUSGABE-ZEILE.
    05  F1                 PIC X(10).
```

```
    05  F2                    PIC X(10).
    05  F3                    PIC X(10).
    05  F4                    PIC X(40).
    05  F5                    PIC X(40).
```

Listing 5.3: Beispiel 3 REDEFINES

Durch die vorliegenden Definitionen wird ein Datenbereich in einer Länge von insgesamt 110 Byte angelegt.

Aus diesem Beispiel können Sie Folgendes entnehmen:

- Soll ein Datenbereich mehrfach redefiniert werden, beziehen sich alle Redefinitionen immer auf den gleichen Namen (hier `AUSGABE-ZEILE`).
- Redefinitionen sind nur auf den Stufennummern 01 bis 49 erlaubt. Die gesamte Länge einer Redefinition darf nicht länger als der ursprüngliche Bereich sein, außer wenn die Redefinition auf der Stufennummer 01 erfolgt.

Allgemeines

Eine Redefinition in der `FILE SECTION` auf der Stufennummer 01 ist nicht möglich.

Ein Datenfeld darf nur unmittelbar nach seiner Beschreibung redefiniert werden.

In der Redefinition selbst darf die `VALUE`-Klausel nicht benutzt werden.

Die Redefinition (`Datenname-1`) und das zu redefinierende Datenfeld (`Datenname-2`) müssen die gleiche Stufennummer aufweisen.

5.3 Stufennummer 88

Wirkung

Die Stufennummer 88 ist – im Gegensatz zu allen anderen Stufennummern – nicht für die Reservierung von Datenbereichen vorgesehen, sondern für die Definition von internen Schaltern. Diese Schalter werden hier Bedingungsnamen genannt.

```
88 condition-name {VALUE IS  } { Literal-1[{THROUGH} Literal-2] }...
                  {VALUES ARE}              {THRU   }
        [IN Alphabetname]
        [WHEN SET TO FALSE IS Literal-3]
```

Abb. 5.6: Stufennummer 88

Erläuterung

Bedingungsnamen werden verwendet, um IF-Abfragen in der PROCEDURE DIVISION so weit wie möglich zu vereinfachen.

Ein Bedingungsname ist lediglich ein Schalter, der mit einem bestimmten Wert verbunden wird.

Beispiel 1

Die Definitionen aus Listing 5.4 werden in der WORKING-STORAGE SECTION angegeben.

```
01  DATEI-ENDE-KZ              PIC 9 VALUE 0.
    88 DATEI-ENDE              VALUE 1.
```

Listing 5.4: Feld mit Bedingungsname

Wir nennen hier das Feld DATEI-ENDE-KZ eine Bedingungsvariable und das Feld DATEI-ENDE einen Bedingungsnamen.

In der PROCEDURE DIVISION kann die normalerweise wie folgt zu formulierende Abfrage

```
IF DATEI-ENDE-KZ = 1 THEN ....
```

so vereinfacht werden:

```
IF DATEI-ENDE THEN ....
```

Einer Bedingungsvariablen können mehrere Bedingungsnamen zugeordnet werden, wie das Programm es erfordert.

Beispiel 2

```
01  VERTRETER-UMSATZ         PIC 9(5)V99.
    88 UMSATZ-1              VALUE 1     THRU 9999.
    88 UMSATZ-2              VALUE 10000 THRU 19999.
    88 UMSATZ-3              VALUE 20000 THRU 29999.
    88 UMSATZ-4              VALUE 30000 THRU 39999.
    88 UMSATZ-5              VALUE 40000 THRU 49999.
    88 UMSATZ-6              VALUE 50000 THRU 59999.
    88 UMSATZ-7              VALUE 60000 THRU 99999.99.
```

Listing 5.5: Bedingungen mit mehreren Wertebereichen

Besonders interessant für die Programmierung sind die Bedingungsnamen, wenn ein ähnlicher Fall wie in diesem Beispiel vorliegt.

Wollen Sie z.B. feststellen, ob das Feld VERTRETER-UMSATZ einen Wert zwischen 40000 und 49999 – jeweils einschließlich – beinhaltet, können Sie die folgende Abfrage in der PROCEDURE DIVISION codieren:

```
IF UMSATZ-5 THEN ....
```

Das Wort THRU ist lediglich die Abkürzung für THROUGH und kann gleichbedeutend als Alternative benutzt werden.

Mithilfe der THROUGH-Angabe kann einem Bedingungsnamen ein Wertebereich zugeordnet werden. In diesem Fall muss Literal-2 größer als Literal-1 sein.

Bedingungsnamen können auch als Schalter verwendet werden. Bei der Definition ist es auch möglich, einen FALSE-Wert anzugeben, der als Beispiel für einen ungültigen Wert betrachtet wird. Mithilfe der SET-Anweisung kann die Bedingung dann quasi ein- und ausgeschaltet werden.

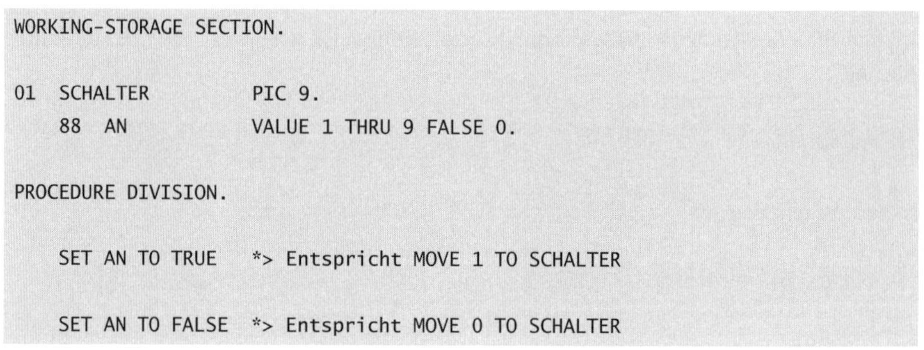

```
WORKING-STORAGE SECTION.

01  SCHALTER          PIC 9.
    88  AN            VALUE 1 THRU 9 FALSE 0.

PROCEDURE DIVISION.

    SET AN TO TRUE     *> Entspricht MOVE 1 TO SCHALTER

    SET AN TO FALSE    *> Entspricht MOVE 0 TO SCHALTER
```

Listing 5.6: Bedingungen ein- und ausschalten

Tatsächlich führt die SET-Anweisung dazu, dass die mit dem Bedingungsnamen verknüpfte Variable inhaltlich geändert wird.

Allgemeines

Bedingungsnamen können in allen SECTIONs der DATA DIVISION angegeben werden.

Für ein Literal kann auch eine figurative Konstante verwendet werden.

5.4 Stufennummer 66

Wirkung

Mithilfe der Stufennummer 66 und der RENAMES-Klausel können bereits definierte Datenfelder neu benannt oder umgruppiert werden.

```
66 Bezeichner-1 RENAMES Bezeichner-2 [ { THROUGH } Bezeichner-3 ] .
                                       { THRU    }
```

Abb. 5.7: Stufennummer 66

Erläuterung

Ähnlich wie bei der REDEFINES-Klausel belegt die Neubenennung den gleichen Speicherplatz des bereits definierten Datenfelds.

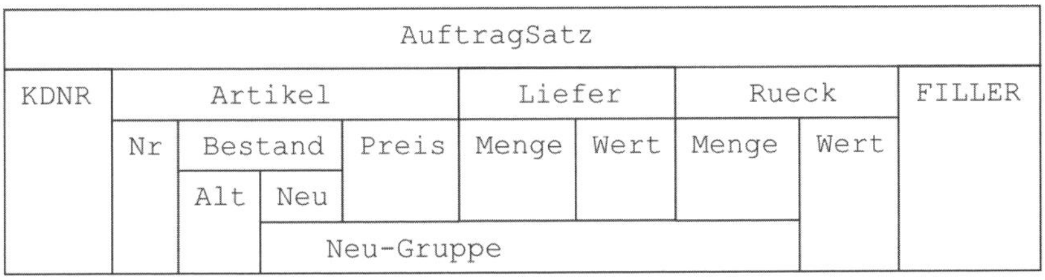

<table>
<tr><td colspan="10">AuftragSatz</td></tr>
<tr><td rowspan="4">KDNR</td><td colspan="4">Artikel</td><td colspan="2">Liefer</td><td colspan="2">Rueck</td><td rowspan="4">FILLER</td></tr>
<tr><td rowspan="3">Nr</td><td colspan="2">Bestand</td><td rowspan="2">Preis</td><td rowspan="2">Menge</td><td rowspan="2">Wert</td><td rowspan="2">Menge</td><td rowspan="3">Wert</td></tr>
<tr><td rowspan="2">Alt</td><td>Neu</td></tr>
<tr><td colspan="5">Neu-Gruppe</td></tr>
</table>

```
01  AuftragSatz.
    05  Auf-KDNR                          pic 9(5).
    05  Auf-Artikel.
        10  Auf-Artikel-Nr                pic 9(4).
        10  Auf-Artikel-Bestand.
            15  Auf-Artikel-Bestand-Alt   pic 9(6).
            15  Auf-Artikel-Bestand-Neu   pic 9(6).
        10  Auf-Artikel-Preis             pic 9(5)v99.
    05  Auf-Liefer.
        10  Auf-Liefer-Menge              pic 9(6).
        10  Auf-Liefer-Wert               pic 9(10)v99.
    05  Auf-Rueck.
        10  Auf-Rueck-Menge               pic 9(6).
        10  Auf-Rueck-Wert                pic 9(10)v99.
    05  FILLER                            pic x(20).

66  Neu-Gruppe     RENAMES Auf-Artikel-Bestand-Neu
                      THRU Auf-Rueck-Menge.
```

Abb. 5.8: Beispiel Stufennummer 66

An diesem Beispiel können Sie sehen, dass die neue Datengruppe 5 Datenelemente umfasst. Eine PICTURE-Klausel darf dabei nicht benutzt werden.

Das Datenfeld NEU-GRUPPE hat hier die Eigenschaft einer Datengruppe.

5.5 Datengruppen mit BIT-Feldern

Solange für die Definition von Datenfeldern nur »normale« Feldtypen verwendet werden, lässt sich die Länge einer Datengruppe relativ einfach durch Abzählen ermitteln. Sobald sich innerhalb einer Gruppe jedoch Felder mit USAGE BIT befinden, ist dies nicht mehr so einfach möglich. Werden zwei solche Variablen innerhalb einer Datengruppe unmittelbar hintereinander definiert, legt COBOL auch die Bitpositionen im Hauptspeicher unmittelbar aneinander. Folgt jedoch die Definition einer Datengruppe oder eines Feldes, das nicht USAGE BIT ist, wird auf Bytegrenze aufgefüllt.

```
                                                | Bit-Position     Bytenummer
                                                | 1 2 3 4 5 6 7 8
01   Gruppe-1.                                  |                  1 bis 6
     05   Feld-1        PIC 11     USAGE BIT.   | 1 1              1
     05   Feld-2        PIC 1      USAGE BIT.   |     1            1
          *> Eingefügter FILLER                 |       1 1 1 1 1  1
     05   Feld-3        PIC X(3).               |                  2 bis 4
     05   Feld-4        PIC 1      USAGE BIT.   | 1                5
          *> Eingefügter FILLER                 |   1 1 1 1 1 1 1  5
     05   Gruppe-2.                             |                  6
          10   Feld-5   PIC 1      USAGE BIT.   | 1                6
          10   Feld-6   PIC 1(4)   USAGE BIT.   |   1 1 1 1        6
          *> Eingefügter FILLER                 |           1 1 1  6
```

Abb. 5.9: Struktur mit BIT-Feldern

Mithilfe der ALIGNED-Klausel kann für eine BIT-Variable dafür gesorgt werden, dass sie selbst auf Bytegrenze beginnt und nicht einer vorhergehenden BIT-Variablen angehängt wird.

5.6 Konstante

Mit dem Zusatz CONSTANT wird auf Stufennummer 01 eine Konstante definiert.

```
                                              ⎧     ⎧ Ausdruck             ⎫ ⎫
⎧ 1  ⎫                                        ⎪ AS  ⎨ BYTE-LENGTH OF Bez-1 ⎬ ⎪
⎩ 01 ⎭ Konstantenname CONSTANT [ IS GLOBAL ]  ⎨     ⎪ Literal-1            ⎪ ⎬ .
                                              ⎪     ⎩ LENGTH OF Bez-2      ⎭ ⎪
                                              ⎩ FROM Compilervariable        ⎭
```

Abb. 5.10: Definition einer Konstanten

Erläuterung

Solche Konstanten dürfen an jeder Stelle innerhalb des Quellcodes verwendet werden, wo auch ein Literal erlaubt ist. Eine Konstante erhält bereits bei ihrer Definition einen Wert und bleibt auf Programmdauer unverändert. Sie kann also nicht als Zielfeld verwendet werden. Bei der Definition einer Konstanten dürfen nur der Konstantenname und die VALUE-Klausel benutzt werden. Jede Konstante erhält automatisch eine Datenklasse und eine Feldlänge, die vom verwendeten Literal oder dem Ergebnis des Ausdrucks abhängig sind.

```
01  MWST          CONSTANT VALUE 19.
01  UEBERSCHRIFT CONSTANT VALUE "L I S T E".
PROCEDURE DIVISION.
    MOVE MWST TO RECHEN-MWST.
    IF WERT > MWST .....
```

Listing 5.7: Definition und Verwendung von Konstanten

Der Zusatz LENGTH bzw. BYTE-LENGTH

Oft ist es nützlich, sich auf die Länge einer Variablen oder eines Bereichs zu beziehen. Über den Zusatz LENGTH bzw. BYTE-LENGTH kann nun eine Konstante mit dieser speziellen Information vorbelegt werden. Ist die Länge des entsprechenden Feldes variabel, wird die maximale Länge angenommen.

Bei der Verwendung von LENGTH entspricht der Wert dem Ergebnis der COBOL-eigenen Intrinsic Function LENGTH, bei BYTE-LENGTH dem der Intrinsic Function BYTE-LENGTH.

```
01  NAME.
    02  VORNAME         PIC X(20).
    02  NACHNAME        PIC X(20).
01  LAENGE-VON-NAME     CONSTANT LENGTH OF NAME.
01  LAENGE-VON-VORNAME CONSTANT LENGTH OF VORNAME.
```

Listing 5.8: Feldlängen als konstante Werte

Kapitel 6

Feldzuweisungen im Hauptspeicher

Eine der zentralsten Aufgaben beim Programmieren besteht darin, Datenfeldern Werte zuzuweisen. Entweder ergeben sich diese aus den Inhalten anderer Felder, aus einer Berechnung oder sind ein Ergebnis einer Methode oder einer Funktion.

Die wohl gängigste Form einer Feldzuweisung ist ein Ausdruck wie `Zielfeld = Sendefeld`. In COBOL ist das anders. Hier gibt es einen eigenen Befehl mit dem Namen `MOVE`, der in der Form `MOVE Sendefeld TO Zielfeld` geschrieben, und nachstehend erklärt wird.

6.1 MOVE-Anweisung

Wirkung

Mithilfe der `MOVE`-Anweisung werden Informationen von einem Feld in ein anderes übertragen. Soll dagegen das Ergebnis einer Berechnung in einem Datenfeld gespeichert werden, gibt es dafür eigene Befehle wie `COMPUTE`, `ADD`, `SUBTRACT`, `MULTIPLY` und `DIVIDE`, die in Kapitel 8 erklärt werden.

```
Format 1:

MOVE {Bezeichner-1} TO {Bezeichner-2} ...
     {Literal-1   }

Format 2:

MOVE {CORRESPONDING} Bezeichner-1 TO Bezeichner-2
     {CORR         }
```

Abb. 6.1: MOVE-Anweisung

Erläuterung

Unter Datenübertragung versteht man im Allgemeinen die Erzeugung einer Kopie eines Feldes in ein anderes.

`Bezeichner-1` gilt hier als Sendefeld, `Bezeichner-2` als Empfangsfeld.

Je nach Eigenschaft der an der Übertragung beteiligten Datenfelder werden bestimmte Aktionen automatisch durchgeführt, z.B. Datenumwandlung oder Druckaufbereitung.

Dies wird in den anschließenden Beispielen im Detail beschrieben. Die MOVE-Anweisung berücksichtigt grundsätzlich:

- die Datenklasse
- die interne Darstellung
- die Länge eines Datenfelds

Eine Übersicht, welche Feldkategorie in welche übertragen werden darf, gibt Abbildung 6.2.

Kategorie des Sendefeldes	Kategorie des empfangenden Feldes				
	Alphabetisch	Alphanumerisch, druckaufbereitet, Alphanumerisch	Boolean	National, druckaufbereitet, National	Numerisch, druckaufbereitet, Numerisch
Alphabetisch	Ja	Ja	Nein	Ja	Nein
Alphanumerisch	Ja	Ja	Ja	Ja	Ja
Alphanumerisch druckaufbereitet	Ja	Ja	Nein	Ja	Nein
Boolean	Nein	Ja	Ja	Ja	Nein
National	Nein	Nein	Ja	Ja	Ja
National druckaufbereitet	Nein	Nein	Nein	Ja	Nein
Numerisch (ganzzahlig)	Nein	Ja	Nein	Ja	Ja
Numerisch (nicht ganzzahlig)	Nein	Nein	Nein	Nein	Ja
Numerisch druckaufbereitet	Nein	Ja	Nein	Ja	Ja

Abb. 6.2: Zulässige MOVE-Operationen

Beispiel 1

Das Beispiel zeigt die Übertragung eines alphanumerischen Feldes in ein anderes alphanumerisches Feld.

Ist das Empfangsfeld länger als das Sendefeld, werden die restlichen Stellen mit Leerzeichen nach rechts aufgefüllt. Zur besseren Lesbarkeit werden die Leerzeichen in diesem Kapitel mit dem Symbol »·« dargestellt.

```
working-storage section.

01  text-1          pic x(5).      *> Inhalt: "SUMME"
01  hilf-feld       pic x(6).      *> Inhalt: "SUMME·"

procedure division.

  move text-1 to hilf-feld
```

Listing 6.1: Beispiel 1 zur MOVE-Anweisung

Beispiel 2

Ist das Empfangsfeld kürzer als das Sendefeld, werden die rechten Stellen des Sendefelds abgeschnitten.

```
working-storage section.

01  text-1          pic x(5).      *> Inhalt: "SUMME"
01  hilf-feld       pic x(3).      *> Inhalt: "SUM"

procedure division.

  move text-1 to hilf-feld
```

Listing 6.2: Beispiel 2 zur MOVE-Anweisung

Beispiel 3

Ist das Empfangsfeld mit der `JUSTIFIED`-Klausel versehen, werden die Daten grundsätzlich rechtsbündig übertragen.

```
working-storage section.

01  text-1          pic x(5).      *> Inhalt: "SUMME"
01  hilf-feld       pic x(3) JUST. *> Inhalt: "MME"

procedure division.

  move text-1 to hilf-feld
```

Listing 6.3: Beispiel 3 zur MOVE-Anweisung

Beispiel 4

Handelt es sich bei dem Sendefeld oder Empfangsfeld um eine Datengruppe, werden diese als alphanumerische Felder betrachtet. In diesem Fall können durchaus numerische Felder, die als Bestandteil des Empfangsfelds definiert sind, mit nicht numerischen Daten versorgt werden. Die Eigenschaften der Elemente einer Gruppe bleiben hier also unberücksichtigt.

```
working-storage section.

01  text-1          pic x(5).       *> Inhalt: "SUMME"
01  ausgabe-text.
    05  dm          pic x(2).       *> Inhalt: "SU"
    05  betrag      pic 99v99.      *> Inhalt: "MME·"

procedure division.

  move text-1 to ausgabe-text
```

Listing 6.4: Beispiel 4 zur MOVE-Anweisung

Obwohl das Feld BETRAG numerisch definiert ist, gelangen trotzdem durch die Übertragung in eine Datengruppe nicht numerische Zeichen in das Feld.

Beispiel 5

Bei der Übertragung von numerischen Datenelementen werden grundsätzlich die dezimalen Stellen in den beteiligten Feldern berücksichtigt. Die Übertragung erfolgt also kommagerecht.

```
working-storage section.

01  umsatz          pic 9999v99.       *> Inhalt: 405098
01  gesamt-umsatz   pic 9(5)v99.       *> Inhalt: 0405098

procedure division.

  move umsatz to gesamt-umsatz
```

Listing 6.5: Beispiel 5 zur MOVE-Anweisung

Beispiel 6

Ist die PICTURE-Klausel des Empfangsfelds ohne das Symbol S (negative Werte) definiert, wird nur der absolute Wert des Sendefelds übernommen.

```
working-storage section.

01  differenz     pic s9999v99.   *> Inhalt: (-)003350
01  gesamt        pic 9(5)v99.    *> Inhalt: (+)0003350
```

```
procedure division.

  move differenz to gesamt
```

Listing 6.6: Beispiel 6 zur MOVE-Anweisung

Der negative Inhalt des Feldes DIFFERENZ wird in das Feld GESAMT als positiver Inhalt übertragen.

Beispiel 7

Haben die numerischen Datenelemente eine unterschiedliche interne Datendarstellung (USAGE-Klausel), werden die Daten des Sendefelds gemäß denen des Empfangsfelds umgewandelt.

```
working-storage section.

01  nettowert           pic 9(6).
    *> Feldinhalt ASCII hexadezimal: 30 30 32 33 34 35

01  gesamt-umsatz       pic 9(5)v99 PACKED-DECIMAL.
    *> Feldinhalt ASCII hexadezimal: 02 34 50 0F

procedure division.

  move nettowert to gesamt-umsatz
```

Listing 6.7: Beispiel 7 zur MOVE-Anweisung

6.1.1 MOVE CORRESPONDING-Anweisung

Die MOVE CORRESPONDING-Anweisung wird benutzt, um mehrere Datenelemente einer Datengruppe gleichzeitig mit der gleichen Anweisung in die dazu korrespondierenden Elemente einer anderen Datengruppe zu übertragen.

Als korrespondierend betrachtet man alle Datenelemente, die denselben Namen im Bezeichner-1 und Bezeichner-2 haben. Darüber hinaus müssen die Datenelemente die gleichen übergeordneten Datengruppen aufweisen.

Beispiel

```
01   VERT-SATZ.
     05 NR                             PIC 9(5).
     05 VERKAUF.
```

```
          10 VERKAUF-BEZIRK                PIC X(3).
          10 VERKAUF-TOUR                  PIC 99.
          10 VERKAUF-ANZ                   PIC 9(4).
       05 PROV-SATZ                        PIC 99V99.
       05 UMSATZ                           PIC 9(6)V99.
       05 FILLER                           PIC X(8).
       05 NAME                             PIC X(20).
 01    DRUCKER-SATZ.
       05 NR                               PIC 9(5).
       05 FILLER                           PIC X(8).
       05 NAME                             PIC X(20).
       05 FILLER                           PIC X(8).
       05 UMSATZ                           PIC 9(6)V99.
       05 FILLER                           PIC X(8).
       05 PROV-SATZ                        PIC 99V99.
       05 VERKAUF-BEZIRK                   PIC X(3).
```

Listing 6.8: Beispiel einer Datendefinition

Will man bei den vorliegenden Satzstrukturen mehrere Felder übertragen, muss man codieren:

```
MOVE NR        IN VERT-SATZ TO NR        IN DRUCKER-SATZ
MOVE NAME      IN VERT-SATZ TO NAME      IN DRUCKER-SATZ
MOVE UMSATZ    IN VERT-SATZ TO UMSATZ    IN DRUCKER-SATZ
MOVE PROV-SATZ IN VERT-SATZ TO PROV-SATZ IN DRUCKER-SATZ
```

Listing 6.9: Übertragung bei nicht eindeutigen Feldnamen

Die oben angegebenen `MOVE`-Anweisungen können mithilfe der `MOVE CORRESPONDING`-Anweisung wie folgt verkürzt werden.

```
MOVE CORR      VERT-SATZ TO DRUCKER-SATZ
```

Aus diesem Beispiel können Sie Folgendes entnehmen:

- `FILLER` werden nicht übertragen.
- Nur Felder mit gleichem Namen werden übertragen.
- Die Datennamen auf der Stufennummer 01 müssen eindeutig sein.
- `Bezeichner-1` und `Bezeichner-2` müssen Datengruppen sein.

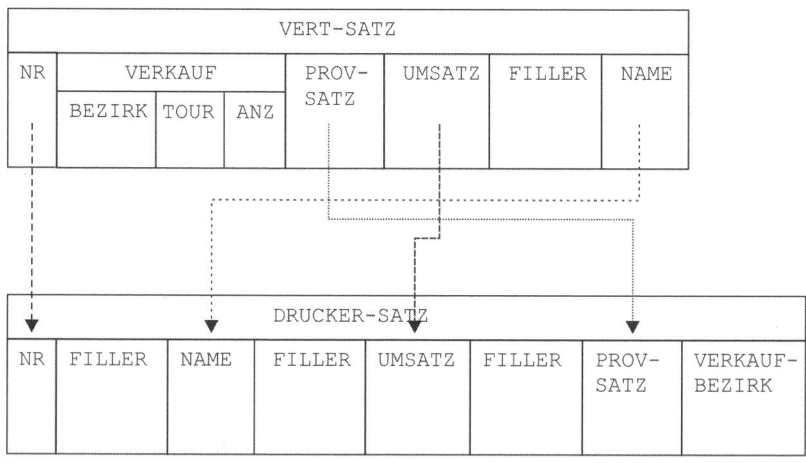

Abb. 6.3: Beispiel für `MOVE CORR`

6.2 INITIALIZE-Anweisung

Wirkung

Die `INITIALIZE`-Anweisung wird zum Initialisieren von Datenfeldern mit vordefinierten Werten verwendet.

```
INITIALIZE {Bezeichner-1} ... [WITH FILLER]

  [{ ALL       } TO VALUE]
   { Kategorie }

  [ THEN REPLACING {Kategorie DATA BY { Bezeichner-2 }}...]
                                      { Literal-1    }

  [ THEN TO DEFAULT ]

Kategorie:
  { ALPHABETIC             }
  { ALPHANUMERIC           }
  { ALPHANUMERIC-EDITED    }
  { BOOLEAN                }
  { DATA-POINTER           }
  { NATIONAL               }
  { NATIONAL-EDITED        }
  { NUMERIC                }
  { NUMERIC-EDITED         }
  { OBJECT-REFERENCE       }
  { PROGRAM-POINTER        }
```

Abb. 6.4: `INITIALIZE`-Anweisung

Erläuterung

In dieser Anweisung gilt `Literal-1` bzw. `Bezeichner-2` als Sendefeld, das in das Empfangsfeld `Bezeichner-1` übertragen wird.

Überschneidung mit der MOVE-Anweisung

Die `INITIALIZE`-Anweisung entspricht einer `MOVE`-Anweisung, solange `Bezeichner-1` ein Datenelement ist. Das heißt, hier wird eine Operation nach Regeln der `MOVE`-Anweisung ausgeführt.

Beispiel 1

```
working-storage section.

01  summe          pic 9(5)v99.
    *> Inhalt nach INITIALIZE:  0000000

procedure division.

  initialize summe
```

Listing 6.10: Beispiel 1 zur `INITIALIZE`-Anweisung

Ist `Bezeichner-1` eine Datengruppe oder eine Tabelle, werden die darin enthaltenen Datenelemente bzw. Tabellenelemente einzeln angesprochen. Die `INITIALIZE`-Anweisung entspricht dann einer Serie von `MOVE`-Anweisungen, die sich auf diese Elemente beziehen. Felder innerhalb einer Datengruppe bzw. einer Tabelle, die mit `FILLER` bezeichnet worden sind, bleiben durch die `INITIALIZE`-Anweisung unverändert, solange nicht über den Zusatz `WITH FILLER` explizit etwas anderes gewünscht wird.

Beispiel 2

```
working-storage section.

01  summenfelder.
    05  std-summe         pic s9(5)v99.
    05  ueber-std-summe   pic s9(5)v99 packed-decimal.
    05  fehl-std-summe    pic s9(5)v99 comp.

procedure division.

  initialize summenfelder
```

Listing 6.11: Beispiel 2 zur `INITIALIZE`-Anweisung

Nach der Initialisierung der Summenfelder enthält jedes Feld die Nullen in seinem Format, das heißt entpackt, gepackt oder binär. Die Anweisung aus Listing 6.11 entspricht den Anweisungen aus Listing 6.12.

```
  move zero to std-summe
  move zero to ueber-std-summe
  move zero to fehl-std-summe
```

Listing 6.12: Explizite Initialisierung von Datenfeldern

Hier zeigt die INITIALIZE-Anweisung einen deutlichen Unterschied zu der MOVE-Anweisung auf. Die Anweisung MOVE ZERO TO SUMMENFELDER würde den gesamten Bereich als alphanumerisches Feld behandeln und somit nur entpackte Nullen dorthin übertragen.

6.2.1 TO VALUE-Angabe

Mit der Angabe TO VALUE werden alle Felder innerhalb der Datengruppe wieder auf den Wert gesetzt, den sie anfänglich durch die Vorbelegung mit der VALUE-Klausel hatten. Felder des Typs POINTER und OBJECT REFERENCE, für die keine explizite VALUE-Klausel definiert wurde, werden zusätzlich auf NULL gesetzt.

6.2.2 Ohne den Zusatz REPLACING

Ohne den Zusatz REPLACING werden alphabetische, alphanumerische und alphanumerisch aufbereitete Datenfelder mit Leerzeichen (SPACE) initialisiert, numerische und numerisch aufbereitete Datenfelder mit Nullen (ZERO).

Beispiel

```
working-storage section.

01  hilfsfelder.
    05  h-anr          pic x(5).      *> Inhalt: "....."
    05  h-abez         pic b/x(4)/b.  *> Inhalt: "./..../."
    05  filler         pic x(3).      *> Inhalt unbekannt
    05  h-bestand      pic 9(5).      *> Inhalt: 00000
    05  h-ein-preis    pic 9(4)v99 comp. *> Inhalt: 000000
    05  h-ver-preis    pic *.**9,99.  *> Inhalt: ****0,00
    05  leer           pic a(5).      *> Inhalt: "....."

procedure division.

  initialize hilfsfelder
```

Listing 6.13: Beispiel 3 zur INITIALIZE-Anweisung

Die Feldinhalte bestätigen noch mal die Arbeitsweise der INITIALIZE-Anweisung; hier ist auch die Druckaufbereitung zu erkennen.

6.2.3 Mit dem Zusatz REPLACING

Mit dem Zusatz REPLACING werden nur Datenfelder der angegebenen Gruppe initialisiert. Außerdem kann auch der Anfangswert für die Initialisierung bestimmt werden.

Beispiel 1

```
working-storage section.

01 hilfsfelder.
   05 h-anr        pic x(5).     *> Inhalt unbekannt
   05 h-abez       pic b/x(4)/b. *> Inhalt unbekannt
   05 filler       pic x(3).     *> Inhalt unbekannt
   05 h-bestand    pic 9(5).         *> Inhalt: 00000
   05 h-ein-preis  pic 9(4)v99 comp. *> Inhalt: 000000
   05 h-ver-preis  pic *.**9,99. *> Inhalt unbekannt
   05 leer         pic a(5).     *> Inhalt unbekannt

procedure division.

  initialize hilfsfelder
      replacing numeric data by zero
```

Listing 6.14: Beispiel 4 zur INITIALIZE-Anweisung

Initialisiert werden durch diese Anweisung nur die numerischen Datenfelder H-BESTAND und H-EIN-PREIS.

Beispiel 2

```
working-storage section.

01 hilfsfelder.
   05 f1       pic x(5).     *> Inhalt: "*****"
   05 filler   pic x(2).     *> Inhalt unbekannt
   05 f2       pic x(5).     *> Inhalt: "*****"
   05 filler   pic x(2).     *> Inhalt unbekannt
   05 f3       pic 9(6)v99. *> Inhalt unbekannt

procedure division.
```

```
  initialize hilfsfelder
      replacing alphanumeric data by "*"
```

Listing 6.15: Beispiel 5 zur INITIALIZE-Anweisung

Hier werden die alphanumerischen Datenfelder F1 und F2 mit * versorgt.

6.2.4 INITIALIZE für Tabellen

Besonders effektiv einzusetzen ist die INITIALIZE-Anweisung bei der Initialisierung von Tabellen. Eine solche Tabelle wie im folgenden Beispiel konnte bis ANSI74 nur mit einer Programmschleife initialisiert werden. Mithilfe der INITIALIZE-Anweisung werden hier jedoch die 12 Felder UMSATZSUMME(1) bis UMSATZSUMME(12) auf gepackte Nullen gesetzt.

Beispiel

```
working-storage section.

01  tabelle.
    05  element          occurs 12 indexed i.
        10  monat        pic x(10).
        10  umsatzsumme  pic 9(6)v99 packed-decimal.

procedure division.

  initialize tabelle
      replacing numeric data by 0
```

Listing 6.16: Beispiel 6 zur INITIALIZE-Anweisung

Auch hier ist das Ansprechen eines einzelnen Tabellenelements erlaubt, wie Listing 6.17 zeigt.

```
initialize element(3).
initialize monat(1) replacing alphanumeric by "JANUAR".
initialize monat(2) replacing alphanumeric by "FEBRUAR".
```

Listing 6.17: Initialisierung einzelner Tabellenelemente

6.3 SET-Anweisung

Wirkung

Die SET-Anweisung wird in 12 verschiedenen Formaten angegeben, von denen in diesem Kapitel nur die ersten 4 beschrieben werden, die am häufigsten benötigt werden. Sie wird verwendet, um einen Merknamen auf »EIN« bzw. auf »AUS« zu setzen, um einen Bedingungsnamen auf »WAHR« oder »FALSCH« zu setzen oder um Adressfelder zu übertragen.

```
Format 1:

SET { {Mnemonischer-Name } ... TO { ON  } } ...
                                  { OFF }

Format 2:

SET { {Bedingungsname    } ... TO { TRUE  } } ...
                                  { FALSE }

Format 3:

SET { ADDRESS OF Bezeichner-1 } ... TO Bezeichner-4
    { Bezeichner-2            }

Format 4:

SET { Bezeichner-5 } ... { UP BY   } Arithmetischer-Ausdruck
                         { DOWN BY }
```

Abb. 6.5: SET-Anweisung

Erläuterung zu Format 1

Mit Format 1 kann ein mnemonischer Name (Merkname), der im SPECIAL-NAMES-Paragraphen festgelegt worden ist, auf »EIN« bzw. auf »AUS« gesetzt werden. Der Merkname muss in diesem Fall mit SWITCH0 bis SWITCH 7 verknüpft worden sein. Die Angabe ON setzt den Merknamen auf »EIN« und OFF setzt ihn auf »AUS«.

Beispiel

```
special-names.
   switch 2 is schalter-2 on status is eingeschaltet
                          off status is ausgeschaltet,
   switch 7 is schalter-7 on status is aktiv,
                          off status is inaktiv.
procedure division.
```

Listing 6.18: Definition mnemonischer Namen

In der PROCEDURE DIVISION können die Schalter unabhängig von ihrem aktuellen Status wie folgt gesetzt werden:

```
set schalter-2 to on schalter-7 to off.
```

Eine spätere Bezugnahme auf einen Schalter könnte so formuliert werden:

```
if eingeschaltet then   .....
```

oder

```
if inaktiv       then   .....
```

Erläuterung zu Format 2

Format 2 der SET-Anweisung verwendet man, um einen Bedingungsnamen auf »WAHR« (TRUE) oder »FALSCH« (FALSE) zu setzen. Durch diese Operation wird das Literal, das mit dem Bedingungsnamen verknüpft worden ist, automatisch in die zugehörigen Bedingungsvariablen übertragen. Wurde der Bedingungsname mit mehreren Literalen oder mit Literalbereichen verknüpft, wird immer das erste Literal übertragen.

Beispiel 1

```
01  schalter            pic 9.
    88  datei-ende      value 1.

procedure division.
```

Listing 6.19: Definition eines Bedingungsnamens

In der PROCEDURE DIVISION wird der Bedingungsname DATEI-ENDE auf »WAHR« gesetzt. Dies bewirkt die Übertragung des Werts 1 in die Bedingungsvariable SCHALTER.

```
read eingabe at end set datei-ende to true.
```

Beispiel 2

```
01  kennzeichen         pic x.
    88  kz-gueltig      value "A" "L" "S" "E".

procedure division.

    set kz-gueltig to true.
```

Listing 6.20: Setzen eines Bedingungsnamens

In diesem Beispiel wird das Zeichen A in die Bedingungsvariable KENNZEICHEN übertragen.

Erläuterung zu Format 3

Mit diesem Format kann die Adresse eines Feldes in ein anderes übertragen werden. Bezeichner-2 und Bezeichner-4 müssen mit USAGE IS POINTER definiert sein und spezifizieren damit Adressfelder.

Bezeichner-1 muss in der LINKAGE SECTION auf Stufennummer 01 oder 77 definiert sein, da nur solche Felder auf eine fremde Adresse gesetzt werden können.

Beispiel 1

Übertragen von selbst definierten Adressfeldern.

```
01 zeiger-1              pointer.
01 zeiger-2              pointer.

procedure division.

  set zeiger-1 to zeiger-2.
```

Listing 6.21: Zuweisung von Zeigerwerten

Hier wird die Adresse aus dem Adressfeld ZEIGER-2 in das Adressfeld ZEIGER-1 übertragen. Das Objekt der Übertragung ist also der Inhalt von ZEIGER-2.

Beispiel 2

Übertragen von automatisch angelegten Adressfeldern in ebensolche.

```
working-storage section.

01  zeiger-1             pointer.

linkage section.

01  satz-1.
    05  f1               pic x(10).

procedure division.

    set address of satz-1 to zeiger-1.
```

Listing 6.22: Füllen eines Zeigers

Hier wird der Inhalt von ZEIGER-1 (eine Adresse) in das automatisch angelegte Adressfeld von SATZ-1 übertragen.

Beispiel 3

```
    set address of satz-1 to null.
```

Mit dieser Anweisung wird die Adresse von SATZ-1 auf eine ungültige Adresse (Null) gesetzt. In diesem Fall kann ein Zugriff auf SATZ-1 nicht mehr erfolgen.

Erläuterung zu Format 4

Dieses Format können Sie benutzen, um den Inhalt eines Adressfelds (POINTER) zu erhöhen (BY) bzw. zu vermindern (DOWN). Hier muss also Bezeichner-5 ein POINTER oder das Sonderregister ADDRESS OF sein.

Beispiele

```
01  zeiger-1            pointer.

procedure division.

    set zeiger-1   up by 80
    set zeiger-1   up by length of kundensatz
    set zeiger-1   down by laengenfeld
```

Listing 6.23: Zeigerinhalte verändern

6.4 Referenz-Modifikation

Wirkung

Eine Referenz-Modifikation ermöglicht es, einen Teil des Feldes zu adressieren.

```
Datenname-1 ( Startposition : [Länge] )
```

Abb. 6.6: Referenz-Modifikation

Erläuterung

Der angegebene Datenname-1 muss USAGE DISPLAY oder USAGE NATIONAL implizit oder explizit aufweisen. Eine Referenz-Modifikation darf in jeder Anweisung verwendet werden, in der ein USAGE DISPLAY- oder USAGE NATIONAL-Feld vorkommen kann.

Startposition und Länge sind arithmetische Ausdrücke.

```
01  feld1         pic x(20) value "VS·COBOL·II".
01  ausgabefeld  pic x(5). *> Inhalt: "COBOL"
```

```
procedure division.

    move   feld1(4:5) to ausgabefeld
```

Listing 6.24: Beispiel 1 für Referenz-Modifikation

Mit dem Beispiel aus Listing 6.25 lässt sich der Inhalt eines Feldes bei gleicher Länge rechtsbündig darstellen.

```
working-storage section.

01  l                       pic x(20).
01  r                       pic x(20) just right.
01  i                       pic s9(9) binary.

procedure division.

    move space         to l
    move 'SCHMIDT'     to r
    move 0 to I

    inspect r tallying i for leading space
    if i < length of r
       move r(i + 1 : length of r - i) to l
    end-if
    display "L=(" l "),R=(" r ")"
```

Listing 6.25: Beispiel 2 für Referenz-Modifikation

Die Ausgabe von Listing 6.25:

```
L=(SCHMIDT·············),R=(·············SCHMIDT)
```

Kapitel 7

Die Anweisungen ACCEPT, DISPLAY und STOP

Dieses Kapitel beschäftigt sich zunächst mit zwei Anweisungen für die simple Ausgabe und Eingabe von Daten. Auch in modernen Programmiersprachen hat man die Möglichkeit, kurze Informationen in Textform auf die Standardausgabe zu schreiben. In COBOL dient dazu die Anweisung DISPLAY. Sie wurde für PC-Systeme so erweitert, dass man ganze Masken auf einem Textbildschirm anzeigen kann. Für die Dateneingabe in solche Masken steht die ACCEPT-Anweisung zur Verfügung. In ihrer einfachsten Form liest diese Anweisung den eingegebenen Text aus der Standardeingabe.

Ein COBOL-Programm beginnt mit der ersten Anweisung nach PROCEDURE DIVISION und läuft dann sequenziell durch den Programmcode, bis am Ende die letzte Anweisung ausgeführt wurde. Will man ein Programm besser strukturieren und dann an einer logisch sinnvollen Stelle beenden, wird die STOP-Anweisung benutzt, die ebenfalls Teil dieses Kapitels ist.

7.1 DISPLAY-Anweisung

Wirkung

Mithilfe der DISPLAY-Anweisung können Informationen am Bildschirm angezeigt werden. Zusammen mit der ACCEPT-Anweisung können Sie einen Dialog mit dem Rechner durchführen. Auf Großrechnersystemen ist das natürlich nicht möglich.

```
Format 1:

   DISPLAY { Bezeichner-1 } ... [UPON Merkname] [WITH NO ADVANCING]
           { Literal-1    }

     [END-DISPLAY]
```

```
Format 2 (nicht standardisiert):

  DISPLAY
  { {Bezeichner-1} [ AT { LINE NUMBER {Bezeichner-2 }            } ] } ...
  { {Literal-1   }        {             {Ganzzahl-1  }            }   }
  {                       { {COLUMN} NUMBER {Bezeichner-3}        }   }
  {                       { {COL   }        {Ganzzahl-2  }        }   }

  [ ON EXCEPTION unbedingte-Anweisung-1         ]
  [ NOT ON EXCEPTION unbedingte-Anweisung-2     ]

   [END-DISPLAY]
```

Abb. 7.1: DISPLAY-Anweisung

Hinweis

Werden alle Zusätze weggelassen, wird Format 1 standardmäßig angenommen, es sei denn, die Klausel CONSOLE IS CRT wurde im SPECIAL-NAMES-Paragraphen angegeben.

Erläuterung

Die DISPLAY-Anweisung Format 1 wird für die Anzeige mehrerer Datenfelder und/oder Literale benutzt. In diesem Fall darf die CONSOLE IS CRT-Klausel im SPECIAL-NAMES-Paragraphen nicht benutzt werden.

```
working-storage section.

01  display-text  PIC X(13) value "Kapital: ===>".

procedure division.

    display display-text
```

Listing 7.1: Beispiel 1 zur DISPLAY-Anweisung

Diese Anweisung zeigt den Inhalt des Feldes DISPLAY-TEXT an der aktuellen Cursor-Position an.

AT-Zusatz

Die DISPLAY-Anweisung Format 2 wird für die Anzeige eines einzigen Datenfelds bzw. einer Struktur benutzt. Dabei können die anzuzeigenden Informationen an einer beliebigen Bildschirmstelle positioniert werden.

Soll der Text in Beispiel 1 an einer bestimmten Stelle am Bildschirm positioniert werden, muss man sich des Formats 2 bedienen. Der anzugebende Bezeichner-2 in Format 2 beinhaltet die gewünschte Zeilennummer, Bezeichner-3 die Spaltennummer, an der der Text angezeigt werden soll. In Abbildung 7.2 ist ein typischer Bildschirm dargestellt, der aus 25 Zeilen mit jeweils 80 Zeichen besteht. Die Anweisung lautet dann z.B.

```
display display-text at line 5 col 15.
```

Diese Anweisung positioniert den Text auf Spalte 15 der 5. Zeile des Bildschirms. Manche Compiler erlauben auch eine etwas kürzere Schreibweise:

```
display display-text at 0515.
```

UPON-Zusatz

In Format 1 wurde dieser Zusatz aus Gründen der Kompatibilität zu anderen Compilern beibehalten. Der Zusatz macht lediglich deutlich, dass der Text über die Konsole angezeigt werden soll. Merkname kann jeder Name sein, der einem der gültigen Begriffe (Funktionsnamen) im SPECIAL-NAMES-Paragraphen gleichgesetzt worden ist.

ON EXCEPTION

Der ON EXCEPTION-Zusatz kann eine Fehlersituation abfangen, die zum Beispiel auftritt, wenn eine DISPLAY-Anweisung mit ENVIRONMENT-VALUE ausgeführt wird, ohne vorher eine DISPLAY-Anweisung mit ENVIRONMENT-NAME für die Festlegung des Namens der Umgebungsvariablen ausgeführt zu haben. Konnte eine Umgebungsvariable wegen zu geringen Speicherplatzes nicht definiert werden, kann dieser Fehler ebenfalls mit ON EXCEPTION behandelt werden. Weitere Fehlerquellen sind ungültige Spalten- und Zeilennummern.

Allgemeines

Eine figurative Konstante (außer ALL) kann das Literal-1 in Format 1 oder Datenname-1 in Format 2 ersetzen. In diesem Fall wird ein einziges Zeichen angezeigt. Die Anweisung DISPLAY SPACE ist also gleichbedeutend mit der Anweisung DISPLAY " ".

7.1.1 Erweiterte Eigenschaften der DISPLAY-Anweisung

In den hier beschriebenen Compilern wurde festgelegt, dass Datenelemente einer Struktur, die den Namen FILLER aufweisen, nicht angezeigt werden.

```
working-storage section.

01  ausgabe-zeile.
    05 filler   pic X(30).
    05 a-1      pic X(20) value "*** TILGUNGSPLAN ***".
    05 filler   pic X(30).
```

```
    05 filler   pic X(240).
    05 a-2      pic X(07) value "Kredit:".
    05 filler   pic X(25).
    05 a-3      pic X(09) value "Zinssatz:".
    05 filler   pic X(24).
    05 a-4      pic X(09) value "Laufzeit:".
    05 filler   pic X(6).

procedure division.

    display ausgabe-zeile at line 01 col 01.
```

Listing 7.2: Beispiel 2 zur DISPLAY-Anweisung

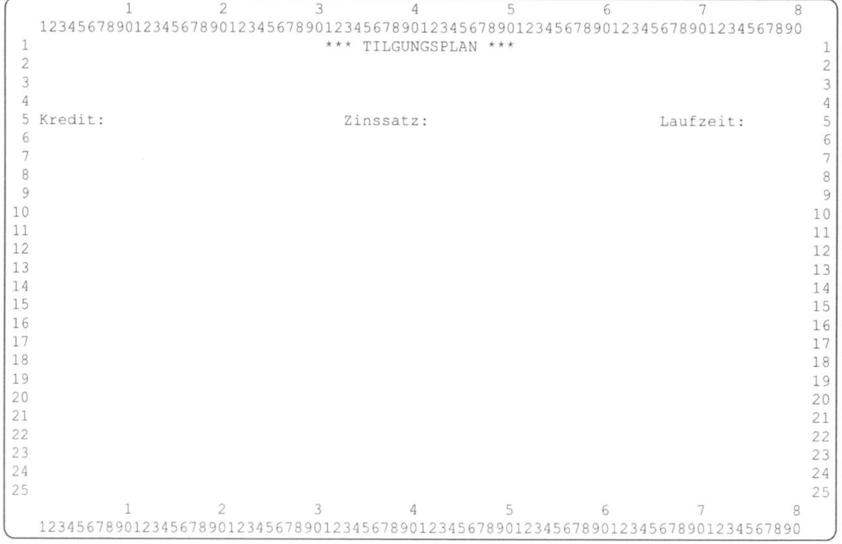

Abb. 7.2: Bildschirmausgabe

Bei der Entwicklung von Satzstrukturen für die DISPLAY-Anweisung sollte man die folgenden Punkte berücksichtigen:

- Die Bildschirmgröße beträgt 2000 Byte (25 Zeilen à 80 Spalten). Satzstrukturen sollten die genannte Größe nicht überschreiten.
- Bei umfangreichen Satzstrukturen sollten die Datenfelder zu einer Zeile in der Länge von 80 Spalten oder einem Mehrfachen davon gruppiert werden. Dies verbessert die Übersicht einer Struktur und erleichtert eine nachträgliche Veränderung.
- Datenfeldern, die angezeigt werden sollen, haben wir einen Namen gegeben; andere Bereiche, die nicht angezeigt werden sollen, erhalten den Namen FILLER.
- In unserem Beispiel haben wir eine Zeile für die Überschrift, 3 Leerzeilen und eine Zeile für die Leittexte definiert.

7.1.2 Löschen des Bildschirms

Ein Sonderformat der DISPLAY-Anweisung kann zum Löschen des Bildschirms verwendet werden. Es lautet:

```
DISPLAY SPACE UPON CRT.
```

Hat man im SPECIAL-NAMES-Paragraphen die Klausel CONSOLE IS CRT festgelegt, reicht es auch, wenn man codiert:

```
DISPLAY SPACE.
```

7.1.3 Vorpositionierung des Cursors

Die Anweisung DISPLAY LOW-VALUESAT ... bewirkt, dass der Cursor auf die angegebene Position gestellt wird. Eine nachfolgende DISPLAY-Anweisung ohne den AT-Zusatz würde sich implizit auf die aktuelle Cursor-Position beziehen.

7.2 ACCEPT-Anweisung

Wirkung

Die ACCEPT-Anweisung erlaubt dem Benutzer, Daten über die Tastatur einzugeben.

```
Format 1:

  ACCEPT Bezeichner-1 [FROM Merkname]

    [END-ACCEPT]


Format 2 (nicht standardisiert):

  ACCEPT
                         ⎡    ⎧ LINE NUMBER {Bezeichner-2}           ⎫ ⎤
                         ⎢    ⎪             {Ganzzahl-1  }           ⎪ ⎥
      Bezeichner-1       ⎢ AT ⎨                                      ⎬ ⎥
                         ⎢    ⎪ {COLUMN} NUMBER {Bezeichner-3}       ⎪ ⎥
                         ⎣    ⎩ {COL   }        {Ganzzahl-2  }       ⎭ ⎦

    [ON EXCEPTION unbedingte-Anweisung-1     ]
    [NOT ON EXCEPTION unbedingte-Anweisung-2 ]

    [END-ACCEPT]
```

Abb. 7.3: ACCEPT-Anweisung

Hinweis

Werden alle Zusätze weggelassen, wird standardmäßig Format 1 angenommen, es sei denn, die Klausel `CONSOLE IS CRT` wurde im `SPECIAL-NAMES`-Paragraphen angegeben, in diesem Fall wird Format 2 angenommen.

Erläuterung

Wenn eine ACCEPT-Anweisung ausgeführt wird, wird das Programm so lange angehalten, bis der Benutzer die gewünschten Daten eingegeben und die Eingabe mit der [RETURN]- bzw. [ENTER]-Taste abgeschlossen hat.

Die ACCEPT-Anweisung Format 1 bewirkt keine spezielle Positionierung des Eingabefelds; die Eingabe wird lediglich an der aktuellen Cursor-Position erwartet. Diese Eigenschaft gilt standardmäßig, wenn die `CONSOLE IS CRT`-Klausel im `SPECIAL-NAMES`-Paragraphen nicht angegeben wird.

```
working-storage section.

01   eingabe             pic x(10).

procedure division.

     accept eingabe
```

Listing 7.3: Beispiel 1 zur ACCEPT-Anweisung

Bei der Ausführung dieser Anweisung wird der Cursor an der aktuellen Cursor-Position positioniert. Der Benutzer wird dann aufgefordert, die gewünschten Daten einzugeben. Die Eingabe wird mit der [RETURN]-Taste abgeschlossen; das Programm setzt die Verarbeitung mit der nächsten Anweisung fort.

AT-Zusatz

Im Rahmen der Gestaltung von Bildschirm-Masken wurde die ACCEPT-Anweisung in Format 2 erweitert. Dieses Format kann das Eingabefeld an eine beliebige Bildschirmstelle positionieren. Die Cursor-Position selbst ist wie bei der DISPLAY-Anweisung anzugeben.

Wollen Sie also das Feld `EINGABE` in Beispiel 1 auf der Spalte 20 in Zeile 10 positionieren, müssen Sie codieren:

```
accept eingabe at line 10 col 20.
```

Auch hier erlauben verschiedene Compiler eine kürzere Schreibweise:

```
accept eingabe at 1020.
```

ON EXCEPTION

Nach ON EXCEPTION können eine oder mehrere Anweisungen definiert werden, die nur dann zur Ausführung kommen, wenn die ACCEPT-Anweisung nicht normal beendet wird. Dabei versteht man hier unter »nicht normal beendet«, dass die ACCEPT-Anweisung durch eine benutzerdefinierte bzw. im COBOL-System integrierte Funktionstaste oder aber auch mit einem Fehler beendet worden ist. Das heißt, im Zusammenhang mit der CRT STATUS-Klausel wird im ersten Byte ein Wert ungleich null geliefert (siehe *CRT STATUS*).

7.2.1 Gleichzeitige Eingabe in mehrere Felder

Soll eine Bildschirm-Maske mit mehreren Eingabefeldern benutzt werden, braucht man nicht für jedes Eingabefeld eine eigene ACCEPT-Anweisung zu codieren.

In diesem Fall müssen die Eingabefelder ihren Positionen entsprechend in eine Struktur integriert werden. Die nicht benötigten Eingabebereiche in dieser Struktur müssen den Namen FILLER aufweisen. Eine einzige ACCEPT-Anweisung für diese Struktur ist dann ausreichend, um alle Eingabefelder über die Tastatur zu versorgen.

Wird eine solche ACCEPT-Anweisung ausgeführt, wird der Cursor auf das erste Feld in der Struktur positioniert und die Eingabe kann beginnen. Der Cursor wird automatisch auf das nächste Feld gesetzt, wenn das aktuelle Feld vollständig eingeben wurde. Will man jedoch während der Eingabe den Cursor in das nächste Feld positionieren, kann man dazu die Tabulator- oder Cursorbewegungstasten benutzen. Die [Home]- bzw. [Pos1]-Taste stellt den Cursor wieder auf das erste Feld in der Struktur. Zu beachten ist dabei, dass eine einmalige Betätigung der [RETURN]-Taste ausreichend ist, um die Eingabe für alle Felder abzuschließen. Sie können diese Eigenschaften der ACCEPT-Anweisung anhand des nächsten Beispiels kennenlernen.

Beispiel

Bezogen auf Beispiel 2 für die DISPLAY-Anweisung (Listing 7.2) wollen wir nun die Eingabefelder definieren. Legen wir die DISPLAY-Struktur und die darin enthaltenen Positionen zugrunde, ergibt sich die ACCEPT-Struktur wie in Listing 7.4.

```
working-storage section.

01  eingabe-zeile.
    05 filler    pic x(320).
    05 filler    pic x(07).
    05 kredit    pic zzz.zzz,zz.
    05 filler    pic x(24).
    05 zinssatz  pic zz,zz.
    05 filler    pic x(28).
    05 laufzeit  pic zz.
    05 filler    pic x(04).
```

```
procedure division.

    accept eingabe-zeile at line 01 col 01.
```

Listing 7.4: Beispiel 2 zur ACCEPT-Anweisung

```
           1         2         3         4         5         6         7         8
  12345678901234567890123456789012345678901234567890123456789012345678901234567890
 1                                 *** TILGUNGSPLAN ***                             1
 2                                                                                  2
 3                                                                                  3
 4                                                                                  4
 5 Kredit:[200.000,00]              Zinssatz:[10,00]                Laufzeit:[10]   5
 6                                                                                  6
 7                                                                                  7
 8                                                                                  8
 9                                                                                  9
10                                                                                 10
11                                                                                 11
12                                                                                 12
13                                                                                 13
14                                                                                 14
15                                                                                 15
16                                                                                 16
17                                                                                 17
18                                                                                 18
19                                                                                 19
20                                                                                 20
21                                                                                 21
22                                                                                 22
23                                                                                 23
24                                                                                 24
25                                                                                 25
           1         2         3         4         5         6         7         8
  12345678901234567890123456789012345678901234567890123456789012345678901234567890
```

Abb. 7.4: Bildschirm-Eingabe/Ausgabe

7.2.2 Eingabe in numerische Felder

Die Eingabe in numerische Felder ist unproblematisch. Bei der Durchführung einer solchen ACCEPT-Anweisung wird der Cursor auf der dezimalen Stelle positioniert, und man kann dann die gewünschten Ziffern eingeben.

Bei einer solchen Eingabe werden nur Ziffern von 0 bis 9 zugelassen: Die Betätigung jeder anderen Taste wird mit einem Signalton zurückgewiesen.

Bei numerisch druckaufbereiteten Feldern erfolgt zusätzlich eine sofortige Aufbereitung jeder eingegebenen Ziffer.

7.2.3 ACCEPT-Anweisung und CURSOR-Klausel

In Kapitel 3 haben wir die CURSOR-Klausel im Detail betrachtet. Diese Klausel wird im SPECIAL-NAMES-Paragraphen angegeben, um ein Datenfeld für die aktuelle Cursor-Position festzulegen. Diese Klausel ist nur sinnvoll im Zusammenhang mit der ACCEPT-Anweisung zu verwenden. Die ACCEPT-Anweisung versorgt nämlich das in der CURSOR-Klausel genannte Datenfeld mit der aktuellen Cursor-Position. Man kann also unmittelbar nach der Ausführung der ACCEPT-Anweisung die aktuelle Cursor-Position erfragen.

Diese Möglichkeit ist nur dann gegeben, wenn das genannte Feld vor der Ausführung der ACCEPT-Anweisung einen Wert ungleich null aufweist.

```
spezial-names.
     cursor is cursor-numeric.

working-storage section.
01   cursor-position.
     05 zeilen-nr              pic 99.
     05 spalten-nr             pic 99.
01   cursor-numeric redefines cursor-position pic 9(4).
01   eingabe-zeile.
     05 filler    pic x(80).

     05 filler    pic x(30).
     05 name      pic x(20).
     05 filler    pic x(30).

     05 filler    pic x(30).
     05 strasse   pic x(20).
     05 filler    pic x(30).
     05 filler    pic x(30).
     05 plz       pic x(05).

     05 filler    pic x(45).
     05 filler    pic x(30).
     05 ort       pic x(20).
     05 filler    pic x(30).

procedure division.

     move 0101 to cursor-numeric.
     accept eingabe-zeile at cursor-numeric.
     if zeilen-nr = 3 then
         ....
     else
         if zeilen-nr = 4 then
             ....
         end-if
     end-if
     .
     .
```

Listing 7.5: Beispiel 3 zur ACCEPT-Anweisung

Stellen Sie fest, dass das Feld ZEILEN-NR den Wert 3 beinhaltet, können Sie davon ausgehen, dass der Benutzer noch mit der Eingabe in das Feld STRASSE beschäftigt war; eine entsprechende Aktion kann daraufhin vorgenommen werden.

Weiterhin hat die CURSOR-Klausel eine wichtige Bedeutung für den Ablauf der ACCEPT-Anweisung. Vor der Ausführung der ACCEPT-Anweisung wird der Inhalt des Cursor-Felds geprüft. Der Cursor wird dann auf das Feld positioniert, dessen Cursor-Position innerhalb der Struktur dem Wert des Cursor-Felds am nächsten liegt.

Beispiel

Diese Eigenschaft der CURSOR-Klausel kann sehr sinnvoll eingesetzt werden, besonders bei Datenprüfung nach einer erfolgten Eingabe. Wollen Sie z.B. prüfen, ob der Benutzer in Beispiel 3 (Listing 7.5) eine Eingabe in das Feld ORT gemacht hat oder nicht, und gegebenenfalls den Cursor erneut auf diesem Feld positionieren, können Sie wie in Listing 7.6 codieren.

```
if ort = space
    move 05 to zeilen-nr
    accept eingabe-zeile
end-if
```

Listing 7.6: Einfache Eingabeprüfung

Eine umfassende Prüfung für alle Datenfelder findet sich in Listing 7.7.

```
if name = space
    move 02 to zeilen-nr
else
    if strasse = space
        move 03 to zeilen-nr
    else
        if plz = space
            move 04 to zeilen-nr
        else
            if ort = space
                move 05 to zeilen-nr
            end-if
        end-if
    end-if
end-if
accept eingabe-zeile.
```

Listing 7.7: Prüfung mehrerer Eingabefelder

Entspricht der Wert des Cursor-Felds einer Position, ab der kein Feld mehr innerhalb der Struktur liegt, wird der Cursor automatisch auf das erste Feld gestellt. Dies ist in diesem Beispiel der Fall, wenn wie in Listing 7.8 codiert wird.

```
move 08 to zeilen-nr.
accept eingabe-zeile.
```

Listing 7.8: Positionieren auf das erste Eingabefeld

7.2.4 ACCEPT-Anweisung und CRT STATUS-Klausel

Manche Compiler erlauben zusätzlich die Angabe der CRT STATUS-Klausel. Diese Klausel legt ein dreistelliges Datenfeld fest, das für die Abspeicherung bestimmter Informationen nach Ausführung der ACCEPT-Anweisung benutzt wird.

Wenn eine ACCEPT-Anweisung ausgeführt wird, sind normalerweise sogenannte Funktionstasten (F1, ... F12) nicht nutzbar. Solche Funktionstasten können jedoch mithilfe einer Assembler-Unterroutine (X"AF"), deren Beschreibung jetzt zu weit führen würde, zugänglich gemacht werden.

Wenn diese Funktionstasten zugänglich sind, wird die Eingabe während der ACCEPT-Anweisung sofort beendet, sobald eine solche Taste gedrückt wird (ähnlich wie bei der RETURN-Taste).

Nun zurück zur CRT STATUS-Klausel: Hier bekommen Sie im angegebenen Feld Informationen darüber, welche Taste die ACCEPT-Anweisung beendet hat. Ich demonstriere das an einem Beispiel.

```
special-names.
     crt status is crt-status-feld.
     :
working-storage section.
01  crt-status-feld           pic xxx.
01  tasten redefines crt-status-feld.
    05   byte-1               pic x.
    05   byte-2               pic 99 comp.
    05   byte-3               pic x.
01  auswahl-kz                pic x.
01  auswahl-menue.
    05   filler               pic x(80).
    05   filler               pic x(25).
    05   a-1                  pic x(30)
          value "Verwaltung Kunden-Stammdaten".
    05   filler               pic x(25).
    05   filler               pic x(240).
    05   filler               pic x(25).
    05   a-2                  pic x(30)
```

```
          value "F1 = Hilfsinformationen".
    05   filler              pic x(25).
    05   filler              pic x(25).
    05   a-3                 pic x(30)
          value "F2 = Anzeigen".
    05   filler              pic x(25).
    05   filler              pic x(25).
    05   a-4                 pic x(30)
          value "F3 = Erfassen".
    05   filler              pic x(25).
    05   filler              pic x(25).
    05   a-5                 pic x(30)
          value "F4 = Aktualisieren".
    05   filler              pic x(25).
    05   filler              pic x(25).
    05   a-6                 pic x(30)
          value "F5 = Auswerten".
    05   filler              pic x(25).
    05   filler              pic x(25).
    05   a-7                 pic x(30)
          value "ESC= Programm beenden".
    05   filler              pic x(25).
procedure division.
    display auswahl-menue at 0101.
    accept auswahl-kz at 2501
    if byte-1 = 1
       if byte-1 = 0
          perform nachlauf
          stop run
       else
          if byte-2 = 1
             perform hilfe
          else
             if byte-2 = 2
                perform anzeigen
             else
                if byte-2 = 3
                   perform erfassen
                else
                   if byte-2 = 4
                      perform aktualisieren
                   else
                      if byte-2 = 5
                         perform auswerten
```

```
                  else
                     perform fehler
                  end-if
               end-if
            end-if
         end-if
      end-if
   end-if
end-if
```

Listing 7.9: Beispiel 5 zur ACCEPT-Anweisung

```
          1         2         3         4         5         6         7         8
 12345678901234567890123456789012345678901234567890123456789012345678901234567890
 1                                                                                  1
 2                         Verwaltung Kunden-Stammdaten                             2
 3                                                                                  3
 4                                                                                  4
 5                                                                                  5
 6                         F1 = Hilfsinformationen                                  6
 7                         F2 = Anzeigen                                            7
 8                         F3 = Erfassen                                            8
 9                         F4 = Aktualisieren                                       9
10                         F5 = Auswerten                                          10
11                                                                                 11
12                                                                                 12
13                                                                                 13
14                                                                                 14
15                                                                                 15
16                                                                                 16
17                                                                                 17
18                                                                                 18
19                                                                                 19
20                                                                                 20
21                                                                                 21
22                                                                                 22
23                                                                                 23
24                                                                                 24
25                                                                                 25
          1         2         3         4         5         6         7         8
 12345678901234567890123456789012345678901234567890123456789012345678901234567890
```

Abb. 7.5: Ablauf des Dialogs in Beispiel 5

Hat man die CRT STATUS-Klausel codiert und eine ACCEPT-Anweisung ausgeführt, wird das CRT STATUS-Feld wie folgt aktualisiert:

Das Feld BYTE-1 enthält:

0 wenn die ACCEPT-Anweisung durch die [RETURN]-Taste beendet wurde.

1 wenn eine Funktionstaste gedrückt wird. In diesem Fall wird die Nummer der Funktionstaste in das Feld BYTE-2 geliefert. Diese Nummer liegt zwischen 0 und 127 und ist einer bestimmten Funktionstaste zugeordnet. Für die [ESC]-Taste wird die Nummer 0 geliefert, für die [F1]-Taste die Nummer 1 usw.

2 wenn eine im COBOL-System selbst definierte Funktionstaste gedrückt wurde. Auch hier wird die Nummer der Funktionstaste (0 bis 26) in das Feld BYTE-2 geliefert.

9 wenn ein Fehler auftritt.

7.2.5 Spezielle Dialogtechniken mit DISPLAY und ACCEPT

Betrachten Sie die Ausgabe- und die Eingabe-Struktur in Beispiel 2 zu der DISPLAY- und ACCEPT-Anweisung (Listing 7.2, Listing 7.4), so stellen Sie fest, dass in einer Struktur Bereiche benötigt werden, die in der anderen Struktur mit FILLER bezeichnet werden, und umgekehrt. Wollen Sie diese optimieren, können Sie wie in Listing 7.10 vorgehen.

```
working-storage section.

01    ausgabe-zeile.
        :
01    eingabe-zeile redefines ausgabe-zeile.

procedure division.

      display ausgabe-zeile at 0101.
      accept-eingabe-zeile at 0101.
```

Listing 7.10: Datenbereiche für Ein- und Ausgabe benutzen

In diesem Fall würde man hier einen Datenbereich von 400 Byte einsparen.

7.3 ACCEPT-Anweisung Format 2

Wirkung

Die ACCEPT-Anweisung Format 2 stellt dem Programm bestimmte Systeminformationen zur Verfügung.

```
                              { DATE [YYYYMMDD] }
ACCEPT Bezeichner FROM        { DAY [YYYYDDD]   }  [END-ACCEPT]
                              { DAY-OF-WEEK     }
                              { TIME            }
```

Abb. 7.6: ACCEPT-Anweisung Format 2

Erläuterung

Beim Systemstart kann der Benutzer das Tagesdatum und die Uhrzeit eingeben. Im eigenen Anwendungsprogramm können diese Informationen zur Verfügung gestellt werden.

DATE, DAY und TIME sind interne Datenfelder, die in COBOL mit bestimmten Eigenschaften und Verwendungszwecken automatisch angelegt sind. Diese dürfen nicht vom Programmierer definiert werden.

DATE

DATE beinhaltet das Tagesdatum in der amerikanischen Schreibweise JJMMTT. DATE hat die implizite PICTURE-Klausel *PIC 9(6)*, wobei TT der Tag innerhalb eines Monats, MM der Monat innerhalb eines Jahres und JJ das Jahr innerhalb eines Jahrhunderts ist. Durch den Zusatz YYYYMMDD wird eine vierstellige Jahreszahl geliefert, das Empfangsfeld muss dann zwei Stellen größer definiert werden.

Beispiel

Wird das Programm z.B. am 31.12.2023 ausgeführt, kann mithilfe von Listing 7.11 auf das Tagesdatum zugegriffen werden.

```
working-storage section.

01  tagesdatum       pic 9(6). *> Inhalt: 231231

procedure division.

    accept tagesdatum from date
```

Listing 7.11: Tagesdatum abfragen

DAY

DAY beinhaltet das Tagesdatum in der Schreibweise JJTTT. DAY hat die implizite PICTURE-Klausel *PIC 9(5)*, wobei

- TTT der Tag innerhalb eines Jahres ist
- JJ das Jahr innerhalb eines Jahrhunderts ist

Auch hier kann ein Zusatz in der Form YYYYDDD mitgegeben werden, um eine vierstellige Jahreszahl zu bekommen.

Beispiel

Für den 31.12.2023 würde man nach der ACCEPT-Anweisung die Werte laut Listing 7.12 bekommen.

```
working-storage section.

01  datum            pic 9(5). *> Inhalt: 23365

procedure division.

    accept datum from day
```

Listing 7.12: Aktuellen Tag abfragen

DAY-OF-WEEK

DAY-OF-WEEK liefert eine Ziffer für die Tagesnummer innerhalb der Woche, 1 ist Montag, 2 ist Dienstag usw.

Beispiel

```
working-storage section.

01  wochentag    pic 9(1). *> Inhalt: 5 (falls Freitag)

procedure division.

    accept wochentag from day-of-week
```

Listing 7.13: Aktuellen Wochentag abfragen

TIME

TIME beinhaltet die Uhrzeit in der Schreibweise SSMMSSHH. TIME hat die implizite PICTURE-Klausel *PIC 9(8)*, wobei

- SS die Stunde innerhalb eines Tages ist
- MM die Minute innerhalb einer Stunde ist
- SS die Sekunde innerhalb einer Minute ist
- HH Hundertstel einer Sekunde sind

Beispiel

Für die Uhrzeit 12:30:10:99 würde man nach der ACCEPT-Anweisung die Werte aus Listing 7.14 bekommen.

```
working-storage section.

01  uhrzeit    pic 9(8). *> Inhalt: 12301099

procedure division.

    accept uhrzeit from time
```

Listing 7.14: Aktuelle Uhrzeit abfragen

7.4 STOP-Anweisung

Wirkung

Die STOP-Anweisung beendet die Ausführung des Programms.

Abb. 7.7: STOP-Anweisung

Erläuterung

Codiert man STOP RUN, wird die Ausführung des Objektprogramms endgültig beendet. Die vom Betriebssystem erhaltene Steuerung geht an dieses wieder zurück.

Beispiel

```
steuerungs-ende.
    stop run.
```

Listing 7.15: Programm beenden

Kapitel 8

Arithmetische Operationen

In wohl allen anderen Programmiersprachen werden arithmetische Operationen einfach dadurch programmiert, dass man die notwendige Formel mit den dafür vorgesehenen Operatoren schreibt. Will man beispielsweise den Inhalt von Feld A mit dem von Feld B multiplizieren und das Ergebnis in das Feld SUMME abstellen, schreibt man einfach SUMME = A * B.

In COBOL ist das nicht so einfach. Hier können solche Ausdrücke nur als Teil der COMPUTE-Anweisung geschrieben werden. Viel öfter findet man aber die Verwendung der Befehle ADD, SUBTRACT, MULTIPLY und DIVIDE, um nacheinander Schritt für Schritt eine Berechnung durchzuführen. Dieses Kapitel stellt die COBOL-Befehle für die Programmierung arithmetischer Operationen vor.

8.1 COMPUTE-Anweisung

Wirkung

Mithilfe der COMPUTE-Anweisung können arithmetische Ausdrücke aufgelöst werden.

```
Format 1:

   COMPUTE {Bezeichner-1 [ROUNDED ]} ... = arithmetischer-Ausdruck
    [|ON SIZE ERROR unbedingte-Anweisung-1       |]
    [|NOT ON SIZE ERROR unbedingte-Anweisung-2|]
   [END-COMPUTE]

Format 2:

   COMPUTE {Bezeichner-2} ... = boolescher-Ausdruck [END-COMPUTE]
```

Abb. 8.1: COMPUTE-Anweisung

Erläuterung

Hauptsächlich wird die COMPUTE-Anweisung für die Auflösung eines arithmetischen Ausdrucks eingesetzt, man kann sie aber auch für eine einfache Wertzuweisung benutzen. Außerdem kann sie verwendet werden, um boolesche Ausdrücke zu bilden (bitweise UND-, ODER- bzw. Exklusiv-ODER-Verknüpfungen).

Beispiel 1

```
COMPUTE SUMME = A * B
```

Listing 8.1: Beispiel 1 zur COMPUTE-Anweisung

Das Endergebnis des Ausdrucks `A * B` wird intern ermittelt und anschließend im Feld SUMME abgespeichert. Beachten Sie hier, dass der Inhalt in SUMME vor der Ausführung der COMPUTE-Anweisung nicht von Bedeutung ist.

Beispiel 2

```
COMPUTE SUMME = BETRAG
```

Listing 8.2: Beispiel 2 zur COMPUTE-Anweisung

Der Inhalt des Feldes BETRAG wird dem Feld SUMME zugewiesen. Diese Operation entspricht der folgenden MOVE-Anweisung:

```
MOVE BETRAG TO SUMME.
```

Bei der COMPUTE-Anweisung unterscheidet man zwischen Empfangsfeldern und Rechenfeldern.

Empfangsfelder werden ausschließlich zur Aufnahme des Endergebnisses verwendet. Sie können numerische oder numerisch aufbereitete Datenelemente sein. Sie werden laut Format durch `Bezeichner-1` und dessen Wiederholungen dargestellt.

Rechenfelder sind direkt an den Rechenoperationen beteiligt. Sie müssen numerische Datenelemente sein. Sie werden laut Format durch alle Angaben, die rechts vom Gleichheitszeichen liegen, dargestellt.

Operatoren

In einem arithmetischen Ausdruck können die folgenden Operatoren verwendet werden:

Operator	Bedeutung
-	Subtrahieren
+	Addieren
/	Dividieren
*	Multiplizieren
**	Potenzieren

Tabelle 8.1: Mögliche Operatoren für arithmetische Ausdrücke

Auflösung arithmetischer Ausdrücke

Bei der Auflösung eines arithmetischen Ausdrucks werden die darin enthaltenen Rechenoperationen in einer bestimmten Reihenfolge (Priorität) ausgeführt. Diese ist im Folgenden aufgeführt:

1. von links nach rechts
2. evtl. vorhandene Klammerpaare werden von innen nach außen aufgelöst
3. Vorzeichen (+ und -)
4. Potenzierung
5. Multiplikation und Division
6. Addition und Subtraktion

Beispiel

```
COMPUTE A = B * (C + D) - E / (F + G)
                ---1---        ---2---
            -----3-----    -----4-----
                 -------5-------
```

Listing 8.3: Beispiel 3 zur COMPUTE-Anweisung

Das Endergebnis wird in der angegebenen Reihenfolge ermittelt und im Feld A abgespeichert.

8.1.1 Der ROUNDED-Zusatz

Der ROUNDED-Zusatz kann in jeder arithmetischen Operation als zusätzlicher Eintrag benutzt werden. Er wird immer dann benötigt, wenn ein Ergebnisfeld so kurz definiert ist, dass Dezimalstellen abgeschnitten werden.

Beispiel

Berechnen des Verzinsungsfaktors nach vorgegebener Formel:

```
q = 1 + p / 100

working-storage section.

01  q                        pic 99v9(4).
01  p                        pic 99v999.

procedure division.

    move 4,875 to p
    compute q rounded = 1 + p / 100
```

Listing 8.4: Beispiel 4 zur COMPUTE-Anweisung

Ablauf der COMPUTE-Anweisung

```
1.     4,875
      /100
      --------
       0,04875
2.    +1
      --------
       1,04875   Zwischenergebnis
3.    +0,00005   ROUNDED
      --------
       1,0488    Endergebnis
```

Listing 8.5: Ablauf der COMPUTE-Anweisung

Wie aus diesem Beispiel zu ersehen ist, hat das Zwischenergebnis 5 Dezimalstellen, das Ergebnisfeld Q ist jedoch nur mit 4 Dezimalstellen definiert. Hier wird also die erste abgeschnittene Stelle durch die Zahl 0,00005 aufgerundet. Ein evtl. auftretender Übertrag wird immer auf die nächsthöhere Stelle aufaddiert.

Hätten wir den ROUNDED-Zusatz nicht angegeben, wäre der Wert 1,0487 als Endergebnis abgespeichert.

8.1.2 Der ON SIZE ERROR-Zusatz

Der ON SIZE ERROR-Zusatz spezifiziert eine unbedingte Anweisung, die dann ausgeführt wird, wenn ein Überlauf auftritt. Das ist der Fall, wenn ein Zwischenergebnis ermittelt wird, das mehr Vorkommastellen aufweist, als das Endergebnisfeld aufnehmen kann. Das Auftreten eines Überlaufs sollte in jedem Fall vermieden werden, indem auf die Größe der beteiligten Felder geachtet und eine entsprechende Größe für das Ergebnisfeld gewählt wird.

Tritt jedoch ein Überlauf auf, kann dieser mithilfe des ON SIZE ERROR-Zusatzes festgestellt werden. In diesem Fall bleibt der Inhalt des Empfangsfelds unverändert und die unbedingte Anweisung, die auf ON SIZE ERROR folgt, wird ausgeführt. Die COMPUTE-Anweisung wird dann als NICHT AUSGEFÜHRT betrachtet.

Beispiel

```
working-storage section.

01  summe                          pic 9(5)v99.
01  menge                          pic 9(3).
01  preis                          pic 9(3)v99.

procedure division.
```

```
    move 900 to menge
    move 400,5 to preis
    compute summe = menge * preis
        on size error perform fehler
    end-compute
```

Listing 8.6: Beispiel 5 zur COMPUTE-Anweisung

Ablauf der COMPUTE-Anweisung

```
1.        900
       *  400,5
       --------
       360450,00  Zwischenergebnis
```

Listing 8.7: Ablauf von Beispiel 5

Da das Zwischenergebnis 6 Vorkommastellen aufweist, das Endergebnisfeld jedoch nur mit 5 Vorkommastellen definiert ist, tritt hier ein Überlauf auf. Das Zwischenergebnis wird nicht abgespeichert, das Ergebnisfeld bleibt unverändert und die Fehlerroutine wird aufgerufen.

8.1.3 Der NOT ON SIZE ERROR-Zusatz

Diese Erweiterung in ANSI85 spezifiziert eine unbedingte Anweisung, die nur dann ausgeführt wird, wenn kein Überlauf auftritt.

8.1.4 Überlauf bei mehreren Ergebnisfeldern

In einer COMPUTE-Anweisung ist es möglich, gleichzeitig mehrere Ergebnisfelder links vor dem Zuweisungszeichen zu definieren. In einem solchen Fall kann es vorkommen, dass nur eine der angegebenen Zielvariablen zu klein ist, um das Ergebnis aufzunehmen, alle anderen jedoch den Anforderungen genügen.

Hier gilt, dass das zu kleine Feld unverändert bleibt, während die restlichen Ergebnisfelder versorgt werden. Außerdem werden die Anweisungen des ON SIZE ERROR-Zusatzes ausgeführt.

```
working-storage section.

01  feld1       pic 999   value 123.
01  feld2       pic 9999  value 123.
01  rechenfeld  pic 999   value 999.

procedure division.
```

```
compute feld1 feld2 = rechenfeld * 10
  on size error
    display feld1 space feld2 *> Ausgabe: 123 9990
end-compute
```

Listing 8.8: Überlauf bei mehreren Ergebnisfeldern

8.2 ADD-Anweisung

Wirkung

Die ADD-Anweisung wird für die Addition mehrerer Operanden benutzt.

```
Format 1:

  ADD {Bezeichner-1}... TO {Bezeichner-2 [ROUNDED]} ...
      {Literal-1   }

  [ON SIZE ERROR unbedingte-Anweisung-1            ]
  [NOT ON SIZE ERROR unbedingte-Anweisung-2        ]

  [END-ADD]


Format 2:

  ADD {Bezeichner-1}... TO {Bezeichner-2}
      {Literal-1   }       {Literal-2   }

     GIVING {Bezeichner-3 [ROUNDED]}...

  [ON SIZE ERROR unbedingte-Anweisung-1            ]
  [NOT ON SIZE ERROR unbedingte-Anweisung-2        ]

  [END-ADD]
```

Abb. 8.2: ADD-Anweisung

Erläuterung zu Format 1

Die Summe aller Operanden, die vor dem Wort TO angegeben sind, wird jeweils zu dem Wert aller Operanden, die dem Wort TO folgen, hinzuaddiert.

Beispiel

```
ADD    SOZ-VER-ABZUEGE  KIRCHEN-STEUER TO GESAMT-ABZUEGE.
Vorher   -->        500              90               200
Nachher  -->        500              90               790
```

Listing 8.9: Beispiel 1 zur ADD-Anweisung

Diese ADD-Anweisung aus Listing 8.9 entspricht der COMPUTE-Anweisung aus Listing 8.10.

```
COMPUTE GESAMT-ABZUEGE = GESAMT-ABZUEGE +
                         SOZ-VER-ABZUEGE +
                         KIRCHEN-STEUER.
```

Listing 8.10: Alternative COMPUTE-Anweisung

Beachten Sie hier, dass alle beteiligten Operanden in Format 1 eine numerische Datenklasse aufweisen müssen.

Erläuterung zu Format 2

Die Summe aller Operanden, die vor dem Wort GIVING angegeben sind, wird gebildet und in die Operanden, die nach dem Wort GIVING angegeben sind, übertragen.

Beispiel

```
ADD SOZ-VER-ABZUEGE KIRCHEN-STEUER GIVING GESAMT-ABZUEGE
Vorher  -->      500             90                  200
Nachher -->      500             90                  590
```

Listing 8.11: Beispiel 2 zur ADD-Anweisung

In dem Beispiel sieht man, dass ein evtl. vorhandener Wert im Feld GESAMT-ABZUEGE nicht berücksichtigt wird. Dieses Feld wird in Format 2 also ausschließlich als Empfangsfeld für das Endergebnis verwendet.

Die ADD-Anweisung aus Listing 8.11 entspricht somit der COMPUTE-Anweisung aus Listing 8.12.

```
COMPUTE GESAMT-ABZUEGE = SOZ-VER-ABZUEGE +
                         KIRCHEN-STEUER.
```

Listing 8.12: Alternative COMPUTE-Anweisung

Ein wesentlicher Unterschied zu Format 1 ist, dass das GIVING-Feld (in unserem Beispiel: GESAMT-ABZUEGE) numerisch oder numerisch druckaufbereitet sein kann. Alle anderen Operanden müssen jedoch numerische Datenfelder sein.

Hinweis

Die Zusätze ON SIZE ERROR und NOT ON SIZE ERROR haben dieselbe Bedeutung wie bei der COMPUTE-Anweisung.

8.3 SUBTRACT-Anweisung

Wirkung

Die SUBTRACT-Anweisung subtrahiert einen oder mehrere Operanden von einem oder mehreren Operanden.

```
Format 1:

SUBTRACT {Bezeichner-1} ... FROM {Bezeichner-2 [ ROUNDED ]} ...
         {Literal-1   }

  [|ON SIZE ERROR unbedingte-Anweisung-1      |]
  [|NOT ON SIZE ERROR unbedingte-Anweisung-2  |]
 [ END-SUBTRACT ]


Format 2:

SUBTRACT {Bezeichner-1} ... FROM {Bezeichner-2}
         {Literal-1   }          {Literal-2   }
   GIVING {Bezeichner-3 [ROUNDED]}...
  [|ON SIZE ERROR unbedingte-Anweisung-1      |]
  [|NOT ON SIZE ERROR unbedingte-Anweisung-2  |]
 [END-SUBTRACT]
```

Abb. 8.3: SUBTRACT-Anweisung

Erläuterung zu Format 1

Die Summe aller Operanden, die vor dem Wort TO angegeben sind, wird jeweils vom Wert aller Operanden, die nach dem Wort FROM erscheinen, subtrahiert.

Beispiel

```
SUBTRACT GESAMT-ABZUEGE FROM BRUTTO-LOHN.
Vorher  -->          1100              3500
Nachher -->          1100              2400
```

Listing 8.13: Beispiel 1 zur SUBSTRACT-Anweisung

Die SUBTRACT-Anweisung aus Listing 8.13 entspricht der COMPUTE-Anweisung aus Listing 8.14.

```
COMPUTE BRUTTO-LOHN = BRUTTO-LOHN - GESAMT-ABZUEGE.
```

Listing 8.14: Alternative COMPUTE-Anweisung

Beispiel

```
SUBTRACT LOHN-STEUER KIR-STEUER SOZ-VER FROM BRUTTO-LOHN
Vorher  -->        600        100      400              3500
Nachher -->        600        100      400              2400
```

Listing 8.15: Beispiel 2 zur SUBTRACT-Anweisung

Hier wird die Summe aller Felder vor dem Wort FROM vom Inhalt des Feldes BRUTTO-LOHN subtrahiert.

Listing 8.15 und Listing 8.16 sind gleichbedeutend.

```
COMPUTE BRUTTO-LOHN = BRUTTO-LOHN - LOHN-STEUER -
                      KIR-STEUER  - SOZ-VER
```

Listing 8.16: Alternative COMPUTE-Anweisung

Erläuterung zu Format 2

Die Summe aller Operanden, die vor dem Wort FROM angegeben sind, wird gebildet und vom Operanden, der nach dem Wort FROM angegeben ist, subtrahiert, die Differenz wird in alle GIVING-Felder abgespeichert.

Beispiel

```
SUBTRACT GES-ABZUEGE FROM BRUTTO-LOHN GIVING NETTO DR-NE
Vorher  -->      1100             3500          0000 000000
Nachher -->      1100             3500          2400  2.400
```

Listing 8.17: Beispiel 3 zur SUBTRACT-Anweisung

Listing 8.17 und Listing 8.18 sind gleichbedeutend.

```
COMPUTE NETTO,  DR-NE = BRUTTO-LOHN - GES-ABZUEGE.
```

Listing 8.18: Alternative COMPUTE-Anweisung

Der Vorteil des zweiten Formats der arithmetischen Anweisungen sei hier nochmals betont. Das Endergebnis wird sowohl im Feld NETTO als auch im Feld DR-NE abgespeichert, wobei das erste ein rechenfähiges Feld ist, das in weiteren Rechenoperationen verwendet werden kann, und das zweite ein druckaufbereitetes Feld, das für die Ausgabe vorgesehen ist.

8.4 Korrespondierendes Addieren und Subtrahieren

```
Format 3:

ADD {CORRESPONDING} Bezeichner-1 TO Bezeichner-2 [ROUNDED]
    {CORR         }

[ON SIZE ERROR unbedingte-Anweisung-1        ]
[NOT ON SIZE ERROR unbedingte-Anweisung-2    ]

[END-ADD]
```

Abb. 8.4: ADD-Anweisung Format 3

```
Format 3:

SUBTRACT {CORRESPONDING} Bezeichner-1 FROM Bezeichner-2 [ROUNDED]
         {CORR         }

[ON SIZE ERROR unbedingte-Anweisung-1        ]
[NOT ON SIZE ERROR unbedingte-Anweisung-2    ]

[END-SUBTRACT]
```

Abb. 8.5: SUBTRACT-Anweisung Format 3

Erläuterung

Mithilfe des dritten Formats der ADD- und SUBTRACT-Anweisungen können mehrere Datenfelder gleichzeitig addiert bzw. subtrahiert werden. Der Ablauf dieser Anweisungen ist ähnlich wie bei der MOVE CORR-Anweisung. Im Übrigen handelt es sich hier um Anweisungen, die selten in der Praxis benutzt werden.

Die Zusätze ON SIZE ERROR und NOT ON SIZE ERROR haben dieselbe Bedeutung wie bei der COMPUTE-Anweisung.

Beispiel

```
ADD CORR ARTIKEL-ZEILE-1 TO ARTIKEL-ZEILE-2.
```

Listing 8.19: Beispiel für ADD CORR

8.5 MULTIPLY-Anweisung

Wirkung

Die MULTIPLY-Anweisung wird für die Multiplikation zweier Operanden benutzt.

```
Format 1:

MULTIPLY {Bezeichner-1} BY {Bezeichner-2 [ROUNDED]} ...
         {Literal-1   }

[ON SIZE ERROR unbedingte-Anweisung-1    ]
[NOT ON SIZE ERROR unbedingte-Anweisung-2]

[END-MULTIPLY]


Format 2:

MULTIPLY {Bezeichner-1} BY {Bezeichner-2}
         {Literal-1   }    {Literal-2   }
   GIVING {Bezeichner-3 [ROUNDED]}...
[ON SIZE ERROR unbedingte-Anweisung-1    ]
[NOT ON SIZE ERROR unbedingte-Anweisung-2]
[END-MULTIPLY]
```

Abb. 8.6: MULTIPLY-Anweisung

Erläuterung zu Format 1

Bei der Multiplikation wird `Bezeichner-1` mit `Bezeichner-2` multipliziert, das entstandene Produkt wird in `Bezeichner-2` abgespeichert. Dies wird für jeden Bezeichner der BY-Angabe wiederholt.

Beispiel 1

```
MULTIPLY ANZ-STUNDEN BY STUNDENLOHN.
Vorher  -->      10          12
Nachher -->      10         120
```

Listing 8.20: Beispiel 1 zur MULTIPLY-Anweisung

Die Anweisungen aus Listing 8.20 und Listing 8.21 entsprechen sich.

```
COMPUTE STUNDENLOHN = STUNDENLOHN * ANZ-STUNDEN.
```

Listing 8.21: Alternative COMPUTE-Anweisung

Beispiel 2

```
MULTIPLY KOST-FAKTOR BY KOSTEN-ST1 KOSTEN-ST2 KOSTEN-ST3
Vorher  -->      5          20         25         40
Nachher -->      5         100        125        200
```

Listing 8.22: Beispiel 2 zur MULTIPLY-Anweisung

Diese Anweisung spricht dafür, dass eine einfache MULTIPLY-Anweisung manchmal effektiver ist als eine COMPUTE-Anweisung. Um diese MULTIPLY-Anweisung durch COMPUTE zu ersetzen, müssten Sie wie in Listing 8.23 vorgehen.

```
COMPUTE KOSTEN-ST1 = KOSTEN-ST1 * KOST-FAKTOR.
COMPUTE KOSTEN-ST2 = KOSTEN-ST2 * KOST-FAKTOR.
COMPUTE KOSTEN-ST3 = KOSTEN-ST3 * KOST-FAKTOR.
```

Listing 8.23: Alternative COMPUTE-Anweisungen

Wenn Sie alle drei Endergebnis-Felder in einer einzigen COMPUTE-Anweisung angeben, haben diese immer den gleichen Inhalt.

Erläuterung zu Format 2

Der Ablauf des zweiten Formats unterscheidet sich wesentlich vom ersten Format. Hier wird Bezeichner-1 mit dem einzigen Bezeichner-2 multipliziert, das entstandene Produkt in Bezeichner-3 und wahlweise in Bezeichner-4 abgespeichert.

Beispiel

```
MULTIPLY STUECKZAHL BY STUECKPREIS GIMNG SUMME AUSGABE.
Vorher  -->       200             30        0000 00000000
Nachher -->       200             30        6000 6.000,00
```

Listing 8.24: Beispiel 3 zur MULTIPLY-Anweisung

Für die MULTIPLY-Anweisung aus Listing 8.24 können Sie auch wie in Listing 8.25 codieren.

```
COMPUTE SUMME, AUSGABE = STUECKZAHL * STUECKPREIS.
```

Listing 8.25: Alternative COMPUTE-Anweisung

> **Hinweis**
>
> Die Zusätze ON SIZE ERROR und NOT ON SIZE ERROR haben dieselbe Bedeutung wie bei der COMPUTE-Anweisung.

8.6 DIVIDE-Anweisung

Wirkung

Die DIVIDE-Anweisung wird für die Division zweier Operanden benutzt.

```
Format 1:

DIVIDE { Bezeichner-1 } INTO { Bezeichner-2 [ ROUNDED ]} ...
       { Literal-1    }

  [ ON SIZE ERROR unbedingte-Anweisung-1       ]
  [ NOT ON SIZE ERROR unbedingte-Anweisung-2   ]
 [ END-DIVIDE ]


Format 2:

DIVIDE { Bezeichner-1 } { INTO } { Bezeichner-2 }
       { Literal-1    } { BY   } { Literal-2    }
    GIVING {Bezeichner-3 [ROUNDED]}...
  [ ON SIZE ERROR unbedingte-Anweisung-1       ]
  [ NOT ON SIZE ERROR unbedingte-Anweisung-2   ]
 [ END-DIVIDE ]


Format 3:

DIVIDE { Bezeichner-1 } { INTO } { Bezeichner-2 }
       { Literal-1    } { BY   } { Literal-2    }
    GIVING  Bezeichner-3 [ROUNDED]
    REMAINDER Bezeichner-4

  [ ON SIZE ERROR unbedingte-Anweisung-1       ]
  [ NOT ON SIZE ERROR unbedingte-Anweisung-2   ]
 [ END-DIVIDE ]
```

Abb. 8.7: DIVIDE-Anweisung

Erläuterung zu Format 1

In Format 1 wird der Dividend (`Bezeichner-2`) durch den Divisor (`Bezeichner-1`) dividiert, der Quotient in `Bezeichner-2` abgespeichert. Der gleiche Vorgang wird für `Bezeichner-3` genauso ausgeführt, wenn dieser angegeben ist.

Beispiel

```
DIVIDE       ANZAHL  INTO  GEWINN.
Vorher   -->      5        10000
Nachher  -->      5         2000
```

Listing 8.26: Beispiel 1 zur DIVIDE-Anweisung

Listing 8.26 und Listing 8.27 sind gleichwertig.

```
COMPUTE GEWINN = GEWINN / ANZAHL.
```

Listing 8.27: Alternative COMPUTE-Anweisung

Erläuterung zu Format 2

Beim zweiten Format muss man sich entscheiden, ob man das Wort INTO oder das Wort BY verwenden will.

Mit INTO wird Bezeichner-2 als Dividend und Bezeichner-1 als Divisor angesehen.

Mit BY wird Bezeichner-1 als Dividend und Bezeichner-2 als Divisor angesehen.

Der Quotient wird jedenfalls in Bezeichner-3 abgespeichert.

Beispiel

```
DIVIDE ANSCHAFFUNGSKST BY NUTZ-DAUER GIVING ABSCHREIB.
Vorher  -->       100000            10              00000
Nachher -->       100000            10              10000
```

Listing 8.28: Beispiel zur DIVIDE-Anweisung

Die COMPUTE-Anweisung aus Listing 8.29 könnte anstelle der DIVIDE-Anweisung von Listing 8.28 codiert werden.

```
COMPUTE ABSCHREIB = ABSCHAFFUNGSKOSTEN / NUTZ-DAUER.
```

Listing 8.29: Alternative COMPUTE-Anweisung

Erläuterung zu Format 3

Der wesentliche Unterschied zwischen Format 3 und Format 2 liegt darin, dass in Format 3 mithilfe des REMAINDER-Zusatzes der Divisionsrest gebildet werden kann.

Wenn man die Syntax des dritten Formats genau betrachtet, stellt man fest, dass für den Quotienten nur ein einziges Feld (Bezeichner-3) vorgesehen ist. Dies bestätigt die Tatsache, dass der Rest aufgrund der PICTURE-Klausel des Quotienten-Felds gebildet wird.

Hinweis

Die Zusätze ON SIZE ERROR und NOT ON SIZE ERROR haben dieselbe Bedeutung wie bei der COMPUTE-Anweisung.

8.6.1 Rest der Division

Der Rest einer Division entsteht, wenn der Dividend nicht ohne Rest durch den Divisor teilbar ist.

Er wird wie folgt ermittelt: Rest = Dividend - (Quotient * Divisor)

Beispiel

In einer Programmschleife soll festgestellt werden, ob die Variable DIVIDEND restlos durch 50 teilbar ist. In einem solchen Beispiel ist es sinnvoll, die PICTURE-Klausel der beteiligten Felder anzugeben.

```
DIVIDE
   DIVIDEND BY DIVISOR GIVING QUOTIENT REMAINDER REST

PIC     999         99             99             99

Vorher  830         50             00             00
Nachher 830         50             16             30
```

Listing 8.30: Beispiel 3 zur DIVIDE-Anweisung

Nach der Division kann die IF-Anweisung zu der genannten Feststellung wie folgt codiert werden:

```
IF REST = ZERO THEN ....
```

Würde man hier die PICTURE-Klausel des Quotienten-Felds ändern, erhielte man die Werte aus Listing 8.31.

```
DIVIDE
   DIVIDEND BY DIVISOR GIVING QUOTIENT REMAINDER REST

PIC     999         99          99V99             99

Vorher  830         50          00 00             00
Nachher 830         50          16 60             00
```

Listing 8.31: Werte bei geänderten Ergebnisfeldern

Sie sehen hier eindeutig, dass der Rest von der PICTURE-Klausel des Quotienten-Felds abhängig ist.

Der Divisionsrest wird nach der bereits genannten Formel ermittelt, bevor das Ergebnis eventuell gerundet wird!

```
DIVIDE
       10 BY 6 GIVING QUOTIENT ROUNDED REMEINDER REST

PIC                        99                     99

Nachher                    02                     04
```

Listing 8.32: Ermittlung des Divisionsrests

Kapitel 9

Programmverzweigungen und interne Unterprogramme

Über den linearen Ablauf eines COBOL-Programms wurde in den vorangegangenen Kapiteln schon einiges geschrieben. Hier noch einmal zum Verständnis: Ein COBOL-Programm beginnt mit der ersten Anweisung in der PROCEDURE DIVISION und wird dann linear abgearbeitet, bis die letzte Anweisung, die sich am Ende des Programmcodes befindet, ausgeführt wurde.

Mithilfe der in COBOL sehr beliebten GO TO-Anweisung kann frei innerhalb des Quellcodes gesprungen werden. Ein Sprachkonstrukt, das es in modernen Sprachen teilweise gar nicht mehr gibt und das zurecht verpönt ist. Die Verständlichkeit des Programmablaufs lässt dadurch deutlich nach.

Unterprogramme und Schleifen werden in COBOL mithilfe der PERFORM-Anweisung programmiert. In objektorientierten Sprachen sind Unterprogramme eher mit Methoden vergleichbar. In COBOL sind sie aber nicht gekapselt. Vielmehr können die in der DATA DIVISION definierten Datenfelder von überall im Quellcode manipuliert werden.

9.1 GO TO-Anweisung

Wirkung

Mithilfe der GO TO-Anweisung kann man zu einer beliebigen Stelle im Programm verzweigen. Die Programmausführung wird dann an dieser Stelle fortgesetzt.

```
Format 1:

  GO TO Prozedur-Name-1
```

Abb. 9.1: GO TO-Anweisung

Erläuterung

Der anzugebende Prozedurname kann ein Paragraphen- oder ein Kapitelname (SECTION) sein, wobei in der GO TO-Anweisung selbst nur der Name, ohne das Wort SECTION, erscheinen darf.

Beispiel: Verzweigen zu einem Paragraphen

```
PROCEDURE DIVISION.
VERARBEITUNG SECTION.
VERARBEITUNGSANFANG.
    :
    GO TO VERARBEITUNGSENDE
    :
VERARBEITUNGSENDE.
    :
```

Listing 9.1: Beispiel 1 zur GO TO-Anweisung

Beispiel: Verzweigen zu einem Kapitel (SECTION)

```
PROCEDURE DIVISION.
    :
    GO TO VERARBEITUNG
    :
VERARBEITUNG SECTION.
    :
```

Listing 9.2: Beispiel 2 zur GO TO-Anweisung

Strukturiertes Programmieren

Eines der wichtigsten Ziele der strukturierten Programmierung ist die Entwicklung von verständlichen und änderungsfreundlichen Programmen. Bei solchen Programmen sind die Wirkungen der einzelnen Anweisungen und deren Zusammenhänge klar formuliert und leicht nachvollziehbar.

Zunächst sei erwähnt, dass strukturierte Programme nicht nur solche sind, die keine GO TO-Anweisungen enthalten, sondern auch Programme, in denen die GO TO-Anweisung so eingesetzt ist, dass sie nicht gegen die Regeln der strukturierten Programmierung verstößt. Man wird gegen die Regeln der strukturierten Programmierung verstoßen, wenn man z.B. einen Programmteil so codiert, dass er keinem Struktogramm-Block entspricht.

In der strukturierten Programmierung verwendet man bekanntermaßen 6 Struktogramm-Blöcke. Einer dieser Blöcke ist der CYCLE-Block, der hier vorgestellt werden soll.

Betrachten wir den Aufbau des CYCLE-Blocks etwas näher:

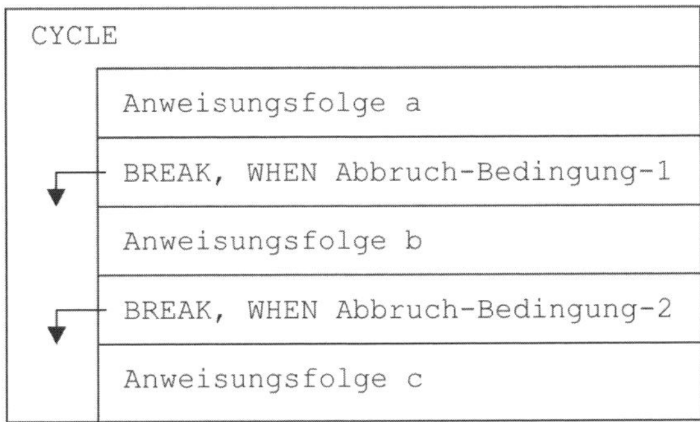

Abb. 9.2: CYCLE-Block

Erst seit COBOL 2002 ist es möglich, diesen Block direkt zu programmieren, indem man ein Inline-PERFORM zusammen mit der Anweisung EXIT PERFORM verwendet.

```
PROCEDURE DIVISION.
    :
    PERFORM UNTIL ENDEBEDINGUNG
        *> Anweisungsfolge a
        IF ABBRUCH-BEDINGUNG-1
            EXIT PERFORM
        END-IF
        *> Anweisungsfolge b
        IF ABBRUCH-BEDINGUNG-2
            EXIT PERFORM
        END-IF
        *> Anweisungsfolge c
    END-PERFORM
    :
```

Listing 9.3: Programmierung eines CYCLE-Blocks in COBOL

Der CYCLE-Block beginnt mit einer Anweisungsfolge und enthält meistens mehrere Abbruchbedingungen. In der Schleife selbst werden die Abbruchbedingungen geprüft. Ist eine Bedingung erfüllt, wird die Schleife abgebrochen.

Will man den CYCLE-Block, der auch »Schleife mit freier Endbedingung« genannt wird, in der ursprünglichen Form codieren, muss man mit GO TO arbeiten.

```
CYCLE-BLOCK SECTION.
ANWEISUNGSFOLGE-A.
    :
    IF ABBRUCH-BEDINGUNG-1
        GO TO CYCLE-BLOCK-ENDE
    END-IF.
```

```
ANWEISUNGSFOLGE-B.
    :
    IF ABBRUCH-BEDINGUNG-2
        GO TO CYCLE-BLOCK-ENDE
    END-IF.
ANWEISUNGSFOLGE-C.
    :
    GO TO CYCLE-BLOCK.
CYCLE-BLOCK-ENDE.
EXIT.
```

Listing 9.4: -Block mit CYCLEGO TO-Anweisung

Ein klassisches Beispiel für eine solche CYCLE-Schleife ist das Lesen der Sätze einer Datei und deren Verarbeitung, bis das Dateiende (EOF) oder ein anderes Abbruchkriterium auftritt. Wenn Sie das Beispiel genau betrachten, sehen Sie, dass als Erstes aus der Datei gelesen werden muss, um anschließend das Dateiende finden zu können oder um ein weiteres Abbruchkriterium festzustellen, das erst nach dem Lesen auftreten kann. Es sei aber trotzdem erwähnt, dass in vielen Fällen die Umformulierung der Anweisungsfolge möglich ist und dass man dafür eine Anweisung verwenden kann, die grundsätzlich für die strukturierte Programmierung gedacht ist. Damit ist die PERFORM UNTIL-Anweisung gemeint (Abschnitt 9.4).

Bei der PERFORM UNTIL-Anweisung wird zwar die Abbruchbedingung als Erstes geprüft, aber dies hat in manchen Fällen keinen Einfluss auf die Ausführung des Schleifeninhalts. In jedem Fall sollte das Verzichten auf die GO TO-Anweisung die Laufzeiteffizienz nicht infrage stellen.

Hier wurde zwar demonstriert, dass die GO TO-Anweisung nicht unbedingt gegen die strukturierte Programmierung arbeitet, trotzdem sollten Sie darauf achten, dass GO TO so weit wie möglich vermieden wird und auf keinen Fall an der falschen Stelle im Programm erscheint.

9.2 GO TO ... DEPENDING ON

Wirkung

Die GO TO ... DEPENDING ON-Anweisung verzweigt zu einer von mehreren angegebenen Prozeduren aufgrund des Werts einer Variablen.

```
Format 2:

   GO TO {Prozedur-Name-1} ... DEPENDING ON Bezeichner
```

Abb. 9.3: GO TO-Anweisung Format 2

Erläuterung

Diese Anweisung kann für die Realisierung des CASE-Blocks sinnvoll eingesetzt werden. Hierzu wird eine numerische ganzzahlige Variable benötigt, die nach DEPENDING ON angegeben wird. In der GO TO-Anweisung selbst können mehrere Sprungziele angegeben werden, wobei die Verzweigung jedoch nur zu einem der angegebenen Sprungziele stattfinden kann.

Die Verzweigung erfolgt in Abhängigkeit vom Wert der angegebenen Variablen. Ist der Wert = 1, erfolgt eine Verzweigung zum ersten Sprungziel, ist der Wert = 2 zum zweiten Sprungziel usw. Ist der Wert der Variablen zum Zeitpunkt der Ausführung der GO TO-Anweisung kleiner als 1 oder größer als die Anzahl der angegebenen Sprungziele, erfolgt keine Verzweigung.

Beispiel 1

Es soll aufgrund des Werts, der in der Variablen AUSWAHL-KZ enthalten ist, zu einem Verarbeitungsmodul verzweigt werden. Im Falle einer 1 ANZEIGEN, bei einer 2 ERFASSEN, bei einer 3 AENDERN und bei einer 4 LOESCHEN.

```
WORKING-STORAGE SECTION.

01   AUSWAHL-KZ                    PIC 9.

PROCEDURE DIVISION.
CASE-AUSWAHL-KZ.
      GO TO ANZEIGEN, ERFASSEN, AENDERN, LOESCHEN,
            DEPENDING ON AUSWAHL-KZ.
     :
     GO TO CASE-ENDE.
ANZEIGEN.
     :
     GO TO CASE-ENDE.
ERFASSEN.
     :
     GO TO CASE-ENDE.
AENDERN.
     :
     GO TO CASE-ENDE.
LOESCHEN.
     :
     GO TO CASE-ENDE.
CASE-ENDE.
     EXIT.
```

Listing 9.5: Beispiel 1 zu GO TO DEPENDING ON

Enthält die Variable AUSWAHL-KZ zur Ausführungszeit der GO TO-Anweisung den Wert 1, verzweigt die GO TO-Anweisung zum ANZEIGEN usw., ist der Wert = 0 oder > 4, erfolgt keine Verzweigung. Durch die Anweisung GO TO CASE-ENDE, die am Ende jeden Zweiges eingefügt wurde, wird dafür gesorgt, dass es am Ende an derselben Stelle weitergeht.

Zu beachten ist auch hier, dass die Paragraphen zwar in beliebiger Reihenfolge codiert werden dürfen, der Einfachheit halber jedoch codiert man sie in der Reihenfolge, in der sie in der GO TO-Anweisung aufgetreten sind.

Beispiel 2

Ändert man das erste Beispiel so, dass eine entsprechende Fehlerroutine durchgeführt werden soll, falls keiner der erwarteten Werte auftritt, ergibt sich Listing 9.6.

```
CASE-AUSWAHL-KZ.
     GO TO ANZEIGEN, ERFASSEN, AENDERN, LOESCHEN,
           DEPENDING ON AUSWAHL-KZ.
FEHLER.
     :
     GO TO CASE-ENDE.
ANZEIGEN.
     :
     GO TO CASE-ENDE.
ERFASSEN.
     :
     GO TO CASE-ENDE.
AENDERN.
     :
     GO TO CASE-ENDE.
LOESCHEN.
     :
     GO TO CASE-ENDE.
CASE-ENDE.
     EXIT.
```

Listing 9.6: Beispiel 2 zu GO TO DEPENDING ON

Die Modifizierung ist hier ganz einfach. Man braucht lediglich die Fehlerroutine nach der GO TO-Anweisung zu platzieren, denn die Folgeanweisung wird automatisch abgearbeitet, wenn der Wert der Variablen = 0 oder > 4 ist.

Gäbe es am Ende der einzelnen Paragraphen kein GO TO CASE-ENDE, würde COBOL einfach linear mit der Ausführung des Programms weitermachen.

Strukturiertes Programmieren

Die gezeigten Beispiele sind zwar strukturiert, denn sie entsprechen dem CASE-Block der strukturierten Programmierung. Es wäre aber auch möglich, solche Routinen ohne GO TO-Anweisungen zu realisieren.

```
CASE-AUSWAHL-KZ.
    EVALUATE AUSWAHL-KZ
      WHEN 1
        PERFORM ANZEIGEN
      WHEN 2
        PERFORM ERFASSEN
      WHEN 3
        PERFORM AENDERN
      WHEN 4
        PERFORM LOESCHEN
    END-EVALUATE.
CASE-ENDE.
```

Listing 9.7: -Auswahl mit CASEEVALUATE-Anweisung

```
CASE-AUSWAHL-KZ.
    EVALUATE AUSWAHL-KZ
      WHEN 1
        PERFORM ANZEIGEN
      WHEN 2
        PERFORM ERFASSEN
      WHEN 3
        PERFORM AENDERN
      WHEN 4
        PERFORM LOESCHEN
      WHEN OTHER
        PERFORM FEHLER
    END-EVALUATE.
CASE-ENDE.
```

Listing 9.8: -Auswahl mit Fehlerroutine und CASEEVALUATE-Anweisung

Die EVALUATE-Anweisung wird ausführlich im Kapitel 10 erklärt.

9.3 Vorbemerkung zu internen Unterprogrammen

Wenn eine Anweisungsfolge mehrfach im Programm benötigt wird, muss man rechtzeitig während der Programmierung überlegen, wie man eine solche Anweisungsfolge so aufbaut, dass man sie nur einmal zu codieren braucht. Eine unumgängliche Methode dafür ist die Realisierung der Anweisungsfolge als Prozedur (Unterprogramm). Ein COBOL-

Unterprogramm darf aber nicht mit einer Funktion oder Methode einer modernen Programmiersprache verwechselt werden, die in Hinsicht auf ihre Datenfelder gekapselt sind.

Wenn solche Prozeduren nur intern benötigt werden (d.h. also nur in dem Programm, mit dem man gerade beschäftigt ist, und nicht in weiteren Anwendungen), ist es ausreichend, wenn die Prozedur als internes Unterprogramm aufgebaut wird.

9.4 PERFORM-Anweisung

Wirkung

Die PERFORM-Anweisung führt eine Prozedur (internes Unterprogramm) aus.

```
Format 1 (out-of-line):

   PERFORM Procedurname-1 [{THROUGH} Prozedurname-2] [times-phrase   ]
                           {THRU   }                 [until-phrase   ]
                                                     [varying-phrase ]
Format 2 (inline):

   PERFORM [times-phrase   ] unbedingte-Anweisung  END-PERFORM
           [until-phrase   ]
           [varying-phrase ]

times-phrase:

   {Bezeichner-1} TIMES
   {Ganzzahl-1  }

until-phrase:

   [WITH TEST {BEFORE}] UNTIL Bedingung-1
   [          {AFTER }]

varying-phrase:

   [WITH TEST {BEFORE}]
   [          {AFTER }]

    VARYING {Bezeichner-2} FROM {Bezeichner-3}
            {Index-Name-1}      {Index-Name-2}
                                {Literal-1   }

                 [BY {Bezeichner-4}] UNTIL Bedingung-1
                 [   {Literal-2   }]

   [AFTER {Bezeichner-5} FROM {Bezeichner-6}
   [      {Index-Name-3}      {Index-Name-4}
   [                          {Literal-3   }

                 [BY {Bezeichner-7}] UNTIL Bedingung-2 ] ...
                 [   {Literal-4   }]
```

Abb. 9.4: PERFORM-Anweisung

Allgemeines zu PERFORM

Eine Prozedur, die mit der PERFORM-Anweisung ausgeführt werden soll, kann grundsätzlich überall in der PROCEDURE DIVISION auftreten. Die ausführende PERFORM-Anweisung selbst kann ebenfalls überall in der PROCEDURE DIVISION codiert werden. Es ist lediglich eine Frage der Übersichtlichkeit des Programms, wo und in welcher Reihenfolge die Prozeduren angeordnet werden sollen.

OUT-OF-LINE PERFORM

Seit dem COBOL-Standard ANSI85 unterscheidet man zwischen OUT-OF-LINE PERFORM und IN-LINE PERFORM.

In einer OUT-OF-LINE PERFORM wird der Name des auszuführenden Unterprogramms angegeben. Dieses Unterprogramm kann dann an verschiedenen Stellen des Programms aufgerufen werden. Hier darf der Zusatz END-PERFORM nicht verwendet werden.

Beispiel 1

Eine Überschrift-Routine wird in einem Programm mehrfach benötigt und soll deshalb als Prozedur gestaltet werden, die man mit der PERFORM-Anweisung ausführen kann.

```
PROCEDURE DIVISION.
    :
    :
    PERFORM UEBERSCHRIFT-ROUTINE. *>       -->Verzweigung
    :                             *>       <--Rücksprung
    :
UEBERSCHRIFT-ROUTINE.
    WRITE AUSGABE-SATZ FROM UEBER-ZEILE-1 AFTER PAGE.
    WRITE AUSGABE-SATZ FROM UEBER-ZEILE-2 AFTER 5.
    WRITE AUSGABE-SATZ FROM UEBER-ZEILE-3 AFTER 2.
    WRITE AUSGABE-SATZ FROM UEBER-ZEILE-4 AFTER 1.
    MOVE ZERO TO ZEILENZAEHLER. ADD 1 TO SEITENZAEHLER.
ENDE-UEBERSCHRIFT-ROUTINE.
```

Listing 9.9: Beispiel 1 zur PERFORM-Anweisung

Das Beispiel 1 zeigt eindeutig, dass die PERFORM-Anweisung die Verzweigung zu dem Paragraphen UEBERSCHRIFT-ROUTINE bewirkt. Die hier vorhandenen Anweisungen werden in ihrer Reihenfolge ausgeführt, bis ein neuer Prozedurname auftritt (hier ENDE-UEBERSCHRIFT-ROUTINE). Es erfolgt nun ein Rücksprung zu der Anweisung, die nach PERFORM codiert ist.

Allgemein gilt, wird mit PERFORM eine SECTION aufgerufen, reicht dieses interne Unterprogramm bis zum Beginn der nächsten SECTION, gleichgültig, wie viele Paragraphen diese beinhaltet. Wird dagegen ein Paragraph aufgerufen, reicht das Unterprogramm bis zum Beginn des nächsten Paragraphen oder der nächsten SECTION.

Es ist unbedingt darauf zu achten, dass solche Routinen auch sequenziell ausgeführt werden können, wenn sie die Steuerung des Programms erhalten, d.h. also, ohne von einer PERFORM-Anweisung aufgerufen zu werden. Denken Sie an den linearen Programmablauf in COBOL!

Beispiel 2

In allen Formaten der PERFORM-Anweisung gibt es den Zusatz THRUProzedurname-2, von dem Sie auch Gebrauch machen können. Dieser Zusatz wird dann benutzt, wenn man eine Reihe von Prozeduren, die hintereinander liegen, ausführen möchte.

Wenn dieser Zusatz benutzt wird, besagt die PERFORM-Anweisung wörtlich: »Führe alle Anweisungen aus, die ab Prozedurname-1 vorhanden sind, bis einschließlich aller Anweisungen, die in Prozedurname-2 noch vorhanden sind.« Demzufolge muss darauf geachtet werden, dass der genannte Prozedurname-2 erst nach Prozedurname-1 vorkommen darf.

```
PROCEDURE DIVISION.
    :
    :
    PERFORM RECHNEN THRU DRUCKEN. *> -->Verzweigung
    :                              *> <--Rücksprung
    :
RECHNEN.
    COMPUTE RABATT-BETRAG - PREIS * RABATT / 100.
    COMPUTE NETTO-BETRAG  = PREIS - RABATT-BETRAG.
    COMPUTE MWST          = NETTO-BETRAG * 14 / 100.
    COMPUTE GES-BETRAG    - NETTO-BETRAG + MWST. ENDE-RECHNEN.
DRUCKEN.
    MOVE ......
    MOVE ......
    WRITE DRUCK-SATZ   FROM POSITIONSZEILE AFTER 1.
    ADD 1 TO ZEILENZAEHLER.
ENDE-DRUCKEN.
```

Listing 9.10: Beispiel 2 zur PERFORM-Anweisung

In Beispiel 2 können Sie genau nachvollziehen, wie der Rücksprung in einer solchen Situation erfolgt. Erst nachdem alle Anweisungen des Paragraphen DRUCKEN ausgeführt wurden, erfolgt ein Rücksprung zu der Anweisung, die nach der PERFORM-Anweisung codiert ist.

Beispiel 3

Sie haben bis jetzt zwei Beispiele zur PERFORM-Anweisung gesehen, in denen man sich bei den Prozedurnamen lediglich der Paragraphennamen bedient hat.

Sie erinnern sich jedoch, dass Sie bei der Codierung der PROCEDURE DIVISION die freie Wahl haben, wie diese strukturiert werden soll. Es ist in jedem Fall zu empfehlen, die PROCEDURE DIVISION aus einfachen Unterprogrammen aufzubauen. Jedes Unterprogramm sollte hier als ein Kapitel (SECTION) angegeben werden. Dies wird realisiert, indem man das Wort SECTION nach dem Paragraphennamen angibt.

Als SECTION betrachtet man eine Einheit, die aus mehreren Paragraphen besteht und deren Ende dann erreicht wird, wenn eine neue SECTION beginnt.

Nun zurück zu PERFORM: Wenn Sie also den Namen einer SECTION in der PERFORM-Anweisung angeben, wird die Ausführung dieser SECTION erst beendet, nachdem eine neue SECTION aufgetreten ist.

```
PROCEDURE DIVISION.
    :
    :
    PERFORM ERFASSEN.            *> -->Verzweigung
    :                            *> <--Rücksprung
    :
ERFASSEN SECTION.
ERF-EINGABE.
    DISPLAY SPACE.
    DISPLAY AUSGABE-FELDER AT 0101.
    ACCEPT EINGABE-FELDER AT 0101.
ERF-PRUEFEN.
    PERFORM PRUEFEN.
    IF PRUEF-SCHALTER = 1 PERFORM FEHLER-1.
ERF-UEBERTRAGEN.
    IF PRUEF-SCHALTER NOT = 1 PERFORM UEBERTRAGEN.
ERF-SICHERN.
    IF PRUEF-SCHALTER NOT = 1
        WRITE EINGABE-SATZ INVALID KEY PERFORM FEHLER-2.
ENDE-ERFASSEN.
LESEN SECTION.
LES-1000.
    DISPLAY SPACE UPON CRT.
    :
    :
```

Listing 9.11: Beispiel 3 zur PERFORM-Anweisung

Wie aus dem Beispiel 3 zu ersehen ist, haben wir die erfassungsspezifischen Verarbeitungen in einer einzigen SECTION zusammengefasst. Der Rücksprung erfolgt unmittelbar vor dem Beginn der neuen SECTION LESEN.

IN-LINE PERFORM

Ein IN-LINE PERFORM beinhaltet die auszuführende Anweisungsfolge direkt nach PERFORM und sollte stets mit END-PERFORM beendet werden. Hier kann dann eine Anweisungsfolge mehrfach und abhängig von einer Bedingung ausgeführt werden.

PERFORM TIMES

Abgesehen von den bisher beschriebenen allgemeinen Regeln, die für alle PERFORM-Anweisungen gelten, wollen wir einige weitere Erkenntnisse für die Erleichterung der Programmierung gewinnen.

Mit der TIMES-Angabe kann ein Unterprogramm beliebig oft ausgeführt werden. Vor der Ausführung der PERFORM-Anweisung muss die Anzahl der Durchläufe feststehen.

Beispiel

Nachdem die Eingabedatei eröffnet wurde, sollen die ersten zehn Sätze gelesen und angezeigt werden.

```
PROCEDURE DIVISION.
    :
    :
    OPEN INPUT EINGABE.
    MOVE 10 TO ANZAHL.
    PERFORM LESEN ANZAHL TIMES.     *> -->Verzweigung
    :                               *> <--Rücksprung
    :
LESEN SECTION.
LES-1000.
    READ EINGABE AT END MOVE 1 TO ENDE-SCHALTER.
    IF ENDE-SCHALTER NOT = 1
        DISPLAY EINGABE-SATZ.
LES-9999.
VERARBEITUNG SECTION.
```

Listing 9.12: Beispiel 4 zur PERFORM-Anweisung

Das Unterprogramm LESEN wird genau zehnmal ausgeführt. Selbst wenn man den Wert des Feldes ANZAHL innerhalb des Unterprogramms verändern würde, hätte dies keinen Einfluss mehr auf die Anzahl der Durchläufe. Wir hätten ebenso anstatt der Variablen ANZAHL das Literal 10 angeben können.

PERFORM UNTIL

Hierbei handelt es sich um eine bedingte PERFORM-Anweisung, deren Ausführung von der angegebenen Bedingung abhängig ist.

WITH TEST BEFORE/AFTER

Mit diesem Zusatz kann bestimmt werden, ob die Bedingung vor (BEFORE) oder nach (AFTER) der Ausführung des Unterprogramms getestet werden soll. Fehlt dieser Zusatz, wird WITH TEST BEFORE angenommen.

Wurde WITH TEST BEFORE angegeben oder impliziert, wird die Bedingung vor der Ausführung des Unterprogramms getestet. Ist die Bedingung bereits am Anfang erfüllt, wird das Unterprogramm kein einziges Mal ausgeführt. Ist die Bedingung nicht erfüllt, wird das Unterprogramm einmal ausgeführt und anschließend die Bedingung erneut geprüft. Dieser Vorgang wiederholt sich so lange, bis die Bedingung erfüllt wird; erst dann erfolgt der Rücksprung zu der Anweisung, die nach PERFORM steht.

Das Unterprogramm kann also niemals ausgeführt werden, wenn die Bedingung bereits am Anfang erfüllt ist, bzw. Sie erhalten eine Endlosschleife, wenn die Bedingung nie erfüllt wird.

Beispiel

In einem Programm sollen die Sätze einer Datei gelesen und verarbeitet werden.

```
PROCEDURE DIVISION.
    :
    :
    OPEN INPUT EINGABE.
    MOVE 0 TO ENDE-SCHALTER
    PERFORM VERARBEITUNG            *> -->Verzweigung
            WITH TEST BEFORE
            UNTIL ENDE-SCHALTER = 1.
    :                               *> <--Rücksprung
    :
    :
VERARBEITUNG SECTION.
VER-1000.
    READ EINGABE AT END MOVE 1 TO ENDE-SCHALTER.
    IF ENDE-SCHALTER NOT = 1
        DISPLAY EINGABE-SATZ.
VER-9999.
NACHLAUF SECTION.
```

Listing 9.13: Beispiel 5 zur PERFORM-Anweisung

Das Unterprogramm VERARBEITUNG wird so lange ausgeführt, bis das Dateiende erreicht ist.

Strukturiertes Programmieren mit PERFORM UNTIL

Die PERFORM UNTIL-Anweisung ist die wichtigste Anweisung für die Unterstützung der strukturierten Programmierung in COBOL. Man muss jedoch beachten, dass es in

COBOL nur `UNTIL`-Schleifen gibt, die durchlaufen werden, solange die angegebene Bedingung nicht erfüllt ist. Mit dem in der strukturierten Programmierung verwendeten Schleifensymbol ist aber eine `WHILE`-Schleife gemeint, die ausgeführt wird, solange die Bedingung erfüllt ist. Der verwendete Bedingungsausdruck muss also negiert werden. Aus dem folgenden Beispiel ergibt sich also ein Struktogramm wie in Abbildung 9.5.

```
Datei "EINGABE" öffnen
0 -> ENDE-SCHALTER
ENDE-SCHALTER <> 1
    VERARBEITUNG

VERARBEITUNG
    Lies den nächsten Datensatz
    Ja            Dateiende ?            Nein
    1 -> ENDE-SCHALTER
    Ja        ENDE-SCHALTER <> 1 ?       Nein
    Eingabesatz anzeigen
```

Abb. 9.5: Beispiel 5 als Struktogramm

Benutzt man die Angabe `WITH TEST AFTER`, will man die Bedingung nach der ersten Ausführung des Unterprogramms testen. Die `PERFORM`-Anweisung entspricht dann der Logik einer `DO UNTIL`-Schleife, weil alle fußgesteuerten Schleifen in Struktogrammen eine Abbruchbedingung haben, also nur so lange laufen, bis diese erfüllt ist.

```
    Anweisung a
    Anweisung b
    Anweisung c
Abbruchbedingung
```

Abb. 9.6: Fußgesteuerte Schleife

Beispiel

In diesem Beispiel soll das Unterprogramm LESEN mindestens einmal und so lange ausgeführt werden, bis die angegebene Bedingung erfüllt ist.

```
PROCEDURE DIVISION.
    :
    :
    PERFORM LESEN WITH TEST AFTER
            UNTIL ART-GR = 5 OR ENDE-SCHALTER = 1.
    :
    :
LESEN.
    READ EINGABE-DATEI AT END MOVE 1 TO ENDE-SCHALTER.
```

Listing 9.14: Beispiel 6 zur PERFORM-Anweisung

```
    PERFORM WITH TEST AFTER
            UNTIL ART-GR = 5 OR ENDE-SCHALTER = 1
            READ EINGABE-DATEI
                 AT END MOVE 1 TO ENDE-SCHALTER
            END-READ
    END-PERFORM
```

Listing 9.15: Alternative Programmierung von Beispiel 6

PERFORM VARYING

PERFORM VARYING ist vom Ablauf her ähnlich wie PERFORM UNTIL und wird auch als bedingte PERFORM-Anweisung bezeichnet, denn die Ausführung des genannten Unterprogramms hängt ebenfalls davon ab, ob die angegebene Bedingung erfüllt (wahr) oder nicht erfüllt (falsch) ist.

Der Unterschied liegt jedoch darin, dass VARYING für die Bildung von Programmschleifen mit Laufvariablen benutzt wird. Unter Laufvariable versteht man hier zum Beispiel ein numerisches Feld, das bei der erstmaligen Ausführung des Unterprogramms einen Anfangswert erhält und bei jeder weiteren Ausführung um eine Schrittweite verändert wird, bis ein bestimmter Endwert erreicht ist.

Die PERFORM VARYING-Analyse

Wir wollen nun die verschiedenen Angaben im Format der PERFORM VARYING-Anweisung in Anbetracht der hier beschriebenen Logik untersuchen. Die folgenden Angaben definieren die nebenstehenden Werte bzw. Felder.

PERFORM-Angabe	Werte/Felder
VARYING	Laufvariablenfeld

Tabelle 9.1: Teile einer PERFORM VARYING-Anweisung

PERFORM-Angabe	Werte/Felder
FROM	Anfangswert
BY	Schrittweite
UNTIL	Endwert

Tabelle 9.1: Teile einer PERFORM VARYING-Anweisung

Beispiel

Nehmen Sie an, Sie wollen in einem Programm die Werte 1 bis 25 erzeugen und am Bildschirm anzeigen, etwa um die Bildschirmzeilen zu nummerieren. In diesem Fall haben Sie:

ZEILEN-NR	als	Laufvariablenfeld
1	als	Anfangswert
1	als	Schrittweite
25	als	Endwert

Tabelle 9.2: Eckdaten für Beispiel 7

```
WORKING-STORAGE SECTION.

01  CURSOR-POSITION.
    05 ZEILEN-NR         PIC 99.
    05 SPALTEN-NR        PIC 99 VALUE 01.

PROCEDURE DIVISION.

    PERFORM ANZEIGEN VARYING ZEILEN-NR
            FROM 1 BY 1 UNTIL ZEILEN-NR > 25.

ANZEIGEN.
  DISPLAY ZEILEN-NR
    AT LINE ZEILEN-NR COL SPALTEN-NR
    UPON CRT.
ANZEIGEN-ENDE.
```

Listing 9.16: Beispiel 7 zur PERFORM-Anweisung

Dieses Unterprogramm ANZEIGEN wird genau 25-mal ausgeführt, die Variable ZEILEN-NR erhält dabei die Werte 1, 2, 3, ... 25. Sobald die Laufvariable den Wert 26 erhält, ist die Bedingung erfüllt (wahr); das Unterprogramm wird dann nicht mehr ausgeführt.

```
    PERFORM VARYING ZEILEN-NR
            FROM 1 BY 1 UNTIL ZEILEN-NR > 25
```

```
        DISPLAY ZEILEN-NR
          AT LINE ZEILEN-NR COL SPALTEN-NR
          UPON CRT
    END-PERFORM.
```

Listing 9.17: Alternative Programmierung von Beispiel 7

Der AFTER-Zusatz

Oftmals ist es in der Programmierung erforderlich, sogenannte geschachtelte Programmschleifen zu bilden. Hierunter versteht man eine Schleife wie im folgenden Beispiel, wobei zusätzlich in jedem Durchlauf dieser Schleife wiederum eine innere Schleife programmiert ist.

Mithilfe des AFTER-Zusatzes können solche inneren Schleifen realisiert werden. Bis zu sechs geschachtelte Schleifen (insgesamt sieben Schleifen) können nach ANSI85-Konventionen angegeben werden. Der erste auftretende AFTER-Zusatz definiert die erste geschachtelte Schleife usw.

Zu beachten ist dabei, dass für jede Schleife eine Laufvariable, ein Anfangswert, eine Schrittweite und ein Endwert angegeben werden müssen.

Wird die IN-LINE PERFORM-Anweisung benutzt, darf der AFTER-Zusatz erst seit COBOL 2002 verwendet werden.

Beispiel

Wir wollen das Beispiel aus Listing 9.16 so erweitern, dass zusätzlich in jeder Zeile der Inhalt des Feldes AUSGABEFELD in den Spalten 11, 21, 31, 41, 51, 61 und 71 angezeigt werden soll. Es handelt sich hierbei um verschiedene Inhalte, die sich aus bestimmten Berechnungen ergeben und hier nicht weiter erläutert werden. In diesem Fall muss eine zweifache Schleife programmiert werden:

1. Schleife

- Name der Laufvariablen: ZEILEN-NR
- Ihr Anfangswert beträgt 1.
- Ihre Schrittweite beträgt 1.
- Ihr Endwert beträgt 25.

2. Schleife

- Name der Laufvariablen: SPALTEN-NR
- Ihr Anfangswert ist 1.
- Die Schrittweite liegt bei 10.
- Ihr Endwert beträgt 71.

Als Anfangswert für SPALTEN-NR wurde hier 1 gewählt, da wir an dieser Stelle die Zeilennummer anzeigen wollen.

```
WORKING-STORAGE SECTION.

01  CURSOR-POSITION.
    05 ZEILEN-NR          PIC 99.
    05 SPALTEN-NR         PIC 99.
01  AUSGABE-FELD          PIC Z.ZZZ,ZZ.

PROCEDURE DIVISION.

    PERFORM ANZEIGEN
      VARYING
        ZEILEN-NR  FROM 1 BY 1  UNTIL ZEILEN-NR  > 25
      AFTER
        SPALTEN-NR FROM 1 BY 10 UNTIL SPALTEN-NR > 71.

ANZEIGEN.
    :
    :
    IF SPALTEN-NR = 1
        DISPLAY ZEILEN-NR
          AT LINE ZEILEN-NR COL SPALTEN-NR
    ELSE
        DISPLAY AUSGABE-FELD
          AT LINE ZEILEN-NR COL SPALTEN-NR
    END-IF.
ANZEIGEN-ENDE.
```

Listing 9.18: Beispiel 8 zur PERFORM-Anweisung

Das Unterprogramm ANZEIGEN wird hier 200-mal ausgeführt (25 x 8), die Variable ZEILEN-NR erhält dabei die Werte 1, 2, 3, ... 25. Während die Variable ZEILEN-NR 8-mal konstant bleibt, verändert sich die Variable SPALTEN-NR und erhält dabei die Werte 1, 11, 21, 31, 41, 51, 61 und 71.

```
            1         2         3         4         5         6         7         8
   12345678901234567890123456789012345678901234567890123456789012345678901234567890
 1 01        1.234,00  2.987,00  6.345,98  4.285,83  9.163,63  5.173,84  9.003,11    1
 2 02        2.987,00  6.345,98  4.285,83  9.163,63  5.173,84  9.003,11  1.234,00    2
 3 03        6.345,98  4.285,83  9.163,63  5.173,84  9.003,11  1.234,00  4.285,83    3
 4 04        4.285,83  9.163,63  5.173,84  9.003,11  1.234,00  4.285,83  5.173,84    4
 5 05        9.003,11  1.234,00  4.285,83  6.345,98  4.285,83  9.163,63  5.173,84    5
 6 06        5.173,84  9.003,11  1.234,00  4.285,83  5.173,84  9.003,11  1.234,00    6
 7 07        1.234,00  2.987,00  6.345,98  4.285,83  9.163,63  5.173,84  9.003,11    7
 8 08        2.987,00  6.345,98  4.285,83  9.163,63  5.173,84  9.003,11  1.234,00    8
 9 09        6.345,98  4.285,83  9.163,63  5.173,84  9.003,11  1.234,00  4.285,83    9
10 10        4.285,83  9.163,63  5.173,84  9.003,11  1.234,00  4.285,83  5.173,84   10
11 11        9.003,11  1.234,00  4.285,83  6.345,98  4.285,83  9.163,63  5.173,84   11
12 12        5.173,84  9.003,11  1.234,00  4.285,83  5.173,84  9.003,11  1.234,00   12
13 13        1.234,00  2.987,00  6.345,98  4.285,83  9.163,63  5.173,84  9.003,11   13
14 14        2.987,00  6.345,98  4.285,83  9.163,63  5.173,84  9.003,11  1.234,00   14
15 15        6.345,98  4.285,83  9.163,63  5.173,84  9.003,11  1.234,00  4.285,83   15
16 16        4.285,83  9.163,63  5.173,84  9.003,11  1.234,00  4.285,83  5.173,84   16
17 17        9.003,11  1.234,00  4.285,83  6.345,98  4.285,83  9.163,63  5.173,84   17
18 18        5.173,84  9.003,11  1.234,00  4.285,83  5.173,84  9.003,11  1.234,00   18
19 19        1.234,00  2.987,00  6.345,98  4.285,83  9.163,63  5.173,84  9.003,11   19
20 20        2.987,00  6.345,98  4.285,83  9.163,63  5.173,84  9.003,11  1.234,00   20
21 21        6.345,98  4.285,83  9.163,63  5.173,84  9.003,11  1.234,00  4.285,83   21
22 22        4.285,83  9.163,63  5.173,84  9.003,11  1.234,00  4.285,83  5.173,84   22
23 23        9.003,11  1.234,00  4.285,83  6.345,98  4.285,83  9.163,63  5.173,84   23
24 24        5.173,84  9.003,11  1.234,00  4.285,83  5.173,84  9.003,11  1.234,00   24
25 25        3.867,19  5.164,92  9.017,74  1.873,92  7.912,27  6.016,44  4.823,82   25
            1         2         3         4         5         6         7         8
   12345678901234567890123456789012345678901234567890123456789012345678901234567890
```

Abb. 9.7: Beispiel für Ausgabedaten am Bildschirm

An dieser Stelle muss auf eine Besonderheit der geschachtelten COBOL-Schleifen hingewiesen werden. In obigem Beispiel werden zunächst die Laufvariablen `ZEILEN-NR` und `SPALTEN-NR` mit ihren Anfangswerten (jeweils 1) initialisiert. Danach wird die äußere Abbruchbedingung `ZEILEN-NR` größer `25` überprüft. Da sie nicht erfüllt ist, wird als Nächstes festgestellt, ob `SPALTEN-NR` größer `71` ist. Da auch dies verneint werden kann, wird der Schleifenkörper `ANZEIGEN` einmal abgearbeitet und danach die innere Laufvariable `SPALTEN-NR` um 10 erhöht. Wieder wird die innere Bedingung geprüft und `ANZEIGEN` aufgerufen. Interessant wird es, wenn `SPALTEN-NR` größer als `71` ist. In diesem Fall wird die äußere Laufvariable `ZEILEN-NR` um 1 erhöht und die innere Laufvariable `SPALTEN-NR` wieder auf ihren Anfangswert gesetzt, also auf 1. Erst jetzt prüft COBOL, ob auch die äußere Laufbedingung erfüllt ist.

Dieses Verhalten hat zur Folge, dass am Ende einer mit `AFTER` geschachtelten COBOL-Schleife lediglich der äußerste Bezeichner seinen Endewert überschritten hat, alle anderen Laufvariablen sich aber auf ihrem jeweiligen Anfangswert befinden.

Abbildung 9.8 stellt noch einmal den internen Ablauf der `PERFORM`-Anweisung dar.

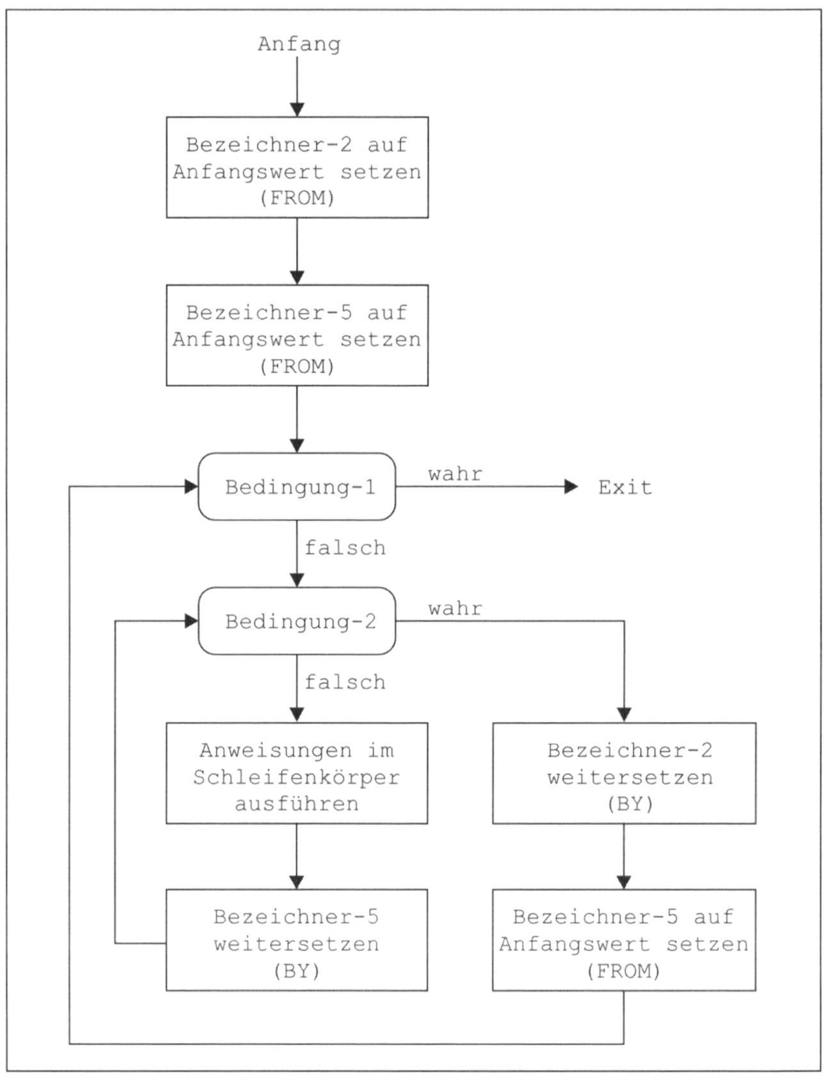

Abb. 9.8: Interner Ablauf der PERFORM-Anweisung

Beispiel

In einem Programm für die Erzeugung einer Umsatz-Statistik der Filialen eines Unternehmens werden drei Laufvariablen bei der Ausführung des entsprechenden Unterprogramms benötigt. Im Unterprogramm wird eine dreifache Schleife benötigt, deren Aufbau anschließend beschrieben wird:

1. Schleife

- Name der Laufvariablen: JAHR
- Ihr Anfangswert wird am Bildschirm eingegeben.
- Ihre Schrittweite beträgt 1.
- Ihr Endwert wird ebenfalls am Bildschirm eingegeben.

2. Schleife

- Name der Laufvariablen: MONAT
- Ihr Anfangswert ist 1.
- Die Schrittweite liegt ebenfalls bei 1.
- Ihr Endwert beträgt 12.

3. Schleife

- Name der Laufvariablen: FILIAL-NR
- Anfangswert: 1
- Schrittweite: 1
- Endwert: 6

```
WORKING-STORAGE SECTION.

01  JAHR                    PIC 9(4).
01  MONAT                   PIC 99.
01  FILIAL-NR               PIC 99.
01  VON-JAHR                PIC 9(4).
01  BIS-JAHR                PIC 9(4).

PROCEDURE DIVISION.

    ACCEPT VON-JAHR AT LINE 10 COL 05.
    ACCEPT BIS-JAHR AT LINE 10 COL 15.
    PERFORM STATISTIK-ROUTINE VARYING
      JAHR FROM VON-JAHR BY 1 UNTIL JAHR > BIS-JAHR
      AFTER MONAT FROM 1 BY 1 UNTIL MONAT > 12
      AFTER FILIAL-NR FROM 1 BY 1 UNTIL FILIAL-NR > 6.
    :
STATISTIK-ROUTINE.
    :
    :
STATISTIK-ENDE.
```

Listing 9.19: Programmausschnitte zu Beispiel 9

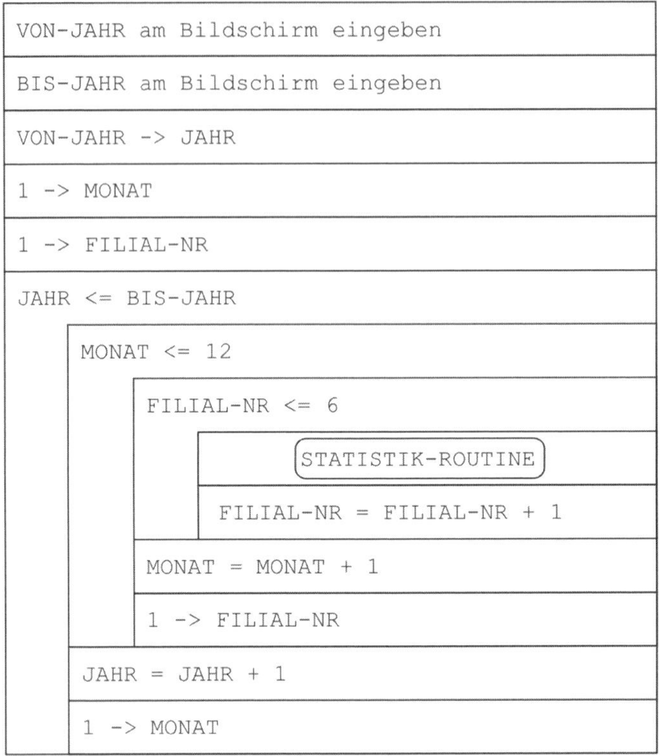

Abb. 9.9: Struktogramm zu Beispiel 9

Geschachtelte PERFORM-Anweisungen

Unter einer geschachtelten `PERFORM`-Anweisung versteht man eine `PERFORM`-Anweisung, die in einem Unterprogramm vorhanden ist, das selbst mit einer `PERFORM`-Anweisung ausgeführt werden soll.

Grundsätzlich können alle `PERFORM`-Anweisungen geschachtelt werden. Es erhebt sich lediglich die Frage, ob die Schachtelung der `PERFORM`-Anweisungen notwendig ist und ob sie den Überblick im Programm stark beeinflusst. Dies muss jedenfalls rechtzeitig bei der Programmierung gut überlegt und durchdacht werden.

Beispiel

In einem Programm soll eine Eingabe-Datei gelesen und verarbeitet werden. Nach dem Lesen eines jeden Datensatzes soll eine bestimmte Prüfroutine für die Eingabefelder durchgeführt werden. Zur Vereinfachung des Unterprogramms `VERARBEITUNG` codieren wir die Lese- und die Prüfroutine in einem gesonderten Unterprogramm, das direkt in der Verarbeitung aufgerufen wird. Im Übrigen sollen hier sonstige Aspekte nicht Bestandteil des Beispiels sein.

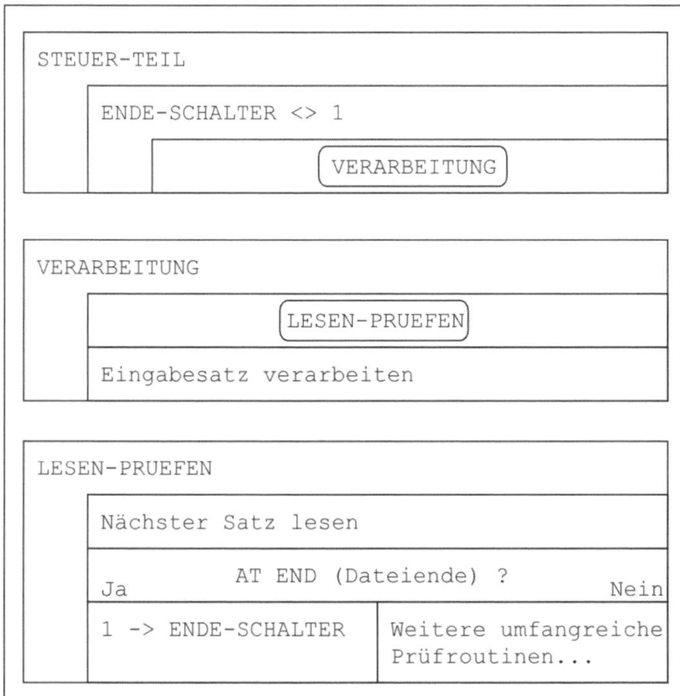

Abb. 9.10: Struktogramm zu Beispiel 10

```
STEUER-TEIL SECTION.
ST-0001.
    PERFORM VERARBEITUNG UNTIL ENDE-SCHALTER = 1.
    :
ST-9999.
    EXIT.
VERARBEITUNG SECTION.
VER-1000.
     PERFORM LESEN-PRUEFEN.
    *> Eingabesatz verarbeiten
VER-9999.
    EXIT.
LESEN-PRUEFEN SECTION.
LES-1000.
    READ EINGABE AT END MOVE 1 TO ENDE-SCHALTER.
    IF ENDE-SCHALTER NOT = 1 .....
LES-9999.
WEITERE SECTION.
```

Listing 9.20: Programmausschnitte zu Beispiel 10

9.5 EXIT-Anweisung

Wirkung

Mithilfe der EXIT-Anweisung kann das Ende eines Unterprogramms sichergestellt werden.

```
Format 1 (simpel):

  EXIT
```

Abb. 9.11: EXIT-Anweisung Format 1

Erläuterung

Die EXIT-Anweisung hatte ursprünglich den oben genannten Verwendungszweck. Dies ist jedenfalls die Regel nach ANSI-COBOL-Standard, denn im Standard-COBOL können geschachtelte Unterprogramme, die mit der PERFORM-Anweisung ausgeführt werden sollen, nicht am gleichen Endpunkt enden. So könnte man hier einen »quasi« zusätzlichen Paragraphen angeben, um den Endpunkt beider Unterprogramme zu differenzieren. In diesem sollte nun die EXIT-Anweisung platziert werden.

Beispiel

```
    PERFORM A THRU D.
    :
A.
    :
B.
    PERFORM D.
C.
    :
D.
    :
```

Listing 9.21: Fehlerhafte Programmsteuerung

Die Darstellung in Listing 9.21 ist nach den Regeln des ANSI-COBOL-Standards falsch, da die geschachtelten PERFORM-Anweisungen den gleichen Endpunkt haben. In einem solchen Fall muss der Endpunkt einer PERFORM-Anweisung verändert werden. Wir fügen also einen Paragraphen ENDE ein, der die EXIT-Anweisung enthält.

```
    PERFORM A THRU ENDE.
    :
A.
    :
```

```
B.
    PERFORM D.
C.
    :
D.
    :
ENDE.
    EXIT.
```

Listing 9.22: Korrekte Programmsteuerung

In Listing 9.22 konnte die falsche Darstellung mithilfe der EXIT-Anweisung verbessert werden. Am Umfang der auszuführenden Anweisung bezüglich ihrer Wirkung auf die Anwendung hat sich dennoch nichts verändert.

Heutzutage verwendet man die EXIT-Anweisung lediglich aus Kompatibilitätsgründen mit anderen Compilern bzw. mit bereits vorhandener Software oder schlicht aus Gewohnheit, um ausdrücklich zu betonen, dass das Unterprogramm an dieser Stelle endet.

9.6 EXIT PERFORM-Anweisung

```
Format 5 (inline-perform):

   EXIT PERFORM [CYCLE]
```

Abb. 9.12: EXIT-Anweisung Format 5

Erläuterung

Eine EXIT PERFORM-Anweisung ohne den Zusatz CYCLE beendet ein In-line-PERFORM und übergibt die Steuerung an die unmittelbar nach END-PERFORM vorhandene Anweisung. Sind mehrere In-line-PERFORM ineinander geschachtelt, wird immer die innerste Anweisung verlassen.

Der Zusatz CYCLE übergibt die Steuerung an eine implizite CONTINUE-Anweisung, die unmittelbar vor END-PERFORM gedacht ist. Besser: Man kann einen Durchlauf einer In-line-PERFORM frühzeitig durch EXIT PERFORM CYCLE beenden und die folgenden Anweisungen bis END-PERFORM überspringen. Die Schleife läuft weiter.

Beispiel 1

```
PERFORM UNTIL EOF
    READ EINGABE
    IF EOF THEN
        EXIT PERFORM  *> Schleife verlassen
```

```
    END-IF
    DISPLAY EINGABESATZ
    :
    :
END-PERFORM
```

Listing 9.23: Beispiel 1 zu EXIT PERFORM

Beispiel 2

```
PERFORM VARYING I FROM 1 BY 1 UNTIL I > 100
    IF UMSATZ(I) < 5000 THEN

        EXIT PERFORM CYCLE *> Weiter mit nächstem
                           *> Durchlauf
    END-IF
    *> Verarbeiten aller Umsätze >= 5000
    :
END-PERFORM
```

Listing 9.24: Beispiel 2 zu EXIT PERFORM

9.7 EXIT SECTION-Anweisung

```
Format 6 (procedure):

    EXIT { PARAGRAPH }
         { SECTION   }
```

Abb. 9.13: EXIT-Anweisung Format 6

Erläuterung

Diese Anweisung beendet die Ausführung eines Paragraphen bzw. einer SECTION und übergibt die Steuerung an die folgende Anweisung nach diesem Paragraphen bzw. nach dieser SECTION.

Beispiel

```
    PERFORM LESEN-VERARBEITUNG UNTIL EOF
    :
    :
LESEN-VERARBEITUNG SECTION.
    READ EINGABE
    IF EOF THEN
        EXIT SECTION *> Schleife verlassen
```

```
    END-IF
    DISPLAY EINGABESATZ
    :
    :
LESVER-ENDE.
    EXIT.
```

Listing 9.25: Beispiel zu EXIT SECTION

Kapitel 10

Die Anweisungen IF und EVALUATE

In fast allen Anwendungen müssen wir laufend Entscheidungen treffen, um eine bestimmte Aktion im Programm durchführen zu dürfen. So ist z.B. die Berechnung von Überstunden in einem Lohn/Gehaltsprogramm davon abhängig, ob überhaupt Überstunden vorliegen. In einer anderen Anwendung mag die Bearbeitung eines Kundenauftrags von der verfügbaren Lagermenge eines Artikels abhängig sein usw.

Es ergeben sich Fragen über Fragen, die während der Ausführung des Objektprogramms beantwortet werden müssen, bevor eine Aktion unternommen werden kann.

In diesem Kapitel wollen wir uns nun damit beschäftigen, wie solche Fragen (Bedingungen) in COBOL gestellt werden können, wie die Wahrheit einer Bedingung festgestellt wird, wie entsprechende Aktionen angegeben und vor allem wie komplizierte Entscheidungen überschaubar und vereinfacht dargestellt werden können.

10.1 IF-Anweisung

Wirkung

Mithilfe der IF-Anweisung kann die Wahrheit einer Bedingung festgestellt werden.

```
                   { Statement-1    }   [      { Statement-2    } ]
IF Bedingung THEN  { NEXT SENTENCE  }   [ ELSE { NEXT SENTENCE  } ]  [END-IF]
```

Abb. 10.1: IF-Anweisung

Erläuterung

Nach Prüfung der angegebenen Bedingung durch eine IF-Anweisung wird das Objektprogramm an einer bestimmten Stelle (von ursprünglich zwei Stellen) fortgesetzt. Sie hängt von der Erfüllung der angegebenen Bedingung ab.

Wenn die Bedingung erfüllt ist (wahr), wird der THEN-Zweig (Anweisung-1) ausgeführt. Ist die Bedingung nicht erfüllt (falsch), wird der ELSE-Zweig ausgeführt.

Nach Ausführung des entsprechenden Zweiges wird die weitere Ausführung des Programms beim nächsten COBOL-Satz, der auf die IF-Anweisung folgt, fortgesetzt. Dies gilt allerdings nur dann, wenn der auszuführende Zweig keine GO TO-Anweisung enthält, die möglicherweise die Programmsteuerung an eine andere Stelle im Programm übergibt.

END-IF

Hier sollte der Begriff »COBOL-Satz« nochmals erwähnt werden, denn dieser hat eine sehr wichtige Bedeutung für die Codierung der IF-Anweisung. Ein COBOL-Satz besteht aus einer oder mehreren Anweisungen und wird normalerweise mit einem Punkt abgeschlossen. Bei einigen Anweisungen kann der Anweisungsbegrenzer END-*Anweisung* verwendet werden, so z.B. bei der IF-Anweisung, die mit END-IF beendet werden kann. Der END-IF-Zusatz begrenzt also die Anweisungsfolge des THEN- bzw. des ELSE-Zusatzes von den nachfolgenden Anweisungen, die unabhängig von der IF-Anweisung ausgeführt werden sollen. Der hauptsächliche Einsatz von END-IF findet jedoch in der Schachtelung der IF-Anweisung statt.

Die IF-Anweisung selbst, samt aller Anweisungen im THEN- und im ELSE-Zweig, bildet einen COBOL-Satz, der auf jeden Fall mit einem Punkt oder mit END-IF abgeschlossen werden muss.

Beispiel

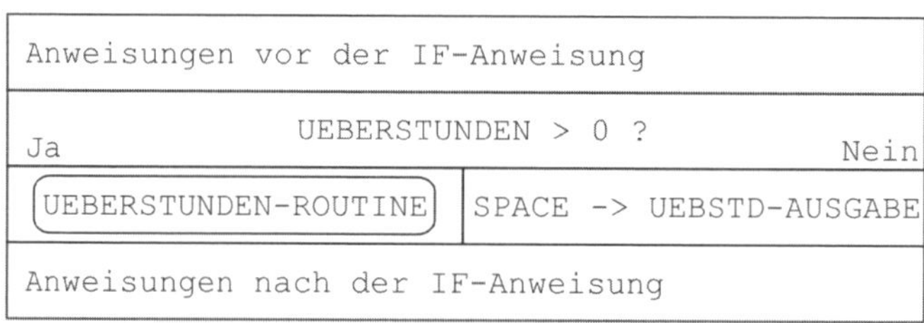

Abb. 10.2: Struktogramm zu Beispiel 1

```
IF UEBERSTUNDEN > 0 THEN
    PERFORM UEBERSTUNDEN-ROUTINE
ELSE
    MOVE SPACE TO UEBSTD-AUSGABE.
```

oder

```
IF UEBERSTUNDEN > 0 THEN
    PERFORM UEBERSTUNDEN-ROUTINE
ELSE
    MOVE SPACE TO UEBSTD-AUSGABE
END-IF
```

Listing 10.1: Beispiel 1

Der ELSE-Zusatz

In vielen Entscheidungen wollen Sie eine bestimmte Aktion durchführen, aber nur dann, wenn die Bedingung wahr ist. In diesem Fall können Sie auf die Codierung des ELSE-Zweigs verzichten, denn hier ist nichts anzugeben. Wird bei der Prüfung der

Bedingung festgestellt, dass die Bedingung nicht erfüllt (falsch) ist, und ist kein ELSE-Zweig angegeben, wird das Programm mit der nächsten Anweisung fortgesetzt.

Beispiel

In einem Programm für das Versandwesen werden die anfallenden Transportkosten nach Kilometern erhoben; jedoch wird ein Mindestbetrag von 30,00 EURO angenommen.

Ja TRANSPORT-KOSTEN < 30 ?	Nein
30 -> TRANSPORT-KOSTEN	

Abb. 10.3: Struktogramm zu Beispiel 2

```
IF TRANSPORT-KOSTEN < 30 THEN
    MOVE 30 TO TRANSPORT-KOSTEN.

*> oder

IF TRANSPORT-KOSTEN < 30 THEN
    MOVE 30 TO TRANSPORT-KOSTEN
END-IF
```

Listing 10.2: Beispiel 2

Das Wahl-Wort THEN

Das Wort THEN kann ausschließlich zur besseren Lesbarkeit benutzt werden; es hat hier keine weitere Bedeutung für die Logik der IF-Anweisung.

Die NEXT SENTENCE-Angabe

Diese Angabe kann im THEN- oder im ELSE-Zweig gemacht werden, wenn im entsprechenden Zweig keine Anweisungen codiert werden sollen. Sie bewirkt dann, dass das Programm mit dem nächsten COBOL-Satz fortgesetzt wird. Achtung: Das ist nicht unbedingt die Anweisung, die unmittelbar auf das END-IF folgt, sondern vielmehr die erste Anweisung nach dem nächsten COBOL-Punkt, wo immer der auch steht.

Da der ELSE-Zweig grundsätzlich wahlfrei ist, kann er weggelassen werden, wenn hier keine weitere Aktion durchgeführt werden soll. Infolgedessen erübrigt sich die NEXT SENTENCE-Angabe.

Es wird empfohlen, diese Angabe möglichst nicht zu benutzen, sondern lieber auf die CONTINUE-Anweisung zurückzugreifen. Mit CONTINUE ist sichergestellt, dass in jedem Fall die der IF-Anweisung folgende Anweisung als Nächstes ausgeführt wird, unabhängig vom COBOL-Punkt.

Schachtelung von IF-Anweisungen

Die IF-Anweisungen können beliebig geschachtelt werden, sie bilden dann gemeinsam einen einzigen COBOL-Satz. Eine geschachtelte IF-Anweisung liegt vor, wenn diese selbst im THEN- bzw. ELSE-Zweig einer anderen IF-Anweisung codiert wird.

Alles, was man bei einer IF-Schachtelung beachten muss, ist die Arbeitsweise des Compilers, wie also die ELSE-Zweige zu den codierten IF-Anweisungen zugeordnet werden.

Beispiel 1

Die Vergabe eines Rabatts wird abhängig vom Rabattsystem und von den Warengruppen gewährt.

RABATTSYSTEM = 1 ? (Ja)		RABATTSYSTEM = 1 ? (Nein)
WARENGRUPPE = "A" ? (Ja)	WARENGRUPPE = "A" ? (Nein)	RABATT-SYS2-ROUTINE
5 -> RAB-SATZ	7 -> RAB-SATZ	

Abb. 10.4: Struktogramm zu Beispiel 1

```
IF RABATTSYSTEM = 1
    IF WARENGRUPPE = "A"
        MOVE 5 TO RAB-SATZ
    ELSE
        MOVE 7 TO RAB-SATZ
    END-IF
ELSE
    PERFORM RABATT-SYS2-ROUTINE
END-IF
```

Listing 10.3: Beispiel 1

Es sei dazu noch erwähnt, dass die codierten ELSE-Zweige von innen nach außen den vorhandenen IF-Anweisungen zugeordnet werden. Das heißt, dass der erste vorkommende ELSE-Zweig der zuletzt angegebenen IF-Anweisung zugeordnet wird usw.

Der Übersichtlichkeit halber sollten die ELSE-Zweige eingerückt unter den zugehörigen IF-Anweisungen codiert werden. Dies hat zwar für die IF-ELSE-Zuordnung keine Bedeutung, wird aber empfohlen. Insbesondere bei umfangreicher Schachtelung.

Angenommen, es wäre keine Anweisung im ersten ELSE-Zweig notwendig, so hätte der ELSE-Zweig lauten müssen ELSE CONTINUE oder das innere IF hätte mit END-IF beendet werden müssen. Wenn dieser ELSE-Zweig fehlt, wird der nächste ELSE-Zweig der Abfrage (IF WARENGRUPPE = "A") dem inneren IF zugeordnet, dies stimmt jedoch nicht mit dem Struktogramm überein.

Beispiel 2

In einem Unternehmen erhalten die Mitarbeiter abhängig von der Betriebszugehörigkeitsdauer und der belegten Kostenstelle eine bestimmte Prämie.

<table>
<tr><td colspan="4">J   BETRIEBSZUGEHOERIGKEIT > 10 ?   N</td></tr>
<tr><td colspan="2">J   KOSTENSTELLE = 1 ?   N</td><td colspan="2">J   KOSTENSTELLE = 2 ?   N</td></tr>
<tr><td>FAKTOR-1 ->
PRAEMIEN-FAKTOR</td><td>FAKTOR-2 ->
PRAEMIEN-FAKTOR</td><td>FAKTOR-3 ->
PRAEMIEN-FAKTOR</td><td>FEHL</td></tr>
</table>

Abb. 10.5: Struktogramm zu Beispiel 2

```
IF BETRIEBSZUGEHOERIGKEIT > 10
    IF KOSTENSTELLE = 1
        MOVE FAKTOR-1 TO PRAEMIEN-FAKTOR
    ELSE
        MOVE FAKTOR-2 TO PRAEMIEN-FAKTOR
    END-IF
ELSE
    IF KOSTENSTELLE = 2
        MOVE FAKTOR-3 TO PRAEMIEN-FAKTOR
    ELSE
        PERFORM FEHL
    END-IF
END-IF
```

Listing 10.4: Beispiel 2

Beispiel 3

<table>
<tr><td colspan="3">J   FELD1 > FELD2 ?   N</td></tr>
<tr><td colspan="2">J   FELD-A NICHT = FELD-B ?   N</td><td rowspan="2">FELD1 ANZEIGEN</td></tr>
<tr><td>FELD-A ANZEIGEN</td><td></td></tr>
</table>

Abb. 10.6: Struktogramm zu Beispiel 3

```
IF FELD1 > FELD2
    IF FELD-1 NOT = FELD-B
        DISPLAY FELD-A
    END-IF
ELSE
    DISPLAY FELD1
END-IF
```

Listing 10.5: Beispiel 3

In diesem Beispiel fehlt für die geschachtelte `IF`-Anweisung der `ELSE`-Zweig, weshalb sie mit `END-IF` beendet wird; der nachfolgende `ELSE`-Zweig wird der äußeren `IF`-Anweisung automatisch zugeordnet.

Beispiel 4

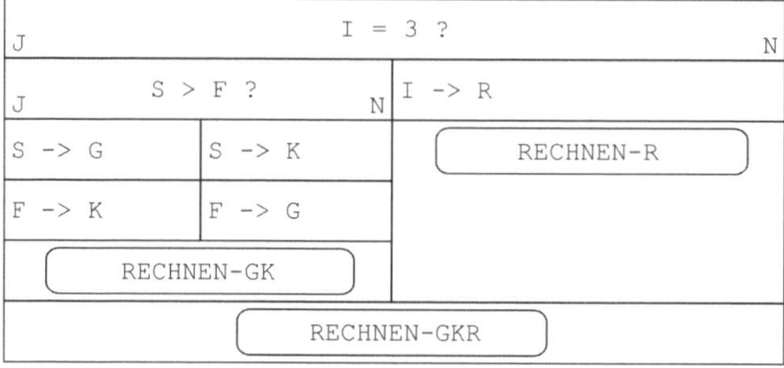

Abb. 10.7: Struktogramm zu Beispiel 4

```
IF I = 3 THEN
    IF S > F THEN
        MOVE S TO G
        MOVE F TO K
    ELSE
        MOVE S TO K
        MOVE F TO G
    END-IF
    PERFORM RECHNEN-GK
ELSE
    MOVE I TO R
    PERFORM RECHNEN-R
END-IF
PERFORM RECHNEN-GKR
```

Listing 10.6: Beispiel 4

Nach dem Struktogramm in Beispiel 4 soll die Aktion `PERFORM RECHNEN-GK` sowohl im `THEN`- als auch im `ELSE`-Zweig der geschachtelten `IF`-Anweisung ausgeführt werden; in einem solchen Fall muss die geschachtelte `IF`-Anweisung mit `END-IF` beendet werden, damit die nächste Anweisung dem `THEN`-Zweig der äußeren `IF`-Anweisung zugeordnet werden kann.

Einfache Bedingungen

In COBOL unterscheidet man zwischen den folgenden Bedingungen, die im Folgenden näher beschrieben werden:

- Vergleichsbedingung
- Vorzeichenbedingung

- Klassenbedingung
- Bedingungsnamen-Bedingung

Vergleichsbedingung

```
                        ⎧ IS [NOT] GREATER THAN               ⎫
                        ⎪ IS [NOT] >                          ⎪
                        ⎪ IS [NOT] LESS THAN                  ⎪
                        ⎪ IS [NOT] <                          ⎪
⎧ Bezeichner-1        ⎫ ⎪ IS [NOT] EQUAL TO                   ⎪ ⎧ Bezeichner-2        ⎫
⎨ Literal-1           ⎬ ⎨ IS [NOT] =                          ⎬ ⎨ Literal-2           ⎬
⎪ arithm.-Ausdruck-1  ⎪ ⎪ IS GREATER THAN OR EQUAL TO         ⎪ ⎪ arithm.-Ausdruck-2  ⎪
⎩ Index-Name-1        ⎭ ⎪ IS >=                               ⎪ ⎩ Index-Name-2        ⎭
                        ⎪ IS LESS THAN OR EQUAL TO            ⎪
                        ⎩ IS <=                               ⎭
```

Abb. 10.8: Vergleichsbedingungen Format 1

Erläuterung

Bei einer Vergleichsbedingung werden zwei Operanden verglichen. Dabei wird der erste Operand »Subjekt« und der zweite Operand »Objekt« genannt. Beide Operanden können eine beliebige Kombination bilden, wie aus dem Format ersichtlich ist. Sie dürfen jedoch nicht gleichzeitig Literale sein.

Der Vergleich zwischen numerischen Operanden

Bei der Durchführung eines solchen Vergleichs werden die algebraischen Größen beider Operanden verglichen; dabei können die Längen und die internen Darstellungen beider Operanden unterschiedlich sein.

Beispiel

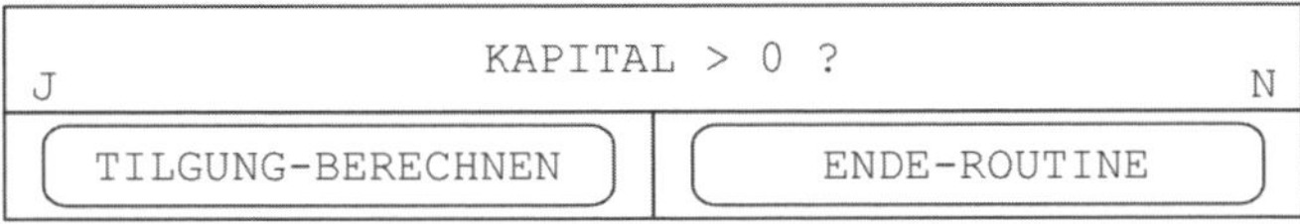

Abb. 10.9: Struktogramm zum Vergleich numerischer Operanden

```
IF KAPITAL > 0
    PERFORM TILGUNG-BERECHNEN
ELSE
    PERFORM ENDE-ROUTINE
```

```
END-IF
```

Listing 10.7: Beispiel für den Vergleich numerischer Operanden

Der Vergleich zwischen nicht numerischen Operanden

Der Vergleich zwischen nicht numerischen Operanden wird anhand der binären Sortierfolge des verwendeten Codes (hier ASCII-Code) durchgeführt. Die hier beteiligten Operanden müssen die interne Darstellung `USAGE IS DISPLAY` aufweisen.

Beispiel

J GESUCHT-TEILE = TEILE-BEZ ? N	
ANZEIGEN	WEITER-SUCHEN

Abb. 10.10: Struktogramm zum Vergleich nicht numerischer Operanden

```
WORKING-STORAGE SECTION.

01  GESUCHT-TEILE       PIC X(13). *> Inhalt: STOSSSTANGE H
01  TEILE-BEZ           PIC X(13). *> Inhalt: STOSSSTANGE V

PROCEDURE DIVISION.

    IF GESUCHT-TEILE = TEILE-BEZ
        PERFORM ANZEIGEN
    ELSE
        PERFORM WEITER-SUCHEN
    END-IF
```

Listing 10.8: Beispiel für den Vergleich nicht numerischer Operanden

Diese `IF`-Bedingung ist nicht erfüllt, da der Inhalt des ersten Feldes – alphabetisch gesehen – kleiner als der des zweiten Feldes ist.

Nicht numerische Operanden mit unterschiedlichen Längen

Wenn zwei nicht numerische Operanden mit unterschiedlicher Länge verglichen werden, wird der kürzere Operand so behandelt, als hätte er so viele Leerzeichen, wie der Längenunterschied zwischen beiden Operanden ausmacht.

Beispiel

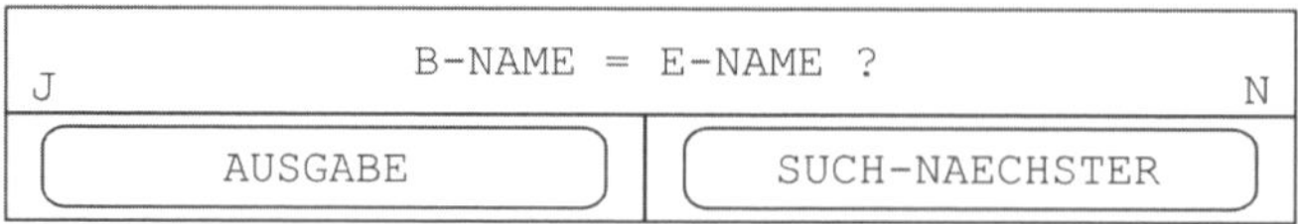

Abb. 10.11: Struktogramm zum Vergleich von Operanden mit unterschiedlichen Längen

```
WORKING-STORAGE SECTION.

01  B-NAME     PIC X(8).  *> Inhalt: "KIRCHNER"
01  E-NAME     PIC X(12). *> Inhalt: "KIRCHNER    "

PROCEDURE DIVISION.

    IF B-NAME = E-NAME THEN
        PERFORM AUSGABE
    ELSE
        PERFORM SUCH-NAECHSTER
    END-IF
```

Listing 10.9: Beispiel für den Vergleich von Operanden mit unterschiedlichen Längen

Diese Bedingung ist erfüllt, da bei der Auswertung der Bedingung das kürzere Feld B-NAME ergänzt um Leerzeichen bis zur Länge des zweiten Feldes E-NAME verglichen wird.

Der Vergleich zwischen numerischen und nicht numerischen Operanden

Bei einem solchen Vergleich muss der nicht numerische Operand ganzzahlig sein. Er wird wie ein alphanumerisches Feld behandelt. Der Vergleich wird ebenfalls anhand der binären Sortierfolge des verwendeten Codes durchgeführt.

Die USAGE-Klausel bei den Operanden muss USAGE IS DISPLAY, BIT oder NATIONAL lauten.

Beispiel

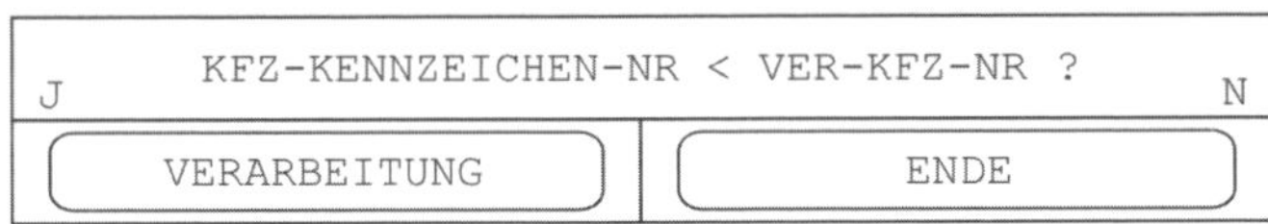

Abb. 10.12: Struktogramm zum Vergleich von numerischen und nicht numerischen Operanden

```
WORKING-STORAGE SECTION.

01  KFZ-KENNZEICHEN-NR PIC 9(4). *> Inhalt: 3428
01  VER-KFZ-NR         PIC X(4). *> Inhalt: "346 "

PROCEDURE DIVISION.

    IF KFZ-KENNZEICHEN-NR < VER-KFZ-NR
        PERFORM VERARBEITUNG
    ELSE
        PERFORM ENDE
```

```
END-IF
```

Listing 10.10: Beispiel für den Vergleich von numerischen und nicht numerischen Operanden

Diese Bedingung ist erfüllt, da die »2« im dritten Byte des ersten Feldes kleiner ist als die »6« im dritten Byte des zweiten Feldes.

Verneinung einer Bedingung (NOT)

Die NOT-Angabe kann benutzt werden, um verneinte Bedingungen zu erzeugen. Sie kann als Bestandteil des Vergleichsoperators oder zum Verneinen der gesamten Bedingung benutzt werden.

Beispiel

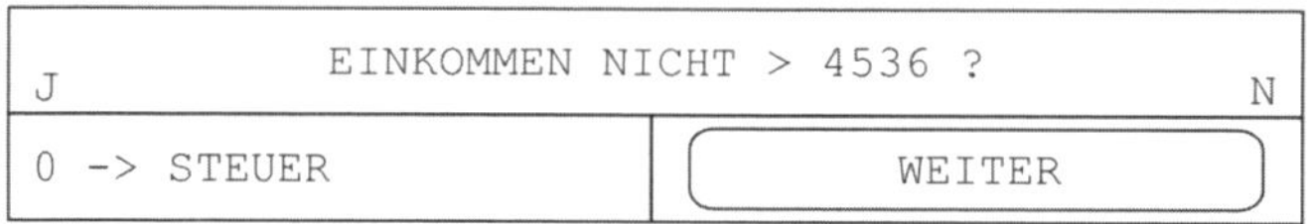

Abb. 10.13: Struktogramm für die NOT-Angabe

Die IF-Anweisung aus Listing 10.11 verwendet die NOT-Angabe als Bestandteil des Vergleichsoperators (NOT >).

```
IF EINKOMMEN NOT > 4536
    MOVE ZERO TO STEUER
ELSE
    PERFORM WEITER
END-IF
```

Listing 10.11: Beispiel für die NOT-Angabe

Die IF-Anweisung aus Listing 10.12 verwendet die NOT-Angabe zum Verneinen der Bedingung (EINKOMMEN > 4536).

```
IF NOT (EINKOMMEN > 4536)
    MOVE ZERO TO STEUER
ELSE
    PERFORM WEITER
END-IF
```

Listing 10.12: Alternative für das Beispiel für die NOT-Angabe

Die vorliegenden IF-Anweisungen können für die Lösung des Problems als Alternativen benutzt werden.

10.1.1 Vorzeichenbedingung

Wirkung

Mithilfe dieser Bedingung kann festgestellt werden, ob der Inhalt eines Feldes positiv, negativ oder gleich null ist.

```
                                      ⎧ POSITIVE ⎫
arithmetischer-Ausdruck IS [NOT]  ⎨ NEGATIVE ⎬
                                      ⎩ ZERO     ⎭
```

Abb. 10.14: Vorzeichenbedingung

Erläuterung

Anstelle des Bezeichners kann auch ein arithmetischer Ausdruck angegeben werden, dessen Endergebnis intern ermittelt und anschließend mit null verglichen wird.

Die Vorzeichenbedingung ist in den folgenden Fällen erfüllt (wahr):

Bedingung	Wenn der Bezeichner oder das Endergebnis
POSITIVE	> 0
NEGATIVE	< 0
ZERO	= 0

Tabelle 10.1: Mögliche Vorzeichenbedingungen

Beispiel

<table>
<tr><td colspan="3">J   UEBER-FEHL-STD POSITIV ?   N</td></tr>
<tr><td rowspan="2">"Überstd." ->
A-TEXT</td><td colspan="2">J   UEBER-FEHL-STD NEGATIV ?   N</td></tr>
<tr><td>"Fehlstd." ->
A-TEXT</td><td>" " ->
A-TEXT</td></tr>
</table>

Abb. 10.15: Struktogramm zur Vorzeichenbedingung

```
IF UEBER-FEHL-STD POSITIVE
    MOVE "Überstd." TO A-TEXT
ELSE
    IF UEBER-FEHL-STD NEGATIVE
        MOVE "Fehlstd." TO A-TEXT
    ELSE
        MOVE SPACE TO A-TEXT
    END-IF
```

```
END-IF
```

Listing 10.13: Beispiel für die Vorzeichenbedingung

10.1.2 Klassenbedingung

Wirkung

Mithilfe dieser Bedingung kann festgestellt werden, ob der Inhalt eines Feldes zu der numerischen oder zur alphabetischen Klasse gehört.

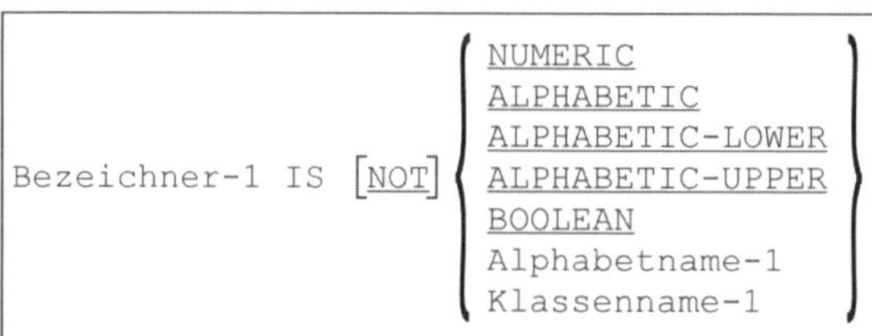

Abb. 10.16: Klassenbedingung

Erläuterung

Die Klassenbedingung ist in den folgenden Fällen erfüllt (wahr):

Bedingung	Wenn der Inhalt des Bezeichners ...
NUMERIC	eine Kombination aus den Ziffern 0 bis 9 ist.
ALPHABETIC	eine Kombination aus den Buchstaben A bis Z, a bis z und dem Leerzeichen ist.
ALPHABETIC-LOWER	eine Kombination aus den Kleinbuchstaben a bis z und dem Leerzeichen ist.
ALPHABETIC-UPPER	eine Kombination aus den Großbuchstaben A bis Z und dem Leerzeichen ist.
BOOLEAN	eine Kombination aus den Ziffern 0 und 1 ist.

Tabelle 10.2: Mögliche Klassenbedingungen

Es ist nicht zulässig, dass ein Datenfeld auf eine beliebige Datenklasse hin geprüft wird. Die erlaubte Prüfung kann Tabelle 10.3 entnommen werden.

Klasse des zu prüfenden Feldes	Erlaubte Prüfung
Numerisch	NUMERIC NOT NUMERIC

Tabelle 10.3: Erlaubte Klassenprüfungen

Klasse des zu prüfenden Feldes	Erlaubte Prüfung
Alphabetisch	ALPHABETIC NOT ALPHABETIC ALPHABETIC-LOWER NOT ALPHABETIC-LOWER ALPHABETIC-UPPER NOT ALPHABETIC-UPPER BOOLEAN NOT BOOLEAN
Alphanumerisch Alphanumerisch aufbereitet	NUMERIC NOT NUMERIC ALPHABETIC NOT ALPHABETIC ALPHABETIC-LOWER NOT ALPHABETIC-LOWER ALPHABETIC-UPPER NOT ALPHABETIC-UPPER BOOLEAN NOT BOOLEAN
Boolean	BOOLEAN NOT BOOLEAN

Tabelle 10.3: Erlaubte Klassenprüfungen (Forts.)

Beispiel

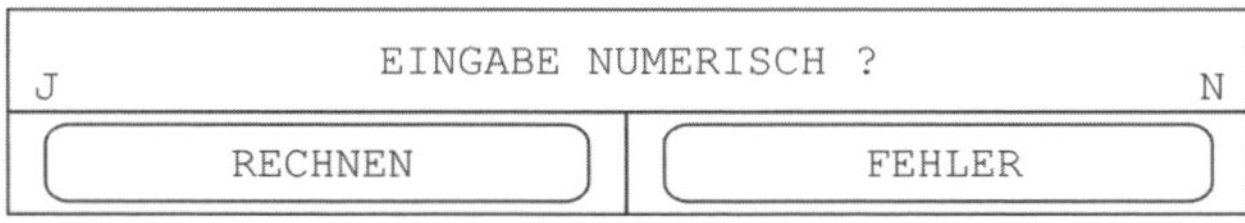

Abb. 10.17: Struktogramm zur Klassenbedingung

```
IF EINGABE NUMERIC
    PERFORM RECHNEN
ELSE
    PERFORM FEHLER
END-IF
```

Listing 10.14: Beispiel für die Klassenbedingung

10.1.3 Bedingungsnamen-Bedingung

Wirkung

Diese Bedingung ist eine Alternative zur Vergleichsbedingung. Sie wird verwendet, um aussagefähige Namen als Bedingungsnamen zu definieren.

```
88 Bedingungsname value-Klausel .
```

Abb. 10.18: Bedingungsnamen

Erläuterung

Diese Bedingung ist besonders sinnvoll einzusetzen, wenn ein Datenfeld auf verschiedene Inhalte abgefragt werden soll.

Beispiel

Aufgrund des vorhandenen Kennzeichens im Feld K-ANREDE-KZ soll ein entsprechendes Wort im Ausgabefeld A-ANREDE übertragen werden.

```
01  KUNDEN-SATZ.
    05  K-NAME              PIC X(25).
    05  K-ANREDE-KZ         PIC X.
        88 FIRMA            VALUE "M".
        88 HERR             VALUE "H".
        88 FRAU             VALUE "F".
        88 DIVERS           VALUE "D".
    05  FILLER              PIC X(130).
01 AUSGABE-SATZ.
    05  A-ANREDE            PIC X(10).
    05  A-NAME              PIC X(25).
```

Listing 10.15: Datendefinitionen

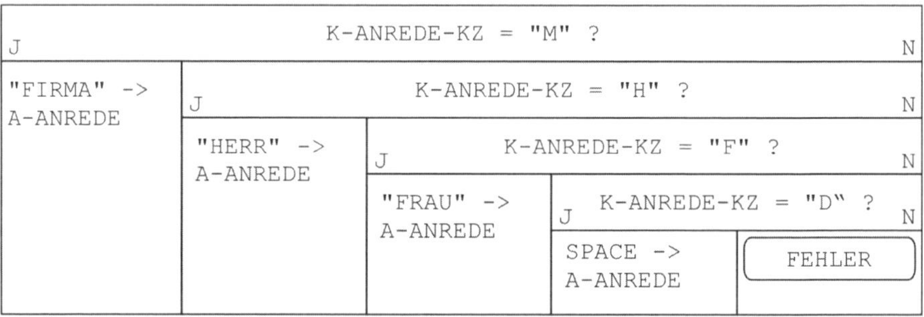

Abb. 10.19: Struktogramm zur Bedingungsnamen-Bedingung

```
IF FIRMA
    MOVE "FIRMA" TO A-ANREDE
ELSE
    IF HERR
        MOVE "HERR" TO A-ANREDE
    ELSE
```

```
        IF FRAU
            MOVE "FRAU" TO A-ANREDE
        ELSE
            IF DIVERS
                MOVE SPACE TO A-ANREDE
            ELSE
                PERFORM FEHLER
            END-IF
        END-IF
    END-IF
END-IF
```

Listing 10.16: Beispiel für die Bedingungsnamen-Bedingung

10.1.4 Abfragen eines Pointers

Auch ein POINTER kann mit einer IF-Anweisung abgefragt werden; es dürfen aber nur Adressfelder (POINTER, ADDRESS OF-Sonderregister bzw. NULL) miteinander auf Gleichheit oder Ungleichheit verglichen werden.

Beispiele

```
IF ADRFELD = ADDRESS OF KUNDENSATZ THEN ....
```

```
IF SATZADR = NULL THEN ....
```

```
IF PTR1 NOT = PTR2 THEN ....
```

10.1.5 Zusammengesetzte Bedingungen

Wenn in einer IF-Anweisung mehrere einfache Bedingungen mit den logischen Operatoren AND und/oder OR verknüpft werden, spricht man von zusammengesetzten Bedingungen. Die Ausführung des THEN- oder des ELSE-Zweiges in einer IF-Anweisung hängt allein vom Wahrheitswert der zusammengesetzten Bedingung ab. Ob nun eine solche zusammengesetzte Bedingung erfüllt ist oder nicht erfüllt, ist abhängig davon, welche Verknüpfungsoperatoren angegeben wurden und ob die einfachen Bedingungen selbst erfüllt oder nicht erfüllt sind.

```
[NOT] Bedingung-1 { { AND } [NOT] Bedingung-2 } ...
                    { OR  }
```

Abb. 10.20: Zusammengesetzte Bedingung

Erläuterung

Die Codierung einer solchen Bedingung ist immer dann erforderlich, wenn die Ausführung einer bestimmten Aktion von mehreren Bedingungen abhängt.

Die AND-Verknüpfung

Müssen zwei oder mehrere Bedingungen erfüllt sein, um eine bestimmte Aktion durchzuführen, werden diese Bedingungen mit dem logischen Operator AND verknüpft, in diesem Fall wird die zusammengesetzte Bedingung als erfüllt betrachtet, wenn alle mit AND verknüpften Bedingungen erfüllt sind.

Beispiel

Selbstverständlich kann das folgende Struktogramm mit einer geschachtelten IF-Anweisung codiert werden, jedoch ist eine zusammengesetzte Bedingung, die mit AND verknüpft wird, effektiver.

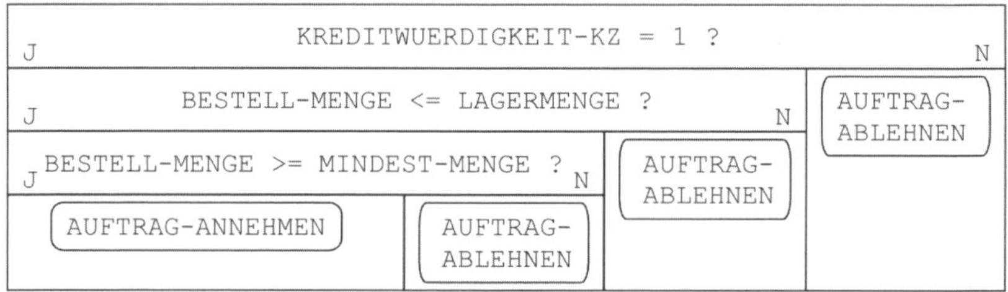

Abb. 10.21: Struktogramm zur AND-Verknüpfung

```
IF KREDITWUERDIGKEIT-KZ = 1 AND
   BESTELL-MENGE <= LAGERMENGE AND
   BESTELL-MENGE >= MINDEST-MENGE
    PERFORM AUFTRAG-ANNEHMEN
ELSE
    PERFORM AUFTRAG-ABLEHNEN
END-IF
```

Listing 10.17: Beispiel für die AND-Verknüpfung

Die OR-Verknüpfung

Hängt die Ausführung einer bestimmten Aktion von der Erfüllung einer von mehreren Bedingungen ab, verknüpft man solche Bedingungen mit dem logischen Operator OR. In diesem Fall betrachtet man die zusammengesetzte Bedingung als erfüllt, wenn mindestens eine der mit OR verknüpften Bedingungen erfüllt ist.

Beispiel

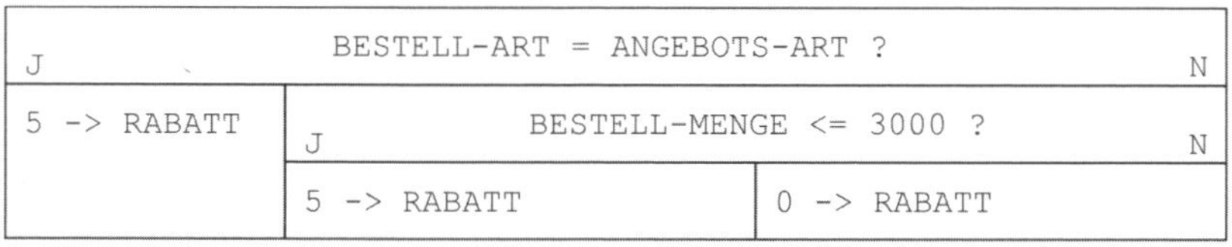

<table>
<tr><td colspan="3">J   BESTELL-ART = ANGEBOTS-ART ?   N</td></tr>
<tr><td rowspan="2">5 -> RABATT</td><td colspan="2">J   BESTELL-MENGE <= 3000 ?   N</td></tr>
<tr><td>5 -> RABATT</td><td>0 -> RABATT</td></tr>
</table>

Abb. 10.22: Struktogramm zur OR-Verknüpfung

```
IF BESTELL-ART = ANGEBOTS-ART OR
   BESTELL-MENGE <= 3000
    MOVE 5 TO RABATT
ELSE
    MOVE ZERO TO RABATT
END-IF
```

Listing 10.18: Beispiel für die OR-Verknüpfung

Die Auswertung zusammengesetzter Bedingungen

Bei der Auswertung der Wahrheit einer zusammengesetzten Bedingung werden zunächst die einzelnen einfachen Bedingungen, die zusammen logisch verknüpft worden sind, ausgewertet. Die Auswertung erfolgt stets von links nach rechts. Klammern können benutzt werden, um die Auswertungspriorität zu verändern; in diesem Fall werden die in Klammern gesetzten Bedingungen zuerst ausgewertet. Bei der Verwendung von geschachtelten Klammern erfolgt die Auswertung von innen nach außen. Tabelle 10.4 zeigt im Überblick, welche Elemente in einer zusammengesetzten Bedingung mit welchem Rang versehen werden.

Rang	Elemente einer zusammengesetzten Bedingung
1	Auflösen der Klammern
2	Auflösen aller arithmetischen Ausdrücke
3	Auswerten der Vergleichsbedingungen
4	Auswerten der Klassenbedingungen
5	Auswerten der Bedingungsnamen-Bedingungen
6	Auswerten der Vorzeichenbedingungen
7	Bearbeitung des NOT-Operators
8	Auswerten der mit AND verknüpften Bedingungen
9	Auswerten der mit OR verknüpften Bedingungen

Tabelle 10.4: Auflösen zusammengesetzter Bedingungen

Tabelle 10.5 zeigt den Wahrheitswert einer zusammengesetzten Bedingung unter Einbeziehung unterschiedlicher Verknüpfungen:

A	B	A AND B	A OR B	NOT A	NOT (A AND B)	NOT A AND B	NOT (A OR B)	NOT A OR B
W	W	W	W	F	F	F	F	W
F	W	F	W	W	W	W	F	W
W	F	F	W	F	W	F	F	F
F	F	F	F	W	W	F	W	W

Tabelle 10.5: Wahrheitswerte zusammengesetzter Bedingungen

A = erste Bedingung

B = zweite Bedingung

W = erfüllt (wahr)

F = nicht erfüllt (falsch)

Implizierte Vergleichssubjekte und Vergleichsoperatoren

Soll eine Vergleichsbedingung, die sich auf das gleiche Subjekt und/oder den gleichen Vergleichsoperator bezieht, codiert werden, hat man die Möglichkeit, auf Codierung des Subjekts und/oder des Vergleichsoperators zu verzichten und jeweils den zuletzt angegebenen zu implizieren.

Diese verkürzte Schreibweise von Bedingungen ist nur bei Vergleichsbedingungen zulässig. Kommt das Wort `NOT` unmittelbar vor einem Vergleichsoperator (etwa `NOT <`, `NOT =`, `NOT >`), wird es als Teil des Vergleichsoperators interpretiert und so mit ihm impliziert. In allen anderen Fällen wird es als Operator zum Negieren einer Bedingung betrachtet und damit nicht impliziert.

Beispiel 1

Es soll festgestellt werden, ob die gesuchte `PLZ` zwischen 80000 und 89999 (jeweils einschließlich) liegt.

```
IF PLZ NOT < 80000 AND PLZ NOT > 89999 THEN .....
```

Die vorliegende Bedingung kann in ihrer Schreibweise wie folgt verkürzt werden:

```
IF PLZ NOT < 80000 AND NOT > 89999 THEN .....
```

Beispiel 2

Es soll festgestellt werden, ob das Feld `RABATT-SATZ` den Wert 4 oder 6 beinhaltet.

```
IF RABATT-SATZ = 4 OR RABATT-SATZ = 6 THEN .....
```

Diese Bedingung kann wie folgt verkürzt werden:

```
IF RABATT-SATZ = 4 OR 6 THEN .....
```

10.2 CONTINUE-Anweisung

Wirkung

Die CONTINUE-Anweisung gilt als »NO-OPERATION« und spezifiziert damit eine nicht ausführbare Anweisung.

```
CONTINUE
```

Abb. 10.23: CONTINUE-Anweisung

Erläuterung

Die CONTINUE-Anweisung kann anstelle einer bedingten oder unbedingten Anweisung codiert werden. Sie dient ausschließlich der Klarheit der Codierung, wie in den folgenden Beispielen zu sehen ist.

Beispiel 1

```
IF A = B AND C = D AND NOT X THEN
    CONTINUE
ELSE
    MOVE K TO M
END-IF
```

In diesem Beispiel kennzeichnet die CONTINUE-Anweisung, dass es im THEN-Zweig keine ausführbaren Anweisungen gibt und dass das Programm in jedem Fall mit der nächsten Anweisung fortgesetzt werden soll, die dem IF folgt.

Beispiel 2

```
READ EINGABE-DATEI AT END CONTINUE.
```

Hier sehen Sie eine typische Anwendung der CONTINUE-Anweisung. Der AT END-Zusatz kann codiert werden, um einen Programmabbruch bei Dateiende zu unterbinden, auch wenn an dieser Stelle nichts ausgeführt werden soll. Um aber eine ordnungsgemäße Codierung zu erreichen, wird die CONTINUE-Anweisung angegeben.

10.3 EVALUATE-Anweisung

Wirkung

Die EVALUATE-Anweisung wird verwendet, um eine Steuerleiste, bestehend aus komplexen Bedingungen, auszuwerten und die zugehörigen Aktionen auszuführen.

```
EVALUATE Selektions-Subjekt [ ALSO Selektions-Subjekt ] ...

  {{ WHEN Selektions-Objekt [ ALSO Selektions-Objekt ] ...} ...

        Unbedingte-Anweisung-1 }...

  [ WHEN OTHER Unbedingte-Anweisung-2 ]

  [ END-EVALUATE ]


Selections-Subjekt:

  { Bezeichner-1                    }
  { Literal-1                       }
  { Arithmetischer-Ausdruck-1       }
  { Boolscher-Ausdruck-1            }
  { Bedingung-1                     }
  { TRUE                            }
  { FALSE                           }


Selektions-Objekt:

  { [NOT] Bezeichner-2                }
  { [NOT] Literal-2                   }
  { [NOT] Arithmetischer-Ausdruck-2   }
  { [NOT] Boolscher-Ausdruck-2        }
  { [NOT] Bereichsausdruck            }
  { Bedingung-2                       }
  { TRUE                              }
  { FALSE                             }
  { ANY                               }


Bereichsausdruck:

  { Bezeichner-3              } { THROUGH } { Bezeichner-4              }
  { Literal-3                 } { THRU    } { Literal-4                 }
  { Arithmetischer-Ausdruck-3 }             { Arithmetischer-Ausdruck-4 }
```

Abb. 10.24: EVALUATE-Anweisung

Erläuterung

Da die EVALUATE-Anweisung unzählige Möglichkeiten an Codierformen erlaubt, ist es sinnvoll, wenn zunächst die grobe Struktur dieser Anweisung erläutert wird. In der Syntax der EVALUATE-Anweisung dominieren drei wichtige Angaben:

1. Selektions-Subjekt
2. Selektions-Objekt
3. Aktion

Zum besseren Verständnis würde eine EVALUATE-Anweisung so gelesen, wie in Listing 10.1 codiert ist.

```
EVALUATE   Subjekt
   WHEN    Objekt-1      Aktion-1
   WHEN    Objekt-2      Aktion-2
END-EVALUATE
```

Listing 10.19: Elemente einer EVALUATE-Anweisung

Und frei übersetzt heißt dies: »Werte dieses Subjekt aus; wenn `Objekt-1` auf dieses Subjekt zutrifft, dann führe `Aktion-1` aus. Wenn `Objekt-2` auf dieses Subjekt zutrifft, dann führe `Aktion-2` aus.«

Die Selektions-Subjekte

Subjekte werden vor dem Wort WHEN angegeben und dienen als Auswahlkriterien für eine bevorstehende Selektion in den WHEN-Zusätzen.

Die Selektions-Objekte

Objekte werden nach dem Wort WHEN angegeben. Sie stellen Bezugnahmen auf die Subjekte dar und müssen zutreffen, um die nebenstehende Aktion ausführen zu können.

Die Aktion

Aktion ist eine beliebige Anweisung oder Anweisungsfolge, die dann ausgeführt wird, wenn alle Objekte des zugehörigen WHEN-Zusatzes zutreffen. In der EVALUATE-Anweisung können mehrere WHEN-Zusätze angegeben werden, es kann jedoch nur die Aktion eines einzigen WHEN-Zusatzes ausgeführt werden. Hierzu werden die WHEN-Zusätze in der Reihenfolge der Codierung einzeln geprüft. Treffen alle Objekte eines WHEN-Zusatzes zu, wird die zugehörige Aktion ausgeführt, die restlichen WHEN-Zusätze werden nicht mehr ausgewertet und die EVALUATE-Anweisung ist damit beendet.

Bevor ich jedoch auf die vollständige Syntax der EVALUATE-Anweisung eingehe, betrachten Sie zunächst ein einfaches Beispiel.

Beispiel

In einem Programm soll eine bestimmte Verarbeitung abhängig vom Inhalt der Variablen VERARBEITUNGS-KZ ausgeführt werden.

```
WORKING-STORAGE SECTION.

01  VERARBEITUNGS-KZ        PIC9(3).

PROCEDURE DIVISION.

    EVALUATE VERARBEITUNGS-KZ
        WHEN 1     PERFORM VERARB-1
        WHEN 2     PERFORM VERARB-2
        WHEN 3     PERFORM VERARB-3
        WHEN 4     PERFORM VERARB-4
        WHEN OTHER PERFORM FEHLER-ROUTINE
    END-EVALUATE
```

Listing 10.20: Beispiel für die EVALUATE-Anweisung

Die EVALUATE-Anweisung prüft den Inhalt des Feldes VERARBEITUNGS-KZ; ist dieser 1, wird VERARBEITUNG-1 ausgeführt. Ist dieser 2, wird VERARBEITUNG-2 ausgeführt usw. Trifft keiner der angegebenen WHEN-Zusätze zu, wird FEHLER-ROUTINE – falls dieser Zusatz codiert ist – ausgeführt, andernfalls wird das Programm nach END-EVALUATE fortgesetzt.

Allgemein gilt Folgendes: Subjekt der EVALUATE-Anweisung ist das Datenfeld VERARBEITUNGS-KZ, das Objekt im ersten WHEN-Zusatz ist 1, das Objekt im zweiten WHEN-Zusatz ist 2 usw.

Die ALSO-Angabe

Das Wort ALSO erlaubt die Spezifikation eines zusätzlichen Auswahl-Subjekts bzw. -Objekts in der EVALUATE-Anweisung.

Beispiel

```
EVALUATE A  ALSO B  ALSO C
    WHEN 5  ALSO 30 ALSO 67 MOVE "X" TO KENNZEICHEN
    WHEN 23 ALSO 45 ALSO 90 MOVE "Y" TO KENNZEICHEN
    WHEN 20 ALSO 30 ALSO 40 MOVE "Z" TO KENNZEICHEN
    WHEN OTHER              MOVE "N" TO KENNZEICHEN
END-EVALUATE
```

Listing 10.21: Beispiel für die ALSO-Angabe

In dieser EVALUATE-Anweisung werden drei Subjekte A, B, C und entsprechend drei Objekte in jedem WHEN-Zusatz angegeben. Die Aktion MOVE "X" TO KENNZEICHEN wird dann ausgeführt, wenn A=5, B=30 und C=67 ist; andere WHEN-Zusätze sind entsprechend zu interpretieren. Enthalten die Felder A, B und C andere Wertkombinationen als in den ersten drei WHEN-Zusätzen angegeben ist, wird die Aktion MOVE "N" TO KENNZEICHEN ausgeführt. Wir stellen also Folgendes fest:

1. Die Anzahl der Objekte in einem WHEN-Zusatz muss mit der der Subjekte übereinstimmen.
2. Die Objekte in jedem WHEN-Zusatz werden den Subjekten der Reihenfolge nach zugeordnet, d.h. 5 zu A, 30 zu Bund 67 zu C.

Die TRUE- und FALSE-Angabe

Diese Angaben können als Subjekt oder als Objekt in einer EVALUATE-Anweisung verwendet werden. Sie müssen in jedem Fall mit Bedingungen korrespondieren. Das heißt, wenn TRUE als Subjekt angegeben wird, muss das entsprechende Objekt eine Bedingung sein. TRUE bedeutet, dass die korrespondierende Bedingung erfüllt sein muss (WAHR), FALSE bedeutet, dass die Bedingung nicht erfüllt sein darf (FALSCH).

Beispiel

```
EVALUATE
     A ALSO ENDE  ALSO B > C ALSO K - L ALSO TRUE

WHEN 4 ALSO TRUE  ALSO TRUE  ALSO 6     ALSO X = "A"

     MOVE "J" TO KENNZEICHEN

WHEN 9 ALSO FALSE ALSO TRUE  ALSO 9     ALSO X = "B"

     MOVE "N" TO KENNZEICHEN

END-EVALUATE
```

Listing 10.22: Beispiel für die TRUE- und FALSE-Angabe

Hier wird die Aktion MOVE "J" TO KENNZEICHEN nur dann ausgeführt, wenn die folgenden Bedingungen zutreffen:

1. A muss gleich 4 sein.
2. ENDE muss wahr sein (ENDE ist ein Bedingungsname »Stufennummer 88«).
3. Die Bedingung B > C muss wahr sein.
4. Der Ausdruck K - L muss einen Wert gleich 6 ergeben.
5. Die Bedingung (X = "A") muss wahr sein.

Die ANY-Angabe

Wenn das Wort ANY anstelle eines Objekts benutzt wird, kann das mit diesem Objekt korrespondierende Subjekt einen beliebigen Ausgang erhalten. Die zu prüfende Situation (Bedingung, Bezeichner, Ausdruck usw.) wird in jedem Fall als wahr betrachtet. Diese Angabe ist dann notwendig, wenn die Prüfung eines bestimmten Subjekts in einem WHEN-Zusatz erforderlich ist, in einem anderen WHEN-Zusatz jedoch keine Rolle spielt und beide WHEN-Zusätze in einer einzigen EVALUATE-Anweisung vorkommen. Das nachfolgende Beispiel verdeutlicht dies.

Beispiel

```
EVALUATE UMSATZ           ALSO KUNDEN-GRUPPE
    WHEN 3000 THRU 5000 ALSO 3    MOVE 2 TO RABATT
    WHEN 5001 THRU 9000 ALSO 3    MOVE 4 TO RABATT
    WHEN 9001 THRU 9999 ALSO ANY  MOVE 5 TO RABATT
END-EVALUATE
```

Listing 10.23: Beispiel für die ANY-Angabe

Im dritten WHEN-Zusatz sehen Sie die Aktion MOVE 5 TO RABATT, die dann ausgeführt wird, wenn es sich um eine beliebige Kundengruppe handelt, jedoch um einen Umsatz zwischen 9001 und 9999.

Das Objekt ANY wurde also dem Subjekt KUNDEN-GRUPPE zugeordnet. Da das Subjekt in den anderen WHEN-Zusätzen eine Rolle spielt, konnte dieses in der EVALUATE-Anweisung nicht weggelassen werden.

Die THRU-Angabe

Die THRU-Angabe stellt eine wertvolle Einrichtung in der EVALUATE-Anweisung dar. Sie bietet dem Benutzer die Möglichkeit, sich auf einen Wertebereich in einem Bezeichner (Subjekt) zu beziehen. THRU darf nur als Objekt verwendet werden. In jedem Fall muss der Wertebereich die gleiche Datenkategorie wie die des Subjekts aufweisen.

Beispiel 1

```
EVALUATE WARENGRUPPE       ALSO MINDESTBESTAND
    WHEN 3 THRU 5          ALSO 0 THRU 199
    WHEN 6                 ALSO 0 THRU 799
    WHEN NOT 9 THRU 12     ALSO 0 THRU 549

         PERFORM BESTELLUNG

END-EVALUATE
```

Listing 10.24: Beispiel 1

Hier soll abhängig von der Warengruppe und vom Mindestbestand eine Bestellung ausgelöst werden. Das Objekt (3 THRU 5) ist dann wahr, wenn die Warengruppe = 3, 4 oder 5 ist. Die Formulierung NOT 9 THRU 12 schließt das Vorhandensein eines Werts zwischen 9 und 12 (jeweils einschließlich) in der Warengruppe aus.

In diesem Beispiel wird die Auflösung der EVALUATE-Anweisung noch deutlicher. Man kann die Verknüpfung zwischen den Objekten eines einzigen WHEN-Zusatzes als AND-Verknüpfung betrachten. Alle WHEN-Zusätze sind jedoch mit einer OR-Verknüpfung verbunden. Wenn also in einem WHEN-Zusatz keine Aktion angegeben wurde, wird die Aktion des nachfolgenden WHEN-Zusatzes angenommen.

Beispiel 2

```
EVALUATE   A ALSO B
      WHEN 1 ALSO 2   PERFORM VERARBEITUNG-1
      WHEN 3 ALSO 4   PERFORM VERARBEITUNG-2
END-EVALUATE
```

Listing 10.25: Beispiel 2

In diesem Beispiel wird VERARBEITUNG-1 ausgeführt, wenn A=1 und B=2 ist, VERARBEITUNG-2 wird ausgeführt, wenn A=3 und B=4 ist.

Entscheidungstabellen mit EVALUATE

Entscheidungstabellen sind Hilfsmittel für die Software-Entwicklung. In einer Entscheidungstabelle mit n Bedingungen können maximal bis 2^n Regeln vorkommen.

Beispiel 1

Bedingungen	Regeln			
	R1	R2	R3	R4
Beschäftigungszeit > 3 Jahre	J	J	N	N
Abwesenheit < 5 Tage	J	N	J	N
Aktionen				
Dienstprämie vergeben	X	X	-	-
Anwesenheitsprämie vergeben	X	-	X	-
100 Euro Prämie vergeben	-	-	-	X

Legende:
J bedeutet die Bedingung muss zutreffen
N bedeutet die Bedingung darf nicht zutreffen
X bedeutet die Aktion wird ausgeführt
- bedeutet die Aktion wird nicht ausgeführt

Abb. 10.25: Entscheidungstabelle zu Beispiel 1

```
EVALUATE   BESCHAEFTIGUNGSZEIT > 3 ALSO ABWESENHEIT < 5
       WHEN  TRUE                ALSO    TRUE
             PERFORM DIENSTPRAEMIE
             PERFORM ANWESENHEITSPRAEMIE
       WHEN  TRUE                ALSO    FALSE
             PERFORM DIENSTPRAEMIE
       WHEN  FALSE               ALSO    TRUE
             PERFORM ANWESENHEITSPRAEMIE
       WHEN  FALSE               ALSO    FALSE
             PERFORM 100-EURO-PRAEMIE
    END-EVALUATE
```

Listing 10.26: Beispiel 1

Beispiel 2

In einem Programm ist die Vergabe von Rabatt und Bonus von den folgenden Bedingungen abhängig:

Bedingungen	Regeln				
	R1	R2	R3	R4	SONST
Umsatz	>5000	>5000	>9999	>9999	...
Stammkunde	J	N	J	N	...
Warengruppe < 7	J	J	N	N	...
Warengruppe >= 7	N	N	J	J	...
Aktionen					
3% Rabatt vergeben	X	-	-	X	-
5% Rabatt vergeben	-	X	X	-	-
1% Bonus vergeben	X	-	X	X	-
Rabatt und Bonus auf 0 setzen	-	-	-	-	X

Abb. 10.26: Entscheidungstabelle zu Beispiel 2

```
WORKING-STORAGE SECTION.

01  UMSATZ                  PIC 9(5).
01  KUNDENSCHLUESSEL        PIC 9(1).
    88  STAMMKUNDEN         VALUE 2.
01  W-GR                    PIC 9(2).

PROCEDURE DIVISION.
```

```
EVALUATE       UMSATZ      ALSO    STAMMKUNDE ALSO
               W-GR < 7    ALSO    W-GR >= 7

   WHEN  5000 THRU 9999  ALSO TRUE  ALSO TRUE ALSO FALSE
         MOVE  3 TO RABATT
         MOVE  1 TO BONUS
   WHEN  5000 THRU 9999  ALSO FALSE ALSO TRUE ALSO FALSE
         MOVE  5 TO RABATT
   WHEN  9999 THRU 99999 ALSO TRUE  ALSO FALSE ALSO TRUE
         MOVE  5 TO RABATT
         MOVE  1 TO BONUS
   WHEN  9999 THRU 99999 ALSO FALSE ALSO FALSE ALSO TRUE
         MOVE  3 TO RABATT
         MOVE  1 TO BONUS
   WHEN OTHER
         MOVE  0 TO RABATT
         MOVE  0 TO BONUS
   END-EVALUATE
```

Listing 10.27: Beispiel 2

Kapitel 11

Quellcode wiederverwenden mit COPY

Für ein COBOL-Programm muss man sehr viel Text schreiben. Nicht umsonst wird diese Programmiersprache auch als geschwätzig bezeichnet. Es kommt auch oft vor, dass man die Definition von Datensätzen in verschiedenen COBOL-Programmen benötigt und sicher sein muss, dass sie überall identisch ist.

In COBOL gibt es keine gekapselten Klassendefinitionen, auf die man sich an jeder beliebigen Stelle beziehen kann. Aus diesen Gründen legen COBOL-Programmierer sehr gerne kleine Textdateien an, die nur einen Ausschnitt aus einem COBOL-Programm beinhalten. Diese Testdateien lassen sie sich dann vom Compiler an den benötigten Stellen in den Quellcode kopieren, bevor dieser übersetzt wird. Dieses Kapitel zeigt, wie das gemacht wird.

11.1 COPY-Anweisung

Wirkung

Mithilfe der COPY-Anweisung können bereits erstellte Programmteile in ein COBOL-Quellprogramm kopiert werden.

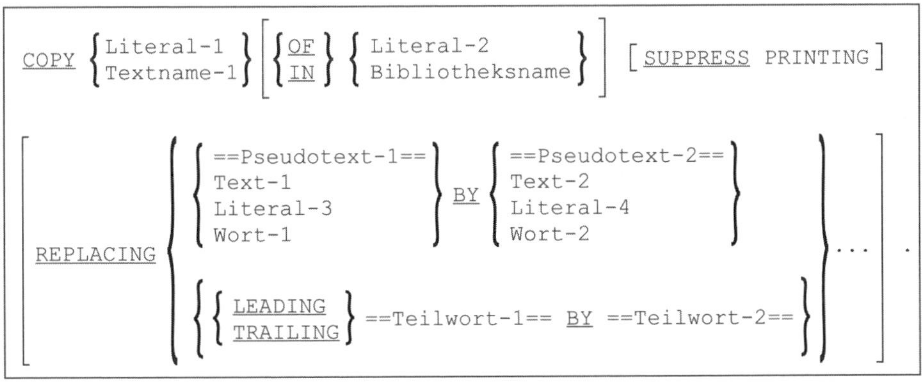

```
COPY {Literal-1 } [{OF} {Literal-2        }]  [SUPPRESS PRINTING]
     {Textname-1} [{IN} {Bibliotheksname  }]

[            {{ ==Pseudotext-1== }    { ==Pseudotext-2== }}      ]
[            {{ Text-1           } BY { Text-2           }}      ]
[            {{ Literal-3        }    { Literal-4        }}      ]
[            {{ Wort-1           }    { Wort-2           }}      ]
[ REPLACING  {                                            }...   ] .
[            {{{ LEADING  }                                   }}  ]
[            {{{ TRAILING } ==Teilwort-1== BY ==Teilwort-2==  }}  ]
```

Abb. 11.1: COPY-Anweisung

Erläuterung

Die COPY-Anweisung kann in jeder DIVISION des COBOL-Programms verwendet werden. Ihr Einsatz erspart die mehrmalige Erstellung gleicher oder ähnlicher Programmteile. Solche Teile, wie z.B. Satzstrukturen oder Dateidefinitionen, brauchen nur ein einziges Mal geschrieben zu werden und können dann mithilfe der COPY-Anweisung in jedes weitere Programm kopiert werden.

Textname ist der externe Name einer Datei, die das COPY-Element beinhaltet. Der Name ist nach den allgemeinen Regeln für Dateinamen unter dem aktuellen Betriebssystem zu bilden. Er kann mit oder ohne Dateierweiterung angegeben werden.

Beispiel 1

Ausschnitt aus einem Programm:

```
FD UMSAETZE.
COPY   "U-SATZ.CPY".
FD AUSGABE.
```

Listing 11.1: Beispiel 1 zur COPY-Anweisung

Nach der Übersetzung wird der Inhalt des COPY-Elements im Quellprogramm nach der COPY-Anweisung eingefügt und das Übersetzungsprotokoll weist den folgenden Inhalt auf:

```
FD UMSAETZE.
COPY   "U-SATZ.CPY".
01  U-SATZ.
    05  U-VERTRETER-NR    PIC X(4).
    05  U-SOLL-MENGE      PIC 9(3).
    05  U-SOLL-UMSATZ     PIC 9(6).
    05  U-IST-MENGE       PIC 9(3).
    05  U-IST-UMSATZ      PIC 9(6).
FD AUSGABE.
```

Listing 11.2: Beispiel 2 zur COPY-Anweisung

Beispiel 2

Wenn ein Name ohne Dateierweiterung angegeben wird, sucht der Compiler automatisch nach einem der folgenden Namen in der angegebenen Reihenfolge:

```
COPY ARTIKEL.          1.) ARTIKEL.CBL
                       2.) ARTIKEL.CPY
                       3.) ARTIKEL
```

Listing 11.3: Suchreihenfolge der COPY-Anweisung

Beispiel 3

Dem Textnamen kann auch die Laufwerksbezeichnung vorangestellt werden; in diesem Fall wird das COPY-Element gezielt auf dem angegebenen Laufwerk gesucht.

```
COPY A:TEILE.SAT
```

Wenn ein Literal verwendet wird, muss dieses ein alphanumerisches sein. Der Inhalt des Literals ist der externe Name des zu kopierenden COPY-Elements.

Beispiel 4

```
COPY "B:RECHEN.DEF"
```

11.2 COPY-Bibliotheken

Der Compiler erlaubt zusätzlich den Aufbau von COPY-Bibliotheken. Mithilfe des Zusatzes IN/OF kann man sich auf eine bestimmte Bibliothek beziehen, aus der das COPY-Element zu kopieren ist.

Beispiel 1

Das COPY-Element mit dem Namen A-SATZ-1.DEF wird aus der Bibliothek SATZ-DEF.LIB kopiert.

```
COPY "A-SATZ-1.DEF" IN "SATZ-DEF.LIB".
```

Beispiel 2

Will man praxisgerecht hinsichtlich der Auslagerung von COPY-Dateien gewissermaßen »Ordnung schaffen«, ist das problemlos zu realisieren, indem z.B. die COPY-Dateien in eigenen Unterverzeichnissen oder in COPY-Bibliotheken aufbewahrt werden. Sowohl beim Textnamen als auch beim Bibliotheksnamen ist die Angabe einer Laufwerksbezeichnung und/oder eines Pfadnamens erlaubt. Folgende Angaben sind am PC möglich:

```
COPY COPY-DAT IN COPYBIB.
COPY "COPY-DAT" IN "COPYBIB".
COPY "COPY-DAT" IN "A:COPYBIB".
COPY COPY-DAT IN "A:".
COPY "A:COPY-DAT".
COPY "\COPY-DAT".
COPY "B:\SUBDIREC\COPY-DAT".
COPY "B:\SUBDIREC\COPY-DAT".
COPY \SUBDIREC\COPY-DAT.
COPY COPY-DAT IN "\SUBDIREC\COPYBIB".
```

```
COPY COPY-DAT IN "A:\SUBDIREC\COPYBIB".
COPY COPY-DAT IN "\SUBDIREC\".
```

Listing 11.4: Arbeiten mit COPY-Bibliotheken

11.2.1 REPLACING-Zusatz

Der REPLACING-Zusatz erlaubt die Änderung eines Wortes im COPY-Element, bevor dieses im Quellprogramm kopiert wird. Die Änderungen werden nur in den erzeugten Kopien durchgeführt, sodass das COPY-Element für nachfolgende COPY-Operationen unverändert bleibt.

Beispiel

Listing 11.5 beinhaltet Definitionen für die Aufbereitung des Tagesdatums und soll daher im laufenden Programm kopiert werden.

```
Inhalt des COPY-Elements "DAT-DEF.CPY":

01  TAGES-DATUM.
    05  JAHR            PIC 99.
    05  MONAT           PIC 99.
    05  TAG             PIC 99.
01 DRUCK-DATUM.
    10  TAG             PIC 99.
    10  FILLER          PIC X VALUE ".'.
    10  MONAT           PIC 99.
    10  FILLER          PIC X VALUE ".'.
    10  JAHR            PIC 99.
```

Listing 11.5: Die COPY-Strecke DAT-DEF.CPY

```
WORKING-STORAGE SECTION.
COPY "DAT-DEF.CPY"
    REPLACING DRUCK-DATUM BY AUSGABE-DATUM-1
           "."            BY   "-"
            TAG           BY   TT.
```

Listing 11.6: Verwendung der COPY-Strecke DAT-DEF.CPY

Inhalt des Übersetzungsprotokolls:

```
01 TAGES-DATUM.
    05  JAHR              PIC 99.
    05  MONAT             PIC 99.
    05  TT                PIC 99.
01 AUSGABE-DATUM-1.
```

```
10 TT             PIC 99.
10 FILLER         PIC X VALUE "-".
10 MONAT          PIC 99.
10 FILLER         PIC X VALUE "-".
10 JAHR           PIC 99.
```

Listing 11.7: Auswirkung der REPLACING-Angabe aus Listing 11.6

Im REPLACING-Zusatz können die folgenden Elemente angegeben werden:

- ein Bezeichner, z.B. GESAMT-SOLL
- ein COBOL-Wort, wie z.B. READ
- ein Literal, z.B. SOLL-IST-VERGLEICH
- ein Pseudotext (beliebige Zeichenfolge)
- der Anfang oder das Ende eines Wortes (LEADING- bzw. TRAILING-Zusatz)

Ein Pseudotext ist eine Folge aus mehreren Wörtern und/oder Interpunktionszeichen, die in zwei aufeinanderfolgenden Gleichheitszeichen (==) eingeschlossen werden müssen, wie z.B.

```
== MOVE "SUMMEN" TO A-VERTRETER-NR ==.
```

Dabei darf der zu ersetzende Pseudotext-1 nicht nur aus einer Null-Kette (====), aus Leerzeichen (== ==) oder aus Kommentarzeilen bestehen. Als Pseudotext-2 kann jedoch alles angegeben werden. Beim Vergleichsvorgang, der notwendig ist, um den Pseudotext-1 im COPY-Element zu finden, spielen Leerzeichen am Anfang und am Ende des angegebenen Pseudotextes keine Rolle. Leerzeichen zwischen den Wörtern müssen jedoch übereinstimmen.

11.2.2 SUPPRESS-Angabe

Die Anwendung des Wortes SUPPRESS erweist sich als sinnvoll, wenn Zeit bei der Übersetzung gespart werden soll. Sie bewirkt nämlich, dass das angeforderte COPY-Element nicht im Übersetzungsprotokoll aufgelistet oder ausgedruckt wird. Das COPY-Element ist aber wohl Bestandteil des Objektprogramms.

11.3 REPLACE-Anweisung

Wirkung

Mit der REPLACE-Anweisung können Sie beliebige Programmtexte (Begriffe, Klauseln und Anweisungen jeder Art) im Quellprogramm modifizieren.

```
Format 1 (replacing):

                 { ==Pseudotext-1== BY ==Pseudotext-2==                 }
REPLACE [ ALSO ] {                                                      } ... .
                 { {LEADING }                                           }
                 { {TRAILING} ==Teilwort-1== BY ==Teilwort-2==          }

Format 2 (off):

REPLACE [LAST] OFF.
```

Abb. 11.2: REPLACE-Anweisung

Erläuterung

Die Modifikation des Quelltextes erfolgt gemäß dem Zusatz `REPLACING` in der `COPY`-Anweisung (REPLACING-Zusatz). Diese Modifikation beginnt mit der `REPLACE`-Anweisung und endet mit der `REPLACE OFF`-Anweisung.

Kapitel 12

Externe Unterprogramme

Die Gestaltung von externen Unterprogrammen bringt einige unentbehrliche Vorteile für die Praxis mit sich:

- Modularisierung umfangreicher Programme
- Programmroutinen, die in unterschiedlichen Programmen benötigt werden, brauchen nur noch einmal geschrieben zu werden.
- Effektive Verwaltung des Speicherplatzes bei der Gestaltung von dynamischen externen Unterprogrammen, der freigegeben werden kann, sobald er nicht mehr benötigt wird
- Wenn eine Routine – z.B. ein Zugriff auf Hardware-Ebene – in COBOL nicht realisiert werden kann, so kann diese Routine in einer anderen Programmiersprache codiert werden.

Nachdem alle benötigten Unterprogramme codiert und jeweils separat übersetzt wurden, müssen sie mit dem Hauptprogramm zu einem Programmsystem gebunden werden. Das Ergebnis dieses Bindevorgangs ist ein Lademodul, das nun im Hauptspeicher geladen und ausgeführt werden kann.

12.1 Sprachelemente für Unterprogramm-Technik

Die Programmiersprache COBOL unterstützt die Unterprogramm-Technik mit dem folgenden Sprachvorrat:

Im aufrufenden Programm

- CALL-Anweisung
- CANCEL-Anweisung
- CALL-CONVENTION

Im aufgerufenen Programm

- LINKAGE SECTION
- USING-Zusatz der PROCEDURE DIVISION
- EXIT PROGRAM/GOBACK

12.2 Die Programmverbindung

Das Hauptprogramm (aufrufend) übergibt die Steuerung an das Unterprogramm (aufgerufen) mithilfe der CALL-Anweisung. Das Unterprogramm wird nun ausgeführt. Anschließend wird mithilfe der EXIT PROGRAM- oder GOBACK-Anweisung die Steuerung an das Hauptprogramm zurückgegeben.

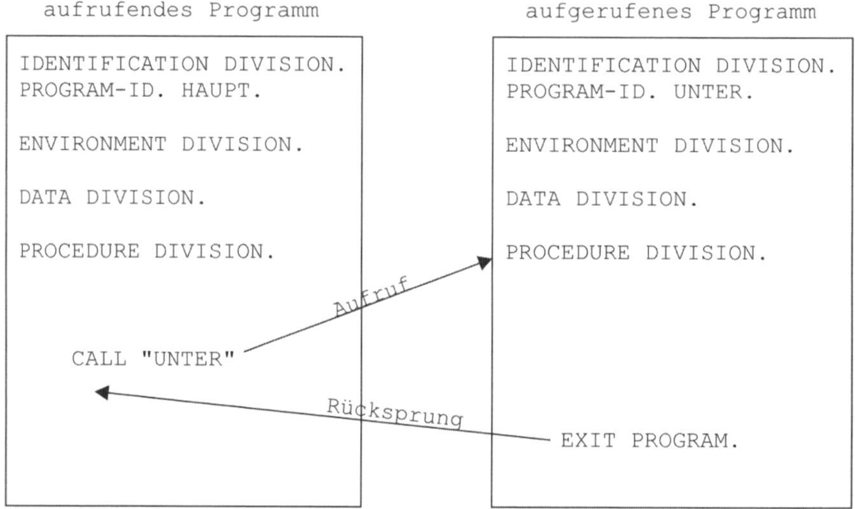

Abb. 12.1: Programmverbindungen

Geschachtelte Programmaufrufe

Ein aufgerufenes Programm kann gleichzeitig ein aufrufendes Programm sein, wenn dieses weitere Unterprogramme aufruft. In der folgenden Darstellung sind die Unterprogramme »A« und »B« gleichzeitig aufrufende und aufgerufene Programme.

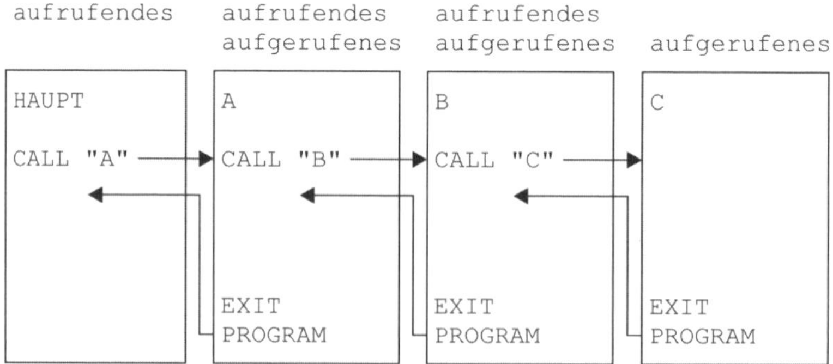

Abb. 12.2: Geschachtelte Programmaufrufe

12.3 CALL-Anweisung

Wirkung

Die CALL-Anweisung wird benutzt, um die Programmsteuerung an ein separat übersetztes Programm zu übergeben (aufrufen).

```
Format 1 (on-overflow):

CALL {Bezeichner-1} [USING {[BY REFERENCE]{Bezeichner-2}...} ...]
     {Literal-1   }        {BY CONTENT   {Bezeichner-2}...}

  [RETURNING Bezeichner-3]

  [ON OVERFLOW unbedingte-Anweisung-1]

  [END-CALL]

Format 2 (on-exception):

CALL {Bezeichner-1} [USING {[BY REFERENCE]{Bezeichner-2}...} ...]
     {Literal-1   }        {BY CONTENT   {Bezeichner-2}...}

  [RETURNING Bezeichner-3]

  [| ON EXCEPTION unbedingte-Anweisung-1      |]
  [| NOT ON EXCEPTION unbedingte-Anweisung-2  |]

  [END-CALL]

Format 3 (program-prototype):

CALL [{Bezeichner-1} AS] {NESTED                    }
     [{Literal-1   }   ] {program-prototype-name-1  }

  [       {[BY REFERENCE] {Bezeichner-2}                     }     ]
  [       {               {OMITTED     }                     }     ]
  [       {                                                  }     ]
  [       {               {arithmetischer-Ausdruck-1}        }     ]
  [ USING {[BY CONTENT]   {boolscher-Ausdruck-1     }        } ... ]
  [       {               {Bezeichner-4             }        }     ]
  [       {               {Literal-2                }        }     ]
  [       {                                                  }     ]
  [       {[BY VALUE]     {arithmetischer-Ausdruck-1}        }     ]
  [       {               {Bezeichner-4             }        }     ]
  [       {               {Literal-2                }        }     ]

  [RETURNING Bezeichner-3]

  [| ON EXCEPTION unbedingte-Anweisung-1      |]
  [| NOT ON EXCEPTION unbedingte-Anweisung-2  |]

  [END-CALL]
```

Abb. 12.3: CALL-Anweisung

Erläuterung

In der CALL-Anweisung können Sie den Namen des Unterprogramms, das aufgerufen werden soll, in einem nicht numerischen Literal angeben. In diesem Fall haben Sie sich für ein bestimmtes Programm entschieden.

Beispiel 1

```
CALL "BILANZ".
```

Es besteht jedoch die Möglichkeit, den Namen des Unterprogramms erst zum Zeitpunkt der Ausführung zu bestimmen. Hierzu muss der Bezeichner als Variable benutzt werden. Rechtzeitig vor der Ausführung der CALL-Anweisung muss der Bezeichner mit dem Namen des Unterprogramms, das aufgerufen werden soll, versorgt werden.

Beispiel 2

```
WORKING-STORAGE SECTION.

01  UNTERPROGRAMM          PIC X(8).

PROCEDURE DIVISION.

    MOVE "ZINSEN" TO UNTERPROGRAMM
    CALL UNTERPROGRAMM.
```

Listing 12.1: Beispiel 2: Dynamischer Unterprogrammaufruf

Eingangspunkt im Unterprogramm

Ein Unterprogramm beginnt mit der ersten Anweisung in der PROCEDURE DIVISION; diese wird *primäre Eingangsstelle* im Unterprogramm genannt.

Status des Unterprogramms

Ein aufgerufenes Unterprogramm befindet sich in seinem ursprünglichen Status, sowohl dann, wenn es das erste Mal aufgerufen wird, als auch beim erstmaligen Aufruf, nachdem es mit einer CANCEL-Anweisung freigegeben wurde. Bei allen anderen Eintritten in das aufgerufene Unterprogramm ist es in dem zuletzt benutzten Zustand. Wurden also Variablen, die mit VALUE vorbelegt sind, verändert, findet man bei einem erneuten Aufruf des Unterprogramms innerhalb eines Programmlaufs die veränderten Variablenwerte vor und nicht die durch VALUE ursprünglich gesetzten. Dieses Verhalten kann im Unterprogramm über den Zusatz IS INITIALPROGRAM der PROGRAM-ID-Angabe geändert werden. Wurde diese Angabe gemacht, werden bei jedem Aufruf die Variablen in ihren ursprünglichen Zustand zurückversetzt.

Erläuterung zu Format 1

Der Zusatz ON OVERFLOW bewirkt, dass die angegebene unbedingte Anweisung-1 ausgeführt wird, wenn die Ausführung einer CALL-Anweisung beginnt und nicht genügend Speicher für die Unterbringung des Unterprogramms zur Verfügung steht.

Erläuterung zu Format 2

Der Zusatz ON EXCEPTION bewirkt, dass die angegebene unbedingte Anweisung-1 ausgeführt wird, wenn die Ausführung einer CALL-Anweisung aus irgendeinem Grund unmöglich wird, z.B. wenn kein Objektmodul mit dem aufgerufenen Namen vorhanden ist.

USING-Zusatz

Die bisher gezeigten Beispiele haben jeweils bewirkt, dass ein Unterprogramm angesteuert und ausgeführt wurde, ohne dass es Zugriff zu den Daten des Hauptprogramms hatte. Wie werden nun Datenfelder (Parameter) an ein Unterprogramm übergeben?

Der USING-Zusatz wird dazu verwendet, Datenfelder des Hauptprogramms an das Unterprogramm zu übergeben. Die zu übergebenden Datenfelder müssen aus der FILE SECTION, der WORKING-STORAGE SECTION oder der LOCAL-STORAGE SECTION des aufrufenden Programms stammen. Datenfelder der LINKAGE SECTION können ebenso an ein Unterprogramm übergeben werden, jedoch nur dann, wenn das aufrufende Programm selbst ein aufgerufenes ist.

Beispiel

```
WORKING-STORAGE SECTION.
01 EINKOMMEN                PIC 9(6)V99.
01 STEUER-BETRAG            PIC 9(6)V99.
```

Listing 12.2: Datenfelder für die Programmübergabe

Beim Aufruf des Unterprogramms STEUER sollen die Felder EINKOMMEN und STEUER-BETRAG übergeben werden.

```
CALL "STEUER" USING EINKOMMEN STEUER-BETRAG.
```

Listing 12.3: Unterprogrammaufruf mit Parameterübergabe

12.4 LINKAGE SECTION

Wirkung

Die LINKAGE SECTION erlaubt die Definition der Parameter, die vom Hauptprogramm an das Unterprogramm übergeben werden.

```
                    ┌ Datenelementbeschreibung ┐
LINKAGE SECTION.    │ Konstantendefinition     │...
                    └ Datensatzbeschreibung    ┘
```

Abb. 12.4: LINKAGE SECTION

Erläuterung

Für keines der Datenfelder, die in der LINKAGE SECTION definiert werden, wird Speicherplatz reserviert. Solche Datenfelder sind als Dummy-Felder zu bezeichnen; sie sind lediglich als symbolische Adressen vorhanden, nicht jedoch als echte Speicherstellen. Sie »vertreten vorläufig« die im Hauptprogramm definierten Datenfelder, bis das Programm gebunden wird. Zur Ausführungszeit des Unterprogramms hat man die Möglichkeit, auf Datenfelder zuzugreifen, die im Hauptprogramm definiert sind.

Der allgemeine Aufbau der LINKAGE SECTION entspricht im Wesentlichen dem der WORKING-STORAGE SECTION. Die VALUE-Klausel darf in der LINKAGE SECTION zwar verwendet werden, wird aber ignoriert, da den Feldern erst beim Programmaufruf eine Adresse zugewiesen wird und die Feldinhalte vom rufenden Programm stammen. Diese Regelung erleichtert die exakte Übergabe komplexer Datenstrukturen, da diese in eine COPY-Strecke ausgelagert werden und sowohl vom rufenden Programm (in die WORKING-STORAGE SECTION) als auch vom gerufenen Programm (in die LINKAGE SECTION) eingefügt werden können. Eventuelle VALUE-Angaben wirken sich dann für das rufende Programm aus. Es gibt jedoch eine Ausnahme. Die INITIALIZE-Anweisung mit dem TO VALUE-Zusatz berücksichtigt die VALUE-Klauseln für Felder der LINKAGE SECTION. Man muss beachten, dass diese Felder nur dann initialisiert werden können, wenn sie auch tatsächlich von einem Hauptprogramm aus übergeben wurden. Die LINKAGE SECTION wird nur im aufgerufenen Programm benötigt.

In der LINKAGE SECTION wird für jedes Datenfeld auf der Stufennummer 01 oder 77 ein Adressfeld automatisch generiert. Die Generierung erfolgt, sobald das Adressfeld in einer Anweisung angesprochen wird, z.B.

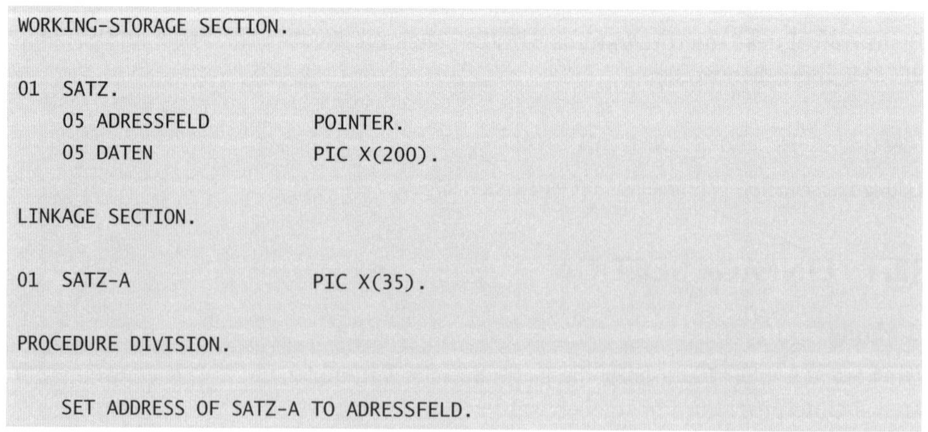

```
WORKING-STORAGE SECTION.

01  SATZ.
    05 ADRESSFELD          POINTER.
    05 DATEN               PIC X(200).

LINKAGE SECTION.

01  SATZ-A                 PIC X(35).

PROCEDURE DIVISION.

    SET ADDRESS OF SATZ-A TO ADRESSFELD.
```

Listing 12.4: Datenfeld mit Hauptspeicheradresse verbinden

Beispiel

Die in Listing 12.2 vom Hauptprogramm übergebenen Datenfelder sollen nun im Unterprogramm beschrieben werden.

```
LINKAGE SECTION.
01  EINKOMMEN                   PIC 9(6)V99.
01  STEUER-BETRAG               PIC 9(6)V99.
```

Listing 12.5: Parameter im Unterprogramm definieren

12.5 USING-Zusatz der PROCEDURE DIVISION

Wirkung

Der USING-Zusatz der PROCEDURE DIVISION erlaubt die Zuordnung zwischen den Parametern, die vom Hauptprogramm übergeben werden, und den Datenfeldern, die im Unterprogramm in der LINKAGE SECTION definiert werden.

```
PROCEDURE DIVISION [using-phrase] [RETURNING Bezeichner2]

using-phrase:

  USING { [ BY REFERENCE ] {[OPTIONAL]Bezeichner1} ... } ...
        { BY VALUE {Bezeichner1}...                    }
```

Abb. 12.5: USING-Zusatz der PROCEDURE DIVISION

Erläuterung

Der USING-Zusatz darf nur verwendet werden, wenn das Unterprogramm durch eine CALL-Anweisung aufgerufen wird, die auch einen USING-Zusatz enthält.

Als Datennamen dürfen nur solche verwendet werden, die im Unterprogramm in der LINKAGE SECTION definiert sind.

Im Allgemeinen müssen genauso viele Datenfelder in diesem Zusatz angegeben werden, wie im USING-Zusatz der CALL-Anweisung angegeben sind. Es ist jedoch erlaubt, manche Felder als OPTIONAL zu definieren. Diese können dann in der CALL-Anweisung weggelassen werden, indem anstelle eines echten Werts das Wort OMITTED angegeben wird. Dies ist jedoch nur für Parameter erlaubt, die BY REFERENCE übergeben werden.

Beispiel

Für die CALL-Anweisung in Listing 12.2 sollen nun entsprechende Felder zugeordnet werden.

```
PROCEDURE DIVISION USING EINKOMMEN STEUER-BETRAG.
```

Listing 12.6: Parameter im Unterprogramm übernehmen

Die Auswahl der USING-Parameter in der CALL-Anweisung

Wird einer der Zusätze `BY REFERENCE` oder `BY CONTENT` verwendet, bezieht er sich auf alle nachfolgend angegebenen Bezeichner, bis ein anderer Zusatz spezifiziert wird.

12.5.1 BY REFERENCE

Dieser Zusatz wird standardmäßig in der `USING`-Angabe angenommen, wenn keiner der Zusätze `BY CONTENT` oder `BY VALUE` verwendet wird.

Wird der Zusatz `BY REFERENCE` direkt vor einem Datenfeld angegeben oder impliziert, wird das Datenfeld im Unterprogramm so behandelt, als würde es den gleichen Speicherplatz belegen, der im Hauptprogramm vom angegebenen Datenfeld belegt ist. Das aufgerufene Unterprogramm kann also direkt die Inhalte der übergebenen Felder des Hauptprogramms überschreiben.

Beispiel

```
IDENTIFICATION DIVISION.
PROGRAM-ID.  HAPRO.
ENVIRONMENT DIVISION.
DATA DIVISION.
WORKING-STORAGE SECTION.
01  BETRAG                      PIC 9(6)V9(2).
01  MWST                        PIC 9(6)V9(2).
PROCEDURE DIVISION.
    CALL "UPRO" USING
                BY REFERENCE BETRAG MWST.
    .
STOP RUN.
```

Listing 12.7: Hauptprogramm

```
IDENTIFICATION DIVISION.
PROGRAM-ID.  UPRO.
ENVIRONMENT DIVISION.
DATA DIVISION.
WORKING-STORAGE SECTION.
01  RECHENFELD                  PIC 9(8)V9(2).
LINKAGE SECTION.
01  BETRAG                      PIC 9(6)V9(2).
01  MWST                        PIC 9(6)V9(2).
PROCEDURE DIVISION USING  BETRAG MWST.
    .
```

```
    MOVE BETRAG TO RECHENFELD.
    .
    GOBACK.
```

Listing 12.8: Unterprogramm

12.5.2 BY REFERENCE ADDRESS OF

Dieser Zusatz kann verwendet werden, um die Adresse eines Datensatzes an ein Unterprogramm weiterzuleiten. In diesem Fall muss der übergebene Parameter mit einem POINTER-Feld korrespondieren. Das POINTER-Feld wird im Unterprogramm mit USAGE POINTER beschrieben und im USING-Zusatz der PROCEDURE DIVISION angegeben.

Diese Art von Parameterübergabe verwendet man insbesondere im Zusammenhang mit POINTER-Feldern zum Verketten von Datensätzen.

Jeder der zu verkettenden Datensätze enthält am Anfang ein Adressfeld, in dem die Adresse des nächsten zu verarbeitenden Datensatzes abgespeichert wird. Im letzten Datensatz wird lediglich eine ungültige Adresse (figurative Konstante NULL) abgespeichert, um anzudeuten, dass keine Sätze mehr vorkommen. Abbildung 12.6 zeigt das Prinzip.

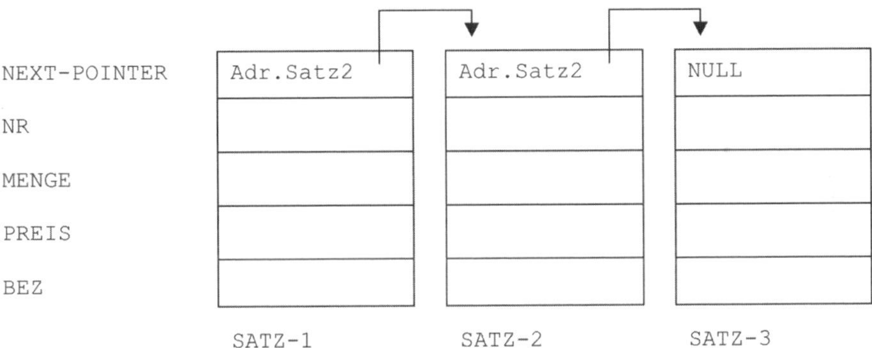

Abb. 12.6: Verkettete Liste

Beispiel

```
IDENTIFICATION DIVISION.
PROGRAM-ID.  HAPRO.
ENVIRONMENT DIVISION.
DATA DIVISION.
WORKING-STORAGE SECTION.
01  SATZ-1.
    05 NEXT-POINTER-1        POINTER.
    05 DATEN                 PIC X(34).

01  SATZ-2.
```

```
    05 NEXT-POINTER-2          POINTER.
    05 DATEN                   PIC X(34).

01  SATZ-3.
    05 NEXT-POINTER-3          POINTER.
    05 DATEN                   PIC X(34).

PROCEDURE DIVISION.
    SET NEXT-POINTER-1 TO ADDRESS OF SATZ-2.
    SET NEXT-POINTER-2 TO ADDRESS OF SATZ-3.
    SET NEXT-POINTER-3 TO NULL.

    CALL "UPRO" USING
         BY REFERENCE ADDRESS OF SATZ-1.
    STOP RUN.
```

Listing 12.9: Hauptprogramm

```
IDENTIFICATION DIVISION.
PROGRAM-ID.  UPRO.
ENVIRONMENT DIVISION.
DATA DIVISION.
WORKING-STORAGE SECTION.
01  GESAMT                     PIC 9(7)V9(2).
01  SUMME                      PIC 9(8)V9(2).
LINKAGE SECTION.

01  ANFANG-PTR                 POINTER.

01  DATENSATZ.
    05 NEXT-POINTER            POINTER.
    05 NR                      PIC 9(3).
    05 MENGE                   PIC 9(4).
    05 BEZ                     PIC X(20).
    05 PREIS                   PIC 9(5)V9(2).

PROCEDURE DIVISION USING  ANFANG-PTR.

    SET ADDRESS OF DATENSATZ TO
        ADDRESS OF ANFANG-PTR.

    PERFORM WITH TEST BEFORE
        UNTIL NEXT-POINTER = NULL
```

```
          MULTIPLY MENGE BY PREIS GIVING GESAMT
          ADD GESAMT TO SUMME
          SET ADDRESS OF DATENSATZ TO
                      NEXT-POINTER

      END-PERFORM

      GOBACK.
```

Listing 12.10: Unterprogramm

12.5.3 BY CONTENT

Bei Verwendung dieses Zusatzes kann zwar das Unterprogramm den Inhalt des korrespondierenden Feldes verändern, dies hat jedoch keinen Einfluss auf den Inhalt des Feldes im aufrufenden Programm. COBOL legt eine Kopie des übergebenen Werts an und reicht die Adresse der Kopie an das Unterprogramm weiter. Wenn man den USING-Zusatz der PROCEDURE DIVISION betrachtet, fällt auf, dass es hier kein BY CONTENT gibt. Vielmehr werden solche Parameter BY REFERENCE übernommen. Es ist also ausschließlich Sache des rufenden Programms, den Wert tatsächlich BY REFERENCE oder nur BY CONTENT zu übergeben.

Literale können BY CONTENT nur dann übergeben werden, wenn der Prototyp des Unterprogramms im rufenden Programm bekannt ist.

Beispiel

```
CALL "UPRO" USING BY CONTENT FELD-1.
```

12.5.4 BY CONTENT LENGTH OF

Mit diesem Zusatz in der USING-Angabe kann die Länge eines Feldes im Hauptprogramm an ein Unterprogramm weitergegeben werden. Für die Übernahme der Länge im Unterprogramm muss ein Feld mit der Beschreibung PIC 9(9) USAGE COMP definiert werden.

Beispiel

```
CALL "UPRO" USING BY REFERENCE SATZ-1
                  BY CONTENT LENGTH OF SATZ-1.



IDENTIFICATION DIVISION.
PROGRAM-ID.  UPRO.
ENVIRONMENT DIVISION.
DATA DIVISION.
```

```
WORKING-STORAGE SECTION.
.
.
LINKAGE SECTION.
01  SATZ-LAENGE             PIC 9(9) COMP.
01  DATENSATZ               PIC X(34).
PROCEDURE DIVISION USING DATENSATZ
                         SATZ-LAENGE.
.
.
    MOVE SATZ-LAENGE TO LAENGE
    DISPLAY SATZ-LAENGE
    ADD  SATZ-LAENGE TO X
.
.
    GOBACK.
```

Listing 12.11: Übergabe BY CONTENT

12.5.5 BY VALUE

Wird in der USING-Angabe der Zusatz BY VALUE verwendet, kann das Unterprogramm den Inhalt des Feldes zwar verändern, da aber in diesem Fall eine Kopie des Werts übergeben wird, wirkt sich eine Änderung niemals auf das rufende Programm aus. Dieser Zusatz muss unter anderem immer verwendet werden, wenn das aufgerufene Programm nicht in COBOL geschrieben ist, sondern z.B. in der Programmiersprache C.

Eine Parameterübergabe BY VALUE ist nur möglich, wenn der Prototyp des gerufenen Programms dem rufenden Programm bekannt ist.

Beispiel

```
CALL "UPRO" USING BY VALUE 20 END-CALL
```

12.6 EXIT PROGRAM-Anweisung

Wirkung

Die EXIT PROGRAM-Anweisung beendet die Ausführung des Unterprogramms und gibt die Steuerung an das Hauptprogramm zurück.

```
                        ⎡           ⎧ EXCEPTION Ausname-1 ⎫ ⎤
EXIT PROGRAM            ⎢ RAISING   ⎨ Bezeichner-1        ⎬ ⎥
                        ⎣           ⎩ LAST EXCEPTION      ⎭ ⎦
```

Abb. 12.7: EXIT PROGRAM-Anweisung

Erläuterung

Die EXIT PROGRAM-Anweisung wird nur aktiviert, wenn das Programm, das die EXIT PROGRAM-Anweisung beinhaltet, durch eine CALL-Anweisung angesteuert wird.

Beispiel

Es soll ein Unterprogramm für die Berechnung der Formel aus Listing 12.12 codiert werden. Die benötigten Werte werden im Hauptprogramm vom Bildschirm eingelesen und an das Unterprogramm übergeben.

```
JAHRESZINS = (DISKONT-BETRAG +
              WECHSEL-STEUER +
              DISKONT-SPESEN)
            / KREDIT-BETRAG
            *(360
            / WECHSEL-LAUFZEIT)
            * 100
```

Listing 12.12: Zu berechnende Formel

```
IDENTIFICATION DIVISION.
PROGRAM-ID. HAUPT.
ENVIRONMENT DIVISION.
DATA DIVISION.
WORKING-STORAGE SECTION.
01 DISKONT-BETRAG     PIC 9(5)V99.
01 WECHSEL-STEUER     PIC 9(3)V99.
01 KREDIT-BETRAG      PIC 9(5)V99.
01 DISKONT-SPESEN     PIC 9(3)V99.
01 WECHSEL-LAUFZEIT   PIC 9(3).
01 JAHRESZINS         PIC 9(2)V99.

PROCEDURE DIVISION.
EINGABE SECTION.
EIN-1000.
*> ROUTINE ZUM ANZEIGEN DER LEITTEXTE. HIER NICHT
*> BESTANDTEIL DES BEISPIELS.
    ACCEPT DISKONT-BETRAG   AT 1015.
    ACCEPT WECHSEL-STEUER   AT 1115.
    ACCEPT KREDIT-BETRAG    AT 1215.
    ACCEPT DISKONT-SPESEN   AT 1315.
    ACCEPT WECHSEL-LAUFZEIT AT 1415.
*> AUFRUF DES UNTERPROGRAMMS
    CALL "DISKONT" USING DISKONT-BETRAG WECHSEL-STEUER
                         KREDIT-BETRAG  DISKONT-SPESEN
                         WECHSEL-LAUFZEIT JAHRESZINS.
```

```
    DISPLAY JAHRESZINS AT 1015.
EIN-9999.
    STOP RUN.
```

Listing 12.13: Hauptprogramm

```
IDENTIFICATION DIVISION.
PROGRAM-ID. DISKONT.
ENVIRONMENT DIVISION.
DATA DIVISION.
WORKING-STORAGE SECTION.

LINKAGE SECTION.
01 DISKONT-BETRAG      PIC 9(5)V99.
01 WECHSEL-STEUER      PIC 9(3)V99.
01 KREDIT-BETRAG       PIC 9(5)V99.
01 DISKONT-SPESEN      PIC 9(3)V99.
01 WECHSEL-LAUFZEIT    PIC 9(3).
01 JAHRESZINS          PIC 9(2)V99.

PROCEDURE DIVISION USING DISKONT-BETRAG WECHSEL-STEUER
                         KREDIT-BETRAG  DISKONT-SPESEN
                         WECHSEL-LAUFZEIT JAHRESZINS.
BERECHNUNG SECTION.
BER-1000.
    COMPUTE JAHRESZINS =
       (DISKONT-BETRAG + WECHSEL-STEUER  +
        DISKONT-SPESEN) / KREDIT-BETRAG *
        360 / WECHSEL-LAUFZEIT * 100.
BER-9999.
    EXIT PROGRAM.
```

Listing 12.14: Unterprogramm

12.7 Rekursive COBOL-Programme

Es war lange Zeit nicht möglich, rekursive Programme in COBOL zu schreiben. Hauptgrund dafür dürfte die Tatsache sein, dass alle Variablen der `WORKING-STORAGE SECTION` statische Felder sind. Diese werden einmal bei Programmstart angelegt und stehen bis zum Programmende zur Verfügung. Statische Felder können für eine rekursive Programmlogik nicht sinnvoll verwendet werden, da diese spezielle Form der Programmierung darauf setzt, ständig sich selbst als Unterprogramm mit `CALL` aufzurufen und bei jedem Aufruf physisch andere Datenfelder mit anderen Hauptspeicheradressen vorzufinden, die zufällig alle denselben Namen haben.

Alle Felder der LOCAL-STORAGE SECTION werden auch *automatische Felder* genannt, da sie bei jedem Programmaufruf (auch Unterprogrammaufruf) dynamisch im Hauptspeicher angelegt und dabei jedes Mal mit ihrer VALUE-Klausel vorbelegt werden. Durch ein EXIT PROGRAM oder GOBACK, spätestens aber bei Programmende, verschwinden sie dann wieder.

Damit ein COBOL-Programm rekursiv gerufen werden kann, muss es über den Zusatz IS RECURSIVE der PROGRAM-ID-Angabe verfügen.

Beispiel

Die Höhe eines Kapitals mit Zinseszinsen soll ermittelt werden. Dies kann zwar viel einfacher über eine simple Formel erfolgen, dient aber als sehr gutes Beispiel, um die Programmierung einer rekursiven Anwendung aufzuzeigen.

```
identification division.
program-id. haupt.
author.     U. Rozanski.
*
environment division.
*
data division.
working-storage section.
01  kap          pic 999v99.
01  zins         pic 9v99.
01  jahre        pic 9.
01  erg          pic 9(9)v999.
01  derg         pic z(8)9.999.
*
procedure division.
anfang.
    display spaces at 0101.
    move 100      to kap.
    move 0.05     to zins.
    move 3        to jahre.
    call "zinsen" using kap zins jahre erg.
    move erg to derg.
    display derg.
ende.
    stop run.
```

Listing 12.15: Hauptprogramm zur Zinseszinsberechnung

Ein normales COBOL-Programm dient als Hauptprogramm, das die Berechnung anstößt. In vorliegendem Beispiel soll das verzinste Kapital nach drei Jahren bei einem Zinssatz von fünf Prozent ermittelt werden, in der Praxis werden diese Werte entweder vom Benutzer eingegeben oder aus einer Datei gelesen.

Das Hauptprogramm ruft das Unterprogramm ZINSEN auf, um den gewünschten Wert zu bekommen.

```
identification division.
program-id. zinsen is recursive.
author.     U. Rozanski.
*
environment division.
*
data division.
local-storage section.
01   ls-jahre      pic 9.
*
linkage section.
01   lnk-kap         pic 999v99.
01   lnk-zins        pic 9v99.
01   lnk-jahre       pic 9.
01   lnk-erg         pic 9(9)v999.
*
procedure division using lnk-kap lnk-zins
                         lnk-jahre lnk-erg.
anfang.
    move lnk-jahre to ls-jahre.

    if ls-jahre > 0
      subtract 1 from ls-jahre
      display ls-jahre
      call "zinsen" using lnk-kap lnk-zins
                          ls-jahre lnk-erg
      compute lnk-erg = lnk-erg * ( 1 + lnk-zins )
    else
      move lnk-kap to lnk-erg
    end-if.
ende.
    exit program.
```

Listing 12.16: Rekursives Unterprogramm

Erst das Unterprogramm lässt erkennen, dass diese Aufgabe rekursiv gelöst werden soll. Der entsprechende Zusatz bei der PROGRAM-ID wurde gemacht. Sinnvollerweise wurde das benötigte Hilfsfeld LS-JAHRE in der LOCAL-STORAGE SECTION definiert. Das Programm ruft sich selbst rekursiv so lange auf, bis die Anzahl Jahre gleich 1 ist. Dann ist kein weiterer rekursiver Abstieg mehr notwendig, und das Ergebnis kann beim Abbauen der Rekursionen mithilfe der COMPUTE-Anweisung nach dem rekursiven CALL berechnet werden.

Das Unterprogramm ZINSEN wird für jedes zu berechnende Jahr einmal mehr rekursiv gerufen, der Inhalt der LOCAL-STORAGE SECTION ein weiteres Mal angelegt. Wie bei allen Rekursionen muss auch in COBOL darauf geachtet werden, dass die Rekursionstiefe nicht zu groß wird, weil bei einer umfangreichen LOCAL-STORAGE SECTION eventuell nicht genügend Hauptspeicher zur Verfügung steht.

12.8 CANCEL-Anweisung

Wirkung

Die CANCEL-Anweisung gibt den durch ein aufgerufenes Unterprogramm belegten Speicherplatz frei.

```
         ⎧ Bezeichner-1                 ⎫
CANCEL   ⎨ Literal-1                    ⎬ ...
         ⎩ program-prototype-name-1     ⎭
```

Abb. 12.8: CANCEL-Anweisung

Erläuterung

Literal-1 oder Bezeichner-1 benennt ein Unterprogramm, das bereits mit der CALL-Anweisung aufgerufen sein muss.

Eine CANCEL-Anweisung darf nicht auf ein Unterprogramm angewendet werden, das noch nicht zu Ende ausgeführt worden ist.

Beispiel

```
WORKING-STORAGE SECTION.

01  UNTERPROGRAMM          PIC X(8).

PROCEDURE DIVISION.
    .
    .
    MOVE "ZINSEN" TO UNTERPROGRAMM.
    CANCEL UNTERPROGRAMM.
```

Listing 12.17: -AnweisungCANCEL

12.9 GOBACK-Anweisung

Wirkung

Wurde das aktuelle COBOL-Programm von einem anderen mit CALL aufgerufen, gibt die GOBACK-Anweisung die Steuerung an das rufende Programm zurück. In diesem Fall entspricht GOBACK einem EXIT PROGRAM.

Wurde das aktuelle COBOL-Programm dagegen nicht als Unterprogramm gerufen, wird die Steuerung an das Betriebssystem zurückgegeben. Hier entspricht das GOBACK einem STOP RUN.

```
                  ⎡         ⎧ EXCEPTION Ausname-1 ⎫ ⎤
GOBACK            ⎢ RAISING ⎨ Bezeichner-1        ⎬ ⎥
                  ⎣         ⎩ LAST EXCEPTION      ⎭ ⎦
```

Abb. 12.9: GOBACK-Anweisung

12.10 Weitere Angaben zur Programmkommunikation

CALL-CONVENTION

Wirkung

CALL-CONVENTION beschreibt die Art und Weise, wie Parameter zwischen Programmen in zwei verschiedenen Programmiersprachen ausgetauscht werden.

```
>>CALL-CONVENTION ⎧ COBOL                  ⎫
                  ⎩ call-convention-name-1 ⎭
```

Abb. 12.10: CALL-CONVENTION-Direktive

PROCEDURE DIVISION USING BY VALUE ...

Dieser Zusatz berücksichtigt die Konventionen der BY VALUE-Angabe (siehe auch die CALL-Anweisung).

RETURNING

Im Zusammenspiel zwischen CALL RETURNING und PROCEDURE DIVISION RETURNING können Daten aus dem aufgerufenen Unterprogramm an das aufrufende Programm zurückgeliefert werden. Bezeichner-2 muss im Unterprogramm in der LINKAGE SECTION auf Stufennummer 01 oder 77 definiert worden sein. Im rufenden Programm wird eine Variable passenden Typs in einer beliebigen SECTION definiert und in der CALL-Anweisung über den RETURNING-Zusatz quasi an das Unterprogramm übergeben.

Im Allgemeinen hat der RETURNING-Zusatz die Aufgabe, auf den Rückgabewert eines Unterprogramms explizit hinzuweisen. Lediglich selbst geschriebene Funktionen müssen zwingend über eine RETURNING-Angabe verfügen, da diese das Funktionsergebnis repräsentiert.

12.11 EXTERNAL-Klausel

Wirkung

Die EXTERNAL-Klausel gibt an, dass eine Datei oder ein Datenfeld extern definiert ist, und ermöglicht somit anderen Programmen in der gleichen Runtime-Unit den Zugriff auf diese Dateien und Datenfelder.

```
IS EXTERNAL [AS Literal-1]
```

Abb. 12.11: EXTERNAL-Klausel

Erläuterung

Diese Klausel kommt zum Einsatz bei Programmverbindungen zwischen separat übersetzten Programmen als Alternative für die Verwendung der USING-Zusätze in der CALL-Anweisung und im Zusatz der PROCEDURE DIVISION. Ferner ist hier der Vorteil gegeben, eine Datei ansprechen zu können, die in einem anderen Programm definiert ist.

EXTERNAL darf nur für Datenfelder in der WORKING-STORAGE SECTION auf der Stufennummer 01 oder für eine Datei definiert werden. Ein mit EXTERNAL beschriebenes Feld darf keine VALUE- bzw. REDEFINES-Klausel enthalten.

Voraussetzung für das Auffinden eines EXTERNAL-Felds in einem anderen Programm ist die Verwendung der gleichen Definition in beiden Programmen.

Beispiel 1

Das Beispiel zeigt die Kommunikation zwischen separat übersetzten Programmen mithilfe der EXTERNAL-Klausel.

```
IDENTIFICATION DIVISION.
PROGRAM-ID.   MAIN.
ENVIRONMENT DIVISION.
DATA DIVISION.
WORKING-STORAGE SECTION.
01  EINGABE-FELD  PIC X(30) EXTERNAL.
PROCEDURE DIVISION.
    MOVE "EXTERNAL-BEISPIEL"  TO  EINGABE-FELD
    CALL "SUB"
STOP RUN.
```

Listing 12.18: Hauptprogramm mit globaler Variablen

```
IDENTIFICATION DIVISION.
PROGRAM-ID.  SUB.
ENVIRONMENT DIVISION.
DATA DIVISION.
WORKING-STORAGE SECTION.
01  EINGABE-FELD  PIC X(30) EXTERNAL.
PROCEDURE DIVISION.
    DISPLAY EINGABE-FELD
    GOBACK.
```

Listing 12.19: Unterprogramm mit Bezug auf globale Variable

Beispiel 2

Dieses Beispiel demonstriert den Zugriff auf eine externe Datei.

```
IDENTIFICATION DIVISION.
PROGRAM-ID.         HAUPT.
ENVIRONMENT DIVISION.
CONFIGURATION SECTION.
SPECIAL-NAMES.
    DECIMAL-POINT IS COMMA.
INPUT-OUTPUT SECTION.
FILE-CONTROL.
    SELECT EINGABE ASSIGN TO EINGABE
        ORGANIZATION IS SEQUENTIAL.
*******************************************************
DATA DIVISION.
FILE SECTION.
FD  EINGABE EXTERNAL.
01  E-SATZ                   PIC X(80).
WORKING-STORAGE SECTION.
01  SCHALTER                 PIC 9 VALUE ZERO.
    88  EOF                  VALUE 1.
*******************************************************
PROCEDURE DIVISION.
STEUER SECTION.
    OPEN INPUT EINGABE
    READ EINGABE AT END SET EOF TO TRUE
        NOT AT END DISPLAY E-SATZ
    END-READ
    CALL 'UPRO'
    STOP RUN.
```

Listing 12.20: Hauptprogramm mit globaler Dateidefinition

```
IDENTIFICATION DIVISION.
PROGRAM-ID.         UPRO.
ENVIRONMENT DIVISION.
CONFIGURATION SECTION.
SPECIAL-NAMES.
    DECIMAL-POINT IS COMMA.
INPUT-OUTPUT SECTION.
FILE-CONTROL.
    SELECT EINGABE ASSIGN TO EINGABE
        ORGANIZATION IS SEQUENTIAL.
******************************************************
DATA DIVISION.
FILE SECTION.
FD  EINGABE EXTERNAL.
01  E-SATZ                      PIC X(80).
WORKING-STORAGE SECTION.
01  SCHALTER                    PIC 9 VALUE ZERO.
    88  EOF                     VALUE 1.
******************************************************
PROCEDURE DIVISION.

    PERFORM UNTIL EOF
        READ EINGABE AT END SET EOF TO TRUE
             NOT AT END DISPLAY E-SATZ
        END-READ
    END-PERFORM
    GOBACK.
```

Listing 12.21: Unterprogramm mit Bezug auf globale Datei

12.12 Schachtelung von Programmen

COBOL unterstützt die Schachtelung bzw. die Aneinanderreihung mehrerer COBOL-Programme in einer Sequenz. Dabei werden diese Programme gemeinsam in einem Übersetzungsvorgang umgewandelt und erzeugen damit ein einziges Objektmodul.

```
IDENTIFICATION DIVISION.
PROGRAM-ID.   PGM1.
.
.
END PROGRAM PGM1.
IDENTIFICATION DIVISION.
PROGRAM-ID.  PGM2.
.
END PROGRAM PGM2.
```

Listing 12.22: Die Aneinanderreihung mehrerer Programme

```
IDENTIFICATION DIVISION.
PROGRAM-ID.   PGM1.
.
.
STOP RUN.
  IDENTIFICATION DIVISION.
  PROGRAM-ID.  PGM2.
  .
  .
  EXIT PROGRAM.
  END PROGRAM PGM2.
END PROGRAM PGM1.
```

Listing 12.23: Die Schachtelung mehrerer Programme

12.12.1 Die Schachtelungsebene eines Unterprogramms

Wenn das Programm H das Programm U1 enthält und das Programm U1 das Programm U2, ist das Programm U1 direkt und das Programm U2 indirekt in H geschachtelt.

```
PROGRAM-ID. H.
:
:    PROGRAM-ID. U1.
:    :
:    :    PROGRAM-ID. U2.
:    :    :
:    :    END PROGRAM U2.
:    :
:    END PROGRAM U1.
:
END PROGRAM H.
```

Listing 12.24: Beispiel für Programmschachtelung

12.12.2 Der Aufruf eines geschachtelten Unterprogramms

In einem Komplex von mehreren Programmen, die geschachtelt und aneinandergereiht sind, kann ein Programm das andere aufrufen, wenn das aufgerufene Programm direkt im aufrufenden Programm geschachtelt ist. Ein indirekt geschachteltes oder aneinandergereihtes Programm kann nur aufgerufen werden, wenn in diesem Programm die COMMON-Klausel im Paragraphen PROGRAM-ID codiert ist.

```
PROGRAM-ID. HAUPT.
:
:    PROGRAM-ID. U1.
:    :
```

```
:   :   PROGRAM-ID. U11.
:   :   :
:   :   :    PROGRAM-ID. U111.
:   :   :    END PROGRAM U111.
:   :   :
:   :   END PROGRAM U11.
:   :
:   :   PROGRAM-ID. U12 COMMON.
:   :   END PROGRAM U12.
:   :
:   END PROGRAM U1.
:
:   PROGRAM-ID. U2 COMMON.
:   END PROGRAM U2.
:
:   PROGRAM-ID. U3 COMMON.
:   END PROGRAM U3.
:
:   PROGRAM-ID. U4.
:   END PROGRAM U4.
:
END PROGRAM HAUPT.
```

Listing 12.25: Geschachtelte Programme mit COMMON-Angabe

In Listing 12.25 können die in Tabelle 12.1 aufgeführten Programmaufrufe erfolgen.

Aufrufendes Programm	Aufgerufene Programme
HAUPT	U1, U2, U3. U4
U1	U11, U12, U2, U3
U111	U111, U12, U2, U3
U12	U2, U3
U2	U3
U3	U2
U4	U2, U3

Tabelle 12.1: Mögliche Programmaufrufe

12.13 GLOBAL-Klausel

Wirkung

Mithilfe dieser Klausel kann ein Datenfeld als globale Variable definiert werden. Die Klausel gilt auch für Dateien.

```
IS GLOBAL
```

Abb. 12.12: GLOBAL-Klausel

Erläuterung

Eine globale Variable ist jedem Programm zugänglich, das in dem Programm geschachtelt wird, das die GLOBAL-Klausel enthält. Des Weiteren darf es in der gleichen DATA DIVISION keine anderen mit der GLOBAL-Klausel definierten Datenfelder geben, die gleiche Namen haben.

12.14 INITIAL-Klausel

Die INITIAL-Klausel neben dem Namen des Unterprogramms im PROGRAM-ID-Paragraphen bewirkt die Wiederinitialisierung des Programms und aller darin enthaltenen Unterprogramme. Dies bedeutet, dass alle WORKING-STORAGE-Datenfelder auf die in der VALUE-Klausel vorhandenen Werte zurückgesetzt werden.

In diesem Zusammengang sei nochmals auf die besondere Bedeutung der Felder in der LOCAL-STORAGE SECTION hingewiesen. Diese Felder werden erst beim Aufruf eines Programms oder Unterprogramms dynamisch im Speicher erzeugt und dann auch wieder freigegeben, wenn das Unterprogramm mit EXIT PROGRAM oder GOBACK verlassen wird. Alle Felder mit einer VALUE-Klausel werden dabei auch jedes Mal neu initialisiert, unabhängig davon, ob die INITIAL-Angabe der PROGRAM-ID gemacht wurde oder nicht.

Moderne COBOL-Programme sollten viel mehr Felder in der LOCAL-STORAGE SECTION definieren als in der WORKING-STORAGE SECTION. Letztere ist eigentlich nur für wirklich statische Datengedacht, die in einer Anwendung eher selten vorkommen.

Kapitel 13

Tabellenverarbeitung

Stellen Sie sich vor, Sie benötigen für die Verarbeitung eines bestimmten Programms eine Reihe von Datenfeldern, die die gleichen Längen und die gleichen sonstigen Merkmale aufweisen. Wie sollen nun solche Datenfelder definiert werden?

Ohne Tabellendefinitionen müsste man jedes Datenfeld einzeln, entsprechend seinen Eigenschaften, definieren; die Felder erhielten dann unterschiedliche Namen. Für zwölf Umsatzfelder würden die Definitionen wie in Listing 13.1 aussehen.

```
01  UMSATZ-1     PIC 9(6),99.
01  UMSATZ-2     PIC 9(6),99.
:
:
01  UMSATZ-11    PIC 9(6),99.
01  UMSATZ-12    PIC 9(6),99.
```

Listing 13.1: Definition von zwölf einzelnen Umsatzfeldern

Diese Art, eine Reihe von gleichartigen Datenfeldern festzulegen, erhöht die Programmier- und Kompilierzeit und führt zur Codierung einer komplexen und umfangreichen PROCEDURE DIVISION.

Eine solche Folge von Datenfeldern muss im Programm als Tabelle definiert werden. Mithilfe eines Index (Elementnummer) hat man dann Zugriff zu einem bestimmten Element.

13.1 OCCURS-Klausel

Wirkung

Die OCCURS-Klausel wird verwendet, um Datenfelder mehrfach (OCCURS = wiederhole) zu definieren; wir sprechen dann von einer Tabelle.

```
Format 1 (fixed-table):

   OCCURS Ganzzahl-2 TIMES

      [ { ASCENDING  } KEY IS {Bezeichner-2} ... ] ...
        { DESCENDING }

      [ INDEXED BY {Indexname-1} ...]


Format 2 (variable-table):

   OCCURS Ganzzahl-1 TO Ganzzahl-2 TIMES DEPENDING ON Bezeichner-1

      [ { ASCENDING  } KEY IS {Bezeichner-2} ... ] ...
        { DESCENDING }

      [ INDEXED BY {Indexname-1} ...]
```

Abb. 13.1: OCCURS-Klausel

Erläuterung

Die OCCURS-Klausel kann überall in der DATA DIVISION codiert werden.

Nach ANSI-Standard COBOL ist die OCCURS-Klausel nur auf den Stufennummern 02–49 erlaubt, mancher Compiler erlaubt jedoch die Definition dieser Klausel auf der Stufennummer 01.

13.1.1 Definition einer eindimensionalen Tabelle

Beispiel

Es soll eine Tabelle zur Aufnahme von zwölf Umsatzfeldern definiert werden.

```
01  UMSATZ-TABELLE.
    05 UMSATZ-FELD   PIC 9(6),99 OCCURS 12 TIMES.
```

```
UMSATZ-FELD  (1)   330000,00
UMSATZ-FELD  (2)   456000,00
UMSATZ-FELD  (3)   345666,00
UMSATZ-FELD  (4)   789500,00
UMSATZ-FELD  (5)   156980,00
UMSATZ-FELD  (6)   439801,00
UMSATZ-FELD  (7)   399987,00
UMSATZ-FELD  (8)   298763,00
UMSATZ-FELD  (9)   563830,00
UMSATZ-FELD (10)   982538,00
```

```
UMSATZ-FELD (11)    098240,00
UMSATZ-FELD (12)    487400,00
```

Listing 13.2: Tabelle mit zwölf Umsatzfeldern

13.1.2 Adressierung von Elementen einer Tabelle

In diesem Beispiel wurde eine Tabelle mit zwölf Elementen definiert. Jedes Element dieser Tabelle hat eine Länge von neun Byte. Die Tabelle selbst hat eine Länge von insgesamt 108 Byte (12 x 9). Wie werden Tabellenelemente im Programm angesprochen?

Jedes Tabellenelement ist einfach über seine Nummer innerhalb der Tabelle anzusprechen. Das erste Element in der Tabelle hat die Nummer 1, das zweite Nummer 2 usw. Wollen Sie sich auf die Umsatzfelder in Listing 13.2 beziehen, können Sie codieren:

```
MOVE EINGABE-UMSATZ TO UMSATZ-FELD (1)
```

In diesem Fall wird der Inhalt des Feldes `EINGABE-UMSATZ` in das Element Nummer 1 übertragen.

```
MOVE UMSATZ-FELD (9) TO AUSGABE-UMSATZ
```

In diesem Fall wird der Inhalt des neunten Elements `UMSATZ-FELD(9)` in das Feld `AUSGABE-UMSATZ` übertragen.

Selbstverständlich will man oft in einem Programm alle Elemente einer Tabelle verarbeiten. In diesem Fall können Sie auch anstelle der Nummer eines Elements in den Klammern eine Variable angeben. Diese Variable muss numerisch und ganzzahlig definiert werden. Der aktuelle Inhalt der Variablen zum Zeitpunkt des Zugriffs auf die Tabelle bestimmt dann, welches Element hier angesprochen wird.

```
WORKING-STORAGE SECTION.

01  VARIABLE              PIC 99.

PROCEDURE DIVISION.

    MOVE 3 TO VARIABLE.
    MOVE EINGABE-UMSATZ TO UMSATZ-FELD(VARIABLE)
```

Listing 13.3: Verwendung einer Indexvariablen

Hier wird die Variable auf den Inhalt »3« gesetzt und anschließend als variable Elementnummer in Klammern benutzt. In diesem Fall wird das dritte Element angesprochen.

Beispiel

Nehmen Sie an, Sie wollen für jedes der zwölf Elemente in Listing 13.2 weitere Datenfelder anlegen. Diese sind ARTIKEL-NR, ARTIKEL-BEZ und ARTIKEL-UMSATZ. In diesem Fall muss das Tabellenelement als Datengruppe definiert werden, die dann die aufgeführten Felder umfasst. Die Tabellendefinition nimmt somit die Struktur aus Listing 13.4 an.

```
01  ARTIKEL-UMSATZ-TABELLE.
    05  ARTIKEL-ELEMENT      OCCURS 12 TIMES.
        10  ARTIKEL-NR       PIC 9(4).
        10  ARTIKEL-BEZ      PIC X(30).
        10  ARTIKEL-UMSATZ   PIC 9(6).



                        NR   BEZ                     UMSATZ


ARTIKEL-ELEMENT   (1) 1234 WOHNZIMMERSCHRANK M198 001900
ARTIKEL-ELEMENT   (2) 3498 SCHLAFZIMMER M1452     029870
:
:
ARTIKEL-ELEMENT (11) 5588 TISCH M7522             054982
ARTIKEL-ELEMENT (12) 2344 SCHREIBTISCH I772       629857
```

Listing 13.4: Tabelle aus Datengruppe

Erläuterung des Beispiels

Die vorliegende Tabelle umfasst zwölf Elemente; jedes Element hat eine Länge von 40 Byte (4+30+6), die Tabelle selbst hat eine Länge von insgesamt 480 Byte (40 x 12). Das definierte Tabellenelement ARTIKEL-ELEMENT gilt in unserem Beispiel als Datengruppe, denn dieses wird in weitere Datenfelder unterteilt.

Beispiele für die Bezugnahme auf Tabellenelemente und deren Bestandteile

```
ADD E-UMSATZ TO ARTIKEL-UMSATZ (4)
```

Addiere den Inhalt des Feldes E-UMSATZ auf den Inhalt des Feldes ARTIKEL-UMSATZ des vierten Elements.

```
WORKING-STORAGE SECTION.
01  ARTIKEL-UMSATZ-TABELLE.
    05  ARTIKEL-ELEMENT      OCCURS 12 TIMES.
        10  ARTIKEL-NR       PIC 9(4).
        10  ARTIKEL-BEZ      PIC X(30).
```

```
        10  ARTIKEL-UMSATZ  PIC 9(6).
01  I               PIC 99.

PROCEDURE DIVISION.

    IF ARTIKEL-NR (I) = EINGABE-NR
        MOVE ARTIKEL-BEZ (I) TO AUSGABE-BEZ
        DISPLAY AUSGABE-BEZ AT 2001
    END-IF
```

Listing 13.5: Zugriff auf Tabellenelemente

Wenn die Artikelnummer des gerade zu bearbeitenden Tabellenelements gleich der des Feldes EINGABE-NR ist, dann übertrage die Artikelbezeichnung des Elements in das Feld AUSGABE-BEZ und zeige dieses am Bildschirm an.

```
WORKING-STORAGE SECTION.
01  ARTIKEL-UMSATZ-TABELLE.
    05  ARTIKEL-ELEMENT      OCCURS 12 TIMES.
        10  ARTIKEL-NR       PIC 9(4).
        10  ARTIKEL-BEZ      PIC X(30).
        10  ARTIKEL-UMSATZ   PIC 9(6).
01  ELEMENT-NR       PIC 99.
01  EINGABE-SATZ     PIC X(40).

PROCEDURE DIVISION.

    MOVE ARTIKEL-ELEMENT (ELEMENT-NR) TO EINGABE-SATZ.
```

Listing 13.6: Zugriff auf eine Elementgruppe

Übertrage den gesamten Inhalt des Elements, dessen Nummer gerade im Feld ELEMENT-NR vorhanden ist, in die Struktur EINGABE-SATZ.

13.1.3 Definition einer mehrdimensionalen Tabelle

Sie haben verschiedene Beispiele zur Definition und Adressierung von eindimensionalen Tabellen gesehen. Nun sollen mehrdimensionale Tabellen erklärt werden. Eine mehrdimensionale Tabelle liegt vor, wenn die Elemente dieser Tabelle weiter unterteilt und mit der OCCURS-Klausel erneut beschrieben werden.

Beispiel

Angenommen, Sie wollen die in Listing 13.2 definierte Tabelle so beschreiben, dass die Umsätze eines jeden Monats der letzten fünf Jahre abgespeichert werden können, muss der dafür vorgesehene Bereich als zweidimensionale Tabelle beschrieben werden.

```
01  UMSATZ-TABELLE.
    05  UMSATZ-MONAT        OCCURS 12 TIMES.
        10 UMSATZ-JAHR      OCCURS 5  TIMES PIC 9(6).
```

Listing 13.7: Definition einer zweidimensionalen Tabelle

	1981	1982	1983	1984	1985
1	(1, 1)	(1, 2)	(1, 3)	(1, 4)	(1, 5)
2	(2, 1)	(2, 2)	(2, 3)	(2, 4)	(2, 5)
3	(3, 1)	(3, 2)	(3, 3)	(3, 4)	(3, 5)
4	(4, 1)	(4, 2)	(4, 3)	(4, 4)	(4, 5)
5	(5, 1)	(5, 2)	(5, 3)	(5, 4)	(5, 5)
6	(6, 1)	(6, 2)	(6, 3)	(6, 4)	(6, 5)
7	(7, 1)	(7, 2)	(7, 3)	(7, 4)	(7, 5)
8	(8, 1)	(8, 2)	(8, 3)	(8, 4)	(8, 5)
9	(9, 1)	(9, 2)	(9, 3)	(9, 4)	(9, 5)
10	(10, 1)	(10, 2)	(10, 3)	(10, 4)	(10, 5)
11	(11, 1)	(11, 2)	(11, 3)	(11, 4)	(11, 5)
12	(12, 1)	(12, 2)	(12, 3)	(12, 4)	(12, 5)

Abb. 13.2: Der Aufbau einer zweidimensionalen Tabelle

Beschreibung der Tabelle

Die Tabelle hat zwei Dimensionen; das Tabellenelement der ersten Dimension hat eine Länge von 30 Byte (6 x 5). Es gilt als Datengruppe hinsichtlich seiner Einordnung in die Datenkategorie. Dieses Element wird zwölfmal wiederholt. Das Tabellenelement der zweiten Dimension hat eine Länge von 5 Byte; es gilt als numerisches Feld hinsichtlich seiner Einordnung in die Datenkategorie. Dieses Element wird fünfmal wiederholt. Die Tabelle selbst hat eine Länge von insgesamt 360 Byte (5 x 6 x 12).

13.1.4 Adressierung von mehrdimensionalen Tabellen

Um ein Tabellenelement adressieren zu können, stellt man sich zunächst die Frage: In welcher Dimension liegt das zu adressierende Element? Will man z.B. das Element der ersten Dimension (äußere Dimension) adressieren, benötigt dieses nur eine Elementnummer. Liegt das zu adressierende Element in der zweiten Dimension, benötigt es zwei Elementnummern.

```
MOVE UMSATZ-MONAT (7) TO HILFSBEREICH
```

Hier wird das siebte Element der ersten Dimension angesprochen.

```
ADD UMSATZ-JAHR (3, 5) TO GESAMT-UMSATZ
```

Hier wird das fünfte Element der zweiten Dimension innerhalb des dritten Elements der ersten Dimension angesprochen.

```
WORKING-STORAGE SECTION.
01  UMSATZ-TABELLE.
    05  UMSATZ-MONAT         OCCURS 12 TIMES.
        10 UMSATZ-JAHR       OCCURS 5  TIMES PIC 9(6).
01  ZWISCHEN-TABELLE                 PIC X(360).

PROCEDURE DIVISION.

    MOVE UMSATZ-TABELLE TO ZWISCHEN-TABELLE
```

Listing 13.8: Ansprechen der gesamten Tabelle

Sollte der übergeordnete Name `UMSATZ-TABELLE` jemals angesprochen werden, benötigt er keine Elementnummer für seine Adressierung, denn dieser umfasst alle vorhandenen Elemente.

Beispiel

Nehmen Sie weiter an, die in Listing 13.7 definierte Tabelle soll so beschrieben werden, dass in jedem Element der ersten Dimension ein Datenfeld zur Aufnahme des Monatstextes vorgesehen wird; dieses Datenfeld muss dann – wie aus der Definition der Tabelle ersichtlich ist – Bestandteil dieses Tabellenelements sein.

```
01  UMSATZ-TABELLE.
    05  UMSATZ-MONAT         OCCURS 12 TIMES.
        10 MONATSTEXT        PIC X(12).
        10 UMSATZ-JAHR       OCCURS 5 TIMES PIC 9(6).
```

Listing 13.9: Zweidimensionale Tabelle mit zusätzlichem Element

	MONATSTEXT	1981	1982	1983	1984	1985
1	(1)	(1, 1)	(1, 2)	(1, 3)	(1, 4)	(1, 5)
2	(2)	(2, 1)	(2, 2)	(2, 3)	(2, 4)	(2, 5)
3	(3)	(3, 1)	(3, 2)	(3, 3)	(3, 4)	(3, 5)
4	(4)	(4, 1)	(4, 2)	(4, 3)	(4, 4)	(4, 5)
5	(5)	(5, 1)	(5, 2)	(5, 3)	(5, 4)	(5, 5)
6	(6)	(6, 1)	(6, 2)	(6, 3)	(6, 4)	(6, 5)
7	(7)	(7, 1)	(7, 2)	(7, 3)	(7, 4)	(7, 5)
8	(8)	(8, 1)	(8, 2)	(8, 3)	(8, 4)	(8, 5)
9	(9)	(9, 1)	(9, 2)	(9, 3)	(9, 4)	(9, 5)
10	(10)	(10, 1)	(10, 2)	(10, 3)	(10, 4)	(10, 5)
11	(11)	(11, 1)	(11, 2)	(11, 3)	(11, 4)	(11, 5)
12	(12)	(12, 1)	(12, 2)	(12, 3)	(12, 4)	(12, 5)

Abb. 13.3: Struktur einer zweidimensionalen Tabelle

Beschreibung der Tabelle

Die Tabelle hat nach wie vor zwei Dimensionen, das Tabellenelement der ersten Dimension hat jedoch eine Länge von 42 Byte ((6 x 5) + 12).

13.2 Normalindizierung (Subskribierung)

Wie in den letzten Beispielen gezeigt wurde, benötigt jedes Tabellenelement eine Elementnummer (Index), um gezielt auf ein bestimmtes Element zugreifen zu können. Diese Methode, Tabellenelemente anzusprechen, wird Indizierung genannt. In COBOL wird zwischen Normal- und Spezialindizierung unterschieden.

Wirkung

Die Normalindizierungsmethode ist in COBOL auch unter dem Begriff »Subskribierung« bekannt. Sie beruht auf der Verwendung des sogenannten *Normalindex*.

Ein Normalindex kann in Form eines Datenfelds oder eines arithmetischen Ausdrucks angegeben werden. Er wird auch *Subskript* genannt. Wird das Subskript in Form eines Datenfelds angegeben, muss dieses Feld numerisch und ganzzahlig definiert werden.

In jedem Fall ist das Subskript nichts anderes als eine Elementnummer, die den Tabellenplatz angibt, auf den zugegriffen werden soll. In den bisher aufgeführten Beispielen haben wir die Subskribierungsmethode angewandt, um Tabellenelemente zu adressieren.

```
{Bedingungsname}   (  {ALL                                      }     ... )
{Bezeichner-1  }      {arithmetischer-Ausdruck                  }
                      {Indexname [ {+} Ganzzahl ]               }
                                   {-}
```

Abb. 13.4: Normalindizierung

Erläuterung

Jedes Element einer Tabelle, die nicht mit dem Zusatz `INDEXED BY` beschrieben wurde, muss subskribiert werden, das heißt, mit einem Subskript bzw. Normalindex versehen werden.

`Bezeichner-1`muss das Tabellenelement oder eines seiner Bestandteile sein. Bedingungsname kann jeder Name sein, der sich auf das Tabellenelement oder eines seiner Bestandteile bezieht. Falls eine Qualifikation mit `IN/OF` erforderlich wird, weil der Name des Feldes nur durch die Angabe seiner übergeordneten Datengruppe eindeutig wird, muss diese, bezogen auf seinen Qualifier (Strukturname), noch vor der Subskribierung angegeben werden.

Für jede Tabellendimension, in der das zu adressierende Element liegt, muss ein Subskript angegeben werden.

```
ELEMENT ( Subskript-1  Subskript-2  Subskript-3 )
          für die 1.   für die 2.   für die 3.
          Dimension    Dimension    Dimension
```

Listing 13.10: Pro Dimension ein Index

Beispiel

```
01  EINWOHNER-TAB.
    05  LAND               OCCURS 10.
        10  KREIS          OCCURS 15.
            15  NAME       PIC X(20).
            15  MERKMALE   PIC 9(8).
01  LAND-SUB               PIC 99.
01  KREIS-SUB              PIC 99.
```

Listing 13.11: Definitionen

Vor Verwendung der Subskripte müssen diese auf entsprechende Werte gesetzt werden.

```
MOVE 3 TO LAND-SUB
MOVE 5 TO KREIS-SUB
```

Listing 13.12: Initialisieren der Subskripte

Für die Adressierung der ersten Dimension LAND benötigt man ein Subskript.

```
LAND (LAND-SUB)
```

Listing 13.13: Element aus erster Dimension ansprechen

Für die Adressierung der zweiten Dimension KREIS benötigt man zwei Subskripte.

```
KREIS (LAND-SUB KREIS-SUB)
```

Listing 13.14: Element aus zweiter Dimension ansprechen

Subskribieren mit ALL

Anstelle einer Ganzzahl bzw. eines Datenfelds als Subskript kann auch das COBOL-Wort ALL verwendet werden; es darf jedoch nur im Zusammenhang mit Argumenten für Intrinsic-Funktionen oder bei der SORT-Anweisung angegeben werden. ALL gilt aber nicht für Bedingungsnamen.

13.3 Spezialindizierung

Eine weitere Methode für die Adressierung von Tabellenelementen ist in COBOL die Spezialindizierung. Sie bietet einige Vorteile gegenüber der Subskribierungsmethode. In Abschnitt 13.4 finden Sie eine Gegenüberstellung der beiden Methoden zum Vergleich. Die Spezialindizierung beruht auf der Verwendung des sogenannten *Spezialindex*.

13.3.1 INDEXED BY-Zusatz

Jede OCCURS-Klausel kann um den Zusatz INDEXED BY erweitert werden. Dieser Zusatz gibt den Namen eines Spezialindex an, der für den Zugriff auf diese Tabelle verwendet werden soll.

Es können auf einer OCCURS-Ebene bis zu zwölf Indexnamen angegeben werden. Sie können alle, wenn die Programmlogik es erfordert, gleichzeitig für den Zugriff auf die Tabellenelemente verwendet werden. Der Spezialindex darf im Gegensatz zum Normalindex nicht wie alle anderen Datenfelder in der DATA DIVISION definiert werden. Seine Definition erfolgt ausschließlich durch den INDEXED BY-Zusatz.

Der Spezialindex ist ein vier Byte großes Feld und ausschließlich für den Zugriff auf die Tabellenelemente vorgesehen. Er darf nur durch die folgenden Anweisungen verwendet werden: SET, SEARCH, PERFORM und IF.

13.3.2 Vorteile der Spezialindizierungsmethode

Der Vorteil dieser Spezialindizierungsmethode liegt darin, dass der Spezialindex die relative Adresse des zu verarbeitenden Elements enthält und daher etwas schneller beim Zugriff auf dieses ist. Aus der Sicht des Programmierers ist jedoch der Umgang mit dem Spezialindex dem Umgang mit dem Normalindex ähnlich. Sie arbeiten in jedem Fall mit der Elementnummer, die auf einen bestimmten Tabellenplatz verweist; die relative Adresse dieses Tabellenplatzes errechnet das System selbst.

Ein weiterer Vorteil der Spezialindizierungsmethode liegt in der Möglichkeit, solche Tabellen mit der SEARCH-Anweisung zu durchsuchen. Die SEARCH-Anweisung wird etwas später erläutert.

Beispiel

```
01  VERKAUFSTABELLE.
  05  VERKAUFSGEBIET     OCCURS 12 INDEXED BY GEB-INDEX.
    10  VERKAUFSBEZIRK  OCCURS 5  INDEXED BY BEZ-INDEX.
      15 VER-ART-NR      PIC 9(3).
      15 VER-UMSATZ      PIC 9(6).
```

Listing 13.15: Tabelle mit Spezialindex

Erläuterung des Beispiels

Hier wurde eine zweidimensionale Tabelle definiert. Wenn eine Dimension mit INDEXED BY beschrieben wird, müssen alle anderen Dimensionen ebenfalls mit INDEXED BY beschrieben werden. Vor dem Zugriff auf die Tabellenelemente mithilfe der Spezialindizes müssen diese mit einem entsprechenden Wert versehen werden. Die MOVE-Anweisung darf dazu nicht benutzt werden; das Versorgen der Spezialindizes geschieht mithilfe der SET-Anweisung.

```
    SET GEB-INDEX TO 5.
    MOVE VERKAUFSGEBIET (GEB-INDEX) TO HILFSFELD.
```

Listing 13.16: Versorgen eines INDEX-Felds

In Listing 13.16 wird das fünfte Element der ersten Dimension in ein Hilfsfeld übertragen.

```
    SET GEB-INDEX TO 12.
    SET BEZ-INDEX TO 1.
    IF VER-ART-NR(GEB-INDEX BEZ-INDEX) = ZERO
        MOVE UMSATZ TO VER-UMSATZ(GEB-INDEX BEZ-INDEX)
    END-IF
```

Listing 13.17: Verwendung mehrerer INDEX-Felder

In Listing 13.17 bezieht man sich mit einer Abfrage auf das erste Element der zweiten Dimension, das im letzten Element der ersten Dimension liegt.

13.3.3 Die relative Adresse im Spezialindex

Die relative Adresse im Spezialindex lässt sich nach der folgenden Formel ermitteln:

```
Relative Adresse = (Elementnummer - 1) x Elementlänge
```

Beispiel 1

```
01  UMSAETZE.
   05 UMSATZ  PIC 9(3) OCCURS 6 INDEXED BY UMSATZ-INDEX.
```

Listing 13.18: Eindimensionale Tabelle mit Spezialindex für Beispiel 1

Setzt man den Spezialindex wie folgt

```
SET UMSATZ-INDEX TO 4
```

so erhält man die relative Adresse im `UMSATZ-INDEX` wie folgt:

Relative Adresse = (4 - 1) * 3 = 9

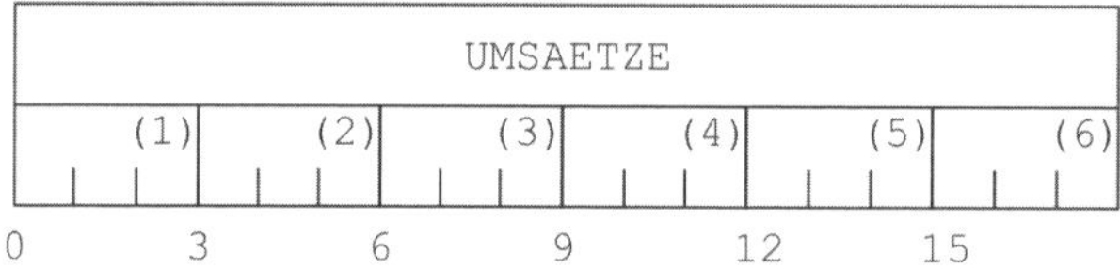

Abb. 13.5: Die relative Adresse eines Tabellenelements

Beispiel 2

```
01  PERSONENWAGEN.
    05  MODELL-BEZ   OCCURS 9 INDEXED BY MOD-INDEX
                     PIC X(10).
```

Listing 13.19: Eindimensionale Tabelle mit Spezialindex für Beispiel 2

Um auf ein Element dieser Tabelle zugreifen zu können, muss der zugehörige Spezialindex wie in Listing 13.20 vorher auf eine entsprechende Elementnummer gesetzt werden.

```
    SET MOD-INDEX TO 3
    MOVE MODELL-BEZ (MOD-INDEX) TO AUSG-MODELL.
```

Listing 13.20: Zugriff auf ein Tabellenelement

13.3.4 Relative Spezialindizierung

Die Normal- bzw. Spezialindizierung erlaubt die Angabe eines Literals neben dem Spezialindex in Klammern. Vorteil dieser Methode ist die Möglichkeit, auf ein Tabellenelement zuzugreifen, ohne den Inhalt des Spezialindex zu verändern.

Angenommen, Sie wollen in Beispiel 2 des vorherigen Abschnitts relativ zu dem aktuellen Inhalt des Spezialindex auf das vierte oder das erste Element zugreifen, dann können Sie codieren:

```
MOVE MODELL-BEZ (MOD-INDEX + 1) TO AUSG-MODELL
```

Diese Anweisung wird das vierte Element ansprechen, ohne dass der Inhalt des Spezialindex verändert wird.

```
MOVE MODELL-BEZ (MOD-INDEX - 2) TO AUSG-MODELL
```

Diese Anweisung wird das erste Element ansprechen, ohne dass der Inhalt des Spezialindex verändert wird.

13.3.5 DEPENDING ON-Zusatz

Dieser Zusatz kann in der OCCURS-Klausel verwendet werden, um eine Tabelle mit variabler Anzahl von Elementen zu definieren. Der Compiler reserviert zwar immer die in der OCCURS-Klausel geforderte maximale Anzahl von Elementen, jedoch kann während der Programmausführung die Variable (`Datenname-1`) so variiert werden, dass man nur auf so viele Elemente zugreifen kann, wie in diesem `Datennamen-1` gerade vorhanden sind.

```
01  ANZAHL                  PIC 99.
01  AUFTRAEGE.
    05  AUFTRAG             OCCURS 1 TO 20 DEPENDING ON ANZAHL.
        10 AUF-NR           PIC 9(5).
        10 AUF-KUND         PIC X(25).
        10 AUF-TERMIN       PIC 9(6).
```

Listing 13.21: Definition einer dynamischen Tabelle

13.3.6 SET-Anweisung

Wirkung

Die SET-Anweisung wird benutzt, um Spezialindizes mit Anfangswerten zu versehen; Format 2 erhöht oder vermindert den Inhalt eines Spezialindex.

```
Format 1:

SET {Indexname-1 } ... TO {arithmetischer-Ausdruck}
    {Bezeichner-1}         {Indexname-3            }
                           {Bezeichner-3           }

Format 2:

SET {Indexname-1 } ... {UP BY  } arithmetischer-Ausdruck
                       {DOWN BY}
```

Abb. 13.6: SET-Anweisung

Erläuterung

Format 1 wird verwendet, um den Spezialindex auf eine Elementnummer zu setzen, d.h. also, dass der Index mit einer Elementnummer versorgt wird.

Format 2 wird verwendet, um den Inhalt eines Spezialindex zu erhöhen (wenn UP benutzt wird) oder zu vermindern (wenn DOWN benutzt wird).

Nachdem bei der Spezialindizierung nicht die Elementnummer, sondern die relative Adresse eines Elements im Spezialindex abgespeichert wird, findet bei der Ausführung der SET-Anweisung eine Konvertierung statt, die die Elementnummer in eine relative Adresse umwandelt.

Tabelle 13.1 zeigt die gültigen Kombinationen der Operanden in einer SET-Anweisung und gibt an, wann eine Konvertierung stattfindet.

Sendefeld	Empfangsfeld		
	Datenfeld	Indexname	Indexdatenname
Literal	Ungültig	Gültig (mit Konvertierung)	Ungültig
Datenfeld	Ungültig	Gültig (mit Konvertierung)	Ungültig
Indexname	Gültig (mit Konvertierung)	Gültig (mit Konvertierung)	Gültig
Indexdatenname	Ungültig	Gültig	Gültig

Tabelle 13.1: Gültige Operanden einer SET-Anweisung

Beispiel

```
01  ZINS-TAB.
    05  ZINSFELD   OCCURS 300 INDEXED BY Z-INDEX
                   PIC 9(4)V99.
```

```
01  TILGUNGSTAB.
    05 TILGFELD    OCCURS 300 INDEXED BY T-INDEX
                   PIC 9(6)V99.

01  SUBSKRIPT      PIC 999 VALUE 5.
```

Listing 13.22: Zwei eindimensionale Tabellen

Mit folgender Anweisung wird die Zahl 100 in relative Adressen umgewandelt und in den beiden Indizes abgespeichert.

```
SET Z-INDEX T-INDEX   TO 100.
```

Im nächsten wird die Elementnummer in SUBSkRIPT in relative Adressen umgewandelt und in Z-INDEX abgespeichert.

```
SET Z-INDEX TO SUBSKRIPT.
```

Aufgrund der unterschiedlichen Längen der Tabellenelemente findet schließlich eine Adressenumrechnung von T-INDEX nach Z-INDEX statt.

```
SET Z-INDEX TO T-INDEX.
```

13.3.7 USAGE INDEX-Klausel

```
[USAGE IS] INDEX
```

Abb. 13.7: USAGE INDEX-Klausel

Erläuterung

Diese Klausel definiert Datenfelder mit den Eigenschaften von Spezialindizes, jedoch als unabhängige Indizes, die mit keiner bestimmten Tabelle in Beziehung gebracht werden, z.B.:

```
01  INDEXFELD    USAGE IS INDEX.
```

Ein auf diese Art definierter Index wird *Indexdatenname* genannt. Er kann im Gegensatz zu den Spezialindizes an ein Unterprogramm als Parameter übergeben werden.

Ein Indexdatenname wird hauptsächlich für die Zwischensicherung der Spezialindizes benutzt.

Beispiel

Bezogen auf Listing 13.22 können Sie nun codieren:

```
SET INDEXFELD TO Z-INDEX.
```

um den Inhalt von Z-INDEXin INDEXFELD zu sichern.

13.4 Vergleich zwischen Normal- und Spezialindizierung

Die nachfolgenden Listings zeigen einige Unterschiede und Gemeinsamkeiten der zwei Methoden zur Tabellenverarbeitung.

```
*> Normalindizierung:

*> 1.) Definition:

01  AUFTRAEGE.
    05  AUFTRAG    PIC 999 OCCURS 5.

*> 2.) Index-Definition:

01  AUF-IND        PIC 9.

*> 3.) Index setzen:

PROCEDURE DIVISION.

    MOVE 4 TO AUF-IND    *> Inhalt = 4

*> 4.) Index erhöhen:

    ADD 1 TO AUF-IND

*> 5.) Index vermindern:

    SUBSTRACT 1 FROM AUF-IND

*> 6.) Adressierung:

    MOVE AUFTRAG (AUF-IND) TO AUSGABE-BEREICH

*> 7.) SEARCH-Anweisung:
```

```
    *> Keine Anwendung der SEARCH-Anweisung möglich.

*> 8.) PERFORM VARYING:

    PERFORM VERARB VARYING AUF-IND FROM 1 BY 1
                   UNTIL AUF-IND > 5

*> 9.) Index auswerten:

    IF AUF-IND = 3 THEN ...

*> 10.) Relative Adressierung:

    MOVE AUFTRAG(AUF-IND + 2) TO SUMME
    MOVE AUFTRAG(AUF-IND - 2) TO SUMME
```

Listing 13.23: Normalindizierung

```
*> Spezialindizierung:

*> 1.) Definition:

01  AUFTRAEGE.
    05  AUFTRAG   PIC 999 OCCURS 5 INDEXED AUF-IND.

*> 2.) Index-Definition:

    *> Keine weitere Definition für AUF-IND möglich.

*> 3.) Index setzen:

PROCEDURE DIVISION.

    SET AUF-IND TO 4    *> Inhalt = 9 ((4 - 1) * 3)

*> 4.) Index erhöhen:

    SET AUF-IND UP BY 1

*> 5.) Index vermindern:

    SET AUF-IND DOWN BY 1

*> 6.) Adressierung:
```

```
    MOVE AUFTRAG (AUF-IND) TO AUSGABE-BEREICH

*> 7.) SEARCH-Anweisung:

    *> Die SEARCH-Anweisung kann zum Durchsuchen der
    *> Tabelle benutzt werden.

*> 8.) PERFORM VARYING:

    PERFORM VERARB VARYING AUF-IND FROM 1 BY 1
                   UNTIL AUF-IND > 5

*> 9.) Index auswerten:

    IF AUF-IND = 3 THEN ...

*> 10.) Relative Adressierung:

    MOVE AUFTRAG(AUF-IND + 2) TO SUMME
    MOVE AUFTRAG(AUF-IND - 2) TO SUMME
```

Listing 13.24: Spezialindizierung

13.5 Initialisieren von Tabellen

13.5.1 VALUE-Klausel

In COBOL ist es möglich, eine Tabelle bereits bei ihrer Definition mit einem Anfangswert zu versehen. Hierzu kann die VALUE-Klausel benutzt werden. Die mittels VALUE-Klausel vorgenommene Initialisierung gilt allerdings für alle Elemente einer Tabelle.

Beispiel

Belegt alle 12 Elemente mit gepackten Nullen:

```
01  TABELLE.
    05 UMSATZ OCCURS 12 PIC S9(5)V9(2)
                        PACKED-DECIMAL VALUE ZERO.
```

Listing 13.25: Vorbelegen einer Tabelle mit VALUE

13.5.2 REDEFINES-Klausel

Nachdem die VALUE-Klausel sämtliche Tabellenelemente mit dem gleichen Anfangswert vorbelegt, muss man sich fragen, wie nun eine Tabelle bereits bei der Definition mit unterschiedlichen Anfangswerten versehen werden kann. Ein einfaches Verfahren hierfür ist die Verwendung der REDEFINES-Klausel. Die benötigten Anfangswerte werden zunächst in einer Reihe von Datenfeldern angelegt, anschließend werden diese gemäß der gewünschten Tabelle redefiniert. Das folgende Beispiel zeigt die Handhabung eines solchen Verfahrens.

Beispiel

In diesem Beispiel soll eine Tabelle mit den Monatstexten definiert werden.

```
01  MONATE.
    05  FILLER    PIC X(9) VALUE "JANUAR".
    05  FILLER    PIC X(9) VALUE "FEBRUAR".
    05  FILLER    PIC X(9) VALUE "MÄRZ".
    05  FILLER    PIC X(9) VALUE "APRIL".
    05  FILLER    PIC X(9) VALUE "MAI".
    05  FILLER    PIC X(9) VALUE "JUNI".
    05  FILLER    PIC X(9) VALUE "JULI".
    05  FILLER    PIC X(9) VALUE "AUGUST".
    05  FILLER    PIC X(9) VALUE "SEPTEMBER".
    05  FILLER    PIC X(9) VALUE "OKTOBER".
    05  FILLER    PIC X(9) VALUE "NOVEMBER".
    05  FILLER    PIC X(9) VALUE "DEZEMBER".

01  MONATS-TAB    REDEFINES MONATE.
    05 MONAT      PIC X(9) OCCURS 12.
```

Listing 13.26: Vorbelegen einer Tabelle durch Redefinition

Anwendung

Angenommen, es soll in einer Liste der Monatstext aufgrund einer Zahl, die im Feld MM steht, ausgegeben werden, können Sie wie in Listing 13.27 codieren.

```
WORKING-STORAGE SECTION.

01  DATUM.
    05 JJ       PIC 99.
    05 MM       PIC 99.
    05 TT       PIC 99.

PROCEDURE DIVISION.

    ACCEPT DATUM FROM DATE.
    MOVE MONAT (MM) TO AUSG-MONAT.
```

Listing 13.27: Verwendung der Tabelle aus Listing 13.26

Ist das Tagesdatum z.B. 230430, erhält man den Text APRIL im Feld AUSG-MONAT übertragen.

13.6 Sequenzielles Durchsuchen einer Tabelle mit der SEARCH-Anweisung

Wirkung

Wenn die Programmlogik es erfordert, eine Tabelle aufgrund eines Sucharguments zu durchsuchen, kann dies mithilfe der SEARCH-Anweisung ausgeführt werden.

Die SEARCH-Anweisung im Format 1 wird benutzt, um Tabellen sequenziell zu durchsuchen.

```
Format 1:

  SEARCH Bezeichner-1 [ VARYING { Bezeichner-2 } ]
                                { Indexname-1  }

      [AT END unbedingte-Anweisung-1]

      { WHEN Bedingung-1 { unbedingte-Anweisung-2 } } ...
                         { NEXT SENTENCE          }

      [END-SEARCH]
```

Abb. 13.8: SEARCH-Anweisung

Erläuterung

Frei übersetzt lautet die Anweisung: »Durchsuche die Tabelle, deren Elementname Bezeichner-1 ist, variiere dabei den Inhalt von Bezeichner-2 oder Indexname-1, wenn das Ende der Tabelle erreicht ist; ohne das gesuchte Element gefunden zu haben, führe Anweisung-1 aus, ansonsten, wenn Bedingung-1 erfüllt ist, führe Anweisung-2 aus.«

Bezeichner-1 ist der Name eines Elements, der mit OCCURS und INDEXED BY beschrieben sein muss. Bei seiner Angabe in der SEARCH-Anweisung darf er nicht mit einem Index versehen werden.

13.6.1 VARYING-Zusatz

Der VARYING-Zusatz braucht nicht angegeben zu werden, denn die Tabelle muss in jedem Fall mit INDEXED BY beschrieben sein. Infolgedessen wird der erste oder einzige Spezialindex zum Variieren herangezogen. Eine sinnvolle Anwendung für diesen Zusatz ist die Angabe eines Spezialindex einer anderen Tabelle, der parallel zum Index der zu durchsuchenden Tabelle variiert werden soll. In jedem Fall wird der Index mit einer Schrittweite von +1 variiert.

13.6.2 AT END-Zusatz

Der AT END-Zusatz kann angegeben werden, um eine Anweisung oder eine Folge von Anweisungen zu spezifizieren, die dann ausgeführt werden, wenn die Tabelle erfolglos durchsucht wurde. Fehlt dieser Zusatz und wurde die Tabelle erfolglos durchsucht, wird die Ausführung des Programms bei der nächsten Anweisung nach der SEARCH-Anweisung fortgesetzt.

13.6.3 WHEN-Zusatz

Der WHEN-Zusatz muss mindestens einmal angegeben werden, um eine Bedingung zu spezifizieren, die dann den Abbruch der SEARCH-Schleife veranlasst. Wenn diese Bedingung erfüllt wird, hat der Index dieser Tabelle die Elementnummer des gefundenen Elements, und die zugehörige Anweisung-2 wird ausgeführt. Es können mehrere unterschiedliche und voneinander unabhängige Bedingungen angegeben werden.

13.6.4 CONTINUE

Wenn auf die Spezifikation einer Anweisung im WHEN-Zusatz verzichtet wird, kann CONTINUE angegeben werden, was dann bewirkt, dass das Programm mit der nächsten Anweisung fortgesetzt wird, die der SEARCH-Anweisung folgt.

Beispiel

```
01  AUFTRAEGE.
    05  AUFTRAG OCCURS 50 INDEXED BY AUF-INDEX.
        10 AUF-NR        PIC 9(5).
        10 AUF-KUND      PIC X(25).
        10 AUF-TERMIN    PIC 9(6).
```

Listing 13.28: Eine eindimensionale Tabelle

Wir suchen den Termin eines bestimmten Auftrags. Der Index muss auf einen Anfangswert gesetzt werden, da dies nicht Bestandteil der SEARCH-Anweisung ist.

```
SET AUF-INDEX TO 1.
SEARCH AUFTRAG
    AT END DISPLAY "AUFTRAGSNUMMER NICHT VORHANDEN",
    WHEN AUF-NR (AUF-INDEX) = 10000
         DISPLAY AUF-TERMIN (AUF-INDEX)
END-SEARCH
```

Listing 13.29: Durchsuchen der eindimensionalen Tabelle aus Listing 13.28

13.6.5 Durchsuchen einer mehrdimensionalen Tabelle

Wenn eine mehrdimensionale Tabelle durchsucht werden soll, muss für jede Dimension eine eigene SEARCH-Anweisung codiert werden.

Beispiel

```
01  AUFTRAEGE.
    05  AUFTRAG          OCCURS 50 INDEXED BY AUF-INDEX.
        10 AUF-NR              PIC 9(5).
        10 AUF-KUND            PIC X(25).
        10 AUF-TERMIN          PIC 9(6).
        10 VORGANG       OCCURS 10 INDEXED BY VOR-INDEX.
           15 VOR-NR           PIC 999.
           15 VOR-BEZ          PIC X(20).
           15 VOR-TERMIN       PIC 9(6).
```

Listing 13.30: Eine zweidimensionale Tabelle

Wir suchen den Termin eines Vorgangs eines bestimmten Auftrags.

```
SUCH-AUFTRAG.
    SET AUF-INDEX TO 1.
    SEARCH AUFTRAG
      AT END
        DISPLAY "AUFTRAGSNUMMER NICHT VORHANDEN",
      WHEN AUF-NR (AUF-INDEX) = 10000
        PERFORM SUCH-VORGANG
    END-SEARCH
    .
    .
SUCH-VORGANG.
    SET VOR-INDEX TO 1.
    SEARCH VORGANG
      AT END
        DISPLAY "VORGANGSBEZEICHNUNG NICHT VORHANDEN",
      WHEN VOR-BEZ (AUF-INDEX VOR-INDEX) =
           "GEWINDESCHNEIDEN"
        DISPLAY VOR-TERMIN (AUF-INDEX VOR-INDEX)
    END-SEARCH.
```

Listing 13.31: Durchsuchen der zweidimensionalen Tabelle aus Listing 13.30

13.7 Binäres Durchsuchen einer Tabelle

Wenn eine große Tabelle durchsucht werden soll, muss überlegt werden, wie man den Suchvorgang zeitlich verkürzen kann.

Dieses Verfahren wird *binäres Suchen* genannt, da hier die Tabelle halbiert wird (binär bezieht sich also auf Basis 2). Unter Halbieren der Tabelle versteht man die Addition des ersten und des letzten Index einer Tabelle; anschließend wird die Summe durch 2 geteilt. Der somit entstandene Index verweist auf das mittlere Element der Tabelle. Dieses Element wird nun mit dem Suchargument verglichen, bei Gleichheit war die Suche erfolgreich und das Verfahren wird beendet. Bei Ungleichheit wird festgestellt, ob das Suchargument kleiner oder größer als das mittlere Element ist. Abhängig davon, wie die Tabelle nun sortiert ist (aufsteigend oder absteigend), geht die Suche in einer der zwei Hälften der Tabelle weiter.

Ist die Tabelle z.B. aufsteigend sortiert und das Suchargument größer als das mittlere Element, ist es eindeutig, dass das gesuchte Element in der zweiten Hälfte der ursprünglichen Tabelle liegt. Der Vorgang wiederholt sich bezogen auf die jeweils neu entstandene Tabelle so lange, bis das gesuchte Element gefunden ist oder bis der Anfangsindex gleich dem Endindex ist; in diesem Fall endet das Verfahren, das gesuchte Element wurde nicht gefunden.

Die Anzahl der Suchschritte verkürzt sich bei diesem Verfahren auf n Suchschritte, wenn eine Tabelle zugrunde gelegt wird, deren Elementanzahl $2^n - 1$ ist. Bei einer Tabelle mit 15 Elementen (OCCURS 15) werden maximal 4 Suchschritte durchgeführt ($2^4 - 1 = 15$).

Die folgende Darstellung zeigt die möglichen Suchschritte bei 15 Elementen:

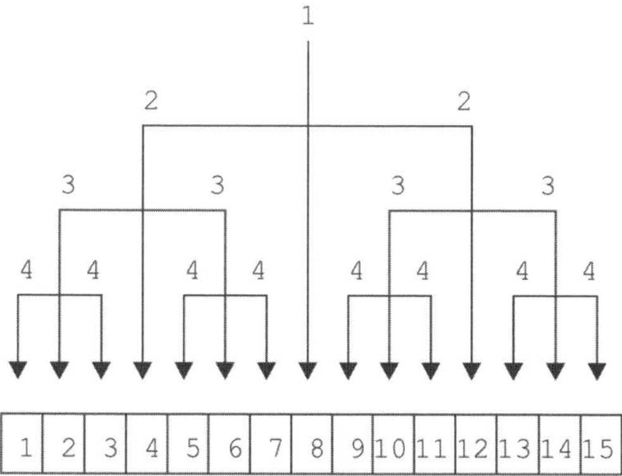

Abb. 13.9: Binäres Suchen in einer Tabelle

Die Verwendung dieses Verfahrens setzt voraus, dass die Tabelle aufsteigend oder absteigend sortiert ist.

13.7.1 ASCENDING/DESCENDING KEY-Zusatz

Dieser Zusatz muss nach der OCCURS-Klausel angegeben werden, wenn die beschriebene Tabelle mit dem binären Suchen durchsucht werden soll.

Der Zusatz spezifiziert Schlüsselfelder, die dem Compiler mitteilen, wie die Tabelle sortiert ist. ASCENDING bedeutet, dass die Elemente nach dem angegebenen Schlüsselfeld aufsteigend sortiert sind, DESCENDING bedeutet absteigend.

Die hier angegebenen Schlüsselfelder müssen Bestandteil des Tabellenelements sein. Eine Tabelle kann nach mehreren Sortierbegriffen aufsteigend und/oder absteigend sortiert sein. Bei der Codierung der Sortierschlüssel legt man die Ordnungshierarchie zwischen den einzelnen Sortierbegriffen fest.

Es wird nicht geprüft, ob die Tabelle tatsächlich entsprechend den angegebenen Sortierbegriffen sortiert ist; dies liegt ausschließlich in der Verantwortung des Programmierers.

Beispiel

```
01  AUFTRAEGE.
    05  AUFTRAG         OCCURS 50,
                        ASCENDING KEY AUF-NR,
                        INDEXED BY AUF-INDEX.
        10 AUF-NR       PIC 9(5).
        10 AUF-KUND     PIC X(25).
        10 AUF-TERMIN   PIC 9(6).
```

Listing 13.32: Eindimensionale Tabelle mit Sortierangabe und Spezialindex

13.7.2 Sortieren einer Tabelle mit der SORT-Anweisung

Mit Format 2 der SORT-Anweisung aus dem Sort-Merge-Modul lassen sich Tabellen einfach sortieren.

```
Format 2 (Tabellen):

  SORT Bezeichner-2 [ ON { ASCENDING  } KEY [Bezeichner-1] ... ] ...
                         { DESCENDING }

    [ WITH DUPLICATES IN ORDER ]

    [                      { IS Alphabetname-1 [Alphabetname-2]              } ]
    [ COLLATING SEQUENCE   { { FOR ALPHANUMERIC IS Alphabetname-1 }          } ]
    [                      { { FOR NATIONAL IS Alphabetname-2     }          } ]
```

Abb. 13.10: SORT-Anweisung Format 2

Als `Bezeichner-2` kann nur das Element einer Tabelle (der Name, der mit OCCURS beschrieben wurde) angegeben werden. `Bezeichner-1` (das Sortierkriterium) kann jedes Datenfeld innerhalb des Elements sein.

Beispiel 1

```
SORT AUFTRAG ASCENDING KEY AUF-KUND
```

Beispiel 2

Ist die Tabelle mit ASCENDING/DESCENDING KEY beschrieben, kann dieser Zusatz in der SORT-Anweisung wegfallen.

```
SORT AUFTRAG
```

Sortiert die Tabelle aufsteigend nach Auftragsnummer.

13.7.3 SEARCH ALL-Anweisung

Wirkung

Die SEARCH-Anweisung im Format 2 wird benutzt, um Tabellen per binärer Suche zu durchsuchen.

```
Format 2:

   SEARCH ALL Bezeichner-1 [AT END unbedingte-Anweisung-1]

              { Datenname-1 {IS EQUAL TO} {Bezeichner-3                 } }
       WHEN   {             {IS =       } {Literal-1                    } }
              {                           {arithmetischer-Ausdruck-1    } }
              { Bedingungsname-1                                          }

         [    { Datenname-2 {IS EQUAL TO} {Bezeichner-4                 } } ]
         [AND {             {IS =       } {Literal-2                    } } ] ...
         [    {                           {arithmetischer-Ausdruck-2    } } ]
         [    { Bedingungsname-2                                          } ]

       { unbedingte-Anweisung-2 }
       { NEXT SENTENCE          }

       [END-SEARCH]
```

Abb. 13.11: SEARCH-Anweisung Format 2

Erläuterung

Es gelten hier die allgemeinen Regeln der ersten SEARCH-Anweisung (Abschnitt 13.6).

Im WHEN-Zusatz dürfen nur Vergleichsbedingungen mit Gleichheitsrelation angegeben werden; dabei muss einer der Vergleichsoperanden (Subjekt oder Objekt) der Sortierbegriff (ASCENDING/DESCENDING KEY) sein.

Es können auch Bedingungsnamen-Bedingungen verwendet werden, wenn sie mit einem einzigen Literal versehen sind; dabei muss immer die zugehörige Bedingungsvariable der Sortierbegriff sein.

Der Ablauf dieser Anweisung entspricht der in der Einleitung zum binären Durchsuchen einer Tabelle angegebenen Beschreibung (Abschnitt 13.7).

Beispiel 1

Bezogen auf das letzte Beispiel suchen wir den Kundennamen eines bestimmten Auftrags.

```
SUCH-AUFTRAG.
    SEARCH ALL AUFTRAG
      AT END
        DISPLAY "AUFTRAGSNUMMER NICHT VORHANDEN",
      WHEN   AUF-NR (AUF-INDEX) = 10000
        DISPLAY AUF-KUND (AUF-INDEX)
    END-SEARCH.
```

Listing 13.33: Binäre Suche in der Tabelle aus Listing 13.32

Beispiel 2

```
01  MODELLE.
    05 MODELL                  OCCURS 10,
                               ASCENDING KEY M-HUBRAUM,
                               M-LEISTUNG-PS, M-TYP,
                               INDEXED BY M-INDEX.
       10 M-TYP                PIC X(5).
       10 M-BAUART             PIC X(10).
       10 M-HUBRAUM            PIC 9(4).
       10 M-LEISTUNG-PS        PIC 9(3).
       10 M-WERK-PREIS         PIC 9(6).
01  EINGABE-TYP                PIC X(5).
01  EINGABE-HUBRAUM            PIC 9(4).
```

Listing 13.34: Eindimensionale Tabelle mit zusammengesetztem Sortierbegriff

Es soll mit der binären Suche geprüft werden, ob die über den Bildschirm eingegebenen Daten in der vorliegenden Tabelle vorhanden sind. Wird das gesuchte Element gefunden, sollen die Felder BAUART, LEISTUNG, WERK-PREIS angezeigt werden.

```
EINGABE SECTION.
    ACCEPT EINGABE-TYP.
    ACCEPT EINGABE-HUBRAUM.
SUCHEN SECTION.
    SEARCH ALL MODELL
      AT END
        PERFORM NICHT-GEFUNDEN
      WHEN   M-TYP     (M-INDEX) = EINGABE-TYP AND
             M-HUBRAUM (M-INDEX) = EINGABE-HUBRAUM,
        PERFORM GEFUNDEN
    END-SEARCH
    .
    .
NICHT-GEFUNDEN SECTION.
    DISPLAY "EINGEGEBENER TYP: "      EINGABE-TYP
            "UND HUBRAUM: "           EINGABE-HUBRAUM
            "SIND NICHT VORHANDEN".

GEFUNDEN SECTION.
    DISPLAY M-BAUART       (M-INDEX)
            M-LEISTUNG-PS (M-INDEX)
            M-WERK-PREIS  (M-INDEX).
```

Listing 13.35: Durchsuchen der Tabelle aus Listing 13.34

Kapitel 14

Verarbeiten von Zeichenketten

In diesem Kapitel wenden wir uns einigen zusätzlichen Anweisungen in COBOL zu, die das Programmieren wesentlich erleichtern.

Oft will man variable Satzlängen für eine bestimmte Datei erzeugen, um das externe Speichermedium besser auszunutzen, also müssen hier die Datenfelder des Datensatzes komprimiert werden. Bei der Wiederverarbeitung eines solchen Datensatzes sollen schließlich die Felder getrennt werden. Moderne Programmiersprachen arbeiten ausschließlich mit variabel langen Zeichenketten. Auch das kann eine Triebfeder sein.

Das Suchen und Ersetzen von Zeichen innerhalb von Zeichenketten ist ein weiteres Beispiel. Nicht umsonst findet man auch in modernen Programmiersprachen zahlreich Funktionen oder Methoden zu dieser Aufgabenstellung.

14.1 INSPECT-Anweisung

Wirkung

Die INSPECT-Anweisung verwendet man, um bestimmte Zeichen eines Datenfelds zu zählen und/oder zu ersetzen.

```
Format 1 (tallying):

  INSPECT Bezeichner-1 TALLYING tallying-phrase

Format 2 (replacing):

  INSPECT Bezeichner-1 REPLACING replacing-phrase

Format 3 (tallying und replacing):

  INSPECT Bezeichner-1 TALLYING tallying-phrase REPLACING replacing-phrase

tallying-phrase:

 {                      { CHARACTERS [after-before-phrase]                                   } }
 {                      {                                                                    } }
 { Bezeichner-2 FOR     { ALL {{Bezeichner-3} [after-before-phrase]}...                      }...}...
 {                      {      {Literal-1   }                                                } }
 {                      { LEADING {{Bezeichner-3} [after-before-phrase]}...                  } }
 {                      {          {Literal-1   }                                            } }
```

```
replacing-phrase:

{ CHARACTERS BY replacement-item [after-before-phrase]                              }
{ ALL     {{Bezeichner-3} BY replacement-item [after-before-phrase]} ...            }
{         {{Literal-1   }                                                           }
{ LEADING {{Bezeichner-3} BY replacement-item [after-before-phrase]} ...            } ...
{         {{Literal-1   }                                                           }
{ FIRST   {{Bezeichner-3} BY replacement-item [after-before-phrase]} ...            }
{         {{Literal-1   }                                                           }

after-before-phrase:

{| AFTER INITIAL  {Bezeichner-4} |}
{|                {Literal-2   } |}
{| BEFORE INITIAL {Bezeichner-4} |}
{|                {Literal-2   } |}

replacement-item:

{Bezeichner-5}
{Literal-3   }
```

Abb. 14.1: INSPECT-Anweisung Format 1 bis 3

```
Format 4 (converting):

  INSPECT Bezeichner-1 CONVERTING {Bezeichner-6} TO {Bezeichner-7}
                                  {Literal-4   }    {Literal-5   }
      [ {| AFTER INITIAL  {Bezeichner-4} |} ]
      [ {|                {Literal-2   } |} ]
      [ {| BEFORE INITIAL {Bezeichner-4} |} ]
      [ {|                {Literal-2   } |} ]
```

Abb. 14.2: INSPECT-Anweisung Format 4

Erläuterung zu Format 1 bis 3

Soll gezählt werden, wie oft ein bestimmtes Zeichen oder eine Zeichenkette in einem Feld vorkommt, muss der `TALLYING`-Zusatz verwendet werden. Will man nur dieses Zeichen oder diese Zeichenkette durch eine andere ersetzen, muss der `REPLACING`-Zusatz verwendet werden. Sollen die beiden Funktionen Zählen und Ersetzen gleichzeitig verwendet werden, können diese innerhalb einer einzigen `INSPECT`-Anweisung benutzt werden. In diesem Fall wird zuerst das Zählen, dann das Ersetzen durchgeführt.

`Bezeichner-1` ist das Datenfeld, in dem ein Zeichen zu zählen oder zu ersetzen ist. Dieses Feld darf kein gepacktes oder binäres Feld sein.

14.1.1 Zählen mit TALLYING

Beispiel 1

Es soll gezählt werden, wie oft das Zeichen »&« in dem Datenfeld E-TEXT vorkommt.

```
WORKING-STORAGE SECTION.

01  E-TEXT              PIC X(26).
01  ZAEHLER             PIC 99 VALUE ZERO.

PROCEDURE DIVISION.

    INSPECT E-TEXT TALLYING ZAEHLER FOR ALL "&"

*> Inhalt E-TEXT:      "&&&.INSERT&?&&&&. RESTORE&"
*> Gezählte Zeichen:    ***       * ****         *

*> Inhalt ZAEHLER: 09
```

Listing 14.1: Beispiel 1: INSPECT TALLYING

Es ist darauf zu achten, dass das Zählerfeld vorher auf den Wert Null gesetzt wird, da die INSPECT-Anweisung lediglich den Inhalt dieses Feldes erhöht.

Beispiel 2

Die führenden Zeichen »&« im Datenfeld E-TEXT sollen gezählt werden. Unter »führenden Zeichen« versteht man solche, die nur am Anfang des Feldes vorkommen.

```
WORKING-STORAGE SECTION.

01  E-TEXT              PIC X(26).
01  ZAEHLER             PIC 99 VALUE ZERO.

PROCEDURE DIVISION.

    INSPECT E-TEXT TALLYING ZAEHLER FOR LEADING "&"

*> Inhalt E-TEXT:      "&&&.INSERT&?&&&&. RESTORE&"
*> Gezählte Zeichen:    ***

*> Inhalt ZAEHLER: 03
```

Listing 14.2: Beispiel 2: INSPECT TALLYING

Beispiel 3

Ändert man in Beispiel 1 das zu zählende Zeichen in der Zeichenkette in "&&" und durchsucht man den gesamten Text, erhält man ebenfalls den Wert 3.

```
WORKING-STORAGE SECTION.

01  E-TEXT              PIC X(26).
01  ZAEHLER             PIC 99 VALUE ZERO.

PROCEDURE DIVISION.

    INSPECT E-TEXT TALLYING ZAEHLER FOR ALL "&&"

*> Inhalt E-TEXT:     "&&&.INSERT&?&&&&. RESTORE&"
*> Gezählte Zeichen:   **          ****

*> Inhalt ZAEHLER: 03
```

Listing 14.3: Beispiel 3: INSPECT TALLYING

14.1.2 BEFORE und AFTER

BEFORE und AFTER können benutzt werden, um das Zählen oder das Ersetzen auf einen Teil des Feldes zu beschränken.

BEFORE besagt: »Zähle oder ersetze vom Anfang des Feldes an, bis das INITIAL-Zeichen (Bezeichner-4) vorkommt.«

AFTER besagt: »Beginne mit dem Zählen oder mit dem Ersetzen erst, nachdem das INITIAL-Zeichen (Bezeichner-4) vorgekommen ist.«

Beispiel 1

Es sollen alle Zeichen, die bis zum Auftreten eines Leerzeichens vorkommen, gezählt werden.

```
WORKING-STORAGE SECTION.

01  E-TEXT              PIC X(26).
01  ZAEHLER             PIC 99 VALUE ZERO.

PROCEDURE DIVISION.

    INSPECT E-TEXT TALLYING ZAEHLER
            FOR CHARACTERS BEFORE SPACE

*> Inhalt E-TEXT:     "&&&.INSERT&?&&&&. RESTORE&"
```

```
*> Gezählte Zeichen:  *****************

*> Inhalt ZAEHLER: 17
```

Listing 14.4: Beispiel 1: INSPECT TALLYING BEFORE

Beispiel 2

Es soll gezählt werden, wie oft das Zeichen »&« im Datenfeld E-TEXT vorkommt, nachdem das Zeichen »?« vorgekommen ist.

```
WORKING-STORAGE SECTION.

01  E-TEXT            PIC X(26).
01  ZAEHLER           PIC 99 VALUE ZERO.

PROCEDURE DIVISION.

    INSPECT E-TEXT TALLYING ZAEHLER
            FOR ALL "&" AFTER "?"

*> Inhalt E-TEXT:     "&&&.INSERT&?&&&&. RESTORE&"
*> Gezählte Zeichen:              ****         *

*> Inhalt ZAEHLER: 05
```

Listing 14.5: Beispiel 2: INSPECT TALLYING AFTER

14.1.3 Ersetzen mit REPLACING

Beim Ersetzen von Zeichenketten müssen die auszutauschenden Zeichenketten gleich lang sein oder die neue Zeichenkette (Literal-4 bzw. Bezeichner-6) darf nur 1 Byte lang sein.

Beispiel 1

Das Feld GEHALT soll gemäß Listing 14.6 verschlüsselt werden.

```
WORKING-STORAGE SECTION.

01  GEHALT          PIC 9(5).

PROCEDURE DIVISION.

    INSPECT GEHALT REPLACING ALL
            "1" BY "A",      "2" BY "B",
            "3" BY "C",      "4" BY "D",
            "5" BY "E",      "6" BY "F",
```

```
            "7" BY "G",      "8" BY "H",
            "9" BY "I",      "0" BY "J"

*> Inhalt GEHALT vorher:   "08575"
*> Inhalt GEHALT nachher:  "JHEGE"
```

Listing 14.6: Beispiel 1: INSPECT REPLACING

Soll das Feld entschlüsselt werden, können wir wie in Listing 14.7 codieren.

```
    INSPECT GEHALT REPLACING ALL
            "A" BY "1",      "B" BY "2",
            "C" BY "3",      "D" BY "4",
            "E" BY "5",      "F" BY "6",
            "G" BY "7",      "H" BY "8",
            "I" BY "9",      "J" BY "0"
```

Listing 14.7: Feldinhalt zurücksetzen

Beispiel 2

Alle vorhandenen Leerzeichen im Feld `ZEILE` sollen durch das Zeichen »-« ersetzt werden.

```
WORKING-STORAGE SECTION.

01  ZEILE            PIC X(26).

PROCEDURE DIVISION.

    INSPECT ZEILE REPLACING ALL SPACE BY "-"

*> Inhalt ZEILE vorher:  "F1=SICHERN   ESC=ENDE  ALT"
*> Inhalt ZEILE nachher: "F1=SICHERN---ESC=ENDE--ALT"
```

Listing 14.8: Beispiel 2: INSPECT REPLACING

Beispiel 3

Ab dem Zeichen »:« im Feld `E-A-TEXT` sollen alle Zeichen durch Punkte ersetzt werden. Die ersten zwei Bytes nach dem Zeichen »:« sollen in jedem Fall Leerzeichen enthalten.

```
WORKING-STORAGE SECTION.

01  E-A-TEXT              PIC X(26).

PROCEDURE DIVISION.
```

```
*> Inhalt E-A-TEXT:  "NAME   :  PETER  SCHNEIDER "

    INSPECT E-A-TEXT REPLACING CHARACTERS BY "."
            AFTER INITIAL ":"

*> Inhalt E-A-TEXT:  "NAME   :..................."

    INSPECT E-A-TEXT REPLACING FIRST ".." BY " "
            AFTER INITIAL ":"

*> Inhalt E-A-TEXT:  "NAME   :  ................."
```

Listing 14.9: Beispiel 3: Mehrere INSPECT-Anweisungen

14.1.4 Konvertieren mit CONVERTING

Erläuterung zu Format 4

Die Arbeitsweise von Format 4 ist vergleichbar mit Format 2 und 3, wenn dort eine Serie von ALL-Zusätzen spezifiziert wird, um bestimmte Zeichen durch andere zu ersetzen. Dabei bietet Format 4 mehr Komfort in der Formulierung der zu ersetzenden Zeichen und wird hauptsächlich für die Umwandlung von Daten benutzt. Bezeichner-6 oder Literal-4 enthält die zu ersetzenden Zeichen in einer Folge hintereinander, Bezeichner-7 oder Literal-5 enthält die Ersatzzeichen.

```
*> Inhalt Bezeichner-6:  "ABCD"
*> Inhalt Bezeichner-7:  "WXYZ"

*> Folge: Aus "A" wird "W", aus "B" wird "X",
          aus "C" wird "Y", aus "D" wird "Z"
```

Listing 14.10: Arbeitsweise von INSPECT Format 4

Aus der Darstellung geht also hervor, dass die Umwandlung zeichenweise durchgeführt wird. Bezeichner-6 und Bezeichner-7 müssen demzufolge die gleiche Länge aufweisen. Wenn eine figurative Konstante verwendet wird, wird ein einziges Zeichen dafür eingesetzt. In diesem Fall werden alle Zeichen im anderen Operanden durch die figurative Konstante ersetzt.

Beispiel

```
WORKING-STORAGE SECTION.

01  ZEILE            PIC X(4).

PROCEDURE DIVISION.
```

```
    INSPECT ZEILE CONVERTING "3456" TO "WXYZ"

*> Inhalt ZEILE vorher:  "6483"
*> Inhalt ZEILE nachher: "ZX8W"
```

Listing 14.11: INSPECT CONVERTING

Syntaxbeispiele

Listing 14.12 zeigt verschiedene Möglichkeiten, wie die INSPECT-Anweisung noch formuliert werden kann.

```
INSPECT DATENFELD TALLYING Z FOR ALL "TEXTE".
INSPECT DATENFELD TALLYING Z FOR ALL "TE ".
INSPECT DATENFELD TALLYING Z FOR LEADING "/".
INSPECT DATENFELD TALLYING Z FOR ALL "TEXTE".
INSPECT DATENFELD TALLYING Z FOR ALL "TEXTE" BEFORE "/".
INSPECT DATENFELD TALLYING Z FOR ALL "TEXTE" AFTER "/".
INSPECT DATENFELD TALLYING Z FOR ALL "TEXTE"
        BEFORE "?" AFTER "?".
INSPECT DATENFELD TALLYING Z FOR CHARACTERS
        AFTER "??".
INSPECT DATENFELD TALLYING Z
        FOR CHARACTERS AFTER "??"
            ALL "T"
            LEADING "TE" AFTER "? ".
INSPECT DATENFELD
        TALLYING Z1
                 FOR CHARACTERS AFTER "??"
                 ALL "T"
                 Z2
                 LEADING "TE" AFTER "? ".
INSPECT DATENFELD TALLYING Z
        FOR CHARACTERS AFTER "ABC" BEFORE "&".
INSPECT DATENFELD REPLACING ALL "TEXTE" BY "*****".
INSPECT DATENFELD CONVERTING "T" TO "Y".
INSPECT DATENFELD CONVERTING "XTE" TO "YTE".
INSPECT DATENFELD CONVERTING SPACE TO "+"
        AFTER "/" BEFORE "A".
INSPECT DATENFELD CONVERTING "TE" TO "ET".
INSPECT DATENFELD REPLACING ALL "TE" BY "ET".
INSPECT DATENFELD CONVERTING "XTE" TO SPACE.
```

Listing 14.12: Syntaxbeispiele zur INSPECT-Anweisung

14.2 STRING-Anweisung

Wirkung

Die STRING-Anweisung wird verwendet, um die Inhalte mehrerer Datenfelder in einem einzigen Datenfeld aneinanderzufügen.

```
STRING {{Bezeichner-1} ... [DELIMITED BY {Bezeichner-2}]} ...
        {Literal-1   }                   {Literal-2   }
                                         {SIZE        }
   INTO Bezeichner-3
   [WITH POINTER Bezeichner-4]
   [| ON OVERFLOW unbedingte-Anweisung-1     |]
   [| NOT ON OVERFLOW unbedingte-Anweisung-2 |]
   [END-STRING]
```

Abb. 14.3: STRING-Anweisung

Die Sendefelder

Als *Sendefelder* bezeichnet man Felder, die zusammengefügt werden sollen. Sie werden laut Format der STRING-Anweisung durch `Bezeichner-1` und dessen Wiederholungen dargestellt.

Dabei wird der Inhalt des Feldes in vollem Umfang benutzt, wenn die SIZE-Angabe verwendet wird. Verwendet man z.B. die Angabe `DELIMITED BY "="`, werden alle Zeichen, die vom Beginn des Feldes bis zu dem Zeichen »=« auftreten, zusammengefügt.

Das Empfangsfeld

Das Empfangsfeld ist das Datenfeld, in dem die Sendefelder zusammengefügt werden sollen. Es wird durch `Bezeichner-3` dargestellt und muss alphanumerisch sein.

Beispiel 1

Die Inhalte der Felder VORNAME und NACHNAME sollen im Feld AUSGABE zusammengefügt werden.

```
WORKING-STORAGE SECTION.

01  VORNAME             PIC X(10).
01  NACHNAME            PIC X(10).
01  AUSGABE             PIC X(25).

PROCEDURE DIVISION.
```

```
    MOVE ALL "." TO AUSGABE

*> Inhalt von AUSGABE:  "........................."

    STRING VORNAME NACHNAME DELIMITED BY SIZE
           INTO AUSGABE

*> Inhalt von VORNAME:  "RALPH     "
*> Inhalt von NACHNAME: "HERMANN   "

*> Inhalt von AUSGABE:  "RALPH     HERMANN   ....."
```

Listing 14.13: Beispiel 1: STRING

Der nicht benutzte Rest des Empfangsfelds AUSGABE wird nicht verändert.

Beispiel 2

Wir verändern das Beispiel 1 so, dass die Namen unmittelbar hintereinander und getrennt durch ein Leerzeichen zusammengefügt werden.

```
WORKING-STORAGE SECTION.

01  VORNAME            PIC X(10).
01  NACHNAME           PIC X(10).
01  AUSGABE            PIC X(25).

PROCEDURE DIVISION.

    MOVE ALL "." TO AUSGABE

*> Inhalt von AUSGABE:  "........................."

    STRING VORNAME  DELIMITED BY SPACE
           SPACE    DELIMITED BY SIZE
           NACHNAME DELIMITED BY SPACE
           INTO AUSGABE

*> Inhalt von VORNAME:  "RALPH     "
*> Inhalt von NACHNAME: "HERMANN   "

*> Inhalt von AUSGABE:  "RALPH HERMANN..........."
```

Listing 14.14: Beispiel 2: STRING

Der POINTER-Zusatz

Der POINTER-Zusatz kann verwendet werden, um die Übertragungsposition innerhalb des Empfangsfelds variabel zu halten, oder für den Fall, dass man wissen möchte, wie viele Zeichen durch eine STRING-Anweisung in das Empfangsfeld übertragen wurden. Die erste Position im Zielfeld hat die Ziffer 1.

Beispiel

Stellen Sie sich vor, Sie wollen die folgenden Felder zusammenfügen und anschließend die gesamte Länge des tatsächlich dafür benötigten Speicherbereichs erfahren. Sie müssen dann einen Zeiger definieren, diesen vor der STRING-Anweisung auf 1 setzen und nachher auswerten. Damit sie für eine spätere Verarbeitung wieder identifiziert werden können, trennen Sie alle Inhalte jeweils durch das Zeichen »&« voneinander.

```
WORKING-STORAGE SECTION.

01  KUNDEN-SATZ.
    05 K-VORNAME        PIC X(10).
    05 K-NAME           PIC X(10).
01  ZEIGER              PIC  99.
01  AUSGABE-SATZ        PIC X(50).

PROCEDURE DIVISION.

    MOVE SPACE TO AUSGABE-SATZ.
    MOVE 1     TO ZEIGER.
    STRING  K-VORNAME   "&"
            K-NAME      "&"  DELIMITED  BY  SPACE.
            INTO  AUSGABE-SATZ
            WITH  POINTER ZEIGER.

    SUBTRACT 1 FROM ZEIGER.

*> Inhalt von K-VORNAME:    "ANTON     "
*> Inhalt von K-NAME:       "DIETEL    "

*> Inhalt von AUSGABE-SATZ: "ANTON&DIETEL&                    "
*> Inhalt von ZEIGER:       13 (nach Subtraktion)
```

Listing 14.15: STRING WITH POINTER

Die Länge des benötigten Bereichs beträgt nun 13 Byte.

Der Überlauf in der STRING-Anweisung (OVERFLOW)

Existieren noch Sendefelder oder Zeichen aus einem Sendefeld, die nicht mehr übertragen werden konnten (weil das Empfangsfeld zu kurz ist), tritt die Überlaufbedingung in Kraft und die zugehörige unbedingte Anweisung wird nun ausgeführt.

14.3 UNSTRING-Anweisung

Wirkung

Die UNSTRING-Anweisung trennt den Inhalt eines Feldes und überträgt die getrennten Teile in verschiedene Felder.

```
UNSTRING Bezeichner-1

   [DELIMITED BY [ALL] {Bezeichner-2} [OR [ALL] {Bezeichner-3}]...]
                       {Literal-1   }           {Literal-2   }

   INTO {Bezeichner-4 [DELIMITER IN Bezeichner-5][COUNT IN Bezeichner-6]}...

   [WITH POINTER Bezeichner-7]

   [TALLYING IN Bezeichner-8]

   [| ON OVERFLOW unbedingte-Anweisung-1       |]
   [| NOT ON OVERFLOW unbedingte-Anweisung-2   |]

   [END-UNSTRING]
```

Abb. 14.4: UNSTRING-Anweisung

Das Sendefeld

Das Sendefeld ist das Datenfeld, dessen Inhalt getrennt werden soll; es wird durch `Bezeichner-1` dargestellt.

Die Empfangsfelder

Die Empfangsfelder sind die Felder, in die die zerlegten Teile aus dem Sendefeld übertragen werden sollen. Sie werden laut Format der UNSTRING-Anweisung durch `Bezeichner-4`, `Bezeichner-7` usw. dargestellt. Die restlichen Stellen der Empfangsfelder, die nicht für die Übertragung benutzt werden, werden mit Leerzeichen bzw. führenden Nullen gefüllt, wenn das Empfangsfeld alphanumerisch bzw. numerisch definiert ist.

Beispiel

Die in einem früheren Beispiel zusammengefügten Felder sollen in ihren ursprünglichen Zustand zerlegt werden.

```
WORKING-STORAGE SECTION.
```

```
01  KUNDEN-SATZ.
    05 K-VORNAME         PIC X(10).
    05 K-NAME            PIC X(10).
01  ZEIGER               PIC  99.
01  AUSGABE-SATZ         PIC X(50).

PROCEDURE DIVISION.

    UNSTRING  AUSGABE-SATZ DELIMITED BY "&"
              INTO K-VORNAME, K-NAME

*> Inhalt von AUSGABE-SATZ: "ANTON&DIETEL&                    "

*> Inhalt von K-VORNAME:    "ANTON     "
*> Inhalt von K-NAME:       "DIETEL    "
```

Listing 14.16: UNSTRING

Die Begrenzer

In der UNSTRING-Anweisung können beliebig viele unterschiedliche Begrenzer verwendet werden. Sie können beliebig lang sein. Für jedes Empfangsfeld kann ein Datenfeld (Bezeichner-5) zur Aufnahme des jeweils für das Empfangsfeld gefundenen Begrenzers angegeben werden.

Die Zähler

Ähnlich wie die Begrenzer können Sie auch für jedes Empfangsfeld einen Zähler angeben (Bezeichner-8). In diesem Zähler wird die Länge der zu übertragenden Zeichenkette abgespeichert.

TALLYING-Zusatz

Der TALLYING-Zusatz kann benutzt werden, um die Anzahl der durch die UNSTRING-Anweisung benutzten Empfangsfelder abzuspeichern. Der Zähler dafür (Bezeichner-8) wird nicht von der UNSTRING-Anweisung initialisiert, sondern immer um 1 erhöht, wenn ein Empfangsfeld benutzt wird.

Beispiel

Das Datenfeld DATEINAME enthält einen vollständigen Dateinamen nach den Regeln eines PC-Betriebssystems. Der Dateiname soll nun in seine Bestandteile zerlegt und nach den allgemeinen Regeln geprüft werden.

```
WORKING-STORAGE SECTION.

01  DATEINAME            PIC X(14).
```

```
01  LAUFWERK           PIC X.
01  NAME               PICX(8).
01  ERW                PIC X(3).
01  D1                 PIC X.
01  D2                 PIC X.
01  D3                 PIC X.
01  ZI                 PIC 99.
01  Z2                 PIC 99.
01  Z3                 PIC 99.
01  ANZAHL-FELDER      PIC 99.
01  FEHLER-KZ          PIC 9 VALUE 0.

PROCEDURE DIVISION.

    MOVE ZERO TO ANZAHL-FELDER.
    UNSTRING DATEINAME DELIMITED BY ":" OR "." OR " "
             INTO LAUFWERK DELIMITER IN D1 COUNT IN Z1
                  NAME     DELIMITER IN D2 COUNT IN Z2
                  ERW      DELIMITER IN D3 COUNT IN Z3
             TALLYING IN ANZAHL-FELDER.

*> Inhalt von DATEINAME: "C:ARTIKEL.DAT "

*> Inhalt von LAUFWERK: "C"
*> Inhalt von D1:       ":"
*> Inhalt von Z1:       01

*> Inhalt von NAME:     "ARTIKEL "
*> Inhalt von D2:       "."
*> Inhalt von Z2:       07

*> Inhalt von ERW:      "DAT"
*> Inhalt von D3:       " "
*> Inhalt von Z3:       03

*> Inhalt von ANZAHL-FELDER: 03

    IF D1 NOT = ":" OR D2 NOT = "." OR
       Z1     >  1  OR Z2     > 8   OR
       Z3     >  3  OR ANZAHL-FELDER < 3
        MOVE 1 TO FEHLER-KZ
    END-IF
```

Listing 14.17: Beispiel 2: UNSTRING TALLYING

ALL-Zusatz

Wird ALL angegeben, legt man damit fest, dass alle hintereinander vorkommenden Begrenzer als ein einziger Begrenzer betrachtet werden sollen. Wird ALL nicht angegeben und folgen zwei Begrenzer hintereinander, wird eine Null-Zeichenkette für das betroffene Empfangsfeld angenommen.

Beispiel

Im Feld EINGABE-TEXT können maximal 4 Wörter mit jeweils einer maximalen Länge von 15 Stellen vorkommen. Dabei können die Wörter mit einer unterschiedlichen Anzahl von Leerzeichen voneinander getrennt sein. Die Wörter sollen nun in einem Feld AUSGABE-TEXT so übertragen werden, dass sie nur noch durch ein Leerzeichen voneinander getrennt sind.

```
WORKING-STORAGE SECTION.

01  EINGABE-TEXT        PIC X(80).
01  AUSGABE-TEXT        PIC X(63).
```

Listing 14.18: Datendefinition

Hinweis für die Lösung

Wir trennen das Feld in vier Empfangsfelder und verwenden dabei den ALL-Zusatz, damit aufeinanderfolgende Leerzeichen als ein einziges interpretiert werden. Anschließend fügen wir diese mithilfe der STRING-Anweisung wieder zusammen.

```
WORKING-STORAGE SECTION.

01  EINGABE-TEXT        PIC X(80).
01  AUSGABE-TEXT        PIC X(63).
01  WORT-1              PIC X(15) VALUE SPACE.
01  WORT-2              PIC X(15) VALUE SPACE.
01  WORT-3              PIC X(15) VALUE SPACE.
01  WORT-4              PIC X(15) VALUE SPACE.

PROCEDURE DIVISION.

*> Anfang EINGABE-TEXT: "PC   PROFESSIONAL     COBOL

    UNSTRING EINGABE-TEXT DELIMITED BY ALL SPACE
             INTO WORT-1 WORT-2 WORT-3 WORT-4

*> Inhalt WORT1: "PC             "
*> Inhalt WORT2: "PROFESSIONAL   "
*> Inhalt WORT3: "COBOL          "
*> Inhalt WORT4: "               "
```

```
    MOVE SPACE TO AUSGABE-TEXT
    STRING WORT-1 DELIMITED BY SPACE
           " "    DELIMITED BY SIZE
           WORT-2 DELIMITED BY SPACE
           " "    DELIMITED BY SIZE
           WORT-3 DELIMITED BY SPACE
           " "    DELIMITED BY SIZE
           WORT-4 DELIMITED BY SPACE
      INTO AUSGABE-TEXT

*> Anfang AUSGABE-TEXT: "PC PROFESSIONAL COBOL
```

Listing 14.19: Beispiel

POINTER-Zusatz

Der POINTER-Zusatz kann verwendet werden, um die Anfangsposition innerhalb des Sendefelds selbst zu bestimmen.

Die OVERFLOW-Bedingung

Die OVERFLOW-Bedingung tritt auf, wenn das Sendefeld noch Zeichen enthält, die nicht mehr übertragen werden konnten (da zu wenig Empfangsfelder angegeben sind).

Kapitel 15

Sequenzielle Dateien

Jede Datei, die in einem COBOL-Programm definiert werden soll, muss mit einer entsprechenden Organisationsform beschrieben werden. Dies ist notwendig, damit der Compiler die zugehörige Zugriffsroutine im Objektprogramm hinzufügt. Die Organisationsform einer Datei gibt Informationen darüber, wie die Datensätze in der Datei abgespeichert werden sollen.

Wann immer eine Datei mit einer bestimmten Organisationsform generiert werden soll, muss sie weiterhin für jede Bezugnahme in einem anderen Programm mit der gleichen Organisationsform beschrieben werden.

In diesem Kapitel wollen wir uns ausschließlich mit sequenziellen Dateien beschäftigen.

In der sequenziellen Organisationsform werden die Datensätze in der Reihenfolge ihrer Erzeugung (fortlaufend) in die Datei aufgenommen. Dabei können die Datensätze sortiert oder unsortiert sein, dies wird jedenfalls nicht vom Compiler geprüft.

Die sequenzielle Organisationsform muss gewählt werden, wenn z.B. eine Druckdatei erstellt werden soll.

Der Vorteil dieser Organisationsform besteht darin, dass ein solcher Datenbestand geringfügige Verwaltungsinformationen benötigt und damit eine effektive Ausnutzung des externen Speichermediums erreicht wird.

Der Nachteil dieser Organisationsform liegt darin, dass solch eine Datei nur sequenziell verarbeitet (`ACCESS MODE SEQUENTIAL`) werden kann. Das bedeutet, dass die Datensätze dieser Datei nur in der Reihenfolge, in der sie das erste Mal in der Datei abgespeichert worden sind, gelesen bzw. geschrieben werden können.

Die vollständige Beschreibung einer Datei im Programm erfordert bestimmte Eintragungen in der `ENVIRONMENT DIVISION` und der `DATA DIVISION`.

15.1 Eintragungen in der ENVIRONMENT DIVISION

```
SELECT [OPTIONAL] Dateiname-1

          { TO {Gerätename-1}... [USING Bezeichner-1] }
   ASSIGN {    {Literal-1   }                         }
          { USING Bezeichner-1                        }

  [ACCESS MODE IS SEQUENTIAL]

  [FILE STATUS IS Bezeichner-4]

  [LOCK MODE IS {MANUAL   } [WITH LOCK ON {RECORD }]]
  [             {AUTOMATIC} [             {RECORDS}]]

  [[ORGANIZATION IS] SEQUENTIAL ]

  [PADDING CHARACTER IS {Bezeichner-8}]
  [                     {Literal-2   }]

  [RECORD DELIMITER IS {STANDARD-1       }]
  [                    {Assignment-Name-2}]

  [RESERVE Ganzzahl-1 [AREA ]]
  [                   [AREAS]]

  [             {ALL OTHER}]
  [SHARING WITH {NO OTHER }] .
  [             {READ ONLY}]
```

Abb. 15.1: SELECT-Klausel

15.1.1 SELECT-Klausel

Mithilfe der SELECT-Klausel kann der logische Dateiname festgelegt werden. Dieser Name muss immer in den Anweisungen, die den Dateinamen verwenden, angegeben werden.

Der OPTIONAL-Zusatz kann für Dateien, die im Eingabemodus geöffnet werden, benutzt werden, um anzugeben, dass diese Dateien nicht unbedingt für die Verarbeitung notwendig sind.

Ist eine mit OPTIONAL beschriebene Datei zum Zeitpunkt der Programmausführung nicht vorhanden, verursacht dies keinen Programmabbruch; vielmehr kann das Nichtvorhandensein einer OPTIONAL-Datei beim ersten Lesen durch den AT END-Zusatz festgestellt werden.

Beispiel

```
SELECT KUNDEN ....
```

15.1.2 ASSIGN-Klausel

Die ASSIGN-Klausel stellt die Verbindung zwischen dem logischen Dateinamen und dem eigentlichen Datenbestand, der verarbeitet werden soll, her.

Der externe Dateiname

`Literal-1` ist der Name einer Datei. Er kann auf einem PC die folgenden Elemente enthalten:

Laufwerksbezeichnung:\Verzeichnis\Dateiname.Dateierweiterung

```
                    "C:\TESTDAT\KUNDEN.DAT"
```

Der externe Dateiname kann auch mehrere Unterverzeichnisse beinhalten.

Beispiel

```
SELECT KUNDEN ASSIGN TO "C:KUNDEN.DAT"
```

Einige Namen wurden für das Betriebssystem Windows mit einer bestimmten Bedeutung reserviert. Diese sind in Tabelle 15.1 aufgeführt.

Name	Bedeutung
AUX	Erste serielle Schnittstelle
COM1	Erste serielle Schnittstelle
COM2	Zweite serielle Schnittstelle
CON	Bei Eingabeoperationen wird die Tastatur angesprochen, bei Ausgabeoperationen wird der Bildschirm angesprochen.
LPT	Erster Drucker
LPT1	Erster Drucker
PRN	Erster Drucker
LPT2	Zweiter Drucker
LPT3	Dritter Drucker
NUL	Dummy-Einheit für die Simulation von E/A-Operationen. (Bei der Ausgabe wird die Operation simuliert, aber nichts ausgegeben. Bei der Eingabe wird das Dateiende festgestellt.)

Tabelle 15.1: Vordefinierte Dateinamen unter Windows

Dynamische Dateizuweisung

Wenn der Name der Datei zum Zeitpunkt der Codierung noch nicht bekannt ist bzw. nicht festgelegt werden soll, kann man eine Variable als Datei-Datennamen benutzen. Vor der Ausführung einer OPEN-Anweisung auf diese Datei muss die Variable mit dem vorgesehenen Dateinamen versorgt werden.

Beispiel

```
FILE-CONTROL.
    SELECT LISTE ASSIGN USING DATEI-NAME ...
    .
    .
WORKING-STORAGE SECTION.
01 DATEI-NAME           PIC X(14).
    .
    .
PROCEDURE DIVISION.
    .
    .
    ACCEPT DATEI-NAME AT 1010.
    OPEN OUTPUT LISTE.
```

Listing 15.1: Dynamische Dateizuordnung

Direkte Ein/Ausgabe

In der ASSIGN-Klausel können Gerätebezeichnungen verwendet werden, wonach eine direkte Ein/Ausgabe von bzw. zu diesem Gerät erfolgen kann.

Diese sind:

- KEYBOARD: spezifiziert die Tastatur als Eingabequelle
- DISPLAY: spezifiziert den Bildschirm als Ausgabeziel
- PRINTER: spezifiziert den ersten Drucker als Ausgabeziel
- PRINTER-1: spezifiziert den zweiten Drucker als Ausgabeziel

Beispiel

```
FILE-CONTROL.
    SELECT DRUCKER ASSIGN TO PRINTER ...
    .
PROCEDURE DIVISION.
    .
    .
    OPEN OUTPUT DRUCKER.
```

Listing 15.2: Definition einer Druckdatei

15.1.3 ORGANIZATION-Klausel

Die ORGANIZATION-Klausel spezifiziert die Organisationsform der Datei. Fehlt diese Klausel, wird ORGANIZATION SEQUENTIAL angenommen.

15.1.4 ACCESS MODE-Klausel

Die ACCESS MODE-Klausel spezifiziert den Zugriffsmodus für diese Datei. Eine sequenzielle Datei kann jedoch nur sequenziell verarbeitet werden, daher kann diese Klausel auch weggelassen werden.

15.1.5 FILE STATUS-Klausel

Die FILE STATUS-Klausel ordnet der Datei ein zweistelliges Datenfeld zu, in das nach jeder Ein/Ausgabeoperation für diese Datei ein Fehlercode übertragen wird.

Die Angabe der FILE STATUS-Klausel unterbindet den Programmabbruch, der aufgrund eines Fehlers in der Datei auftreten kann; nach der Ausführung der E/A-Operation muss jedoch sichergestellt werden, dass die Operation erfolgreich verlaufen ist. Das Datenfeld Datenname-1 kann numerisch oder alphanumerisch sein und muss in der WORKING-STORAGE SECTION,LOCAL-STORAGE SECTION oder LINKAGE SECTION definiert werden.

Der Fehlercode gibt Informationen über den Dateizustand nach der Ausführung der E/A-Operation. Im Folgenden sind die wichtigsten Codes aufgeführt:

1. Byte	Bedeutung	
0	E/A-Anweisung wurde erfolgreich ausgeführt.	
	2. Byte	**Bedeutung**
	0	Keine weitere Information
	4	Die Länge des soeben geschriebenen Satzes entspricht nicht der festen Satzlänge der Datei.
	5	Kennzeichnet, dass die soeben eröffnete Optional-Datei nicht vorhanden war
	7	Eine CLOSE REEL/UNIT wurde für eine Datei benutzt, die nicht als REEL-Datei interpretiert werden kann, z.B. eine Drucker-Datei.

Tabelle 15.2: File-Status 0

1. Byte	Bedeutung	
1	AT END-Bedingung	
	2. Byte	**Bedeutung**
	0	Kein logischer Satz mehr vorhanden, weil das Dateiende aufgetreten ist oder die READ-Anweisung auf eine Optional-Datei ausgeführt wurde, die nicht existiert

Tabelle 15.3: File-Status 1

1. Byte	Bedeutung	
3	Permanenter Fehler	
	2. Byte	**Bedeutung**
	0	Keine weiteren Informationen
	4	Dateigröße überschritten
	5	Es wurde versucht, eine `NOT OPTIONAL`-Datei, die nicht existiert, mit `OPEN INPUT`, `I-O` oder `EXTEND` zu öffnen.
	7	`OPEN`-Modus für eine Datei ist nicht möglich.
	8	Die Datei kann nicht eröffnet werden, da sie mit `CLOSE WITH LOCK` geschlossen worden ist.
	9	Satzlängen-Fehler

Tabelle 15.4: File-Status 3

1. Byte	Bedeutung	
4	Logischer Fehler	
	2. Byte	**Bedeutung**
	1	Datei bereits eröffnet
	2	Datei bereits geschlossen
	3	Eine `REWRITE`-Anweisung kann nicht im sequenziellen Zugriffsmodus ohne vorausgehendes Lesen ausgeführt werden.
	4	Überschreitung der Dateigröße. Ursache dafür ist der Versuch, einen Satz zu schreiben oder zurückzuschreiben, dessen Länge nicht innerhalb der erlaubten Grenzen gemäß dem Zusatz `RECORD IS VARYING` liegt.
	6	Der für das sequenzielle Lesen zuständige Satzzeiger (current record pointer) ist undefinierbar. Ursache dafür ist eine erfolglose `READ`-Anweisung.
	7	Der aktuelle Eröffnungsmodus erlaubt das Lesen nicht.
	8	Der aktuelle Eröffnungsmodus erlaubt das Schreiben nicht.
	9	Der aktuelle Eröffnungsmodus erlaubt das Löschen oder das Zurückschreiben nicht.

Tabelle 15.5: File-Status 4

1. Byte	Bedeutung	
5	Satzverarbeitung konnte nicht durchgeführt werden.	
	2. Byte	**Bedeutung**
	1	Ein Satz kann nicht gelesen oder geschrieben werden, weil er gesperrt ist.
	2	Ein Deadlock ist aufgetreten. Ursache dafür ist, dass zwei Anwendungen auf Datensätze zugreifen wollen, die durch die jeweils andere Anwendung gesperrt wurden.

Tabelle 15.6: File-Status 5

1. Byte	Bedeutung	
	3	Durch die Dateioperation soll ein weiterer Satz gesperrt werden, die Anwendung hat aber bereits das Maximum an Satzsperren erreicht.
	4	Durch die Dateioperation soll ein weiterer Satz gesperrt werden, diese Datei hat aber bereits das Maximum an Satzsperren erreicht.

Tabelle 15.6: File-Status 5 (Forts.)

1. Byte	Bedeutung	
6	File-Sharing-Konflikt	
	2. Byte	**Bedeutung**
	1	Eine `OPEN`-Anweisung versucht, eine Datei zu öffnen, die bereits von einer anderen Anwendung geöffnet ist, und ein gemeinsamer Zugriff ist nicht möglich. Ursache dafür kann sein, dass die Datei von der anderen Anwendung in einem Modus geöffnet wurde, der keinen gemeinsamen Zugriff erlaubt, oder die Datei soll für Ein- und Ausgabeoperationen geöffnet werden, während die andere Anwendung sie nur für lesende Zugriffe geöffnet hat. Auch der Versuch, eine Datei mit `OPEN OUTPUT` zu öffnen, die bereits von einer anderen Anwendung geöffnet ist, liefert diesen Statuscode.

Tabelle 15.7: File-Status 6

1. Byte	Bedeutung	
9	Runtime-System-Fehler	
	2. Byte	**Bedeutung**
	xxx	Das zweite Byte enthält eine 3-stellige Zahl im binären Format. Die Werte sind herstellerabhängig.

Tabelle 15.8: File-Status 9

Enthält das erste Byte eine 9, handelt es sich hier um einen Systemfehler. In diesem Fall wird im zweiten Byte ein dreistelliger Fehlercode im binären Format geliefert. Da dieser herstellerabhängig ist, sei auf die entsprechende Herstellerliteratur verwiesen.

Beispiel

Das Beispiel zeigt, wie man sich vergewissern kann, ob eine Anweisung ordnungsgemäß ausgeführt wurde oder einen Fehler verursacht hat.

```
FILE-CONTROL.
    SELECT ARTIKEL ASSIGN TO "C:ARTIKEL.DAT"
           ORGANIZATION    IS SEQUENTIAL
           ACCESS MODE     IS SEQUENTIAL
           FILE STATUS     IS ARTIKEL-STATUS.
```

```
FILE SECTION.
FD ARTIKEL.
01 A-SATZ              PIC X(200).

WORKING-STORAGE SECTION.
01 ARTIKEL-STATUS.
    05 STELLE-1        PIC 9.
    05 STELLE-2        PIC 9.
01 STATUS-BINAER REDEFINES ARTIKEL-STATUS PIC 9(4) COMP.
01 AUSGABE-STATUS.
    05 A-STELLE-1      PIC 9.
    05 A-STELLE-2      PIC /999.

PROCEDURE DIVISION.
    OPEN INPUT ARTIKEL.
    IF  STELLE-1 = 9
        MOVE STELLE-1      TO A-STELLE-1,
        MOVE LOW-VALUE     TO STELLE-1,
        MOVE STATUS-BINAER TO A-STELLE-2,
        DISPLAY AUSGABE-STATUS AT 2501
    END-IF.
```

Listing 15.3: File-Status überprüfen

15.1.6 Sonstige Klauseln

RESERVE-Klausel

Die RESERVE-Klausel bestimmt die Anzahl der E/A-Puffer.

LOCK MODE-Klausel

Diese Klausel wird für die Multiuser-Umgebung benutzt; dieses Thema wird ausführlich und zentral in dem Bonuskapitel »Konkurrierende Dateizugriffe« beschrieben, das Sie in den Downloads zum Buch finden (siehe Seite 14).

PADDING CHARACTER-Klausel

Dieser Zusatz ist veraltet.

RECORD DELIMITER-Klausel

Für Dateien mit variabel langen Sätzen kann hierüber ein besonderer Datensatzbegrenzer festgelegt werden. Im Allgemeinen bezieht man sich aber auf STANDARD.

15.2 Eintragungen in der DATA DIVISION

Jede Datei, die im Programm definiert wird, muss unter FD (File Description) in der FILE SECTION beschrieben werden. Die Beschreibung umfasst Details über den Aufbau der Datei und deren Satzaufbau.

```
FD Dateiname
  [IS EXTERNAL [AS Literal-1]]
  [IS GLOBAL]
  [FORMAT {BIT | CHARACTER | NUMERIC} DATA]
  [BLOCK CONTAINS [Ganzzahl-1 TO] Ganzzahl-2 {CHARACTERS | RECORDS}]
  [RECORD { CONTAINS Ganzzahl-3 CHARACTERS
          | IS VARYING IN SIZE [[FROM Ganzzahl-4][TO Ganzzahl-5]
                CHARACTERS]
              [DEPENDING ON Bezeichner-1]
          | CONTAINS Ganzzahl-6 TO Ganzzahl-7 CHARACTERS }]
  [LINAGE IS {Bezeichner-2 | Ganzzahl-8} LINES [WITH FOOTING AT {Bezeichner-3 | Ganzzahl-9}]
     [LINES AT TOP {Bezeichner-4 | Ganzzahl-10}] [LINES AT BOTTOM {Bezeichner-5 | Ganzzahl-11}]]
  [CODE-SET { IS Alphabetname-1 [Alphabetname-2]
            | {FOR ALPHANUMERIC IS Alphabetname-1 | FOR NATIONAL IS Alphabetname-2} }] .
```

Abb. 15.2: FD-Klausel

15.2.1 RECORD CONTAINS-Klausel

Die RECORD CONTAINS-Klausel spezifiziert die Länge des Datensatzes. Wird z.B. RECORD CONTAINS 130 CHARACTERS angegeben, darf keine Satzbeschreibung (siehe Abschnitt 15.2.5), die zu dieser gehört, die angegebene Länge überschreiten.

Variable Satzlänge

Wird die Angabe RECORD IS VARYING IN SIZE verwendet, spezifiziert man damit eine variable Satzlänge. Dabei gibt Ganzzahl-4 die minimale Satzlänge und Ganzzahl-5 die maximale Satzlänge an. Die angegebene Ganzzahl-4 muss kleiner als Ganzzahl-5 sein. Wird die minimale Satzlänge nicht angegeben, wird die Länge des kleinsten Satzes, der in der FD-Beschreibung dieser Datei definiert wurde, als minimale Satzlänge festgesetzt. Wird die maximale Satzlänge nicht angegeben, wird die Länge des längsten definierten Satzes genommen.

Verarbeitung der variablen Satzlänge

Die jeweils zu verarbeitende variable Satzlänge geht aus dem Inhalt des Feldes `Bezeichner-1` hervor. `Bezeichner-1` bestimmt also die aktuelle Satzlänge und muss als numerische und vorzeichenlose Ganzzahl definiert werden.

Ein/Ausgabe-Anweisungen für eine Datei mit variabler Satzlänge beziehen sich automatisch auf den Inhalt dieses Datennamens bzw. beeinflussen dessen Inhalt.

Noch vor der Ausführung einer `WRITE`-, `REWRITE`- oder `RELEASE`-Anweisung muss die aktuelle Länge des zu schreibenden Satzes in `Bezeichner-1` gebracht werden. Eine `WRITE`-Anweisung bezieht sich dann auf den aktuellen Inhalt von `Bezeichner-1` und schreibt tatsächlich nur so viele Zeichen vom Datensatz in die Datei, wie aus `Bezeichner-1` hervorgeht.

Im Gegensatz zu diesen Anweisungen liefert eine erfolgreich ausgeführte `READ`- oder `RETURN`-Anweisung die aktuelle Satzlänge des gerade gelesenen Satzes in den `Bezeichner-1`.

Es ist darauf zu achten, dass eine `WRITE`-, `REWRITE`- oder `RELEASE`-Anweisung bzw. eine missglückte `READ`- oder `RETURN`-Anweisung den Inhalt des Bezeichners nicht beeinflusst.

Ist `Bezeichner-1` nicht angegeben, werden so viele Zeichen geschrieben, wie aus der Satzbeschreibung hervorgeht. Eine evtl. in der Satzbeschreibung definierte Tabelle mit variabler Elementanzahl wird berücksichtigt. Das heißt, die aktuelle Anzahl der Tabellenelemente wird zur Festlegung der zu schreibenden Länge herangezogen.

Beispiel

```
FILE SECTION.
FD  UMSAETZE
    RECORD IS VARYING IN SIZE
        FROM 20 TO 240 CHARACTERS
        DEPENDING ON SATZLAENGE.
01 UMSAETZE-SATZ         PIC X(240).

WORKING-STORAGE SECTION.
01 SATZLAENGE            PIC 9(3).

PROCEDURE DIVISION.
    .
    MOVE 160 TO SATZLAENGE.
    WRITE UMSAETZE-SATZ.
```

Listing 15.4: Datei mit variabler Satzlänge

15.2.2 BLOCK CONTAINS-Klausel

Die BLOCK CONTAINS-Klausel gibt den Blockungsfaktor der Datei an. Bei einem Lesezugriff wird immer ein ganzer Block aus Sätzen von dem Speichermedium in den Hauptspeicher übertragen, von denen dann einer dem COBOL-Programm übergeben wird. Für den nächsten Lesezugriff muss dann nicht sofort wieder auf das Speichermedium zugegriffen werden. Dies ist erst wieder nötig, wenn alle Sätze aus dem Block verarbeitet wurden. Auf PC-Systemen spielt diese Angabe keine Rolle, da der Blockungsfaktor hier immer eine feste Anzahl Byte umfasst, die vom Betriebssystem und der Hardware vorgegeben ist.

15.2.3 LINAGE-Klausel

Die LINAGE-Klausel kann für Druckdateien verwendet werden, um logische Seiten aufzubauen.

Ganzzahl-8 spezifiziert die Anzahl der Zeilen pro Seite. Der Bereich dieser Zeilen wird Seitenrumpf genannt. Er umfasst Zeilen, die geschrieben und/oder freigehalten werden.

Die FOOTING-Klausel

Die FOOTING-Klausel spezifiziert die erste Zeilennummer innerhalb des Seitenrumpfes, bei der die Fußzone beginnt. Die Zeilennummer darf nicht größer als die Anzahl der Zeilen in Ganzzahl-8 sein. Wird die FOOTING-Angabe weggelassen, wird ihr Wert gleich dem des Seitenrumpfes angenommen.

Die TOP-Klausel

Die TOP-Klausel spezifiziert die Anzahl der Zeilen im oberen Bereich einer Seite (Kopfzone). Wird die TOP-Angabe weggelassen, wird 0 angenommen.

Die BOTTOM-Klausel

Die BOTTOM-Klausel spezifiziert die Anzahl der Zeilen im unteren Rand einer Seite (Fußzone). Wird die BOTTOM-Angabe weggelassen, wird 0 angenommen.

Die logische Seitengröße ist die Summe von Ganzzahl-8, Ganzzahl-10 und Ganzzahl-11.

Beispiel

```
FD  LISTE,
    LINAGE           40 LINES,
    WITH   FOOTING   40,
    LINES  AT TOP    12,
    LINES  AT BOTTOM 20.
```

Listing 15.5: Definition einer Druckseite

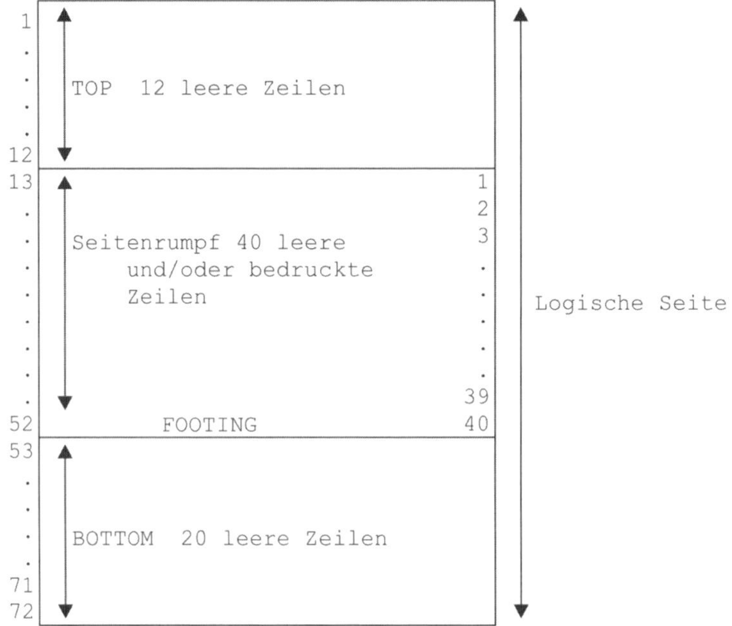

Abb. 15.3: Einteilung einer logischen Seite

Wird in diesem Beispiel die FOOTING-Angabe mit 35 angegeben, verkürzt sich der Seitenrumpf auf 35 Zeilen.

15.2.4 CODE-SET-Klausel

In Anbetracht der Praxisgegebenheiten hinsichtlich der Kommunikation und des Datentransfers zwischen PC und Großrechner stellt diese Klausel eine wichtige Anwendung im COBOL-Programm dar. Die Klausel muss einen Alphabetnamen spezifizieren, der im SPECIAL-NAMES-Paragraphen mit EBCDIC verknüpft worden ist.

Beim Schreiben in eine solche Datei werden die zu schreibenden Daten vom ASCII in den EBCDIC umgewandelt, und die erstellte Datei liegt somit im EBCDIC für den Großrechner bereit.

Beim Lesen aus einer solchen Datei werden die Daten vom EBCDIC in den ASCII umgewandelt, und der eingelesene Satz ist somit für weitere Verarbeitungen in der PC-Umgebung im ASCII vorhanden.

Es ist darauf zu achten, dass die Satzbeschreibung einer solchen Datei ausschließlich aus Feldern besteht, die implizit oder explizit mit USAGE DISPLAY definiert worden sind.

Wird der Alphabetname mit dem Wort STANDARD-1, STANDARD-2, NATIVE oder ASCII verknüpft, erfolgt keine Umwandlung.

Beispiel

```
ENVIRONMENT DIVISION.
CONFIGURATION SECTION.
SPECIAL-NAMES.
    ALPHABET CODE-UMWANDLUNG IS EBCDIC.

INPUT-OUTPUT SECTION.
FILE-CONTROL.
    SELECT ARTIKEL ASSIGN TO "ARTIKEL.DAT"

DATA DIVISION.
FILE SECTION.
FD ARTIKEL CODE-SET IS CODE-UMWANDLUNG.
```

Listing 15.6: Datei mit festgelegter Code-Tabelle

15.2.5 Datensatzbeschreibung

Nachdem die notwendigen Klauseln unter FD angegeben worden sind, muss nun die Datensatzbeschreibung unter der Stufennummer 01 folgen.

Dieser Datensatz wird für die Abwicklung der E/A-Operationen verwendet. Werden mehrere unterschiedlich strukturierte Datensätze für eine Datei benötigt, können diese hintereinander jeweils auf der Stufennummer 01 beschrieben werden. Sie benötigen immer den gleichen Speicherplatz.

Beispiel

```
DATA DIVISION.
FILE SECTION.
FD  ARTIKEL.
01  ARTIKEL-SATZ.
    05  ART-NR          PIC   999.
    05  ART-BEZ         PIC   X(25).
    05  ART-PREIS       PIC   9(5)V99.
    05  ART-M-EINHEIT   PIC   X.
    05  FILLER          PIC   X(100).
```

Listing 15.7: Beschreibung eines Datensatzes

15.3 Anweisungen in der PROCEDURE DIVISION

Für die Verarbeitung einer sequenziellen Datei können die nachfolgenden Anweisungen benutzt werden:

- OPEN – Öffnen der Datei
- READ – Lesen aus der Datei
- WRITE – Schreiben in die Datei
- REWRITE – Ersetzen eines Satzes in der Datei
- CLOSE – Schließen der Datei
- USE – Behandlung von Fehlern

15.3.1 OPEN-Anweisung

Wirkung

Die OPEN-Anweisung öffnet die Dateien für die Verarbeitung.

```
OPEN { { INPUT  } [sharing-phrase] [retry-phrase]
       { OUTPUT }
       { I-O    }
       { EXTEND }

              {Dateiname-1 [WITH NO REWIND]}... } ...

 sharing-phrase:

   SHARING WITH { ALL OTHER }
                { NO OTHER  }
                { READ ONLY }

 retry-phrase:

   RETRY { arithmetischer-Ausdruck-1  TIMES       }
         { FOR arithmetischer-Ausdruck-2 SECONDS  }
         { FOREVER                                }
```

Abb. 15.4: OPEN-Anweisung

Erläuterung

Jede Datei, die im Programm angesprochen wird, muss mit der OPEN-Anweisung geöffnet werden, ehe ein Zugriff auf diese Datei ausgeführt wird. Bei der Eröffnung einer Datei werden, abhängig vom Eröffnungsmodus, verschiedene Funktionen ausgeführt. So wird z.B. bei OPEN INPUT geprüft, ob eine Datei für die Eingabe vorhanden ist. Bei OPEN OUTPUT wird der Dateiname im Inhaltsverzeichnis angelegt.

Der Eingabemodus

Wenn eine Datei mit OPEN INPUT eröffnet wird, kann sie ausschließlich durch die READ-Anweisung eingelesen werden (sogenannter Eingabemodus). Dabei wird vorausgesetzt, dass die Datei vorhanden sein muss, es sei denn, sie wurde in der SELECT-Klausel mit OPTIONAL beschrieben.

Beispiel

```
OPEN INPUT ARTIKEL.
```

Der Ausgabemodus

Wird eine Datei mit OPEN OUTPUT geöffnet, kann sie ausschließlich durch die WRITE-Anweisung das erste Mal erstellt werden (sogenannter Ausgabemodus). Eine evtl. vorhandene Datei mit dem gleichen Namen wird überschrieben, es sei denn, die Datei ist vom Betriebssystem schreibgeschützt. In diesem Fall tritt ein Fehler auf.

Beispiel

```
OPEN OUTPUT LISTE.
```

Der Update-Modus

OPEN I-O eröffnet die Datei im Update-Modus. Die Sätze der Datei können nun mit der READ-Anweisung gelesen, aktualisiert und anschließend mit der REWRITE-Anweisung zurückgeschrieben werden. Dabei wird die Existenz der Datei vorausgesetzt, wenn für diese Datei die OPTIONAL-Angabe in der SELECT-Klausel nicht gemacht worden ist.

Beispiel

```
OPEN I-O LAGER.
```

Der Erweiterungsmodus

Eine Datei, die mit OPEN EXTEND eröffnet wird, befindet sich im Erweiterungsmodus, das heißt, eine eventuell bestehende Datei kann um weitere Datensätze ergänzt werden. Die Sätze werden am Ende der Datei hinzugefügt.

Ist die Datei nicht vorhanden, wird sie beim erstmaligen Eröffnen erstellt.

Beispiel

```
OPEN EXTEND ADRESSEN.
```

Der NO REWIND-Zusatz

Der NO REWIND-Zusatz bewirkt, dass der Datenträger nicht zurückgespult wird. Das ist wichtig, wenn sich die Datei noch auf einem Magnetband befinden sollte.

15.3.2 READ-Anweisung

Wirkung

Die READ-Anweisung liest jeweils den nächsten Datensatz einer Datei.

```
READ Dateiname-1 { NEXT     } RECORD [ INTO Bezeichner-1]
                 { PREVIOUS }

  [ ADVANCING ON LOCK ]
  [ IGNORING LOCK     ]
  [ retry-phrase      ]

  [ WITH LOCK    ]
  [ WITH NO LOCK ]

  [| AT END unbedingte-Anweisung-1        |]
  [| NOT AT END unbedingte-Anweisung-2    |]

  [ END-READ ]

  retry-phrase:

          { arithmetischer-Ausdruck-1  TIMES       }
    RETRY { FOR arithmetischer-Ausdruck-2 SECONDS  }
          { FOREVER                                }
```

Abb. 15.5: READ-Anweisung

Erläuterung

Das Einlesen eines Datensatzes aus einer Datei bedeutet, dass der Datensatz vom Datenträger in den zugehörigen Datenpuffer dieser Datei übertragen wird.

Der INTO-Zusatz bewirkt, dass der Inhalt des Eingabepuffers zusätzlich in den Datensatz übertragen wird, der durch den Bezeichner angegeben ist. Der Datensatz selbst kann beliebig in der WORKING-STORAGE SECTION, LOCAL-STORAGE SECTION oder FILE SECTION definiert werden.

Beispiel

```
ENVIRONMENT DIVISION.
INPUT-OUTPUT SECTION.
FILE-CONTROL.
    SELECT ARTIKEL ASSIGN TO "ARTIKEL.DAT".

DATA DIVISION.
FILE SECTION.
FD  ARTIKEL.
01  ARTIKEL-SATZ.
```

```
    05  ART-NR            PIC   999.
    05  ART-BEZ           PIC   X(25).
    05  ART-PREIS         PIC   9(5)V99.
    05  ART-M-EINHEIT     PIC   X.
    05  FILLER            PIC   X(100).

WORKING-STORAGE SECTION.
01 AUSGABE-SATZ           PIC   X(136).

PROCEDURE DIVISION.
    .
    .
    OPEN INPUT ARTIKEL.
    READ ARTIKEL INTO AUSGABE-SATZ.
```

Listing 15.8: Lesen aus einer Datei

Die gelesenen Daten befinden sich sowohl in ARTIKEL-SATZ als auch in AUSGABE-SATZ.

Der AT END-Zusatz

Der AT END-Zusatz spezifiziert eine Anweisung bzw. Anweisungsfolge, die dann ausgeführt wird, wenn das Dateiende festgestellt wird. Das Dateiende wird festgestellt, wenn alle Sätze der Datei gelesen worden sind und kein Satz mehr vorhanden ist. In diesem Fall wird – falls vorhanden – das FILE STATUS-Feld automatisch auf den Wert 10 gesetzt.

Beispiel

```
WORKING-STORAGE SECTION.
01  DATEIENDE-KZ          PIC   9 VALUE 0.

PROCEDURE DIVISION.
    .
    READ ARTIKEL AT END MOVE 1 TO DATEIENDE-KZ.
    .
    IF DATEIENDE-KZ = 1
        DISPLAY "DATEIENDE ERREICHT"
        CLOSE ARTIKEL
    END-IF.
```

Listing 15.9: Dateiende über AT END abfragen

Ist die FILE STATUS-Klausel angegeben, kann der AT END-Zusatz weggelassen werden, das Dateiende kann mithilfe des FILE STATUS-Felds festgestellt werden, z.B.

```
READ ARTIKEL.
IF ARTIKEL-STATUS = 10
    DISPLAY "DATEIENDE ERREICHT"
    CLOSE ARTIKEL
END-IF.
```

Listing 15.10: Dateiende über Dateistatus abfragen

Der Zusatz NOT AT END

Dieser Zusatz spezifiziert eine Anweisung, die dann ausgeführt wird, wenn das Dateiende noch nicht festgestellt worden ist. Diese Anweisung erhält in jedem Fall die Steuerung, wenn das Dateiende nicht auftritt, auch dann, wenn aus irgendeinem Grund – außer Dateiende – kein Datensatz gelesen worden ist.

WITH LOCK-Zusatz

Dieser Zusatz wird für die Multiuser-Umgebung benutzt. Dieses Thema wird ausführlich und zentral in dem Bonuskapitel »Konkurrierende Dateizugriffe« beschrieben, das Sie in den Downloads zum Buch finden (siehe Seite 14).

15.3.3 WRITE-Anweisung

Wirkung

Die WRITE-Anweisung wird benutzt, um Datensätze in einer Datei auszugeben.

```
WRITE { Satzname       }  [ FROM { Bezeichner-1 } ]
      { FILE Dateiname }         { Literal-1    }

  [                            { { Bezeichner-2 } [ LINE  ] } ]
  [ { BEFORE }  ADVANCING      { { Ganzzahl-1   } [ LINES ] } ]
  [ { AFTER  }                 {                            } ]
  [                            { { Merkname }               } ]
  [                            { { PAGE     }               } ]

  [ AT { END-OF-PAGE } unbedingte-Anweisung-1                ]
  [    { EOP         }                                       ]
  [                                                          ]
  [ NOT AT { END-OF-PAGE } unbedingte-Anweisung-2            ]
  [        { EOP         }                                   ]

  [ retry-phrase ]

  [ WITH LOCK    ]
  [ WITH NO LOCK ]

  [ END-WRITE ]

 retry-phrase:

  RETRY { arithmetischer-Ausdruck-1 TIMES         }
        { FOR arithmetischer-Ausdruck-2 SECONDS   }
        { FOREVER                                 }
```

Abb. 15.6: WRITE-Anweisung

Erläuterung

Das Schreiben in eine Datei bedeutet, dass der Datensatz aus dem Ausgabepuffer, der für diese Datei vereinbart worden ist, auf den Datenträger übertragen wird.

Der Datensatzname ist der Name des Ausgabepuffers in der `FILE SECTION`, auf den sich die `WRITE`-Anweisung immer beziehen muss, außer wenn der `FILE`-Zusatz verwendet wird.

Die Zusätze FILE und FROM

Der `FROM`-Zusatz bewirkt, dass der Inhalt des Bezeichners noch vor Ausführung der `WRITE`-Anweisung in den Ausgabepuffer übertragen wird. Da Sie die `VALUE`-Klausel in der `FILE SECTION` nicht verwenden dürfen, etwa für die Definition von Datensätzen mit Anfangswerten für die Ausgabe in einer Druckdatei, können Sie diese Datensätze in der `WORKING-STORAGE SECTION` definieren und im `FROM`-Zusatz angeben.

Noch einfacher geht das, wenn man zusätzlich den `FILE`-Zusatz verwendet. Dann ist es möglich, ohne den Umweg über eine Datensatzbeschreibung, direkt den Inhalt einer Variablen oder eines Literals in eine Datei zu schreiben.

Beispiel

```
ENVIRONMENT DIVISION.
INPUT-OUTPUT SECTION.
FILE-CONTROL.
    SELECT LISTE ASSIGN TO "PRN".

DATA DIVISION.
FILE SECTION.
FD  LISTE.
01  L-SATZ            PIC   X(70).

WORKING-STORAGE SECTION.
01  SATZ-1.
    05 FILLER         PIC   X(25).
    05 FILLER         PIC   X(20) VALUE "UMSATZLISTE".

PROCEDURE DIVISION.
    OPEN OUTPUT LISTE.
    WRITE L-SATZ FROM SATZ-1.
*> oder:
    WRITE FILE LISTE FROM SATZ-1.
```

Listing 15.11: Schreiben eines Datensatzes

Der Inhalt von `SATZ-1` wird nach `L-SATZ` kopiert und dann in die Datei geschrieben.

Die WRITE-Anweisung und Druckdateien

Druckdateien sind Bestände, die entweder direkt über den Drucker ausgegeben werden (z.B. `ASSIGN TO "PRN"`) oder permanent auf einer Diskette gespeichert werden und anschließend mit dem Print-Befehl vom Betriebssystem ausgedruckt werden.

Der ADVANCING-Zusatz

Der `ADVANCING`-Zusatz wird verwendet, um eine Zeile in einer Druckdatei mit einer bestimmten Anzahl von Zeilenvorschüben zu drucken. Der `AFTER`-Zusatz bedeutet, dass das Drucken der Zeile erst nach dem Vorschub erfolgen soll. Codiert man z.B. `WRITE AUSGABE-SATZ AFTER 4`, erzeugt man damit 3 Leerzeilen.

Aktuelle Druckkopfposition		UMSATZLISTE
	1	
	2	
	3	
WRITE AUSGABE-SATZ AFTER 4	4	NÄCHSTE ZEILE

Abb. 15.7: Funktion des AFTER-Zusatzes

Der `BEFORE`-Zusatz bewirkt, dass das Drucken der Zeile noch vor dem Vorschub erfolgen soll. Er bewirkt eine Vorpositionierung für die nächste Zeile.

In jedem Fall kann das Wort `PAGE` verwendet werden, um einen Seitenvorschub zu erzeugen. Man kann auch jeden Merknamen verwenden, der im `SPECIAL-NAMES`-Paragraphen mit dem Wort `FORMFEED` oder `TAB` verknüpft worden ist.

`FORMFEED` ist in der Funktion gleichwertig mit `PAGE`. `TAB` ist eine Alternative für `AFTER 1`.

Ist die Datei mit `ORGANIZATION IS SEQUENTIAL` beschrieben und fehlt bei der `WRITE`-Anweisung der `ADVANCING`-Zusatz, wird jede Zeile automatisch mit einzeiligem Vorschub geschrieben, wenn die `WRITE`-Anweisung den Drucker direkt anspricht (z.B. `ASSIGN TO PRINTER`).

Die WRITE-Anweisung und die LINAGE-Klausel

Der `AT END-OF-PAGE`-Zusatz darf nur für Dateien verwendet werden, die in der `FILE SECTION` mit der `LINAGE`-Klausel beschrieben worden sind. Die dort angegebene unbedingte Anweisung wird dann aktiviert, wenn der zugehörige LINAGE-COUNTER den Wert der FOOTING-Angabe erreicht oder überschritten hat.

Eine WRITE-Anweisung mit dem Zusatz AFTER bzw. BEFORE PAGE bewirkt, dass der LINAGE-COUNTER auf 1 zurückgesetzt wird. Wird beim Vorschub eine bestimmte Anzahl von Zeilen verwendet, erhöht sich der LINAGE-COUNTER automatisch um diese Anzahl.

Druckersteuerung

Um eine bestimmte Schriftart oder eine Funktion des Druckers zu aktivieren, muss eine entsprechende ESCAPE-Sequenz an den Drucker geleitet werden. Diese beginnt immer mit dem ESCAPE-Zeichen (X"1B"), gefolgt vom gewünschten Steuerzeichen. Steuerzeichen sind von Drucker zu Drucker unterschiedlich und können dem jeweiligen Drucker-Bedienungshandbuch entnommen werden. Ein Steuerzeichen braucht nur ein einziges Mal aktiviert zu werden, es bleibt so lange aktiv, bis es durch ein Gegen-Steuerzeichen deaktiviert wird. Die ESCAPE-Sequenz kann wie folgt im hexadezimalen Format angegeben werden:

Beispiel

```
ENVIRONMENT DIVISION.
INPUT-OUTPUT SECTION.
FILE-CONTROL.
    SELECT LISTE ASSIGN TO PRINTER.

DATA DIVISION.
FILE SECTION.
FD  LISTE.
01  L-SATZ             PIC   X(70).

WORKING-STORAGE SECTION.
01  SATZ-1.
    05  STEUER-ZEICHEN PIC   XX.
    05  FILLER         PIC   X(25).
    05  FILLER         PIC   X(20) VALUE "UMSATZLISTE".

PROCEDURE DIVISION.
    MOVE X"1B0F" TO STEUER-ZEICHEN.
    WRITE L-SATZ FROM SATZ-1 AFTER PAGE.
```

Listing 15.12: Beispiel 8: Direkte Druckersteuerung

Diese ESCAPE-Sequenz erzeugt bei den meisten Druckern eine Schmalschrift.

15.3.4 REWRITE-Anweisung

Wirkung

Die `REWRITE`-Anweisung verwendet man, um bestehende Sätze einer Datei zurückzuschreiben.

```
REWRITE { Satzname        } RECORD [ FROM { Bezeichner-1 } ]
        { FILE Dateiname  }               { Literal-1    }

    [retry-phrase]

    [WITH LOCK   ]
    [WITH NO LOCK]

    [END-REWRITE]

 retry-phrase:

         { arithmetischer-Ausdruck-1 TIMES       }
   RETRY { FOR arithmetischer-Ausdruck-2 SECONDS }
         { FOREVER                               }
```

Abb. 15.8: REWRITE-Anweisung

Erläuterung

Die Verwendung der `REWRITE`-Anweisung erfordert das Öffnen der Datei im Update-Modus (`OPEN I-O`). Darüber hinaus muss die Datei mit `ORGANIZATION SEQUENTIAL` beschrieben worden sein.

Das Zurückschreiben eines Satzes in eine Datei bedeutet, dass der Datensatz aus dem Ausgabepuffer, der für diese Datei vereinbart worden ist, auf den Datenträger übertragen wird. Dabei wird vorausgesetzt, dass der Datensatz schon in der Datei existiert. Er muss gelesen werden, bevor er zurückgeschrieben werden kann.

Die Zusätze FILE und FROM

Diese Zusätze haben die gleiche Bedeutung wie bei der `WRITE`-Anweisung.

Beispiel

Das Beispiel demonstriert lediglich die Arbeitsweise und das Zusammenspiel zwischen der `READ`- und der `REWRITE`-Anweisung.

```
ENVIRONMENT DIVISION.
INPUT-OUTPUT SECTION.
FILE-CONTROL.
    SELECT LOHN-DATEN ASSIGN TO "LOHN.DAT"
           ORGANIZATION     IS SEQUENTIAL.
```

```
DATA DIVISION.
FILE SECTION.
FD  LOHN-DATEN.
01  LOHN-SATZ.
    05  L-ARB-NR        PIC   999.
    05  L-VORSCHUSS     PIC   9(4).
    05  FILLER          PIC   X(100).

WORKING-STORAGE SECTION.
01  VORSCHUSS           PIC   9(4).

PROCEDURE DIVISION.
    .
    OPEN I-O LOHN-DATEN.
    .
    READ LOHN-DATEN.
    .
    ADD VORSCHUSS TO L-VORSCHUSS.
    .
    REWRITE LOHN-SATZ.
```

Listing 15.13: Ändern eines Datensatzes

15.3.5 CLOSE-Anweisung

Wirkung

Die CLOSE-Anweisung wird verwendet, um eine Datei zu schließen.

```
        {               [ {REEL} [ FOR REMOVAL ] ] }
        {               [ {UNIT}                 ] }
CLOSE   { Dateiname-1   [                        ] }  ...
        {               [ WITH {NO REWIND}       ] }
        {               [      {LOCK     }       ] }
```

Abb. 15.9: CLOSE-Anweisung

Erläuterung

Beim Schließen einer Datei werden die Verwaltungsinformationen für diese Datei aktualisiert; anschließend wird die Datei freigegeben.

Nach dem Schließen der Datei dürfen keine E/A-Operationen mehr für diese Datei ausgeführt werden.

Der REEL/UNIT-Zusatz muss für Dateien angegeben werden, die in der SELECT-Klausel mit MULTIPLE REEL bzw. UNIT definiert worden sind. Er darf nicht für andere Dateien verwendet werden.

Der LOCK-Zusatz bewirkt, dass die Datei in demselben Programmlauf nicht mehr geöffnet werden kann.

Beispiel

```
CLOSE ARTIKEL, LISTE.
```

Zusammenfassung

Tabelle 15.9 zeigt die zulässigen E/A-Anweisungen in den verschiedenen Eröffnungsmodi für sequenzielle Dateien.

Anweisung	Eröffnungsmodus			
	INPUT	OUTPUT	EXTEND	I-O
READ	X			X
WRITE		X	X	
REWRITE				X

Tabelle 15.9: Zulässige E/A-Anweisungen

15.3.6 USE-Anweisung

Wirkung

Die USE-Anweisung wird benutzt, um zentrale Fehlerbehandlungs-Routinen für eine bestimmte Datei zu definieren.

```
                                                      { {Dateiname-1}... }
USE [GLOBAL] AFTER STANDARD { EXCEPTION } PROCEDURE ON { INPUT              }
                            { ERROR     }              { OUTPUT             }
                                                      { I-O                }
                                                      { EXTEND             }
```

Abb. 15.10: USE-Anweisung

Erläuterung

In vielen Situationen treten bei Dateizugriffen bestimmte Fehler auf, z.B. wenn beim Erstellen einer Datei das Speichermedium voll wird oder wenn ein falscher Dateiname verwendet wird usw.

Nun erhebt sich die Frage, wie solche Fehler festgestellt werden können, um eine entsprechende Mitteilung an den Benutzer zu geben.

Es ist durchaus möglich, nach jedem Dateizugriff eine Fehlerbehandlungs-Routine zu codieren, um den Fehler festzustellen. Dies wäre jedoch zu umfangreich. In COBOL hat man dafür den DECLARATIVES-Teil vorgesehen.

Der DECLARATIVES-Teil beginnt unmittelbar nach der PROCEDURE DIVISION mit dem Wort DECLARATIVES und endet mit END DECLARATIVES.

Er kann eine oder mehrere SECTIONs beinhalten. Jede SECTION enthält nun eine USE-Anweisung, die sich auf eine oder mehrere Dateien bezieht.

Der DECLARATIVES-Teil wird bei der Programmausführung nicht aktiviert, sondern nur dann, wenn für eine Datei, die dort in einer USE-Anweisung angegeben wurde, ein Fehler auftritt.

Die USE-Anweisung selbst teilt dem System mit, dass die nachfolgenden Anweisungen, die noch in dieser SECTION codiert sind, ausgeführt werden sollen, wenn für die in dieser SECTION definierte Datei ein Zugriffsfehler auftritt.

Codiert man z.B. in einer SECTION im DECLARATIVES-Teil:

```
    USE AFTER STANDARD ERROR PROCEDURE ON ARTIKEL
```

so werden die hier noch in dieser SECTION vorhandenen Anweisungen ausgeführt, wenn für die Datei ARTIKEL ein Fehler auftritt. Die Anweisungen selbst können beliebig sein. Sinnvollerweise sind es jedoch solche, die sich auf das FILE STATUS-Feld dieser Datei beziehen, um den Fehler zu analysieren.

Verursacht z.B. die Anweisung (OPEN INPUT ARTIKEL) einen Fehler, weil möglicherweise die Datei nicht vorhanden ist, wird die für diese Datei festgelegte SECTION automatisch ausgeführt. Anschließend wird das Programm nach der OPEN-Anweisung fortgesetzt.

Die Wörter ERROR und EXCEPTION können mit gleicher Bedeutung verwendet werden.

Bezieht man sich nicht explizit in der USE-Anweisung auf einen bestimmten Dateinamen, sondern auf eine der Möglichkeiten INPUT, OUTPUT, I-O oder EXTEND, werden die entsprechend eröffneten Dateien in dieser USE-Anweisung impliziert. In diesem Fall ist darauf zu achten, dass eine Datei nur in einer SECTION implizit oder explizit vorkommen kann.

Beispiel

Das Beispiel beschränkt sich auf die Auswertung einiger Fehler. Tritt keiner der explizit ausgewerteten Fehler auf, wird allgemein kommentiert: "DATEIFEHLER".

```
ENVIRONMENT DIVISION.
INPUT-OUTPUT SECTION.
FILE-CONTROL.
    SELECT ARTIKEL ASSIGN TO "C:ARTIKEL.DAT"
           ORGANIZATION   IS SEQUENTIAL,
```

```
           ACCESS MODE    IS SEQUENTIAL,
           FILE STATUS    IS ARTIKEL-STATUS.

DATA DIVISION.
FILE SECTION.
FD  ARTIKEL.
01  A-SATZ            PIC X(200).

WORKING-STORAGE SECTION.
01  ARTIKEL-STATUS.
    05  STELLE-1        PIC 9.
    05  STELLE-2        PIC 9.
01  FEHLER-CODE REDEFINES ARTIKEL-STATUS PIC 9(4) COMP.
01  FEHL-1              PIC X(30) VALUE
    "DISKETTE VOLL".
01  FEHL-2              PIC X(30) VALUE
    "INHALTSVERZEICHNIS VOLL".
01  FEHL-3              PIC X(30) VALUE
    "FALSCHER DATEINAME".
01  FEHL-4              PIC X(30) VALUE
    "DATEI NICHT VORHANDEN".
01  FEHL-TEXT           PIC X(30).
01  WARTEN              PIC X.

PROCEDURE  DIVISION.
DECLARATIVES.
ART-FEHL-BEHANDLUNG SECTION.
    USE AFTER STANDARD ERROR PROCEDURE ON ARTIKEL.
    IF STELLE-1 = 9
       MOVE LOW-VALUE TO STELLE-1

       IF FEHLER-CODE = 007
          MOVE FEHL-1 TO FEHL-TEXT
       ELSE
          IF FEHLER-CODE = 009
             MOVE FEHL-2 TO FEHL-TEXT
          ELSE
             IF FEHLER-CODE = 004
                MOVE FEHL-3 TO FEHL-TEXT
             ELSE
                IF FEHLER-CODE = 013
                   MOVE FEHL-4 TO FEHL-TEXT
                ELSE
                   MOVE "DATEI FEHLER" TO FEHL-TEXT
```

```
                END-IF
             END-IF
          END-IF
       END-IF
    END-IF.
    DISPLAY FEHL-TEXT AT 2501.
    ACCEPT  WARTEN    AT 2531.
ART-9999.
    EXIT.
END DECLARATIVES.

PROGRAMM-STEUERUNG SECTION.
PRO-1000.
    .
    .
    .
```

Listing 15.14: Fehlerhandling mit DECLARATIVES

Kapitel 16

Index-sequenzielle Dateiorganisation

Der Vorteil der Index-sequenziellen Dateien liegt darin, Datensätze einer solchen Datei sequenziell oder wahlfrei verarbeiten zu können. Der Aufbau einer Index-sequenziellen Datei bedarf der Angabe eines Schlüsselfelds, das innerhalb des Datensatzes liegen muss. Dieser Schlüssel ist der Ordnungsbegriff des Datensatzes, der für das Aufsuchen eines Satzes im wahlfreien Zugriffsmodus verwendet wird.

Für eine Index-sequenzielle Datei, die in COBOL erstellt wird, werden zwei Datenbestände erzeugt: Der erste Datenbestand enthält logische Datensätze, die vom Anwender erfasst werden. Der zweite Datenbestand enthält Verwaltungsinformationen, die automatisch vom System generiert und gepflegt werden; er wird daher als *Indexbestand* bezeichnet.

Alle Organisationsformen in COBOL haben einige Gemeinsamkeiten hinsichtlich der Definitionen der betroffenen Dateien und ihrer Verarbeitung. Dieses Kapitel ist jedoch ausschließlich der Datei-Organisationsform »Index-sequenziell« gewidmet. Wir werden in diesem Kapitel auf die ausführliche Erläuterung verschiedener Klauseln oder Anweisungen verzichten, die bereits detailliert beschrieben sind. Dazu sei auf das Kapitel 15 für die sequenzielle Dateiorganisation verwiesen.

Der Übersicht wegen wird das Thema »Alternative Schlüssel für Index-sequenzielle Dateien« in einem gesonderten Abschnitt am Ende dieses Kapitels behandelt. Das Thema »Dateien in Multiuserumgebungen« wird in dem Bonuskapitel »Konkurrierende Dateizugriffe« vorgestellt, das Sie in den Downloads zum Buch finden (siehe Seite 14).

16.1 Eintragungen in der ENVIRONMENT DIVISION

```
SELECT [ OPTIONAL ] Dateiname
          ⎧    ⎧ Device-name-1 ⎫                         ⎫
   ASSIGN ⎨ TO ⎩ Literal-1     ⎭ ...[ USING Datenname-1 ] ⎬
          ⎩ USING Datenname-1                            ⎭
    [                  ⎧ DYNAMIC    ⎫ ]
    [ ACCESS MODE IS   ⎨ RANDOM     ⎬ ]
    [                  ⎩ SEQUENTIAL ⎭ ]
    [ ALTERNATE RECORD KEY IS ⎧ Datenname-2                                   ⎫
    [                         ⎩ Record-Key-1 SOURCE IS { Datenname-3 } ...    ⎭
          [ WITH DUPLICATES ] ] ...
    [ Collating-Sequence-Klausel ]
```

```
[ FILE STATUS IS Datenname-4 ]

[ LOCK MODE IS {MANUAL   } [ WITH LOCK ON [MULTIPLE] {RECORD } ] ]
               {AUTOMATIC}                            {RECORDS}

[ ORGANIZATION IS ] INDEXED

RECORD KEY IS { Datenname-5                                      }
              { Record-Key-2 SOURCE IS {Datenname-6} ...         }

[ RESERVE Ganzzahl-1 { AREA  } ]
                     { AREAS }

[               { ALL OTHER }  ]
[ SHARING WITH  { NO OTHER  }  ] .
[               { READ ONLY }  ]

Collating-Sequence-Klausel:

                     { IS Alphabetname-1 [ Alphabetname-2 ]                 }
COLLATING SEQUENCE   {                                                      }
                     { {| FOR ALPHANUMERIC IS Alphabetname-1 |}             }
                     { {| FOR NATIONAL IS Alphabetname-2     |}             }
```

Abb. 16.1: SELECT-Klausel

Erläuterung

Die folgenden Klauseln haben die gleichen Bedeutungen wie bereits im Kapitel 15 zur sequenziellen Dateiverarbeitung beschrieben:

- SELECT-Klausel
- ASSIGN-Klausel
- RESERVE-Klausel

ORGANIZATION-Klausel

Wenn eine Index-sequenzielle Datei spezifiziert werden soll, muss `ORGANIZATION IS INDEXED` angegeben werden.

ACCESS MODE-Klausel

Die `ACCESS MODE`-Klausel spezifiziert den Zugriffsmodus für diese Datei. Im Gegensatz zu sequenziellen Dateien können Index-sequenzielle Dateien wahlfrei verarbeitet werden.

`ACCESS MODE IS SEQUENTIAL` erlaubt einen sequenziellen Zugriff auf die Datensätze dieser Datei. Dieser Zugriffsmodus wird empfohlen, wenn die Datei das erste Mal erstellt wird bzw. wenn viele Sätze aus dieser Datei verarbeitet werden sollen.

`ACCESS MODE IS RANDOM` erlaubt einen wahlfreien Zugriff für eine Index-sequenzielle Datei. Beim wahlfreien Zugriff hat man die Möglichkeit, anhand eines Schlüsselwerts einen Datensatz aus der Datei direkt zu lesen oder zu schreiben.

Wird ACCESS MODE IS DYNAMIC angegeben, hat man gleichzeitig die Möglichkeit, sowohl sequenziell als auch wahlfrei auf die Datei zuzugreifen. Dieser Zugriffsmodus wird dann empfohlen, wenn im gleichen Programm unterschiedliche Verarbeitungen für die Sätze einer Datei stattfinden, die den sequenziellen oder den wahlfreien Zugriffsmodus erfordern.

RECORD KEY-Klausel

Diese Klausel teilt dem System mit, welches Datenfeld innerhalb des Datensatzes dieser Datei als Primärschlüssel (RECORD KEY) verwendet werden soll. Mithilfe dieses Datenfelds wird nun der wahlfreie Zugriffsmodus auf eine Index-sequenzielle Datei realisiert. Der Satzschlüssel stellt den Sortierbegriff der Datei dar; daher befinden sich die Sätze einer Index-sequenziellen Datei zu jedem Zeitpunkt in einer – nach diesem Satzschlüssel – sortierten Reihenfolge.

Der Wert des Satzschlüssels muss für jeden Datensatz innerhalb dieser Datei eindeutig sein. Das Schlüsselfeld muss numerisch oder alphanumerisch definiert werden; es kann gekennzeichnet, aber nicht indiziert werden und darf eine Länge von 127 Byte nicht überschreiten.

Beispiel

Dieses Beispiel zeigt den Aufbau des Satzschlüssels einer Auftragsdatei.

```
ENVIRONMENT DIVISION.
INPUT-OUTPUT SECTION.
FILE-CONTROL.
    SELECT AUFTRAG ASSIGN TO  "C:AUFTRAG.DAT",
           ORGANIZATION   IS  INDEXED,
           RECORD  KEY    IS  AUF-KEY,
           ACCESS  MODE   IS  RANDOM,
           FILE    STATUS IS  AUF-STATUS.
    :
    :
DATA DIVISION.
FILE SECTION.
FD  AUFTRAG.
01  AUFTRAG-SATZ.
    05  AUF-KEY.
        10 AUF-NR       PIC X(5).
        10 AUF-DATUM    PIC X(6).
        10 KUNDEN-NR    PIC X(6).
    05  AUFTRAGSDATEN   PIC X(150).
WORKING-STORAGE  SECTION.
01  AUF-STATUS        PIC 99.
```

Listing 16.1: Aufbau eines Satzschlüssels

Split-Schlüssel

COBOL erlaubt dem Benutzer die Definition des Satzschlüssels als sog. *Split-Schlüssel*. Der Split-Schlüssel ist eine logische Verkettung von einem oder mehreren Datenfeldern, aus denen der Schlüssel aufgebaut werden soll. Diese Datenfelder müssen – auch in beliebiger Reihenfolge – innerhalb der Satzbeschreibung der Index-sequenziellen Datei vorkommen.

Die Einrichtung des Split-Schlüssels hat lediglich den Vorteil, dass das Schlüsselfeld aus mehreren Datenfeldern bestehen kann, die nicht unbedingt hintereinander vorkommen müssen, sondern an beliebiger Stelle im Datensatz. Es ist also darauf zu achten, dass der Name des Split-Schlüssels nur als solcher in der RECORD KEY- oder ALTERNATE RECORD KEY-Klausel angegeben wird und nirgendwo definiert werden darf.

Das COBOL-System interpretiert den Split-Schlüssel so, als hätte man eine Datengruppe definiert, die aus einzelnen Datenfeldern in bestimmter Reihenfolge besteht, in der die Datenfelder in der RECORD KEY- oder ALTERNATE RECORD KEY-Klausel hinter SOURCE angegeben sind.

Der Split-Schlüssel darf in der READ- bzw. START-Anweisung zum Lesen bzw. Positionieren verwendet werden.

Beispiel

```
     SELECT ANGEBOT ASSIGN TO "C:\DATEN\ANGEBOT.DAT",
            ORGANIZATION IS INDEXED,
              RECORD KEY IS SCHLUESSEL
                  SOURCE IS ANGEBOTSNR
                            KUNDENNR
                            AKTIONSNR
                            ANGEBOTSDATUM
             ACCESS MODE IS RANDOM.

DATA DIVISION.
FILE SECTION.
FD  ANGEBOT.
01  ANGEBOT-SATZ.
    05 ANGEBOTSNR       PIC X(4).
    05 ANGEBOTSDATUM    PIC X(6).
    05 RABATTSATZ       PIC 9(2)V9(2).
    05 ANGEBOTSMENGE    PIC 9(6).
    05 PREIS            PIC 9(6)V9(2).
    05 LIEFERTERMIN     PIC 9(6).
    05 KUNDENNR         PIC 9(5).
    05 AKTIONSNR        PIC 9(3).
    05 VERSANDART       PIC X(2).
```

Listing 16.2: Zusammengesetzter Schlüssel

Die Datenfelder ANGEBOTSNR, KUNDENNR, AKTIONSNR und ANGEBOTSDATUM bilden in der angegebenen Reihenfolge den Satzschlüssel (RECORD KEY).

FILE STATUS-Klausel

Die FILE STATUS-Klausel findet die gleiche Anwendung wie bei sequenziellen Dateien. Bei der Verarbeitung einer Index-sequenziellen Datei können jedoch weitere Fehlersituationen auftreten. In den folgenden Tabellen sind die wichtigsten Fehlercodes aufgeführt.

1. Byte	Bedeutung	
0	E/A-Anweisung wurde erfolgreich ausgeführt.	
	2. Byte	**Bedeutung**
	0	Keine weiteren Informationen
	2	Es wurde mit einer READ-Anweisung ein Datensatz gelesen, für dessen alternativen Schlüssel noch weitere Sätze mit dem gleichen Inhalt in der Datei existieren. Eine WRITE- oder REWRITE-Anweisung bearbeitete einen Satz, für dessen alternativen Schlüssel noch weitere Sätze mit dem gleichen Inhalt in der Datei existieren.
	4	Die Länge des soeben geschriebenen Satzes entspricht nicht der festen Satzlänge der Datei.
	5	Kennzeichnet, dass die soeben eröffnete Optional-Datei nicht vorhanden war

Tabelle 16.1: File-Status 0

1. Byte	Bedeutung	
1	AT END-Bedingung	
	2. Byte	**Bedeutung**
	0	Kein logischer Satz mehr vorhanden, weil das Dateiende aufgetreten ist oder die READ-Anweisung auf einer Optional-Datei ausgeführt wurde, die nicht existiert

Tabelle 16.2: File-Status 1

1. Byte	Bedeutung	
2	Schlüsselfehler (INVALID KEY)	
	2. Byte	**Bedeutung**
	1	Sortierfehler: Tritt auf, wenn bei der sequenziellen Erstellung der Datei ein nicht sortierter Satz vorkommt. Der Satzschlüssel (RECORD KEY) wurde zwischen dem Lesen und dem Zurückschreiben im sequenziellen Zugriffsmodus geändert.

Tabelle 16.3: File-Status 2

1. Byte	Bedeutung	
	2	Satz bereits vorhanden Es wurde versucht, mit einer WRITE-Anweisung einen Datensatz zu schreiben, dessen Schlüssel bereits für einen anderen verwendet worden ist. Trifft auch zu, wenn für alternative Schlüssel die WITH DUPLICATES-Klausel weggelassen wird und der Schlüssel doppelt vorkommt. In diesem Fall kann die REWRITE-Anweisung diesen Fehler verursachen.
	3	Kein Satz vorhanden Es wurde im wahlfreien Zugriffsmodus versucht, auf einen Datensatz zuzugreifen, der nicht existiert. Eine START- bzw. READ-Anweisung wurde auf einer Optional-Datei ausgeführt, die nicht existiert.
	4	Dateigröße überschritten

Tabelle 16.3: File-Status 2 (Forts.)

1. Byte	Bedeutung	
3	Permanenter Fehler	
	2. Byte	**Bedeutung**
	0	Keine weiteren Informationen
	5	Es wurde versucht, eine NOT OPTIONAL-Datei, die nicht existiert, mit OPEN INPUT, I-O oder EXTEND zu eröffnen.
	7	Der OPEN-Modus für eine Datei ist nicht möglich.
	8	Die Datei kann nicht eröffnet werden, da sie mit CLOSE WITH LOCK geschlossen worden ist.
	9	Satzlängen-Fehler

Tabelle 16.4: File-Status 3

1. Byte	Bedeutung	
4	Logischer Fehler	
	2. Byte	**Bedeutung**
	1	Datei bereits geöffnet
	2	Datei bereits geschlossen
	3	Eine DELETE- oder REWRITE-Anweisung kann nicht im sequenziellen Zugriffsmodus ohne vorausgehendes Lesen ausgeführt werden.
	4	Überschreitung der Dateigröße
	6	Der Satzzeiger für das sequenzielle Lesen (current record pointer) ist undefinierbar. Ursache dafür ist eine erfolglose READ- oder START-Anweisung.
	7	Der aktuelle Eröffnungsmodus erlaubt das Lesen nicht.

Tabelle 16.5: File-Status 4

1. Byte	Bedeutung	
	8	Der aktuelle Eröffnungsmodus erlaubt das Schreiben nicht.
	9	Der aktuelle Eröffnungsmodus erlaubt das Löschen oder das Zurückschreiben nicht.

Tabelle 16.5: File-Status 4 (Forts.)

1. Byte	Bedeutung	
5	Satzverarbeitung konnte nicht durchgeführt werden.	
	2. Byte	**Bedeutung**
	1	Ein Satz kann nicht gelesen oder geschrieben werden, weil er gesperrt ist.
	2	Ein Deadlock ist aufgetreten. Ursache dafür ist, dass zwei Anwendungen auf Datensätze zugreifen wollen, die durch die jeweils andere Anwendung gesperrt wurden.
	3	Durch die Dateioperation soll ein weiterer Satz gesperrt werden, die Anwendung hat aber bereits das Maximum an Satzsperren erreicht.
	4	Durch die Dateioperation soll ein weiterer Satz gesperrt werden, diese Datei hat aber bereits das Maximum an Satzsperren erreicht.

Tabelle 16.6: File-Status 5

1. Byte	Bedeutung	
6	File-Sharing-Konflikt	
	2. Byte	**Bedeutung**
	1	Eine OPEN-Anweisung versucht, eine Datei zu öffnen, die bereits von einer anderen Anwendung geöffnet ist, und ein gemeinsamer Zugriff ist nicht möglich. Ursache dafür kann sein, dass die Datei von der anderen Anwendung in einem Modus geöffnet wurde, der keinen gemeinsamen Zugriff erlaubt oder die Datei soll für Ein- und Ausgabeoperationen geöffnet werden, während die andere Anwendung sie nur für lesende Zugriffe geöffnet hat. Auch der Versuch, eine Datei mit OPEN OUTPUT zu öffnen, die bereits von einer anderen Anwendung geöffnet ist, liefert diesen Statuscode.

Tabelle 16.7: File-Status 6

1. Byte	Bedeutung	
9	Runtime-Systemfehler	
	2. Byte	**Bedeutung**
	xxx	Das zweite Byte enthält eine 3-stellige Zahl im binären Format. Die Werte sind herstellerabhängig.

Tabelle 16.8: File-Status 9

16.2 Eintragungen in der DATA DIVISION

```
FD Dateiname-1
   [IS EXTERNAL [AS Literal-1]]
   [IS GLOBAL ]
   [BLOCK CONTAINS [Ganzzahl-1 TO ] Ganzzahl-2 {CHARACTERS}]
                                               {RECORDS   }
   [        {CONTAINS Ganzzahl-3 CHARACTERS                                        }]
   [RECORD  {IS VARYING IN SIZE[[FROM Ganzzahl-4][ TO Ganzzahl-5] CHARACTERS]     }] .
   [        {     [DEPENDING ON Datenname-1]                                       }]
   [        {CONTAINS Ganzzahl-6 TO Ganzzahl-7 CHARACTERS                          }]
```

Abb. 16.2: FD-Klausel

Erläuterung

Alle Klauseln haben die bereits im Kapitel 15 zur sequenziellen Dateiorganisation beschriebenen Bedeutungen.

16.3 Anweisungen in der PROCEDURE DIVISION

Für die Verarbeitung einer Index-sequenziellen Datei können die nachfolgenden Anweisungen benutzt werden:

- OPEN – Eröffnen der Datei
- READ – Lesen aus der Datei
- WRITE – Schreiben in die Datei
- REWRITE – Ersetzen eines Satzes in der Datei
- DELETE – Löschen eines Satzes aus der Datei
- START – Positionieren auf einen Satz in der Datei
- CLOSE – Schließen der Datei
- USE – Behandlung von Fehlern

16.3.1 OPEN-Anweisung

```
        { {INPUT }                                      }
OPEN    { {OUTPUT} [sharing-phrase] [retry-phrase]      }
        { {I-O   }                                      }
        { {EXTEND}                                      }
        {                                               } ...
        {     {Dateiname-1 [WITH NO REWIND]}...         }
```

```
sharing-phrase:

                  ⎧ALL OTHER ⎫
  SHARING WITH    ⎨NO OTHER  ⎬
                  ⎩READ ONLY ⎭

retry-phrase:

        ⎧arithmetischer-Ausdruck-1 TIMES             ⎫
  RETRY ⎨FOR arithmetischer-Ausdruck-2 SECONDS       ⎬
        ⎩FOREVER                                     ⎭
```

Abb. 16.3: OPEN-Anweisung

Erläuterung

Die OPEN-Anweisung wird mit gleicher Wirkung verwendet wie bei sequenziellen Dateien.

Der Update-Modus

Wenn Datensätze in einer Index-sequenziellen Datei ersetzt (REWRITE) bzw. gelöscht werden sollen, muss die Datei mit OPEN I-O eröffnet werden.

Wird eine Datei mit OPEN I-O eröffnet und sie existiert noch nicht bzw. ist noch leer, kann sie das erste Mal erstellt werden, es sei denn, der NOT OPTIONAL-Zusatz wurde in der SELECT-Klausel angegeben. In diesem Fall muss die Datei existieren, ansonsten tritt ein Fehler auf.

SHARING

Dieser Zusatz bestimmt, ob die Datei gleichzeitig von einem anderen User geöffnet werden kann. Der SHARING-Zusatz der OPEN-Anweisung überschreibt eine eventuelle SHARING-Angabe der SELECT-Klausel.

SHARING WITH NO OTHER versucht, die Datei exklusiv zu öffnen, während SHARING WITH ALL OTHER einen konkurrierenden Zugriff erlaubt. SHARING WITH READ ONLY erlaubt einem anderen User, die Datei gleichzeitig zu öffnen, wenn er ausschließlich lesend zugreift. Abbildung 16.4 listet auf, wann welche konkurrierenden OPEN-Anweisungen zulässig sind.

Mehr zum Thema gemeinsamer Dateiverarbeitung findet sich in dem Bonuskapitel »Konkurrierende Dateizugriffe« in den Downloads zum Buch (siehe Seite 14).

OPEN Anweisung im aktuellen Programm		Bereits von einer anderen Anwendung durchgeführte OPEN Anweisung				
		SHARING WITH NO OTHER	SHARING WITH READ ONLY		SHARING WITH ALL OTHER	
		extend i-o input output	extend i-o output	input	extend i-o output	input
SHARING WITH NO OTHER	extend i-o input output	nicht erlaubt	nicht erlaubt	nicht erlaubt	nicht erlaubt	nicht erlaubt
SHARING WITH READ ONLY	extend i-o	nicht erlaubt	nicht erlaubt	nicht erlaubt	nicht erlaubt	erlaubt
	input	nicht erlaubt	nicht erlaubt	erlaubt	nicht erlaubt	erlaubt
	output	nicht erlaubt	nicht erlaubt	nicht erlaubt	nicht erlaubt	nicht erlaubt
SHARING WITH ALL OTHER	extend i-o	nicht erlaubt	nicht erlaubt	nicht erlaubt	erlaubt	erlaubt
	input	nicht erlaubt	erlaubt	erlaubt	erlaubt	erlaubt
	output	nicht erlaubt	nicht erlaubt	nicht erlaubt	nicht erlaubt	nicht erlaubt

Abb. 16.4: Erlaubte konkurrierende OPEN-Anweisungen

16.3.2 READ-Anweisung

```
READ Dateiname-1 { NEXT     } RECORD [INTO Bezeichner-1]
                 { PREVIOUS }

 [ ADVANCING ON LOCK ]
 [ IGNORING LOCK     ]
 [ retry-phrase      ]

 [ WITH LOCK    ]
 [ WITH NO LOCK ]

 [| AT END unbedingte-Anweisung-1     |]
 [| NOT AT END unbedingte-Anweisung-2 |]

 [END-READ]

 retry-phrase:

   RETRY { arithmetischer-Ausdruck-1 TIMES        }
         { FOR arithmetischer-Ausdruck-2 SECONDS  }
         { FOREVER                                }
```

Abb. 16.5: READ-Anweisung für sequenzielles Lesen (Format 1)

```
READ Dateiname-1 RECORD [INTO Bezeichner-1]

  [IGNORING LOCK ]
  [retry-phrase  ]

  [WITH LOCK   ]
  [WITH NO LOCK]

  [KEY IS {Datenname-1  }]
          {Record-Key-1 }

  [|INVALID KEY unbedingte-Anweisung-1       |]
  [|NOT INVALID KEY unbedingte-Anweisung-2   |]

  [END-READ]

 retry-phrase:

         {arithmetischer-Ausdruck-1  TIMES       }
   RETRY {FOR arithmetischer-Ausdruck-2 SECONDS }
         {FOREVER                                }
```

Abb. 16.6: READ-Anweisung für wahlfreies Lesen (Format 2)

Erläuterung

Die READ-Anweisung im Format 1 kann für das sequenzielle Lesen einer Index-sequenziellen Datei nur dann verwendet werden, wenn ACCESS MODE IS SEQUENTIAL oder ACCESS MODE IS DYNAMIC angegeben wurde. Der Ablauf dieser Anweisung entspricht dem der READ-Anweisung für sequenzielle Dateien.

NEXT/PREVIOUS-Zusätze

Da beim dynamischen Zugriffsmodus (ACCESS MODE DYNAMIC) das sequenzielle, aber auch das wahlfreie Lesen möglich ist, muss dem COBOL-System syntaktisch mitgeteilt werden, ob es die READ-Anweisung sequenziell oder wahlfrei lesen soll. Dies geschieht mithilfe des NEXT/PREVIOUS-Zusatzes.

Wenn NEXT angegeben wird, liest die READ-Anweisung ausgehend von der aktuellen Dateiposition sequenziell den nächsten Datensatz.

Wenn PREVIOUS angegeben wird, liest die READ-Anweisung ausgehend von der aktuellen Dateiposition sequenziell in Richtung auf den Dateianfang; es wird also rückwärts gelesen.

Der Zusatz AT END/NOT AT END

AT END spezifiziert die unbedingte Anweisung-1, die in den folgenden Fällen ausgeführt wird:

1. Im Zusammenhang mit ACCESS MODE SEQUENTIAL wurde durch eine READ-Anweisung das Dateiende erreicht.

2. Im Zusammenhang mit ACCESS MODE DYNAMIC wurde durch eine READ NEXT-Anweisung das Dateiende erreicht.
3. Im Zusammenhang mit ACCESS MODE DYNAMIC wurde durch eine READ PREVIOUS-Anweisung der Dateianfang erreicht.

Wahlfreies Lesen

Besonders interessant ist jedoch das wahlfreie Lesen aus einer Index-sequenziellen Datei, denn hier kann ein Datensatz direkt aus der Datei gelesen werden. Dies kann mithilfe des zweiten Formats der READ-Anweisung vorgenommen werden. Dabei setzt das wahlfreie Lesen die Bereitstellung eines Schlüsselwerts für den zu lesenden Datensatz voraus.

Beispiel

Wir beziehen uns auf Listing 16.1 und wollen nun den Datensatz eines Auftrags, dessen Nummer zur Verfügung gestellt wird, direkt lesen.

```
PROCEDURE DIVISION.

    MOVE "45678" TO AUF-NR.
    MOVE "880118" TO AUF-DATUM.
    MOVE "123456" TO KUNDEN-NR.
    READ AUFTRAG.
```

Listing 16.3: Wahlfreies Lesen

INVALID KEY-Zusatz

Nachdem es nicht sicher ist, ob ein Datensatz mit diesem Schlüsselwert in der Datei vorhanden ist, kann der INVALID KEY-Zusatz verwendet werden, um dies festzustellen. Frei übersetzt lautet dieser Zusatz: »Bei Schlüsselfehler soll die angegebene unbedingte Anweisung ausgeführt werden.« Ein Schlüsselfehler kann bei der Ausführung der READ-Anweisung nur dann auftreten, wenn der zu lesende Datensatz nicht vorhanden ist.

Wir können also die Codierung wie in Listing 16.4 verbessern.

```
PROCEDURE DIVISION.

    MOVE -45678" TO AUF-NR.
    MOVE "880118" TO AUF-DATUM.
    MOVE "123456" TO KUNDEN-NR.

    READ AUFTRAG INVALID KEY
        DISPLAY "AUFTRAG NICHT VORHANDEN"
    END-READ
```

Listing 16.4: Wahlfreies Lesen mit Ergebnisprüfung

Soll das Vorhandensein des Datensatzes nicht direkt in der READ-Anweisung, sondern an einer beliebigen Stelle im Programm festgestellt werden, so können Sie sich auf den Inhalt des FILE STATUS-Felds beziehen und diesen erfragen. Das System liefert den Fehlercode 23, wenn eine READ-Anweisung den gewünschten Datensatz nicht findet.

```
PROCEDURE DIVISION.

    MOVE "45678" TO AUF-NR.
    MOVE "880118" TO AUF-DATUM.
    MOVE "123456" TO KUNDEN-NR.
    READ AUFTRAG.
    IF AUF-STATUS = 23
        DISPLAY "AUFTRAG NICHT VORHANDEN"
    END-IF
```

Listing 16.5: Abfragen des Dateistatusfelds

END-READ

END-READ beendet die READ-Anweisung und begrenzt damit syntaktisch die im Zusatz AT END bzw. INVALID KEY enthaltenen Anweisungen von den nachfolgenden Anweisungen.

16.3.3 WRITE-Anweisung

```
WRITE { Satzname      }  [ FROM { Bezeichner-1 } ]
      { FILE Dateiname }        { Literal-1    }

    [ retry-phrase ]

    [ WITH LOCK    ]
    [ WITH NO LOCK ]

    [ | INVALID KEY unbedingte-Anweisung-1     | ]
    [ | NOT INVALID KEY unbedingte-Anweisung-2 | ]

    [ END-WRITE ]

  retry-phrase:

    RETRY { arithmetischer-Ausdruck-1 TIMES       }
          { FOR arithmetischer-Ausdruck-2 SECONDS }
          { FOREVER                               }
```

Abb. 16.7: WRITE-Anweisung

Erläuterung

Die WRITE-Anweisung kann nur benutzt werden, wenn die Index-sequenzielle Datei mit OPEN OUTPUT bzw. OPEN I-O eröffnet wurde. Die WRITE-Anweisung kann im sequenziellen Zugriffsmodus benutzt werden, wenn die Datei das erste Mal erstellt wird. In allen anderen Fällen bedarf die Verwendung der WRITE-Anweisung eines wahlfreien Zugriffsmodus (ACCESS MODE RANDOM bzw. ACCESS MODE DYNAMIC).

Der INVALID KEY-Zusatz

Der INVALID KEY-Zusatz kann angegeben werden, um festzustellen, ob der Datensatz erfolgreich in der Datei abgespeichert werden konnte oder nicht.

Ein Schlüsselfehler tritt in der WRITE-Anweisung auf, wenn beim Laden der Datei (ACCESS MODE SEQUENTIAL) der Versuch gemacht wird, einen nicht sortierten Datensatz zu schreiben (Sortierfehler, Fehlercode = 21), oder wenn sich die Datei im wahlfreien bzw. dynamischen Zugriffsmodus befindet und ein Datensatz geschrieben werden soll, dessen Schlüsselwert bereits für einen anderen Satz verwendet wurde (Satz bereits vorhanden, Fehlercode = 22).

Beispiel

Nach erfolgter Eingabe am Bildschirm soll nun der Auftrag im wahlfreien Zugriffsmodus abgespeichert werden.

```
PROCEDURE DIVISION.

    ACCEPT AUF-NR    AT 0620.
    ACCEPT AUF-DATUM AT 0720.
    ACCEPT KUNDEN-NR AT 0820.
    *> Eingabe sonstiger Daten

    WRITE AUFTRAG-SATZ

    IF AUF-STATUS = 22
        DISPLAY "AUFTRAG BEREITS VORHANDEN"
    END-IF
```

Listing 16.6: Schreiben eines Datensatzes

16.3.4 REWRITE-Anweisung

```
REWRITE { Satzname       } RECORD [ FROM { Bezeichner-1 } ]
        { FILE Dateiname }                { Literal-1    }

    [retry-phrase]

    [WITH LOCK   ]
    [WITH NO LOCK]

    [| INVALID KEY unbedingte-Anweisung-1     |]
    [| NOT INVALID KEY unbedingte-Anweisung-2 |]

    [END-REWRITE]
```

```
retry-phrase:

        ⎧arithmetischer-Ausdruck-1  TIMES         ⎫
  RETRY ⎨FOR arithmetischer-Ausdruck-2 SECONDS   ⎬
        ⎩FOREVER                                 ⎭
```

Abb. 16.8: REWRITE-Anweisung

Erläuterung

Befindet sich eine Datei im sequenziellen Zugriffsmodus (ACCESS MODE SEQUENTIAL) und soll dort ein vorhandener Datensatz aktualisiert werden, muss dieser vor der Ausführung der REWRITE-Anweisung gelesen werden, denn die REWRITE-Anweisung im sequenziellen Zugriffsmodus schreibt immer den zuletzt gelesenen Datensatz zurück. Das Lesen des Datensatzes ist also hier, bedingt durch den technischen Ablauf der REWRITE-Anweisung, im sequenziellen Zugriffsmodus erforderlich. Wird der Schlüsselwert zwischen dem Lesen und dem Zurückschreiben verändert, tritt ein Systemfehler auf.

Befindet sich die Datei im wahlfreien bzw. dynamischen Zugriffsmodus (ACCESS MODE RANDOM bzw. ACCESS MODE DYNAMIC), muss der Datensatz vorher nicht gelesen werden; der Datensatz soll lediglich bedingt durch die Logik eines Aktualisierungsvorgangs gelesen werden. Bei der Aktualisierung bestimmter Datenfelder darf das Schlüsselfeld nicht verändert werden. Wird der Schlüssel trotzdem verändert, ist es möglich, dass für den neuen Schlüssel bereits ein Datensatz vorhanden ist. In diesen neuen Schlüssel würde die REWRITE-Anweisung den Satz zurückschreiben.

Beispiel

Das Beispiel demonstriert den Ablauf eines Aktualisierungsvorgangs im Dialog; auf die Aufbereitung in Bildschirm-Masken wird hier verzichtet.

```
ENVIRONMENT DIVISION.
INPUT-OUTPUT SECTION.
FILE-CONTROL.
    SELECT ADRESSEN ASSIGN TO "ADRESSEN.DAT"
        ORGANISATION    IS  INDEXED,
        RECORD  KEY     IS  A-NR,
        ACCESS  MODE    IS  RANDOM,
        FILE STATUS     ADR-STATUS.

DATA DIVISION.
FILE SECTION.
FD  ADRESSEN.
01  ADR-SATZ.
    05  A-NR            PIC   X(6).
    05  A-NAME          PIC   X(20).
```

```
    05  A-STRASSE        PIC   X(25).
    05  A-PLZ            PIC   X(4).
    05  A-ORT            PIC   X(25).
    05  SONSTIGES        PIC   X(200).

WORKING-STORAGE SECTION.

01  ADR-STATUS           PIC 99.

PROCEDURE DIVISION.

    *> ERÖFFNEN DER DATEI FÜR DIE AKTUALISIERUNG
    OPEN I-O ADRESSEN.

    *> EINGABE DES SCHLÜSSELS
    ACCEPT A-NR AT 0820.

    *> LESEN DES ZUGEHÖRIGEN DATENSATZES
    READ ADRESSEN.

    *> FESTSTELLEN, OB DER SATZ VORHANDEN IST
    IF ADR-STATUS = ZERO
        PERFORM EINGABE
        PERFORM ZURUECKSCHREIBEN
    ELSE
        DISPLAY "SATZ NICHT VORHANDEN"
    END-IF.

EINGABE SECTION.
EIN-1000.

    *> ANZEIGEN DER VORHANDENEN DATEN
    DISPLAY A-STRASSE AT 1020.
    DISPLAY A-PLZ     AT 1120.
    DISPLAY A-ORT     AT 1220.

    *> EINGABE DER NEUEN DATEN
    ACCEPT  A-STRASSE AT 1020.
    ACCEPT  A-PLZ     AT 1120.
    ACCEPT  A-ORT    AT 1220.

EIN-9999.
```

```
ZURUECKSCHREIBEN SECTION.
ZU-1000.

    REWRITE ADR-SATZ.

ZU-9999.
```

Listing 16.7: Ändern eines vorhandenen Datensatzes

16.3.5 DELETE-Anweisung

Wirkung

Die DELETE-Anweisung wird benutzt, um einen Datensatz aus der Datei zu löschen.

```
DELETE Dateiname-1 RECORD

 [ retry-phrase ]

 [ INVALID KEY unbedingte-Anweisung-1     ]
 [ NOT INVALID KEY unbedingte-Anweisung-2 ]

 [ END-DELETE ]


retry-phrase:
         { arithmetischer-Ausdruck-1 TIMES         }
  RETRY  { FOR arithmetischer-Ausdruck-2 SECONDS   }
         { FOREVER                                 }
```

Abb. 16.9: DELETE-Anweisung

Erläuterung

Wenn eine DELETE-Anweisung im sequenziellen Zugriffsmodus (ACCESS MODE SEQUENTIAL) ausgeführt wird, muss der zu löschende Datensatz bereits vorher mit der READ-Anweisung gelesen worden sein.

Im wahlfreien bzw. dynamischen Zugriffsmodus (ACCESS MODE RANDOM bzw. ACCESS MODE DYNAMIC) kann die DELETE-Anweisung einen Datensatz direkt aus der Datei löschen. Hierzu ist die Angabe eines Schlüssels notwendig. Beim Löschen eines Datensatzes werden der Wert seines Schlüssels und der Speicherplatz, der vom Satz belegt wurde, freigegeben. Der Wert des Schlüssels kann wieder für die Aufnahme eines weiteren Datensatzes verwendet werden.

Der INVALID KEY-Zusatz kann angegeben werden, um festzustellen, ob der zu löschende Datensatz vorhanden war oder nicht. Dies kann auch mithilfe des FILE STATUS-Felds geschehen.

Beispiel

Wir beziehen uns auf Listing 16.6 und wollen nun den Datensatz mit Schlüssel 100999 löschen.

```
PROCEDURE DIVISION.

    MOVE   "100999" TO A-NR.
    DELETE ADRESSEN.
    IF ADR-STATUS = 23
        DISPLAY "SATZ NICHT VORHANDEN"
    END-IF
```

Listing 16.8: Löschen eines Datensatzes

16.3.6 START-Anweisung

Wirkung

Die START-Anweisung positioniert in der Datei auf einen bestimmten Datensatz.

```
START Dateiname

    [ FIRST                                                                        ]
    [                            { Datenname-1  }                                  ]
    [ KEY Bedingungsoperator     { Record-Key-1 } [WITH LENGTH arithm.-Ausdruck]   ]
    [                                                                              ]
    [ LAST                                                                         ]

    [ | INVALID KEY unbedingte-Anweisung-1         | ]
    [ | NOT INVALID KEY unbedingte-Anweisung-2     | ]

    [ END-START ]
```

Abb. 16.10: START-Anweisung

Erläuterung

Die Positionierung in einer Datei auf einen bestimmten Datensatz ist nur dann sinnvoll, wenn die Datei anschließend sequenziell gelesen werden soll. Daher ist die START-Anweisung nur im sequenziellen oder dynamischen Zugriffsmodus erlaubt.

Der KEY-Zusatz kann verwendet werden, um genau zu bestimmen, auf welchen Datensatz in der Datei positioniert werden soll. Dabei bedeutet:

- EQUAL oder =, dass auf dem Satz positioniert werden soll, dessen Schlüsselwert dem aktuellen Inhalt des angegebenen Datennamens entspricht.
- GREATER oder >, dass auf dem Satz positioniert werden soll, dessen Schlüsselwert größer ist als der aktuelle Inhalt des angegebenen Datennamens.

- NOT LESS, NOT < oder >=, dass auf dem Satz positioniert werden soll, dessen Schlüsselwert größer oder gleich dem aktuellen Inhalt des angegebenen Datennamens ist.

Der anzugebende Datenname kann sein:

- der primäre Schlüssel (RECORD KEY). Dieser kann auch der Split-Schlüssel sein
- ein Datenfeld, das dem primären Schlüssel untergeordnet ist und dessen linke Position mit der linken Position des primären Schlüssels übereinstimmt
- ein beliebiger sekundärer Schlüssel (ALTERNATE KEY) (siehe auch den nächsten Abschnitt)

FIRST positioniert auf den ersten, LAST auf den letzten Datensatz in der Datei, unabhängig von dem aktuellen Inhalt der Schlüsselfelder der Datensatzstruktur.

Wenn der KEY-Zusatz nicht verwendet und auch weder FIRST noch LAST angegeben wird, wird angenommen, dass der RECORD KEY identisch mit dem KEY ist.

Konnte auf einen Datensatz nicht positioniert werden, ist die aktuelle Dateiposition undefinierbar, und das FILE STATUS-Feld enthält den Fehlercode 23. Außerdem werden die Anweisungen einer eventuell vorhandenen INVALID KEY-Angabe ausgeführt.

Der Zusatz WITH LENGTH

Wenn WITH LENGTH angegeben wird, benutzt die START-Anweisung nur so viele Zeichen aus dem angegebenen Schlüssel zum Positionieren, wie aus dem arithmetischen Ausdruck hervorgeht. In jedem Fall muss das Ergebnis ganzzahlig sein.

Beispiel 1

```
    MOVE SPACE TO AUF-KEY.
    START AUFTRAG KEY NOT < AUF-KEY.
```

Listing 16.9: Positionieren auf den ersten Datensatz

Beispiel 2

AUF-NR ist der erste Teil des Satzschlüssels AUF-KEY (RECORD KEY).

```
    MOVE "20000" TO AUF-NR.
    START AUFTRAG KEY NOT < AUF-KEY WITH LENGTH 5.
```

Listing 16.10: Positionieren aufgrund eines Teilschlüssels

16.3.7 CLOSE-Anweisung

Die CLOSE-Anweisung findet die gleiche Anwendung wie bei sequenziellen Dateien (Kapitel 15).

```
CLOSE { Dateiname-1 [ {REEL } [ FOR REMOVAL ] ] } ...
                    [ {UNIT }                 ]
                    [                         ]
                    [ WITH {NO REWIND}        ]
                    [      {LOCK     }        ]
```

Abb. 16.11: CLOSE-Anweisung

16.3.8 Zulässige E/A-Anweisungen

Tabelle 16.9 zeigt die zulässigen E/A-Anweisungen in den verschiedenen Eröffnungsmodi für Index-sequenzielle Dateien.

ACCESS MODE	Anweisung	Eröffnungsmodus			
		INPUT	OUTPUT	I-O	EXTEND
SEQUENTIAL	READ	X		X	
	WRITE		X		X
	REWRITE			X	
	START	X		X	
	DELETE			X	
RANDOM	READ	X		X	
	WRITE		X	X	
	REWRITE			X	
	START				
	DELETE			X	
DYNAMIC	READ	X		X	
	WRITE		X	X	
	REWRITE			X	
	START	X		X	
	DELETE			X	

Tabelle 16.9: Zulässige Anweisungen

16.3.9 USE-Anweisung

```
                                                                {{Dateiname-1}...}
USE[GLOBAL]AFTER STANDARD {EXCEPTION}PROCEDURE ON {INPUT          }
                          {ERROR    }              {OUTPUT         }
                                                   {I-O            }
                                                   {EXTEND         }
```

Abb. 16.12: USE-Anweisung

Die USE-Anweisung wurde ausführlich bei den sequenziellen Dateien beschrieben. Sie kann für die gleiche Anwendung unter Beachtung der gleichen Regeln benutzt werden (Kapitel 15).

16.4 Alternative Schlüssel für Index-sequenzielle Dateien

16.4.1 ALTERNATE RECORD KEY-Klausel

```
ALTERNATE RECORD KEY IS { Datenname-2                                   }
                        { Record-Key-1 SOURCE IS { Datenname-3 } ...    }
   [WITH DUPLICATES]
```

Abb. 16.13: ALTERNATE RECORD KEY-Klausel

Erläuterung

Für eine Index-sequenzielle Datei können bis zu 80 alternative Schlüssel angegeben werden.

Ein alternativer Schlüssel definiert einen weiteren Zugriffspfad zu den Sätzen einer Index-sequenziellen Datei. Das heißt, der Benutzer einer Kundendatei muss nicht mehr die Kundennummer (wenn diese als RECORD KEY verwendet wurde) eingeben, um den Datensatz lesen zu können, sondern er kann den Kundennamen (wenn dieser als ALTERNATE KEY verwendet wurde) oder ein anderes Merkmal des Kunden eingeben.

Im Gegensatz zu primären Schlüsseln (RECORD KEY) muss der sekundäre Schlüssel (ALTERNATE KEY) nicht eindeutig sein. Das heißt, es können in einer Datei mehrere Datensätze mit dem gleichen Ordnungsbegriff vorhanden sein, vorausgesetzt, der Zusatz WITH DUPLICATES ist angegeben. Ein alternativer Schlüssel ist immer Bestandteil des Datensatzes.

16.4.2 ALTERNATE KEY in der READ-Anweisung

Für die Anwendung eines alternativen Schlüssels in der READ-Anweisung für das wahlfreie Lesen ist der Zusatz KEY IS Datenname zu verwenden. Diesen Zusatz nutzt man, um einen sogenannten *Bezugsschlüssel* für das Lesen festzulegen.

Der Bezugsschlüssel

Der Bezugsschlüssel dient als Suchkriterium für den zu lesenden Datensatz. Spezifiziert man z.B. KEY IS KUNDENNAME in einer READ-Anweisung für eine Datei, die mit ALTERNATE RECORD KEY IS KUNDENNAME WITH DUPLICATES beschrieben wurde, verwendet die READ-Anweisung den Inhalt des Feldes KUNDENNAME als Suchkriterium zum direkten Lesen des Datensatzes. Sind in der Datei mehrere Datensätze mit dem gleichen Kundennamen vorhanden, wird der Satz gelesen, der den niedrigsten Ordnungsbegriff im primären Schlüssel (RECORD KEY) aufweist, und das FILE STATUS-Feld wird vom System auf den Wert 02 gesetzt.

Sollen die anderen Datensätze mit dem gleichen Kundennamen auch verarbeitet werden, können sie nur sequenziell gelesen werden. Eine nachfolgende READ-Anweisung zum sequenziellen Lesen dieser Datensätze bezieht sich automatisch auf den zuletzt verwendeten Bezugsschlüssel. Sie liefert immer wieder den Wert 02 im FILE STATUS-Feld, solange Datensätze mit dem gleichen Ordnungsbegriff vorhanden sind, oder den Wert 00, wenn kein Datensatz dieser Art mehr vorhanden ist. Eine solche READ-Anweisung liest aus der Datei weiter – und zwar in aufsteigender Reihenfolge – nach dem Bezugsschlüssel, in Richtung auf das Dateiende, auch wenn kein Datensatz mehr mit dem gleichen Ordnungsbegriff vorhanden ist.

Beispiel

Nehmen Sie an, Sie wollen eine Statistik für die Kunden eines bestimmten Wohnortes (z.B. München) erstellen, und es soll deswegen auf die Sätze dieser Kunden zugegriffen werden. In diesem Fall muss der Ort als alternativer Schlüssel (ALTERNATE KEY) definiert werden.

```
ENVIRONMENT DIVISION.
INPUT-OUTPUT SECTION.
FILE-CONTROL.
    SELECT KUNDEN ASSIGN TO "KUNDEN.DAT",
           ORGANIZATION  IS INDEXED,
           RECORD  KEY   IS K-NR,
           ALTERNATE RECORD KEY K-ORT WITH DUPLICATES,
           ACCESS MODE  IS DYNAMIC,
           FILE   STATUS IS K-STATUS.
DATA DIVISION.
FILE SECTION.
FD  KUNDEN.
01  K-SATZ.
    05 K-NR             PIC X(6).
    05 K-NAME           PIC X(25).
    05 K-STRASSE        PIC X(25).
    05 K-PLZ            PIC X(5).
    05 K-ORT            PIC X(25).
    05 K-SONSTIGES      PIC X(150).

WORKING-STORAGE SECTION.
01 K-STATUS            PIC 99.

PROCEDURE DIVISION.
    OPEN I-O KUNDEN.
    MOVE "München" TO K-ORT.
    READ KUNDEN KEY IS K-ORT.                  *> (1)
    IF K-STATUS = 23                           *> (2)
```

```
        DISPLAY "KEIN KUNDE IN MÜNCHEN VORHANDEN"
    ELSE
        PERFORM STATISTIK                          *> (3)
        PERFORM STATISTIK
                UNTIL K-STATUS NOT = 02            *> (4)
    END-IF.

STATISTIK SECTION.
STA-1000.
  *> BEI JEDEM DURCHLAUF DIESES UNTERPROGRAMMS      ****
  *> WIRD DER SATZ EINES KUNDEN, DESSEN WOHNORT     ****
  *> MÜNCHEN IST, VERARBEITET.                      ****
  *> DIE ERSTELLUNG DER STATISTIK SOLL HIER NICHT   ****
  *> BESTANDTEIL DES BEISPIELS SEIN.                ****
    .
    .
    READ KUNDEN NEXT.                              *> (5)
STA-9999.
    EXIT.
```

Listing 16.11: Beispiel 10: Verarbeiten aller Kunden eines Ortes

Erläuterung

1. Wahlfreies Lesen mit ALTERNATE KEY K-ORT. Gleichzeitig wird K-ORT als Bezugsschlüssel für das sequenzielle Lesen in Punkt (5) festgelegt.
2. Beinhaltet der Dateistatus K-STATUS den Wert 23, war kein einziger Kunde, dessen Wohnort München ist, in der Datei vorhanden.
3. Im ELSE-Zweig kann man davon ausgehen, dass mindestens ein Kunde vorhanden war, deshalb wird das Unterprogramm STATISTIK einmal ausgeführt.
4. Abhängig davon, ob noch weitere Datensätze (mit Wohnort = München) vorhanden sind (K-STATUS= 02), wird nun das Unterprogramm STATISTIK weiter ausgeführt.
5. Sequenzielles Lesen im dynamischen Zugriffsmodus und Bezugsschlüssel K-ORT.

16.4.3 ALTERNATE KEY in der START-Anweisung

In vielen Situationen in der Praxis will man mithilfe eines Suchbegriffs, der nicht als RECORD KEY definiert wurde, einen Datensatz direkt lesen. Dabei kann es manchmal der Fall sein, dass man diesen Ordnungsbegriff nicht genau kennt oder dass man gerade eine Abkürzung dafür eingeben will. In diesem Fall ist es möglich, den sekundären Schlüssel (ALTERNATE KEY) als Datennamen im KEY-Zusatz der START-Anweisung zu verwenden. Denn auch hier kann mithilfe der START-Anweisung ein Bezugsschlüssel festgelegt werden.

Kapitel 17

SORT-MERGE-Modul

Das SORT-MERGE-Modul wird hier nach den allgemeinen Regeln der ANSI STANDARD COBOL-Sprache erklärt. Dieses Modul erlaubt die Sortierung oder die Mischung einer bzw. mehrerer Dateien.

Das Sortieren einer Datei bedeutet, dass die Datensätze dieser Datei in eine aufsteigende oder absteigende Reihenfolge eines oder mehrerer Schlüssel (Ordnungsbegriff) gebracht werden. Das Sortieren kann mithilfe der SORT-Anweisung eingeleitet werden.

Das Mischen erfordert mehrere Dateien, die jeweils in sich selbst sortiert sind. Dabei sollen diese Dateien in einer aufsteigenden bzw. absteigenden Reihenfolge ihrer Schlüssel in einer Datei gemischt bzw. zusammengeführt werden. Nach ANSI85 dürfen nur sequenzielle Dateien im SORT-MERGE-Modul verwendet werden. Die Implementierung von MicroFocus erlaubt jedoch die Verwendung einer Datei mit beliebiger Organisationsform (sequenziell, relativ oder Index-sequenziell). Der Zugriffsmodus muss in jedem Fall sequenziell sein (ACCESS MODE SEQUENTIAL).

Für die Definition einer Sortierdatei ist eine SELECT-Klausel in der ENVIRONMENT DIVISION und eine SD-Stufenbezeichnung in der FILE SECTION notwendig.

17.1 Die SELECT-Klausel für Sortierdateien

```
SELECT [OPTIONAL] Sortierdateiname

        { TO {externer-Dateiname} ... [USING Datenname-1] }
 ASSIGN {    {Literal-1         }                        }
        {                                                 }
        { USING Datenname-1                               }

   [[ORGANIZATION IS] SEQUENTIAL] .
```

Abb. 17.1: SELECT-Klausel für Sortierdateien

Erläuterung

Mithilfe der SELECT-Klausel wird der Sortierdatei ein Name gegeben. Auf diesen Namen bezieht sich dann eine SORT- bzw. MERGE-Anweisung. Die Sortierdatei gilt als Arbeitsdatei, die die unsortierten Datensätze für die Dauer des Sortiervorgangs aufnimmt.

Beispiel

```
ENVIRONMENT DIVISION.
INPUT-OUTPUT SECTION.
FILE-CONTROL.
    SELECT VERTRETER ASSIGN TO "VERT.DAT".
```

Listing 17.1: Definition einer SORT-Datei

17.2 Die SD-Stufenbezeichnung

```
SD Sortierdateiname

 [        { CONTAINS Ganzzahl-3 CHARACTERS                          } ]
 [        { IS VARYING IN SIZE [ [FROM Ganzzahl-4] [TO Ganzzahl-5]  } ]
 [ RECORD {     CHARACTERS]                                         } ] .
 [        {   [ DEPENDING ON Bezeichner-1 ]                         } ]
 [        { CONTAINS Ganzzahl-6 TO Ganzzahl-7 CHARACTERS            } ]
```

Abb. 17.2: SD-Klausel

Erläuterung

Die SD-Stufenbezeichnung wird für die Definition des Datensatzes der Sortierdatei verwendet.

Die Datensatzbeschreibung der Sortierdatei muss mindestens die Sortierschlüssel als untergeordnete Datenfelder beinhalten.

Alle Klauseln haben die gleichen Bedeutungen wie bei sequenziellen Dateien (siehe Kapitel 15).

Beispiel

```
DATA DIVISION.
FILE SECTION.
SD  VERTRETER.
01  SORT-SATZ.
    05 S-NACHNAME           PIC X(25).
    05 S-VORNAME            PIC X(25).
    05 SONSTIGES            PIC X(230).
```

Listing 17.2: Datensatzbeschreibung einer SORT-Datei

17.3 SORT-Anweisung

Wirkung

Die SORT-Anweisung leitet den Sortiervorgang einer Datei ein.

```
SORT Dateiname-1 { ON { ASCENDING  } KEY { Datenname-1 } ... }...
                        { DESCENDING }

  [WITH DUPLICATES IN ORDER]

  [                      { IS Alphabetname-1 [Alphabetname-2]               } ]
  [ COLLATING SEQUENCE   { {|FOR ALPHANUMERIC IS Alphabetname-1|}           } ]
  [                      { {|FOR NATIONAL IS Alphabetname-2    |}           } ]

  {INPUT PROCEDURE IS Prozedurname-1 [ {THROUGH} Prozedurname-2 ] }
  {                                  [ {THRU   }                ] }
  {USING {Dateiname-2} ...                                         }

  {OUTPUT PROCEDURE IS Prozedurname-3 [ {THROUGH} Prozedurname-4 ] }
  {                                   [ {THRU   }                ] }
  {GIVING {Dateiname-3 } ...                                        }
```

Abb. 17.3: SORT-Anweisung

```
Format 2 (Tabellen):

  SORT Bezeichner-2 [ ON { ASCENDING  } KEY [Bezeichner-1] ... ]...
                    [    { DESCENDING }                        ]

    [WITH DUPLICATES IN ORDER]

    [                      { IS Alphabetname-1 [Alphabetname-2]             } ]
    [ COLLATING SEQUENCE   { {|FOR ALPHANUMERIC IS Alphabetname-1|}         } ]
    [                      { {|FOR NATIONAL IS Alphabetname-2    |}         } ]
```

Abb. 17.4: SORT-Anweisung für Tabellen

Erläuterung

Der in der SORT-Anweisung anzugebende Sortierdateiname muss der Name einer SD-Datei sein.

17.3.1 ASCENDING/DESCENDING KEY

Der ASCENDING/DESCENDING-Zusatz muss benutzt werden, um die notwendigen Schlüsselfelder, nach denen eine Datei sortiert werden soll, anzugeben. Diese Schlüsselfelder müssen Bestandteil des Sortierdatensatzes sein. Dabei spielt die verwendete Reihenfolge der Schlüsselfelder eine wesentliche Rolle bei der Festlegung der Sortier-Rangordnung zwischen den verschiedenen Schlüsseln, denn der erste angegebene Schlüssel hat den ersten Rang, der zweite Schlüssel den zweiten Rang usw.

`ASCENDING` sortiert die Datei aufsteigend und `DESCENDING` sortiert sie absteigend nach den angegebenen Schlüsseln. Es können bis zu 12 Schlüsselfelder, wahlweise aufsteigend und/oder absteigend, verwendet werden.

17.3.2 Automatische E/A-Operationen

Wenn eine Datei sortiert werden soll, muss festgelegt werden, wie die unsortierten Datensätze in die Sortierdatei gelangen und wie sie nach dem Sortieren in eine Ausgabedatei übertragen werden sollen.

Der `USING`-Zusatz gibt an, welche Datei bzw. Dateien sortiert werden sollen (Eingabe für den Sortiervorgang). In diesem Fall übernimmt das `SORT`-Programm das Öffnen, das vollständige Lesen und das Schließen der Eingabedatei automatisch. Die Eingabedatei darf dabei zu diesem Zeitpunkt nicht geöffnet sein. Wurde die Sortierdatei mit variabler Satzlänge beschrieben, muss darauf geachtet werden, dass die Satzlänge der `USING`-Dateien die minimale Länge des Sortiersatzes nicht unterschreitet bzw. die maximale Länge nicht überschreitet.

Der `GIVING`-Zusatz bestimmt, wohin die sortierten Datensätze gelangen sollen (Ausgabedatei für den Sortiervorgang). Auch hier übernimmt das `SORT`-Programm das Öffnen, die vollständige Ausgabe und das Schließen der Ausgabedatei automatisch. Sollen die sortierten Datensätze mit `GIVING` in einer Index-sequenziellen Datei ausgegeben werden, muss der Satzschlüssel für diese Datei (`RECORD KEY`) identisch mit dem ersten Sortierschlüssel (`Datenname-1`) dieser `SORT`-Anweisung sein.

Beispiel

Hier soll eine Vertreterdatei `V-UNSORTIERT` aufsteigend nach den Schlüsselfeldern `S-NACHNAME` und `S-VORNAME` sortiert werden. Die sortierten Datensätze gelangen anschließend in die Datei `V-SORTIERT`.

```
PROCEDURE DIVISION.

    SORT VERTRETER
        ON ASCENDING KEY S-NACHNAME S-VORNAME
        USING V-UNSORTIERT GIVING V-SORTIERT.
```

Listing 17.3: Beispiel

17.3.3 INPUT PROCEDURE

Der `INPUT PROCEDURE`-Zusatz kann als Alternative für den `USING`-Zusatz verwendet werden. Dabei können Sie bestimmen, welche Datensätze aus der Eingabedatei in die

Sortierdatei gelangen sollen. Mit INPUT PROCEDURE wird der Name eines Kapitels angegeben, in dem die sonst vom SORT-Programm automatisch ausgeführten Operationen selbst codiert werden müssen. Die Übergabe der unsortierten Datensätze an die Sortierdatei erfolgt nun in diesem Kapitel und kann mithilfe der RELEASE-Anweisung abgewickelt werden.

17.3.4 OUTPUT PROCEDURE

Ähnlich wie mit INPUT PROCEDURE können Sie mit OUTPUT PROCEDURE ein Kapitel für die Ausgabe der sortierten Datensätze codieren. Auch hier haben Sie die Möglichkeit zu bestimmen, wo die Datensätze ausgegeben werden sollen, ob sie in eine oder mehrere Dateien übertragen werden usw.

Die RETURN-Anweisung kann dabei verwendet werden, um einen Satz aus der Sortierdatei zu lesen.

17.3.5 COLLATING SEQUENCE

Der COLLATING SEQUENCE-Zusatz kann verwendet werden, um für den Sortiervorgang eine bestimmte Sortierfolge zu benutzen (siehe auch SPECIAL-NAMES-Paragraph in Kapitel 3).

17.3.6 WITH DUPLICATES IN ORDER

Wenn in einem Sortiervorgang mehrere Sätze mit gleicher Sortierordnung (gleicher Inhalt in allen Sortierschlüsseln) vorkommen, ist die Reihenfolge der Sätze nach dem Sortieren undefinierbar. Dies gilt jedenfalls, solange der Zusatz WITH DUPLICATES IN ORDER nicht verwendet wird. Mit der Spezifikation dieses Zusatzes bestimmen Sie dann, dass solche Sätze so angeordnet werden sollen, wie sie aus der Eingabedatei eingelesen worden sind bzw. nach der Reihenfolge der Eingabedateien in der SORT-Anweisung.

17.3.7 Format 2

Diese Anweisung wird nach dem gleichen Prinzip wie Format 1 verwendet; sie sortiert jedoch Tabellen und keine Dateien.

Beispiel

```
WORKING-STORAGE SECTION.

01 TABELLE.
    05 JAHRE         OCCURS 10 INDEXED BY JAHR-IND.
        10 MONATE    OCCURS 12 INDEXED BY MONAT-IND.
           15 UMSATZ PIC 9(5).
```

```
PROCEDURE DIVISION.

    SET JAHR-IND TO 5
    SORT MONATE DESCENDING KEY UMSATZ
```

Listing 17.4: Sortieren einer Tabelle

Sortiert alle 12 Monate vom fünften Jahr (laut SET-Anweisung).

17.4 RELEASE-Anweisung

Wirkung

Die RELEASE-Anweisung wird verwendet, um einen Datensatz an eine Sortierdatei zu übergeben.

```
RELEASE Satzname-1 [FROM { Bezeichner-1 }]
                         { Literal-1    }
```

Abb. 17.5: RELEASE-Anweisung

Erläuterung

Die RELEASE-Anweisung entspricht in ihrer Funktion der WRITE-Anweisung, sie wird jedoch nur zum Schreiben von Datensätzen in einer SD-Datei verwendet. Deshalb darf auch der Sortierdatensatzname nur der Name eines Satzes sein, der mit einer SD-Datei verbunden ist. Die RELEASE-Anweisung kann nur in einer Eingabeprozedur (INPUT PROCEDURE) verwendet werden, die im Zusammenhang mit einer SORT-Anweisung ausgeführt werden soll.

17.5 RETURN-Anweisung

Wirkung

Die RETURN-Anweisung liest einen Datensatz aus der Sortierdatei.

```
RETURN Dateiname-1 RECORD [ INTO Bezeichner-1]
   AT END unbedingte-Anweisung-1
  [NOT AT END unbedingte-Anweisung-2 ]
  [END-RETURN]
```

Abb. 17.6: RETURN-Anweisung

Erläuterung

Die RETURN-Anweisung entspricht in ihrer Funktion der READ-Anweisung; sie wird jedoch nur zum Lesen von Datensätzen aus einer SD-Datei verwendet.

Die RETURN-Anweisung kann nur in einer Eingabeprozedur (INPUT PROCEDURE) verwendet werden, die im Zusammenhang mit einer SORT- oder MERGE-Anweisung ausgeführt werden soll.

Der AT END-Zusatz kann dabei verwendet werden, um festzustellen, dass das Ende der Sortierdatei erreicht ist. Wird das Dateiende festgestellt, wird die `unbedingte Anweisung-1` ausgeführt, und das Programm setzt sich nach END-RETURN fort.

Der Zusatz NOT AT END spezifiziert die `unbedingte Anweisung-2`, die dann ausgeführt wird, wenn das Dateiende bei der Ausführung einer RETURN-Anweisung nicht festgestellt wird.

END-RETURN kennzeichnet das Ende der RETURN-Anweisung samt allen darin enthaltenen Zusätzen und Anweisungen.

17.6 MERGE-Anweisung

Wirkung

Die MERGE-Anweisung wird verwendet, um mehrere Eingabedateien zu mischen.

```
MERGE Dateiname-1 { ON { ASCENDING  } KEY { Datenname-1 } ... } ...
                       { DESCENDING }

  [                      { IS Alphabetname-1 [Alphabetname-2]                  } ]
  [ COLLATING SEQUENCE   { { FOR ALPHANUMERIC IS Alphabetname-1 }              } ]
  [                      { { FOR NATIONAL IS Alphabetname-2     }              } ]

  USING Dateiname-2 { Dateiname-3 } ...

  { OUTPUT PROCEDURE IS Prozedurname-1 [ { THROUGH } Prozedurname-2 ] }
  {                                    [ { THRU    }                ] }
  {                                                                    }
  { GIVING { Dateiname-4 } ...                                         }
```

Abb. 17.7: MERGE-Anweisung

Erläuterung

Die MERGE-Anweisung entspricht hinsichtlich ihrer Syntax im Wesentlichen der SORT-Anweisung. Es kann jedoch hier keine INPUT PROCEDURE benutzt werden, da die MERGE-Anweisung eine eigene Logik für die Übernahme der Datensätze aus mehreren Eingabedateien hat. Die Sätze einer jeden Datei müssen innerhalb der jeweiligen Datei sortiert sein. Siehe hierzu Listing 17.3.

Kapitel 18

COBOL und Datenbanken (IMS, SQL)

In den bisherigen Kapiteln wurden die Definitionen und Befehle der Programmiersprache COBOL beschrieben. Dieses Kapitel zeigt, wie man von COBOL aus auf Datenbanksysteme zugreift. Wegen der festen Satzstrukturen und eines vorgegebenen Satzes an Befehlen sind hier einige Besonderheiten zu beachten.

Den Anfang macht das hierarchische Datenbanksystem IMS. Es ist deutlich älter als die SQL-Datenbank DB2, aber immer noch hier und da im Einsatz. Der Fokus dieses Buches liegt dabei auf der Beschreibung, wie man Datenbankzugriffe in COBOL realisiert, dennoch wird es einen kurzen Exkurs über Aufbau und Arbeitsweise von IMS geben, ohne dem die Erklärungen sonst nur schwer verständlich sein würden.

18.1 Die hierarchische Datenbank IMS

18.1.1 Aufbau einer IMS-Datenbank

IMS wird als hierarchische Datenbank bezeichnet, weil sie ihre Daten in einer baumartigen Struktur organisiert. Die einzelnen Knoten dieser Struktur werden als Segmente bezeichnet und fassen sinnvoll alle Daten zusammen, die zu einem Segment gehören.

In Abbildung 18.1 ist ein stark vereinfachtes Beispiel für eine Partnerdatenbank abgebildet. Das oberste Segment mit dem Namen PERSON gibt der Datenbank ihren Namen. Es ist hier 100 Byte groß und verfügt über den vierstelligen Schlüssel PERSNR. Damit jede Person eindeutig identifiziert werden kann, soll dieser Schlüssel eindeutig sein.

Jede Person soll wissen, in welchen Verträgen sie welche Rolle spielt. Bei Versicherungen können sich diese Rollen zwischen versicherter Person oder Beitragszahler unterscheiden.

Da eine Person mehrere Verträge haben und in diesen auch mehrere verschiedene Rollen annehmen kann, wurden die unabhängigen Segmente VERTRAG und ROLLE definiert. Auch sie haben Schlüsselfelder. Da es aber auch andere Personen zu einem Vertrag und in anderen Verträgen mit selben Rollen geben kann, können diese Schlüssel nicht eindeutig sein.

Zusätzlich werden die Bankverbindungen zu den einzelnen Personen gespeichert, wobei eine IBAN immer fest mit einer Person verbunden sein soll.

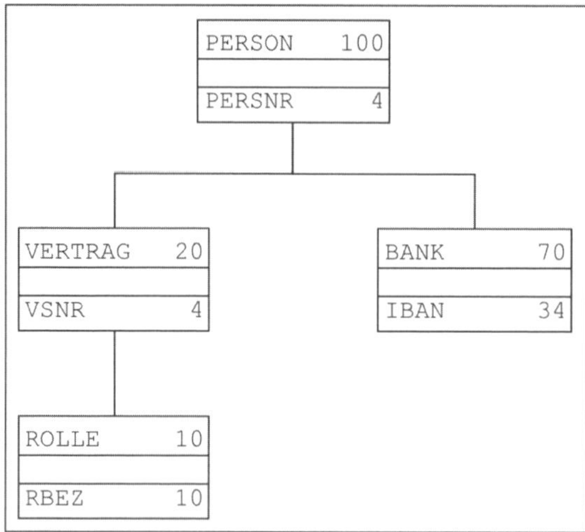

Abb. 18.1: Beispielstruktur einer IMS-Datenbank

Der Vorteil einer hierarchischen Datenbankstruktur ist, dann man sehr schnell an die zugehörigen und abhängigen Daten eines Segments kommt, weil diese über physische Zeiger miteinander verbunden sind. Der Nachteil ist aber, dass man praktisch schon beim Design vorgibt, wie man sich in den Daten bewegen kann. Auch das nachträgliche Ändern der Datenbankstruktur ist kritisch, da alle physischen Zeiger und viele fertige COBOL-Programme angepasst werden müssen.

18.1.2 Beschreibung der Datenbank mittels DBD

In Listing 18.1 ist die Beschreibung der Beispieldatenbank mittels Assemblermakros dargestellt. Dies hat zwar direkt nichts mit COBOL zu tun, aber wenn man ein entsprechendes Programm warten muss, ist es hilfreich, die Datenbankbeschreibung zu verstehen.

```
DBD      NAME=PERSDB,ACCESS=HDAM,RMNAME=DFSHDC30
DATASET  DD1=PERSDB,DEVICE=3380,BLOCK=4084
SEGM     NAME=PERSON,BYTES=100
FIELD    NAME=(PERSNR,SEQ,U),BYTES=4,START=1
SEGM     NAME=VERTRAG,PARENT=((PERSON,SNGL)),BYTES=20
FIELD    NAME=(VSNR,SEQ,M),BYTES=4,START=1
SEGM     NAME=ROLLE,PARENT=((VERTRAG,SNGL)),BYTES=10
FIELD    NAME=(RBEZ,SEQ,M),BYTES=10,START=1
SEGM     NAME=BANK,PARENT=((PERSON,SNGL)),BYTES=70
FIELD    NAME=(IBAN,SEQ,U),BYTES=34,START=1
DBDGEN
FINISH
END
```

Listing 18.1: Definition der Beispieldatenbank

Die Beschreibung dürfte ohne große Erklärungen einfach zu verstehen sein. Zunächst müssen einige Angaben zu der eigentlichen Datenbank gemacht werden, danach wird jedes Segment mit dem Makro SEGM beschrieben. Neben dem Segmentnamen muss nur noch die Segmentgröße definiert werden. Der eigentliche Inhalt eines Segments interessiert IMS nicht. Nur die Indexfelder und die Suchfelder müssen über das Makro FIELD definiert sein. Die Definition NAME=(PERSNR,SEQ,U) bedeutet dabei, dass das Feld PERSNR ein indiziertes Feld sein soll, das unique (eindeutig) ist. Abhängige Segmente werden über die PARENT-Angabe ihrem übergeordneten Segment zugewiesen.

Über einen eigenen Job werden diese Makros übersetzt und an das IMS-System übergeben.

18.1.3 Logische Datenbankstruktur mit PSB beschreiben

Während ein DBD die physische Struktur einer Datenbank beschreibt, muss mithilfe eines PSBs die logische Struktur für die Bearbeitung über ein COBOL-Programm beschrieben werden. Auch dies geschieht über Assemblermakros. Nur die in der logischen Struktur enthaltenen Segmente können verarbeitet werden. Dabei wird jede logische Struktur mit einem PCB (Program Communication Block) beschrieben. Alle PCBs werden in einem PSB zusammengefasst.

```
PCB      TYPE=DB,DBDNAME=PERSDB,PROCOPT=A,KEYLEN=18
SENSEG   NAME=PERSON,PARENT=0
SENSEG   NAME=VERTRAG,PARENT=PERSON
SENSEG   NAME=ROLLE,PARENT=VERTRAG
SENSEG   NAME=BANK,PARENT=PERSON
PSBGEN   LANG=COBOL,PSBNAME=PSBALL
END
```

Listing 18.2: Logische Datenbankstruktur

In Listing 18.2 wird die Struktur der Datenbank beschrieben, wie sie sich für das COBOL-Programm darstellen soll. Werden nur die Segmente über das Makro SENSEG angegeben, stehen sie dem Programm in ihrer kompletten Größe zur Verfügung. Schränkt man die Beschreibung über die zusätzlichen Makros SENFLD weiter ein, kann man nur die so aufgeführten Felder eines Segments bearbeiten.

Mit PROCOPT wird angegeben, auf welche Art die Datenbank bearbeitet werden darf. Die wichtigsten Angaben sind G (GET), I (INSERT), R (REPLACE) und D (DELETE), die auch in Kombination angegeben werden dürfen. A steht für ALL und lässt jegliche Verarbeitungsart zu.

Die KEYLEN ergibt sich aus der Summe der Längen aller Schlüsselfelder eines kompletten Zweiges, wobei hier der Wert des Zweiges angegeben werden muss, dessen Summe die höchste ist.

Für die Übersetzung eines PSBs stehen eigene Jobs zur Verfügung.

18.1.4 Definition eines PCB in COBOL

Ein COBOL-Programm kann mit mehreren IMS-Datenbanken gleichzeitig arbeiten. Dies geschieht mithilfe der Datenbanksprache DL/1. Für jede Datenbank ist es notwendig, in der LINKAGE SECTION eine eigene Kommunikationsstruktur zu definieren. Dort hinterlegt DL/1 nach jedem Zugriff wichtige Informationen wie beispielsweise einen Statuscode.

```
LINKAGE SECTION.
01  PERSON-PCB.
    05  DB-NAME              PIC X(8).
    05  SEGMENTSTUFE         PIC XX.
    05  STATUSCODE.
        10  L-BYTE           PIC X.
            88  STATUS-OK    VALUE " ".
        10  R-BYTE           PIC X.
    05  PROCOPT              PIC X(4).
    05  FILLER               PIC S9(5) COMP.
    05  SEGMENTNAME          PIC X(8).
    05  SCHLUESSELLAENGE     PIC S9(5) COMP.
    05  SENSEG               PIC S9(5) COMP.
    05  KFBA                 PIC X(18).
```

Listing 18.3: Definition der PCB-Maske in der LINKAGE SECTION

Wichtig sind hier wohl die Struktur STATUSCODE und die KFBA (Key Feedback Area). Enthält das erste Zeichen des Statuscodes ein Leerzeichen, war alles in Ordnung. Ansonsten bekommt man wichtige Informationen über dieses Feld, bei denen es sich nicht immer um einen Fehler handeln muss. In der KFBA wird nach einem CALL der verkettete Schlüssel für das gelieferte Segment hinterlegt. Es muss so groß sein, dass es die maximal mögliche Größe eines verketteten Schlüssels aufnehmen kann.

18.1.5 Programmeinsprung mittels ENTRY

Nachdem das IMS-System das Anwendungsprogramm und die notwendigen Steuerinformationen geladen hat, übergibt es die Kontrolle an das COBOL-Programm an der Stelle, an der die Anweisung ENTRY programmiert wurde.

```
ENTRY  Literal-1  [USING {Bezeichner-1}...]
```

Abb. 18.2: ENTRY-Anweisung

Befehle, die vor dieser Anweisung codiert wurden, kommen nicht zur Ausführung. Die ENTRY-Anweisung übernimmt die PCBs in die in der LINKAGE SECTION definierten

Bereiche. Anzahl und Reihenfolge der Parameter müssen mit Anzahl und Reihenfolge der PCBs im PSB übereinstimmen.

```
PROCEDURE DIVISION.
STEUER SECTION.
ST01.
    ENTRY "DLITCBL" USING PERSON-PCB.
    ...
    ...
ST99.
    GOBACK.
```

Listing 18.4: Programmeinsprung und Programmrücksprung

Da das COBOL-Programm als Unterprogramm von IMS läuft, muss es mithilfe der Anweisung GOBACK auch dorthin wieder zurückspringen. Würde man hier die Anweisung STOP RUN verwenden, würde der Rücksprung direkt zum Betriebssystem erfolgen und das IMS-System hätte keine Chance mehr, die Verarbeitung korrekt abzuschließen.

18.1.6 Notwendige Ein-/Ausgabebereiche

In die in der WORKING-STORAGE SECTION definierten Datenbereiche stellt DL/1 nach einem Lesezugriff die gelesenen Daten zur Verfügung. Bei schreibenden Zugriffen werden dort die zu schreibenden Daten erwartet.

Es kann ein gemeinsamer Bereich für alle in einem Programm zu verarbeitenden Segmenttypen definiert werden. Die Größe muss dem längsten zu verarbeitenden Segment entsprechen. Es kann aber auch pro Segmenttyp ein eigener Bereich definiert werden.

```
WORKING-STORAGE SECTION.
01  E-A-BEREICH                 PIC X(100).
01  PERSON REDEFINES E-A-BEREICH.
    05  PERSNR                  PIC X(4).
    05  ANREDE                  PIC X.
    05  VORNAME                 PIC X(20).
    05  NACHNAME                PIC X(20).
    05  STRASSE                 PIC X(20).
    05  PLZ                     PIC X(5).
    05  ORT                     PIC X(20).
01  VERTRAG REDEFINES E-A-BEREICH.
    05  VSNR                    PIC X(4).
    05  BEGINN                  PIC 9(8).
    05  ABLAUF                  PIC 9(8).
01  ROLLE REDEFINES E-A-BEREICH.
    05  RBEZ                    PIC X(10).
```

```
01  BANK REDEFINES E-A-BEREICH.
    05  IBAN                  PIC X(34).
    05  BIC                   PIC X(11).
    05  BANKNAME              PIC X(20).
```

Listing 18.5: Definition der Segmentdatenbereiche

18.1.7 Datenbankzugriff programmieren

Der eigentliche Datenbankzugriff wird nicht vom Anwendungsprogramm, sondern von IMS ausgeführt. Aus diesem Grund muss das IMS-System als Unterprogramm von unserem COBOL-Programm gerufen werden. Dies geschieht über die normale `CALL`-Anweisung, wobei das zu rufende Unterprogramm den Namen `CBLTDLI` hat. `DLI` deswegen, weil die Datenbanksprache von IMS DL/1 (Database Language 1) heißt und über diese die Kommunikation stattfindet. Mithilfe der übergebenen Parameter wird gesteuert, welche Verarbeitung durchzuführen ist.

Folgende Parameter müssen via `CALL` übergeben werden:

1. Ein optionaler Parameterzähler
2. Die auszuführende Operation
3. Die PCB-Maske
4. Optional bis zu 15 Segmentsuchargumente, über die bestimmt wird, welches Segment gesucht oder bearbeitet werden soll

Optionaler Parameterzähler

Es ist tatsächlich möglich, mit nur einer einzigen im Source programmierten `CALL`-Anweisung sämtliche Operationen auszuführen. Der erste Parameter muss in diesem Fall ein Datenfeld vom Typ `PIC S 9(5) COMP` sein, in das vor Ausführung der `CALL`-Anweisung geschrieben wird, wie viele Parameter bei diesem Aufruf berücksichtigt werden sollen. Besonders leserlich ist das nicht.

CALL-Funktion

Über diesen Parameter wird DL/1 mitgeteilt, welche Operation ausgeführt werden soll. Die wichtigsten Funktionen sind in Tabelle 18.1 aufgeführt.

Code	Funktion	Bedeutung
GU	GET UNIQUE	Gezieltes Suchen eines Segments
GN	GET NEXT	Sequenzielles Suchen
GNP	GET NEXT WITHIN PARENT	Sequenzielles Suchen von abhängigen Segmenten eines Parents
GHU	GET HOLD UNIQUE	Gezieltes Suchen eines Segments, das anschließend gelöscht oder geändert werden soll

Tabelle 18.1: Die wichtigsten Datenbankfunktionen

Code	Funktion	Bedeutung
GHN	GET HOLD NEXT	Sequenzielles Suchen eines Segments, das anschließend gelöscht oder geändert werden soll
GHNP	GET HOLD NEXT WITHIN PARENT	Sequenzielles Suchen eines abhängigen Segments, das anschließend gelöscht oder geändert werden soll
DLET	DELETE	Löschen eines Segments
REPL	REPLACE	Ändern eines Segments
ISRT	INSERT	Einfügen eines Segments

Tabelle 18.1: Die wichtigsten Datenbankfunktionen (Forts.)

Da man die Datenbankfunktion als Parameter übergeben muss, werden die verschiedenen Funktionen gerne in der `WORKING-STORAGE SECTION` als vier Byte große Felder definiert.

```
WORKING-STORAGE SECTION.
01  DLI-FUNCTIONS.
    05  DLI-GU        PIC X(4)    VALUE "GU  ".
    05  DLI-GHU       PIC X(4)    VALUE "GHU ".
    05  DLI-GN        PIC X(4)    VALUE "GN  ".
    05  DLI-GHN       PIC X(4)    VALUE "GHN ".
    05  DLI-GNP       PIC X(4)    VALUE "GNP ".
    05  DLI-GHNP      PIC X(4)    VALUE "GHNP".
    05  DLI-ISRT      PIC X(4)    VALUE "ISRT".
    05  DLI-DLET      PIC X(4)    VALUE "DLET".
    05  DLI-REPL      PIC X(4)    VALUE "REPL".
```

Listing 18.6: Definition der wichtigsten Datenbankfunktionen

Dem Löschen und Ändern eines Segments muss immer ein erfolgreicher Get-Hold-Call vorausgehen.

PCB-Maske

Die Angabe der PCB-Maske ist deshalb so wichtig, weil über sie ein bestimmter PCB in einem PSB angesprochen wird. Damit weiß DL/1, in welcher Datenbank die Operation durchgeführt werden soll, und ist in der Lage, den Status der Operation abzulegen.

Der Aufbau einer PCB-Maske wurde bereits in Definition eines PCB in Abschnitt 18.1.4 erklärt.

Ein-/Ausgabebereich

In diesem Datenbereich werden die Daten für einen Insert oder einen Replace erwartet. Soll ein Segment gelesen werden, stellt DL/1 dort die gefundenen Daten ab.

Optionales Segmentsuchargument

Mithilfe der Segment-Suchargumente (SSA) wird der hierarchische Pfad für einen Datenbankzugriff beschrieben. Sie müssen als Datenfelder innerhalb der WORKING-STORAGE SECTION beschrieben sein und haben einen fest vorgegebenen Aufbau.

Man unterscheidet qualifizierte und unqualifizierte SSAs. Ein qualifizierter SSA bezieht sich auf einen bestimmten Segmenttyp mit einem bestimmten Schlüsselwert, während ein unqualifizierter SSA lediglich den Namen des gewünschten Segments beinhaltet.

Mit einem CALL können maximal 15 SSAs übergeben werden. Eine Baumstruktur mit 15 Ebenen ist aber meist komplex genug.

Ein unqualifizierter SSA hat immer eine Länge von 9 Byte, wobei die ersten 8 Byte für den Namen des Segments bestimmt sind und das neunte Byte immer ein Leerzeichen beinhaltet.

```
01  UNQUALIFIZIERTER-SSA.
    05  SEGMENTNAME       PIC X(8).
    05  FILLER            PIC X.
```

Listing 18.7: Definition eines unqualifizierten Segmentsucharguments

Ein qualifizierter SSA besteht zunächst auch aus einem 8 Byte langen Feld für den Segmentnamen, gefolgt von einem weiteren Byte, in dem jetzt aber eine öffnende runde Klammer stehen muss. Dann folgen wieder 8 Byte für den Feldnamen und zwei Byte für den Vergleichsoperator. Die Länge des Vergleichswerts, der als Nächstes folgt, ist abhängig von der Definition des Schlüsselfelds im DBD. Um das Ende des SSAs zu kennzeichnen, folgt noch ein weiteres, ein Byte langes Feld, in dem eine schließende runde Klammer stehen muss.

```
01  PERSON-SSA.
    05  SEGMENTNAME       PIC X(8) VALUE "PERSON".
    05  FILLER            PIC X    VALUE "(".
    05  FELDNAME          PIC X(8) VALUE "PERSNR".
    05  PERSON-OPERATOR   PIC XX   JUST RIGHT.
    05  PERSON-WERT       PIC X(4).
    05  FILLER            PIC X    VALUE ")".
```

Listing 18.8: Qualifizierter SSA für das Segment PERSON

In einem qualifizierten SSA wird eine Bedingung für die durchzuführende Suche hinterlegt. Eine solche Bedingung kann aus bis zu 8 mit AND oder OR verknüpften Suchbedingungen bestehen. Vor der schließenden runden Klammer muss dann der Verknüpfungsoperator, gefolgt von Feldname, Vergleichsoperator und Vergleichswert, eingefügt werden.

```
01  PERSON-SSA-VERKNUEPFT.
    05  SEGMENTNAME          PIC X(8) VALUE "PERSON".
    05  FILLER               PIC X    VALUE "(".
    05  FELDNAME             PIC X(8) VALUE "PERSNR".
    05  PERSON-OPERATOR-1    PIC XX   JUST RIGHT.
    05  PERSON-WERT-1        PIC X(4).
    05  PERSON-VERKNUEPFUNG  PIC X.
    05  FELDNAME             PIC X(8) VALUE "PERSNR".
    05  PERSON-OPERATOR-2    PIC XX   JUST RIGHT.
    05  PERSON-WERT-2        PIC X(4).
    05  FILLER               PIC X    VALUE ")".
```

Listing 18.9: Qualifizierter SSA für PERSON mit einer Verknüpfung

Die erlaubten Vergleichsoperatoren sind in Tabelle 18.2 aufgeführt, wobei hier beachtet werden muss, dass die einstelligen Operatoren rechtsbündig in dem zwei Byte großen Feld stehen müssen.

Vergleichsoperator	Symbol	Bedeutung
EQ	=	Gleich
NE	~=	Ungleich
GT	>	Größer als
GE	>=	Größer als oder gleich
LT	<	Kleiner als
LE	<=	Kleiner als oder gleich

Tabelle 18.2: Liste der erlaubten Vergleichsoperatoren

Für logische Verknüpfungen stehen lediglich die in Tabelle 18.3 aufgeführten Operatoren zur Verfügung.

Verknüpfungsoperator	Bedeutung
& oder *	Boolean AND
| oder +	Boolean OR

Tabelle 18.3: Liste der erlaubten Verknüpfungsoperatoren

Werden in einem CALL mehrere SSAs angegeben, erfolgt der Zugriff immer auf das Segment, das im letzten SSA spezifiziert wird. Die zusätzlichen SSAs dienen der Qualifikation für die innerhalb des Datenbankpfads übergeordneten Segmente. Fehlt für eine Datenbankstufe die SSA-Angabe, wird für diese Stufe innerhalb des Datenbankpfads ein unqualifizierter SSA angenommen.

In einem Segmentsuchargument können auch spezielle Befehlscodes hinterlegt werden, auf die hier aber nicht weiter eingegangen werden soll.

CALL-Anweisung

Man unterscheidet qualifizierte und unqualifizierte DL/1-Calls. Der Unterschied liegt im Vorhandensein eines oder mehrerer SSAs.

Ein Beispiel für den Einsatz eines unqualifizierten SSAs ist das sequenzielle Lesen innerhalb der Datenbank. Nach dem CALL findet man in dem übergebenen PCB den Namen des gelesenen Segments, den Statuscode und im ebenfalls übergebenen Ein-/Ausgabebereich die gelesenen Daten.

```
CALL "CBLTDLI" USING DLI-GN PERSON-PCB E-A-BEREICH
```

Aber auch die Calls zum Ändern oder Löschen eines Segments benötigen keinen SSA, weil das betreffende Segment vorher mit einem Get-Hold-Call gelesen werden musste, wozu mindestens ein SSA notwendig war.

Will man gezielt die Daten der Person 1234 lesen, codiert man wie folgt:

```
MOVE "1234" TO PERSON-WERT
MOVE "=" TO PERSON-OPERATOR
CALL "CBLTDLI" USING DLI-GU PERSON-PCB E-A-BEREICH PERSON-SSA
```

18.1.8 Auswerten des Statuscodes

Nach der Ausführung eines Calls wird von DL/1 ein 2 Byte großer Statuscode in dem entsprechenden Feld des übergebenen PCBs zur Verfügung gestellt. Dieser Statuscode sagt aus, ob die Operation erfolgreich war oder ob ein Fehler aufgetreten ist. Manchmal werden aber auch spezielle Informationen geliefert, beispielsweise darüber, dass bei einem sequenziellen Lesevorgang eine Hierarchiestufe gewechselt wurde.

Je nach durchgeführter Operation beinhaltet das erste Byte des Statuscodefelds einen der folgenden Werte:

- A: Triff auf, wenn das Format der CALL-Anweisung ungültig war.
- D: Kann nach dem Löschen oder Ändern eines Segments auftreten.
- G: Folgt auf eine lesende Funktion.
- I: Kann nach dem Einfügen eines Segments auftreten.
- L: Fehler, die beim erstmaligen Beladen der Datenbank auftreten können.

Statuscode	Bedeutung
	Ist das Statuscodefeld leer, bedeutet das, dass die Operation erfolgreich durchgeführt werden konnte.
AB	Die CALL-Anweisung hat keinen Ein-/Ausgabebereich angegeben.
AC	Die Reihenfolge der SSAs entspricht nicht der hierarchischen Ordnung.

Tabelle 18.4: Liste der möglichen Statuscodes

Statuscode	Bedeutung
AD	Die übergebene Funktion ist ungültig.
AF	Es wurden SSAs für die Funktionen DLET beziehungsweise REPL angegeben.
AH	Für diesen CALL ist ein SSA erforderlich.
AJ	Das Format eines SSAs ist ungültig.
AM	Der ausgeführte CALL ist mit der angegebenen PROCOPT nicht erlaubt beziehungsweise es wird auf Segmente zugegriffen, die laut PSB nicht im Zugriff stehen.
DA	Das Segmentschlüsselfeld wurde im Ein-/Ausgabebereich verändert.
DJ	Der erfolgreiche Hold-Call fehlt oder wurde nicht richtig ausgeführt.
GA	Es wurde eine hierarchische Grenze zu einer höheren Stufe überschritten (nur bei unqualifizierten Calls). Eher ein Hinweis als ein Fehler.
GB	Das Ende der Datenbank ist erreicht.
GE	Das Segment konnte nicht gefunden werden.
GK	Es wurde eine hierarchische Grenze auf derselben Stufe überschritten (nur bei unqualifizierten Calls). Eher ein Hinweis als ein Fehler.
GP	Für einen GNP-Call war kein Parent etabliert oder die hierarchische Stufe des angeforderten Segments war nicht kleiner als die des etablierten Parents.
II	Das einzufügende Segment ist in der Datenbank bereits vorhanden und sein Schlüsselwert als eindeutig definiert.
LB	Das zu ladende Segment ist bereits geladen und soll laut Datenbankbeschreibung eindeutig sein.
LC	Die Sortierfolge des Schlüsselfelds für das zu ladende Segment ist durchbrochen.
LD	Das zugehörige Parent ist nicht geladen.
LE	Das Laden der Segmente auf derselben hierarchischen Stufe stimmt mit der Datenbankbeschreibung (DBD) nicht überein.

Tabelle 18.4: Liste der möglichen Statuscodes

18.1.9 Laden einer IMS-Datenbank

Wie anfangs schon beschrieben, legt man beim Design einer IMS-Datenbank bereits fest, auf welche Art man die Daten am Ende auswerten möchte. Sie ist daher weit weniger flexibel bei der Abfrage als eine SQL-Datenbank. Aber sie ist wesentlich schneller. Hier liegt die absolute Stärke von IMS gegenüber SQL. Hat man eine sehr umfangreiche Datenmenge und muss diese besonders performant abfragen, macht es Sinn, extra für diese Art von Abfragen IMS-Datenbanken anzulegen und zu beladen.

Um eine leere IMS-Datenbank zu beladen, müssen die zu ladenden Daten nach ihren Schlüsselwerten sortiert beispielsweise in sequenziellen Dateien vorliegen oder aus relationalen Tabellen ausgelesen werden. Über eine spezielle PCB mit der PROCOPT=L kann dann ein COBOL-Programm die Daten nacheinander in die Segmente schaufeln, was aufgrund der Datenorganisationsform extrem schnell vonstatten geht. Danach sind alle Daten untereinander mit physischen Zeigern verknüpft, wodurch sie extrem schnell gelesen werden können. Es müssen nicht erst irgendwelche Indexbestände durchsucht werden, um auf die Nutzdaten zugreifen zu können. Vielmehr steht die Adresse auf dem Datenträger direkt zur Verfügung.

18.2 Arbeiten mit relationalen Datenbanken

18.2.1 Aufbau einer relationalen Datenbank

Deutlich weiter verbreitet als hierarchische Datenbanken sind relationale Datenbanken wie DB2. Diese sind nach wie vor modern, gerade in einem Umfeld, in dem mit COBOL gearbeitet wird, auch wenn es heute noch viel fortschrittlichere Datenbanksysteme wie zum Beispiel objektorientierte Datenbanken, XML-Datenbanken und Ähnliches gibt. Wer heute ein COBOL-Programm warten muss, kommt um die Programmierung von relationalen Datenbanken kaum herum. Als Schnittstelle zwischen dem Anwendungsprogramm und dem Datenbanksystem dient dabei die Datenbanksprache SQL (Structured Query Language), deren Kenntnis vorausgesetzt wird.

In Abbildung 18.3 ist wieder die in diesem Kapitel bereits verwendete, sehr stark vereinfachte Struktur einer Partnerverwaltung zu sehen, die als Beispiel für die folgenden Erklärungen dienen soll. Wie man deutlich sieht, sind zusammengehörige Daten über redundante Schlüsselfelder wie PERSNR oder zusammengesetzte Schlüssel wie PERSNR und VSNR miteinander verknüpft.

Tabelle PERSON

PERSNR	ANREDE	VORNAME	NACHNAME	STRASSE	PLZ	ORT

Tabelle VERTRAG

PERSNR	VSNR	BEGINN	ABLAUF

Tabelle BANK

PERSNR	IBAN	BIC	BANKNAME

Tabelle ROLLE

PERSNR	VSNR	RBEZ

Abb. 18.3: Beispielstruktur einer relationalen Datenbank

18.2.2 Beschreibung der Datenbank mittels SQL

Eine relationale Datenbank besteht aus mehreren physischen Tabellen, die normalerweise vor ihrer Verwendung in dem entsprechenden Datenbanksystem angelegt werden müssen. Dies geschieht typischerweise mithilfe der Datenbanksprache SQL und dort mit der Anweisung CREATE TABLE. Beispielhaft findet sich in Listing 18.10 die Erstellung der Tabelle PERSON.

```
CREATE TABLE PERSON (
    PERSNR   CHAR(4)   NOT NULL,
    ANREDE   CHAR(1),
    VORNAME  VARCHAR(20),
    NACHNAME VARCHAR(20),
    STRASSE  VARCHAR(20),
    PLZ      CHAR(5),
    ORT      VARCHAR(20))
```

Listing 18.10: Definition der relationalen Tabelle PERSON

18.2.3 Der SQL Precompiler

Sollen SQL-Anweisungen von einem COBOL-Programm aus ausgeführt werden, erfolgt dies über eine Schnittstelle, die als externes Unterprogramm aufgerufen werden muss. Es gibt in COBOL keine eigenen Befehle, um relationale Datenbanken zu bearbeiten, anders als für die Verarbeitung von klassischen Dateien.

Es ist jedoch recht mühsam, diese Unterprogrammaufrufe von Hand korrekt zu programmieren. Bei Änderungen oder Erweiterungen an der Datenbank wäre die Fehleranfälligkeit viel zu hoch. Für COBOL gibt es daher einen SQL-Precompiler, der noch vor dem eigentlichen COBOL-Compiler aufgerufen werden muss. Die SQL-Befehle des Programms werden von dem Precompiler zunächst syntaktisch analysiert, in COBOL-Anweisungen umgesetzt und zusätzlich außerhalb des Programms in einem eigenen DBRM (Database Request Modul) gespeichert. Der Timestamp, der vom Precompiler in das DBRM und den modifizierten COBOL-Quellcode eingeschleust wurde, stellt sicher, dass die SQL-Befehle im DBRM und im COBOL-Programm identisch sind.

Die Anweisungen für den SQL-Precompiler beginnen stets mit EXECUTE SQL oder kürzer EXEC SQL und enden immer mit END-EXEC. Da es sich hier nicht um COBOL-Befehle handelt, können solche Anweisungen auch in der DATA DIVISION vorkommen.

18.2.4 Erstellen der COBOL-Struktur mittels DCLGEN

Wurde eine Datenbanktabelle im Datenbanksystem angelegt, dann hilft das Tool DCLGEN dabei, daraus die notwendigen Definitionen und Strukturen zu generieren, die für die Verwendung in einem COBOL-Programm notwendig sind. Sowohl auf dem Host als auch bei anderen Herstellern von Entwicklungsumgebungen für COBOL lässt sich dieses Hilfsprogramm finden. Über zahlreiche Parameter kann dabei gesteuert werden, wie die Namen der einzelnen Felder aufgebaut sein sollen, weshalb hier nur eine beispielhafte Struktur abgedruckt werden kann. Die Namenskonventionen bestehender COBOL-Programme können abweichen. Was aber auf jeden Fall deutlich wird, ist, wie mit variabel langen Spalten vom Typ `VARCHAR` in COBOL umgegangen werden muss und wie in COBOL erkannt werden kann, ob eine Spalte auch tatsächlich einen Wert oder `NULL` beinhaltet.

Über TSO auf einem IBM-Host kann das Kommando

```
DB2 PERSON DCLGEN
```

abgesetzt werden, wodurch ein kleines Stück COBOL-Quellcode erzeugt wird, der sich dann in das COBOL-Programm integrieren lässt.

In Listing 18.11 ist ein solcher, beispielhafter Quellcode abgedruckt.

```
************************************************************
  EXEC SQL DECLARE DEMO.PERSON TABLE
  ( PERSNR     CHAR(4)    NOT NULL
  ,ANREDE     CHAR(1)
  ,VORNAME     VARCHAR(20)
  ,NACHNAME     VARCHAR(20)
  ,STRASSE     VARCHAR(20)
  ,PLZ     CHAR(5)
  ,ORT     VARCHAR(20)
  ) END-EXEC.
************************************************************
* COBOL DECLARATION FOR TABLE DEMO.PERSON
************************************************************
 01 DCLPERSON.
  10 PERSNR                  PIC X(4).
  10 ANREDE                  PIC X.
  10 VORNAME.
   49 VORNAME-LEN            PIC S9(04) COMP.
   49 VORNAME-TEXT           PIC X(20).
  10 NACHNAME.
   49 NACHNAME-LEN           PIC S9(04) COMP.
   49 NACHNAME-TEXT          PIC X(20).
  10 STRASSE.
   49 STRASSE-LEN            PIC S9(04) COMP.
   49 STRASSE-TEXT           PIC X(20).
  10 PLZ                     PIC X(5).
  10 ORT.
   49 ORT-LEN                PIC S9(04) COMP.
   49 ORT-TEXT               PIC X(20).
************************************************************
```

```
* COBOL INDICATOR VARIABLES FOR TABLE
*************************************************************
 01 DCLPERSON-NULL.
  10 ANREDE-NULL                 PIC S9(04) COMP.
  10 VORNAME-NULL                PIC S9(04) COMP.
  10 NACHNAME-NULL               PIC S9(04) COMP.
  10 STRASSE-NULL                PIC S9(04) COMP.
  10 PLZ-NULL                    PIC S9(04) COMP.
  10 ORT-NULL                    PIC S9(04) COMP.
*************************************************************
* THE NUMBER OF COLUMNS DESCRIBED BY THIS DECLARATION IS 7
*************************************************************
```

Listing 18.11: Beispiel einer DCLGEN-Struktur

Wie die einzelnen Felder dieser Struktur verwendet werden, wird in nachfolgenden Beispielen erklärt.

DB2	COBOL
SMALLINT	PIC S9(4) COMP
INTEGER	PIC S9(9) COMP
DECIMAL(n,m)	PIC S9(n-m)V9(m) COMP-3
CHAR(n)	PIC X(n)
VARCHAR(n)	01 Strukturname. 49 ... PIC S9(4) COMP. 49 ... PIC X(n).
DATE	PIC X(n) n >= 10
TIME	PIC X(n) n >= 6
TIMESTAMP	PIC X(n) n >= 26

Tabelle 18.5: Liste der wichtigsten SQL-Datentypen

18.2.5 BIND und REBIND

Wie bereits erwähnt, erzeugt der Precompiler ein DBRM. Dieses dient als Input für den sogenannten BIND-Prozess. Dabei entsteht aus dem DBRM ein Application-Plan, der die Beziehung zwischen COBOL-Programm und DB2-Daten aufbaut.

Ändert man das COBOL-Programm und übersetzt es neu, ändert sich auch das DBRM und es findet ein sogenannter REBIND statt. Die Beziehung zwischen dem Programm und der Datenbank wird erneuert.

Bei einem BIND oder REBIND finden folgende Aktivitäten statt:

- Syntaxprüfung der SQL-Befehle mithilfe des tatsächlichen DB2-Katalogs
- Autorisierungsprüfung für BIND-Befehl und den angesprochenen DB2-Ressourcen

- Auswahl des optimalen Zugriffspfads
- Erstellung eines Application-Plans
- Festlegung der Locking-Strategie des Plans

Der große Vorteil dieses Vorgehens liegt darin, dass schon zur Compilezeit die syntaktische Analyse und die Ermittlung des optimalen Zugriffspfads auf die Daten in den Tabellen festgelegt werden kann. Während der Programmausführung können diese Zugriffe dann mit höchster Performance durchgeführt werden.

Erstellt man dagegen die SQL-Anweisungen erst zur Laufzeit (Dynamic SQL), wie es heute in vielen modernen Systemen und Sprachen der Fall ist, müssen all diese Tätigkeiten erst zur Laufzeit erfolgen, und die dauern teilweise länger als der eigentliche Zugriff. Um dieses etwas zu mildern, kann mit sogenannten *Prepared-Statements* gearbeitet werden. Da dies auch in COBOL möglich ist, wird in Abschnitt 18.2.9 gezeigt, wie man hier vorgehen muss.

18.2.6 Typischer Programmaufbau

Um mit einer relationalen Datenbank arbeiten zu können, müssen in COBOL sowohl Datenfelder definiert als auch Anweisungen programmiert werden.

Datendefinitionsbereich

Im Definitionsbereich werden die Hostvariablen, die das Programm benötigt, definiert. Außerdem befindet sich hier auch die `SQLCA` (SQL Communication Area), ein Datenbereich, über den Statusinformationen zwischen DB2 und COBOL ausgetauscht werden. Nach jedem Zugriff kann dort abgefragt werden, ob er erfolgreich war (siehe Abschnitt 18.2.7).

Ebenfalls in diesem Bereich befindet sich das `DECLARE TABLE`-Statement für jede einzelne Tabelle, die angesprochen werden soll. Diese Definition dient dem Precompiler zur Syntaxprüfung und ist Teil des über `DCLGEN` generierten Quellcodes.

Alle eben genannten Definitionen lassen sich über den Precompiler in das COBOL-Programm einfügen.

Verarbeitungsbereich

Hier finden sich die eigentlichen SQL-Befehle, die gesamte Programmlogik und die komplette Fehlerbehandlung.

Auch die SQL-Befehle werden über den Precompiler in das COBOL-Programm eingefügt.

Skelett eines SQL-COBOL-Programms

In Listing 18.12 ist ein kleines Beispiel für ein COBOL-Programm abgedruckt, das auf die Tabellen `PERSON`, `VERTRAG`, `ROLLE` und `BANK` zugreifen will. Wie Sie sehen können, befinden sich in der `WORKING-STORAGE SECTION` die Precompiler-Anweisungen `EXEC`

SQL INCLUDE, um die notwendigen Datenstrukturen in den Quellcode kopieren zu lassen. Eine erste SQL-SELECT-Anweisung findet sich dann in der PROCEDURE DIVISION.

```
IDENTIFICATION DIVISION.
PROGRAM-ID. SQLPROG.
DATA DIVISION.
WORKING-STORAGE SECTION.
    ...
    EXEC SQL INCLUDE SQLCA END-EXEC.
    EXEC SQL INCLUDE PERSON END-EXEC.
    EXEC SQL INCLUDE VERTRAG END-EXEC.
    EXEC SQL INCLUDE ROLLE END-EXEC.
    EXEC SQL INCLUDE BANK END-EXEC.
PROCEDURE DIVISION.
STEUER SECTION.
ST01.
    ...
    EXEC SQL
        SELECT NACHNAME
        INTO :NACHNAME :NACHNAME-NULL
        FROM PERSON
        WHERE PERSNR = :PERSNR
    END-EXEC.
```

Listing 18.12: Beispielhafter Aufbau eines SQL-COBOL-Programms

18.2.7 Fehlerbehandlung über die SQLCA

Nach Ausführung eines SQL-Befehls werden dem Programm in der SQLCA Informationen über den Verlauf des Befehls zur Verfügung gestellt. Die Datenstruktur der SQLCA wird über den SQL-Befehl INCLUDE SQLCA vom Precompiler in das Programm kopiert. Der Aufbau dieses Datenbereichs findet sich in Listing 18.13.

```
01  SQLCA.
    05  SQLCAID       PIC X(8) VALUE "SQLCA   ".
    05  SQLCABC       PIC S9(9) COMP VALUE 136.
    05  SQLCODE       PIC S9(9) COMP.
    05  SQLERRM.
        49  SQLERRML  PIC S9(4) COMP.
        49  SQLERRMC  PIC X(70).
    05  SQLERRP       PIC X(8).
    05  SQLERRD       PIC S9(9) COMP OCCURS 6.
    05  SQLWARN.
        10  SQLWARN0  PIC X.
        10  SQLWARN1  PIC X.
```

```
        10  SQLWARN2  PIC X.
        10  SQLWARN3  PIC X.
        10  SQLWARN4  PIC X.
        10  SQLWARN5  PIC X.
        10  SQLWARN6  PIC X.
        10  SQLWARN7  PIC X.
    05  SQLEXT.
        10  SQLWARN8  PIC X.
        10  SQLWARN9  PIC X.
        10  SQLWARNA  PIC X.
    05  SQLSTATE      PIC X(5).
```

Listing 18.13: Aufbau der SQLCA

Die wichtigsten Felder der SQLCA sind:

- SQLCODE: Beinhaltet den DB2-Returncode und dient der eigentlichen Fehlerbehandlung.
- SQLERRM: Beinhaltet die eigentliche Fehlermeldung. Während in SQLERRML die Länge der Fehlermeldung steht, findet sich in SQLERRMC der eigentliche Text.
- SQLERRD(3): Im dritten Feld der Tabelle SQLERRD wird die Anzahl der eingefügten, geänderten oder gelöschten Zeilen dokumentiert.

Der SQLCODE kann sinnvoll wie folgt abgefragt werden:

- SQLCODE = 100: Der Befehl wurde erfolgreich ausgeführt, es wurden jedoch keine (weiteren) Zeilen gefunden, geändert oder gelöscht.
- SQLCODE > 0: Der Befehl wurde ausgeführt, es gibt jedoch Hinweise von DB2.
- SQLCODE < 0: Der Befehl wurde nicht ausgeführt, es kam zu einem Fehler.
- SQLCODE = 0: Der Befehl wurde ausgeführt, es war alles in Ordnung.

Häufig wird nach jeder SQL-Anweisung der SQLCODE im Programm abgefragt und die Logik entsprechend dem Ergebnis fortgesetzt. Alternativ dazu kann aber auch über die Anweisung EXEC SQL WHENEVER festgelegt werden, was ab jetzt bei jeder folgenden SQL-Anweisung geschehen soll. Das muss man aber richtig verstehen: »Ab jetzt« bedeutet, jede SQL-Anweisung, die der WHENEVER-Anweisung im Quellcode folgt, nicht jede Anweisung, die aufgrund der Programmlogik als Nächstes ausgeführt wird. Auch die WHENEVER-Anweisung ist eine Anweisung an den Precompiler. Dieser generiert nun die SQLCODE-Abfragen nach jeder folgenden SQL-Anweisung entsprechend der Angaben. Eine neue WHENEVER-Anweisung ersetzt die vorangegangene.

Die drei möglichen Angaben in einer WHENEVER-Anweisung sind:

- NOT FOUND: Entspricht SQLCODE = 100.
- SQLWARNING: Entspricht SQLCODE > 0.
- SQLERROR: Entspricht SQLCODE < 0.

Die möglichen Aktionen sind:

- `CONTINUE`: Es soll einfach mit der nächsten COBOL-Anweisung fortgefahren werden.
- `PERFORM label`: Der angegebene Paragraph oder die angegebene `SECTION` soll als internes Unterprogramm aufgerufen werden.
- `GOTO label`: Die Verarbeitung soll bei dem angegebenen Paragraphen oder der angegebenen `SECTION` fortgesetzt werden.

Eine korrekte `WHENEVER`-Anweisung sieht dann wie folgt aus:

```
EXEC SQL
    WHENEVER SQLERROR PERFORM FEHLERBEHANDLUNG
END-EXEC.
```

18.2.8 Programmieren von statischen SQL-Anweisungen

Von statischem SQL spricht man immer dann, wenn schon zum Zeitpunkt der Übersetzung des Quellprogramms die SQL-Anweisungen komplett ausformuliert sind. Sie enthalten Platzhalter in Form von Hostvariablen, die zur Laufzeit mit den gewünschten Inhalten gefüllt werden.

Wie bereits erwähnt, ist der Precompiler in diesem Fall in der Lage, ein DBRM zu erstellen, aus dem ein Application-Plan hervorgeht, der bereits die optimalen Zugriffspfade enthält, bevor das Programm überhaupt gestartet wurde.

Host- und Indikator-Variable

Die Host-Variablen stellen den Ein-/Ausgabebereich für alle SQL-Anweisungen dar, die zur Laufzeit des Programms mit den notwendigen Daten gefüllt und nach einer erfolgreichen Datenbankabfrage ausgelesen werden können.

Wird eine Host-Variable in einem SQL-Befehl verwendet, bekommt sie einen Doppelpunkt vorangestellt. Es gibt auch Fälle, in denen der Doppelpunkt nicht angegeben werden muss, aber das macht das Programm nicht besser lesbar. Die Übereinstimmung der Datentypen von Host-Variablen und Tabellenspalten ist sehr wichtig. Weichen die Datentypen voneinander ab, können unvorhergesehene Ergebnisse auftreten. Um dies zu verhindern, sollte immer mit den von `DCLGEN` erzeugten Strukturen gearbeitet werden.

Selektiert man eine einzelne Spalte einer Tabelle, dann folgt die SQL-Anweisung folgendem Schema:

```
SELECT SPALTE INTO :HOSTVAR FROM TABELLE WHERE ...
```

Wird dagegen eine komplette Struktur selektiert, muss als Host-Variable der Name einer passenden Datenstruktur angegeben werden:

```
SELECT * INTO :HOSTSTRUKTUR FROM TABELLE WHERE ...
```

Da in einer Tabelle nicht alle Spalten mit einem Wert belegt sein müssen (NULL), muss bei der Übertragung solcher Felder zusätzlich mit einer Indikator-Variablen gearbeitet werden. Es handelt sich dabei um ein Feld mit der Definition PIC S9(4) COMP. Der Name der Indikator-Variablen wird unmittelbar nach der Host-Variablen angegeben und ebenfalls durch einen Doppelpunkt am Anfang versehen:

```
:HOSTVARIABLE :INDIKATORVARIABLE
```

Die möglichen Inhalte einer Indikator-Variablen sind:

- 0: Das Datenfeld ist nicht NULL.
- -1: Das Datenfeld ist NULL.
- >0: Die Daten des Feldes wurden abgeschnitten.
- -2: Es ist ein Konvertierungsfehler aufgetreten (SQLCODE +304).

Selektiert man eine einzelne Spalte, deren Wert auch NULL sein kann, schreibt man wie folgt:

```
SELECT SPALTE INTO :HOSTVAR :INDIKATOR FROM TABELLE ...
```

Wird in einem SQL-Befehl mit einer Host-Struktur gearbeitet, muss parallel dazu eine Indikator-Struktur definiert werden. Dadurch wird die eindeutige Beziehung zwischen den Host-Strukturelementen und den Indikator-Strukturelementen hergestellt.

In Listing 18.11 wurde die durch das Tool DCLGEN erzeugten Datenstrukturen zu der Beispieltabelle PERSON abgedruckt. Viele dort definierten Spalten können auch den Wert NULL beinhalten, weswegen DCLGEN auch eine Struktur mit Indikator-Variablen erzeugt hat. In Listing 18.14 ist ein Beispiel abgedruckt, wie alle Daten zu der Person 1234 gelesen werden und dann überprüft wird, ob die Spalte NACHNAME einen Wert beinhaltet.

```
MOVE "1234" TO PERSNR.
EXEC SQL
    SELECT *
    INTO :DCLPERSON :DCLPERSON-NULL
    FROM PERSON
    WHERE PERSNR = :PERSNR
END-EXEC.
IF SQLCODE = 0
    IF NACHNAME-NULL = 0
        PERFORM PERSON-VERARBEITEN
    END-IF
END-IF.
```

Listing 18.14: Abfrage einer Tabelle mit NULL-Spalten

Sollen mithilfe der SQL-Anweisung INSERT Daten aus einer Struktur in die Datenbank geschrieben werden, müssen die zugehörigen Indikator-Variablen korrekt befüllt sein.

Cursor-Verarbeitung

Wenn man mit einer SELECT-Anweisung gleichzeitig mehrere Zeilen aus der Datenbank lesen will, ist es nicht möglich und auch nicht sinnvoll, diese auf einen Schlag direkt in den Hauptspeicher des Anwendungsprogramms zu laden. In COBOL müsste man dafür eine genügend große Tabelle definieren und die würde immer den maximalen Platz an Hauptspeicher belegen, egal wie viel Zeilen später wirklich gelesen werden.

Um eine beliebig große Treffermenge abzuarbeiten, definiert man in COBOL einen sogenannten *Cursor*. Dieser ist fest mit einer SQL-Abfrage verbunden. Sobald der Cursor geöffnet wird, wird die zugehörige Abfrage ausgeführt. Mithilfe der SQL-Anweisung FETCH kann diese dann in einer Schleife Zeile für Zeile gelesen und verarbeitet werden. Sobald der SQLCODE 100 erreicht wird, ist die Menge komplett abgearbeitet und der Cursor kann geschlossen werden.

In Listing 18.15 ist ein Beispiel abgedruckt, in dem mithilfe des Cursors C1 alle Personen gelesen werden, die einen Nachnamen haben. Die Namen der Cursor können natürlich frei gewählt werden.

```
EXEC SQL DECLARE C1 CURSOR FOR
    SELECT * FROM PERSON
    WHERE NACHNAME IS NOT NULL
    ORDER BY NACHNAME
END-EXEC.
EXEC SQL
    OPEN C1
END-EXEC.
EXEC SQL
    FETCH C1 INTO :DCLPERSON :DCLPERSON-NULL
END-EXEC.
PERFORM UNTIL SQLCODE = 100 OR < 0
    PERFORM PERSON-VERARBEITEN
    EXEC SQL
        FETCH C1 INTO :DCLPERSON :DCLPERSON-NULL
    END-EXEC
END-PERFORM.
EXEC SQL
    CLOSE C1
END-EXEC.
```

Listing 18.15: Lesen aller Personen mit einem Cursor namens C1

Soll die eben mittels FETCH gelesene Zeile geändert oder gelöscht werden, dann geschieht das über eine normale SQL-Anweisung, die in ihrer WHERE-Klausel jedoch lediglich den Text CURRENT OF cursor beinhaltet.

```
EXEC SQL
    UPDATE PERSON
    SET VORNAME = :VORNAME
    WHERE CURRENT OF C1
END-EXEC.
```

Listing 18.16: der eben mit Cursor UPDATEC1 gelesenen Zeile

```
EXEC SQL
    DELETE FROM PERSON
    WHERE CURRENT OF C1
END-EXEC.
```

Listing 18.17: Löscht die zuletzt mit Cursor C1 gelesene Zeile

18.2.9 Programmieren von dynamischen SQL-Anweisungen

Nicht immer steht der Aufbau einer komplexen SQL-Anweisung schon beim Programmieren der Anwendung fest. Manchmal ist es von der Logik abhängig, welche Spalten auf welche Art abgefragt werden müssen.

Diese Flexibilität bezahlt man jedoch immer mit einer schlechteren Performance. Muss eine dynamische SQL-Anweisung nur einmal ausgeführt werden, so kann das sofort geschehen. Benötigt man die Anweisung dagegen öfter, sollte sie als Prepared-Statement einmal analysiert und dann mehrfach abgesetzt werden.

Natürlich lassen sich auch INSERT-, UPDATE- und DELETE-Anweisungen dynamisch programmieren. Am häufigsten wird es sich jedoch um SELECT-Abfragen handeln, die, entsprechend den aktuellen Anforderungen, dynamisch erstellt werden müssen. Dabei werden Abfragen mit einer festen Liste an Ergebnisspalten und Abfragen mit einer variablen Liste unterschieden. Beide Varianten werden nachfolgend erklärt.

Non-Select-Befehle

Alle Anweisungen außer SELECT lassen sich dynamisch recht einfach erzeugen und ausführen. Dazu ist es lediglich notwendig, den Text der Anweisung in ein Datenfeld zu schreiben und diese dann mithilfe der SQL-Anweisung EXECUTE IMMEDIATE auszuführen.

Die Hostvariable, die den Text der eigentlichen Anweisung enthält, muss allerdings als Datenfeld mit variabler Länge (VARCHAR) definiert werden. Die Versorgung der Längenangabe zu diesem Feld ist jedoch recht einfach, da eine SQL-Anweisung am Ende beliebig viele Leerzeichen haben darf.

In Listing 18.18 findet sich ein Beispiel, wie der Vorname einer bestimmten Person auf einen bestimmten Wert gesetzt wird. Dabei kommt erschwerend hinzu, dass es sich bei

VORNAME ebenfalls um ein VARCHAR-Feld handelt. Zunächst muss also die Längenangabe von VORNAME auf den korrekten Wert gebracht werden. Da der Text der SQL-Anweisung etwas länger ist, wird er mithilfe der COBOL-Anweisung STRING dynamisch zusammengebaut.

```
WORKING-STORAGE SECTION.
    ...
    EXEC SQL INCLUDE SQLCA END-EXEC.
    EXEC SQL INCLUDE PERSON END-EXEC.
01  DYN-UPATE.
    49  DYN-UPDATE-LEN          PIC S9(4) COMP.
    49  DYN-UPDATE-TEXT         PIC X(200).
PROCEDURE DIVISION.
    ...
    MOVE 0 TO VORNAME-LEN.
    INSPECT FUNCTION REVERSE(VORNAME-TEXT)
        TALLYING VORNAME-LEN FOR LEADING SPACES.
    COMPUTE VORNAME-LEN =
        FUNCTION LENGTH(VORNAME-TEXT) - VORNAME-LEN.
    ...
    MOVE SPACE TO DYN-UPDATE-TEXT.
    MOVE 1 TO DYN-UPDATE-LEN.
    STRING "UPDATE PERSON SET VORNAME = '"
           VORNAME-TEXT(1 : VORNAME-LEN)
           "' WHERE PERSNR = "
           PERSNR
           DELIMITED BY SIZE
           INTO DYN-UPDATE-TEXT
           WITH POINTER DYN-UPDATE-LEN.
    EXEC SQL
        EXECUTE IMMEDIATE :DYN-UPDATE
    END-EXEC.
```

Listing 18.18: Ausführen einer dynamischen UPDATE-Anweisung

Alternativ kann die dynamische Anweisung auch als Prepared-Statement definiert werden. Das hat dann den Vorteil, dass innerhalb der Anweisung Fragezeichen als Platzhalter benutzt werden können und dass es sehr performant ist, diese einmal präparierte Anweisung mehrfach auszuführen.

Listing 18.19 zeigt noch einmal das Ändern des Vornamens einer bestimmten Person, diesmal mithilfe eines Prepared-Statements. Zunächst wird die eigentliche SQL-Anweisung mit dem COBOL-Befehl STRING in die Struktur DYN-UPDATE gestellt und gleichzeitig das Längenfeld korrekt gefüllt. Mit der anschließenden DECLARE STATEMENT-Anweisung wird der Name DYN-UPDATE-ANW als Statement deklariert, was der besseren Lesbarkeit dient und dem Precompiler die Arbeit etwas einfacher macht. Nachfolgende

SQL-Anweisungen können sich jetzt auf diesen Namen beziehen. Die PREPARE-Anweisung für das Statement DYN-UPDATE-ANW bereitet die eigentliche SQL-Anweisung vor. Spätestens jetzt sollte der SQLCODE abgefragt werden. Danach kann dann später im Programm der Vorname vorbereitet und mithilfe von EXECUTE DYN-UPDATE-ANW in der Datenbank gespeichert werden.

```
WORKING-STORAGE SECTION.
    ...
    EXEC SQL INCLUDE SQLCA END-EXEC.
    EXEC SQL INCLUDE PERSON END-EXEC.
01  DYN-UPATE.
    49  DYN-UPDATE-LEN        PIC S9(4) COMP.
    49  DYN-UPDATE-TEXT       PIC X(200).
PROCEDURE DIVISION.
    ...
    MOVE SPACE TO DYN-UPDATE-TEXT.
    MOVE 1 TO DYN-UPDATE-LEN.
    STRING "UPDATE PERSON SET VORNAME = ?"
           " WHERE PERSNR = ?"
           DELIMITED BY SIZE
           INTO DYN-UPDATE-TEXT
           WITH POINTER DYN-UPDATE-LEN.
    EXEC SQL
        DECLARE DYN-UPDATE-ANW STATEMENT
    END-EXEC.
    EXEC SQL
        PREPARE DYN-UPDATE-ANW FROM :DYN-UPDATE
    END-EXEC.
    IF SQLCODE NOT = 0
        ...
    END-IF.
    ...
    MOVE 0 TO VORNAME-LEN.
    INSPECT FUNCTION REVERSE(VORNAME-TEXT)
        TALLYING VORNAME-LEN FOR LEADING SPACES.
    COMPUTE VORNAME-LEN =
        FUNCTION LENGTH(VORNAME-TEXT) - VORNAME-LEN.
    EXEC SQL
        EXECUTE DYN-UPDATE-ANW USING
            :VORNAME :PERSNR
    END-EXEC.
```

Listing 18.19: Dynamische UPDATE-Anweisung als Prepared-Statement

Fixed-List-Select

Eine eigene Gruppe von SQL-Befehlen sind dynamische SELECT-Anweisungen mit einer festen Liste von Ergebnisspalten. Wenn man vorher genau weiß, welche Spalten in welcher Reihenfolge im Ergebnis der SELECT-Anweisung stehen, ist es sehr einfach, diese in die passenden Host-Variablen zu übernehmen.

Eine solche Anweisung darf Platzhalter in Form von Fragezeichen enthalten und muss immer über eine Cursor-Verarbeitung ausgeführt werden. Notwendige Parameter werden über `OPEN cursor USING` übergeben.

In Listing 18.20 sollen die Personalnummern aller Personen ermittelt werden, die einen bestimmten Namen haben und wir nehmen an, dass sich der Aufbau der WHERE-Klausel erst während der Programmlaufzeit ergeben würde, weswegen hier mit einem dynamischen SQL-Statement gearbeitet wird.

```
WORKING-STORAGE SECTION.
    ...
    EXEC SQL INCLUDE SQLCA END-EXEC.
    EXEC SQL INCLUDE PERSON END-EXEC.
01  DYN-SELECT.
    49  DYN-SELECT-LEN        PIC S9(4) COMP.
    49  DYN-SELECT-TEXT       PIC X(200).
PROCEDURE DIVISION.
    ...
    MOVE SPACE TO DYN-SELECT-TEXT.
    MOVE 1 TO DYN-SELECT-LEN.
    STRING "SELECT PERSNR FROM PERSON"
           " WHERE NACHNAME = ?"
           DELIMITED BY SIZE
           INTO DYN-SELECT-TEXT
           WITH POINTER DYN-SELECT-LEN.
    EXEC SQL
        DECLARE DYN-SELECT-ANW STATEMENT
    END-EXEC.
    EXEC SQL
        PREPARE DYN-SELECT-ANW FROM :DYN-SELECT
    END-EXEC.
    IF SQLCODE NOT = 0
        ...
    END-IF.
    EXEC SQL
        DECLATE C1 CURSOR FOR DYN-SELECT-ANW
    END-EXEC.
```

```
MOVE 0 TO NACHNAME-LEN.
INSPECT FUNCTION REVERSE(NACHNAME-TEXT)
    TALLYING NACHNAME-LEN FOR LEADING SPACES.
COMPUTE NACHNAME-LEN =
    FUNCTION LENGTH(NACHNAME-TEXT) - NACHNAME-LEN.

EXEC SQL
    OPEN C1 USING :NACHNAME
END-EXEC.
EXEC SQL
    FETCH C1 INTO :PERSNR
END-EXEC.
PERFORM UNTIL SQLCODE = 100 OR < 0
    PERFORM PERSON-VERARBEITEN
    EXEC SQL
        FETCH C1 INTO :PERSNR
    END-EXEC
END-PERFORM.
EXEC SQL
    CLOSE C1
END-EXEC.
```

Listing 18.20: Dynamische SELECT-Anweisung mit fester Spaltenliste

Zunächst wird wieder die dynamische Anweisung mithilfe des STRING-Befehls erstellt, da sich damit auch sehr leicht das Längenfeld der SQL-Anweisung befüllen lässt. DYN-SELECT-ANW wird als Statement deklariert und dann der PREPARE für DYN-SELECT ausgeführt. Da es sich um eine dynamische Abfrage handelt, wird anschließend der Cursor C1 für DYN-SELECT-ANW erklärt, womit der Zusammenhang zur eigentlichen Abfrage hergestellt ist. Da der Parameter NACHNAME ein VARCHAR-Feld ist, muss zunächst noch die Längenangabe korrekt gesetzt werden, bevor er dann mithilfe der Anweisung OPEN C1 USING an die Ausführung der SELECT-Anweisung übergeben werden kann. FETCH und CLOSE verhalten sich wie bei einer statischen Abfrage.

Aufbau der SQLDA

Ist bei Programmierung der Anwendung auch nicht bekannt, welche Spalten in welcher Reihenfolge selektiert werden sollen, steht der COBOL-Programmierer vor der Herausforderung, nicht zu wissen, in welche Host-Variablen er das Ergebnis abstellen soll.

Um diese Herausforderung zu meistern, wurde die Datenstruktur SQLDA (SQL Descriptor Area) geschaffen. Sie können die Ihnen bekannte SELECT-Anweisung über den Befehl EXEC SQL DESCRIBE analysieren und das Ergebnis in der SQLDA abstellen lassen. Damit stehen Ihnen zur Laufzeit die notwendigen Informationen zur Verfügung.

```
01  SQLDA.
    05  SQLDAID                PIC X(8)  VALUE "SQLDA".
    05  SQLDABC                PIC S9(9) COMP-4.
    05  SQLN                   PIC S9(4) COMP.
    05  SQLD                   PIC S9(4) COMP.
    05  SQLVAR                 OCCURS 7  DEPENDING ON SQLN.
        10  SQLTYPE            PIC S9(4) COMP.
        10  SQLLEN             PIC S9(4) COMP.
        10  SQLDATA            POINTER.
        10  SQLIND             POINTER.
        10  SQLNAME.
            15  LSQLNAME       PIC S9(4) COMP.
            15  ISQLNAME       PIC X(30).
```

Listing 18.21: Aufbau der SQLDA

Datenfeld	Bedeutung
SQLDAID	Typisches Feld mit dem Inhalt SQLDA, um diese in einem ausgedruckten Dump leichter zu finden
SQLDABC	Länge der SQLDA in Byte
SQLN	Anzahl der gültigen Elemente der Tabelle SQLVAR
SQLD	Anzahl der Spalten/Host-Variablen
SQLVAR	Ausreichend groß definierte Tabelle, in der Daten zu jeder einzelnen selektierten Spalte aufgenommen werden
SQLTYPE	Verschlüsselte Angabe des Spaltentyps beziehungsweise NULL-Indikator einer selektierten Spalte
SQLLEN	Länge des Spaltenwerts
SQLDATA	Zeiger auf die Adresse der Host-Variablen. Für Spalten vom Typ VARCHAR ist die Adresse des Datenfelds ohne Längenfeld gemeint, weil die Datenlänge in SQLLEN abgestellt wird.
SQLIND	Zeiger auf die Adresse der Indikator-Variablen für Spalten, deren Wert auch NULL sein kann
SQLNAME	Name der Spalte inklusive Längenfeld

Tabelle 18.6: Bedeutung der Felder der SQLDA

Die erste Herausforderung besteht darin, die Tabelle SQLVAR groß genug zu definieren. In dem vorliegenden Beispiel wurde eine Tabelle mit 7 Elementen definiert, weil die Datenbanktabelle PERSON nur 7 Spalten hat. In der Realität sind natürlich auch Abfragen über mehrere Tabellen hinweg denkbar.

Das zweite Problem kann darin bestehen, die Felder SQLDATA und SQLIND mit den Adressen der Host-Variablen zu versehen. Nicht jeder COBOL-Dialekt lässt das zu. Wie man sich hier eventuell mit einem kleinen Unterprogramm behelfen kann, wird später noch gezeigt, aber auch das muss nicht unbedingt mit jedem Compiler funktionieren.

Varying-List-Select

Um eine Datenbankabfrage auszuführen, über die weder der Aufbau noch die Ergebnisspalten bekannt sind, müssen mehrere Schritte durchlaufen werden, die nachfolgend beschrieben sind.

Einbinden der SQLDA

Binden Sie die Datenstruktur SQLDA in Ihre WORKING-STORAGE SECTION ein oder definieren Sie diese, falls notwendig.

```
WORKING-STORAGE SECTION.
    ...
    EXEC SQL INCLUDE SQLDA END-EXEC.
```

Listing 18.22: Einbinden der SQLDA

Datenbereich für SELECT-Anweisung

Stellen Sie den syntaktisch korrekten SELECT-Befehl in einer passenden Datenstruktur zur Verfügung. Diese muss über eine Längenangabe verfügen, die problemlos mit der möglichen Maximallänge vorbelegt werden kann. Ob der Befehl syntaktisch korrekt ist, wird man erst durch die PREPARE-Anweisung erfahren.

```
WORKING-STORAGE SECTION.
    ...
01  SELECT-ANWEISUNG.
    49  SELECT-ANWEISUNG-LEN     PIC S9(4) COMP VALUE 200.
    49  SELECT-ANWEISUNG-TEXT    PIC X(200).
```

Listing 18.23: Datenbereich für SELECT-Anweisung

Statement und Cursor definieren

Geben Sie der Anweisung und dem zugehörigen Cursor beliebige, eindeutige Namen.

```
PROCEDURE DIVISION.
    ...
    EXEC SQL DECLARE DYN-SELECT-ANW STATEMENT END-EXEC.
    EXEC SQL DECLATE C1 CURSOR FROR DYN-SELECT-ANW END-EXEC.
```

Listing 18.24: Statement und Cursor definieren

SQLDA initialisieren

In diesem Schritt wird der dynamische SELECT-Befehl interpretiert und die passende Beschreibung in der SQLDA abgestellt. Dazu muss man das Feld SQLN in der SQLDA auf den Wert 0 setzen. Wird die DESCRIBE-Anweisung mit diesem Wert aufgerufen, stellt sie in dem Feld SQLD die Anzahl der benötigten Spalten ab, ohne die Struktur weiter zu füllen. Hier kann man nun feststellen, ob man die Tabelle SQLVAR groß genug definiert hat.

```
PROCEDURE DIVISION.
    ...
    MOVE 0 TO SQLN.
    MOVE 16 TO SQLDABC.
    EXEC SQL
        PREPARE DYN-SELECT-ANW FROM :SELECT-ANWEISUNG
    END-EXEC.
    IF SQLCODE < 0
        GO TO FEHLER
    END-IF.
    EXEC SQL DESCRIBE DYN-SELECT-ANW INTO SQLDA END-EXEC.
    IF SQLD > 7
        GO TO FEHLER
    END-IF.
```

Listing 18.25: initialisierenSQLDA

SQLDA füllen

Nachdem nun sichergestellt ist, dass die SQLDA groß genug definiert und die SELECT-Anweisung korrekt ist, ruft man die DESCRIBE-Anweisung erneut auf, um die Informationen abstellen zu lassen. Diesmal steht in dem Feld SQLN die Anzahl der tatsächlich benötigten Spalten.

```
PROCEDURE DIVISION.
    ...
    MOVE SQLD TO SQLN.
    EXEC SQL DESCRIBE DYN-SELECT-ANW INTO SQLDA END-EXEC.
```

Listing 18.26: füllenSQLDA

Speicherplatz für Host- und Indikator-Variable

Es muss genügend Speicherplatz für die Host- und Indikator-Variablen zur Verfügung stehen. Am einfachsten ist es, die von dem Tool DCLGEN generierten Sourcestrecken in das COBOL-Programm kopieren zu lassen. In diesem Beispiel soll nur mit der Tabelle PERSON gearbeitet werden.

```
WORKING-STORAGE SECTION.
    ...
    EXEC SQL INCLUDE SQLCA END-EXEC.
    EXEC SQL INCLUDE PERSON END-EXEC.
```

Listing 18.27: Speicherplatz für Host- und Indikator-Variable

Pointer in SQLDA setzen

Schreiben Sie nun die Adressen der Host- und Indikator-Variablen passend in die gefüllte SQLDA.

```
WORKING-STORAGE SECTION.
    ...
01  I                        PIC 99.
PROCEDURE DIVISION.
    ...
    PERFORM VARYING I FROM 1 BY 1 UNTIL I > SQLN
      EVALUATE ISQLNAME(I)
        WHEN "PERSNR"
            SET SQLDATA(I) TO ADDRESS OF PERSNR
        WHEN "ANREDE"
            SET SQLDATA(I) TO ADDRESS OF ANREDE
            SET SQLIND(I) TO ADDRESS OF ANREDE-NULL
        WHEN "VORNAME"
            SET SQLDATA(I) TO ADDRESS OF VORNAME-TEXT
            SET SQLIND(I) TO ADDRESS OF VORNAME-NULL
        WHEN "NACHNAME"
            SET SQLDATA(I) TO ADDRESS OF NACHNAME-TEXT
            SET SQLIND(I) TO ADDRESS OF NACHNAME-NULL
        WHEN "STRASSE"
            SET SQLDATA(I) TO ADDRESS OF STRASSE-TEXT
            SET SQLIND(I) TO ADDRESS OF STRASSE-NULL
        WHEN "PLZ"
            SET SQLDATA(I) TO ADDRESS OF PLZ
            SET SQLIND(I) TO ADDRESS OF PLZ-NULL
        WHEN "ORT"
            SET SQLDATA(I) TO ADDRESS OF ORT-TEXT
            SET SQLIND(I) TO ADDRESS OF ORT-NULL
      END-EVALUATE
    END-PERFORM.
```

Listing 18.28: Pointer in SQLDA setzen

```
IDENTIFICATION DIVISION.
PROGRAM-ID. DYNAMUP.
ENVIRONMENT DIVISION.
DATA DIVISION.
LINKAGE SECTION.
01  ZEIGER                   POINTER.
01  FELD                     PIC X.
PROCEDURE DIVISION USING ZEIGER FELD.
```

```
ANF.
    SET ZEIGER TO ADDRESS OF FELD.
    EXIT PROGRAMM.
```

Listing 18.29: Hilfsprogramm zur Adressermittlung

Sollte das hier abgedruckte Beispiel mit Ihrem COBOL-Dialekt nicht funktionieren, können Sie versuchen, an die Adressen über das in Listing 18.29 abgedruckte Unterprogramm zu kommen. Sie rufen dieses dann nacheinander für jedes Feld beispielhaft wie folgt auf:

```
CALL "DYNAMUP" USING SQLDATA(I) PERSNR.
```

Daten lesen

Nun öffnen Sie den Cursor und lesen Zeile für Zeile mit der `FETCH USING DESCRIPTOR`-Anweisung. Die Daten befinden sich automatisch in den Host- und Indikator-Variablen. Lediglich die Feldlängen befinden sich in den zugehörigen `SQLLEN`-Feldern. Initialisiert man aber die Zielstruktur vor jedem `FETCH`, kann man die Längenangaben ignorieren.

```
PROCEDURE DIVISION.
    ...
    EXEC SQL OPEN C1 END-EXEC.
    INITIALIZE DCLPERSON.
    EXEC SQL FETCH C1 USING DESCRIPTOR SQLDA END-EXEC.
    PERFORM UNTIL SQLCODE = 100 OR < 0
        PERFORM PERSON-VERARBEITEN
        INITIALIZE DCLPERSON
        EXEC SQL FETCH C1 USING DESCRIPTOR SQLDA END-EXEC
    END-PERFORM.
```

Listing 18.30: Daten lesen

Kapitel 19

COBOL und CICS

Auf Großrechnersystemen lassen sich mit COBOL nicht nur Programme für die Dunkelverarbeitung, auch *Batchverarbeitung* genannt, programmieren. Von besonderem Interesse sind auch Online-Anwendungen, mit denen eine Vielzahl an Benutzern gleichzeitig arbeiten kann. Auch wenn sie mit ihren 3270-Terminals nicht allzu modern aussehen, lassen sie sich oft recht schnell bedienen.

Dieses Kapitel gibt Ihnen einen Überblick über die Besonderheiten der Programmierung unter CICS (Customer Information Control System), um den Einstieg in die Wartung solcher Programme einfacher zu machen.

19.1 CICS-Kommandoformat

```
Generelles Format:

    EXEC CICS command [option[(arg)]]
    ...[option[(arg)]]...delimiter

Formale Beschreibung des READ-Kommandos:

    READ FILE (filename)
    {INTO(data-area)|SET(ptr-ref)}
    [LENGTH(data-area)]
    RIDFLD(data-area)
    [KEYLENGTH(data-value)[GENERIC]]
    [SYSID(system-name)]
    [RBA|RRN|DEBKEY|DEBREC]
    [GTEQ|EQUAL]
    [UPDATE]
    [TOKEN (data-value)]
```

Listing 19.1: Aufbau eines CICS-Kommandos

Listing 19.1 zeigt den generellen Aufbau eines CICS-Kommandos und ein spezielles Beispiel, wie ein solches Kommando beschrieben sein kann. CICS-Kommandos haben immer dieselbe Form, ungeachtet der gerade verwendeten Programmiersprache. Der Anfang eines solchen Kommandos wird immer durch den Text EXEC CICS bestimmt. Dies darf überall dort geschrieben werden, wo die Syntax der entsprechenden Programmiersprache eigene Befehle zulassen würde. Der Vorübersetzer würde auch auf EXECUTE CICS reagieren, Letzteres wird in der Praxis jedoch nicht verwendet.

EXEC DLI- und EXEC SQL-Anweisungen können auch in CICS-Programmen stehen. Der CICS Command Level Translator verarbeitet EXEC DLI- und EXEC CICS-Anweisungen. EXEC SQL-Statements werden von einem eigenen Vorübersetzer behandelt.

Auf ein Kommando folgen eine oder mehrere Optionen. Option ist etwas missverständlich, da nicht alle möglichen Angaben auch wirklich optional sind. Notwendige Wörter sind ohne irgendwelche Klammern angegeben. Im READ-Kommando als Beispiel sind die Begriffe FILE und RIDFLD immer notwendig.

Hat man eine Auswahl zwischen verschiedenen Optionen, sind diese in geschweifte Klammern eingeschlossen. Ein Beispiel dafür ist die INTO/SET-Angabe des READ-Kommandos. Entweder kann INTO oder SET angegeben werden, niemals jedoch beides.

Optionale Angaben sind in eckige Klammern eingeschlossen. Dazu gehören zum Beispiel die LENGTH- und UPDATE-Angaben des READ-Kommandos.

Die eckigen und geschweiften Klammern sind jedoch nicht Bestandteil der Syntax, dürfen also auch nicht mit eingegeben werden. Sie dienen nur zur Syntaxbeschreibung.

Wenn eine Liste von Optionen angegeben ist, wie bei RBA (etc.), sind die verschiedenen Angaben jeweils durch einen vertikalen Strich voneinander getrennt. Dies steht für die Auswahl ODER. Standardangaben sind unterstrichen.

Viele Optionen benötigen oder erlauben Argumente (angedeutet als »arg«), um das Kommando noch genauer zu spezifizieren. Wenn ein Argument zu einer Option angegeben werden muss oder kann, wird dies durch ein kleingeschriebenes Wort in runden Klammern signalisiert. Viele der Optionen des READ-Kommandos benötigen Argumente. Da die runden Klammern zur Syntax gehören, müssen sie auch mit eingegeben werden!

```
WORKING-STORAGE SECTION.
    ...
01  WORK-AREA.
    05 FILE-NAME          PIC X(8) VALUE'FILEA'.
    05 RECORD-KEY         PIC 9(5).
    05 RECORD-LENGTH      PIC S9(4) COMP.
01  WS-RECORD             PIC X(80).
PROCEDURE DIVISION.
    ...
    EXEC CICS READ FILE ('FILEA')
        RIDFLD (RECORD-KEY)
        INTO (WS-RECORD)
        LENGTH (RECORD-LENGTH)
    END-EXEC.
```

Listing 19.2: Beispiel für ein CICS-Kommando in COBOL

19.2 COBOL-Einschränkungen

Die nachfolgenden Einschränkungen gelten für CICS-Programmierer, die mit COBOL arbeiten. Hier sind nur einige Restriktionen aufgeführt. Die meisten Einschränkungen sind augenfällig und leicht zu verstehen, wenn man zwei grundlegende Dinge bedenkt:

1. CICS, und nicht Ihr Programm, ist das Hauptprogramm.
2. Die CICS-Einrichtungen für Dateizugriffe und sonstige Systemdienste müssen verwendet werden, nicht die Ihrer Programmiersprache.

Die wichtigsten Einschränkungen sind:

- Keine `ENVIRONMENT DIVISION`- und `DATA DIVISION`-Eintragungen sind erlaubt, die sich auf Dateien beziehen. Außer der Überschrift `ENVIRONMENT DIVISION` sind hier keine weiteren Angaben erlaubt.
- Die `DATA DIVISION` besteht ausschließlich aus `WORKING-STORAGE SECTION`, `LOCAL-STORAGE SECTION` und `LINKAGE SECTION`.
- Dateioperationen wie `OPEN`, `CLOSE`, `READ`, `WRITE`, `REWRITE` und `DELETE` sind verboten.
- `READY TRACE` kann nicht eingesetzt werden.
- Der interne COBOL-Befehl `SORT` darf nicht codiert sein.
- Auf den `REPORT WRITER` muss verzichtet werden.
- Die Segmentierung der `PROCEDURE DIVISION` ist verboten.

19.3 Erstellung von CICS-Programmen

19.3.1 Strukturierte Programmierung

Strukturierte Programmierung ist die Norm für Batch-Programmierung. Ein wohl strukturiertes Batch-Programm ist leichter zu schreiben, zu verstehen und zu pflegen als ein unstrukturiertes. Dies ist wichtig, weil ein großes Batch-Programm viele Routinen enthält, die verschiedenste Funktionen erfüllen. Das Programm wird normalerweise als Hauptprogramm in einem Job Step ausgeführt und ist deshalb der wichtigste oder einzige Task in einem Adressraum. Da es keine Ressourcen mit anderen Tasks im Adressraum teilen muss, kann es willkürlich groß und komplex sein und sehr umfangreich auf Datenbanken oder sonstige Datenbestände zugreifen, während es läuft.

Eine CICS-Applikation kann nicht willkürlich groß oder komplex sein und Ressourcen in derselben Weise dominieren, wie wenn es sie exklusiv zur Verfügung hat. Dies liegt daran, dass ein CICS-Programm eben nicht als Hauptprogramm in einem Job läuft. CICS ist das Hauptprogramm. Deshalb muss an das Design einer CICS-Applikation anders herangegangen werden.

Oftmals entwickeln unerfahrene Programmierer, die in der Technik der strukturierten Programmierung geschult sind, allzu strukturierte CICS-Programme. Zum Beispiel entwickeln sie eine Steuerleiste mit vielen `PERFORM`-Befehlen, von denen manche aber nur einmal ausgeführt werden. Dies ist für Batch-Programme gut, führt im CICS-Umfeld jedoch zu schlechten Antwortzeiten.

Ein CICS-Programm sollte so aufgebaut sein, dass der Programmfluss linear von oben nach unten erfolgt, mit einem Minimum an internen Unterprogrammen. Oft hilft es, sich jedes Programm als Unterroutine vorzustellen, die von CICS aus aufgerufen wird. Dann macht diese Vorgehensweise Sinn. Jede Unterroutine hat einen Eingang und einen Ausgang, zwischen denen eine geradlinige Programmausführung liegt.

Natürlich kann man es mit der Vermeidung strukturierter Elemente auch übertreiben. Ein vernünftiger Grad an Strukturierung verlängert die Antwortzeiten nur wenig. In einem Programm, das auf eine Datenbank oder Datei zugreift, um die Informationen am Bildschirm anzuzeigen, wirkt sie sich kaum aus. In den meisten Fällen gibt es nur dann Probleme zwischen Geschwindigkeit und Wartbarkeit, wenn der Entwickler in das eine oder andere Extrem verfällt.

19.3.2 Conversational Processing

Wenn Benutzer über ein Terminal mit einer Online-Applikation arbeiten, treten sie in eine Konversation mit dem Programm. Dabei muss jede Seite von der anderen wissen, was sie zuletzt gemacht hat. Ein Beispiel: Der User gibt einen Transaktionscode ein und das Programm antwortet mit einem formatierten Bildschirm. Der User gibt einen Suchbegriff ein und das Programm antwortet, indem es die Daten eines Datensatzes anzeigt. Nun aktiviert der User eine Funktionstaste und das Programm gibt den nächsten Datensatz aus. Eventuell ändert der User den Inhalt eines Feldes und das Programm teilt ihm mit, dass der neue Feldinhalt nicht gültig ist. Der Benutzer korrigiert den Fehler und das Programm bestätigt, indem es den geänderten Satz speichert. Am Schluss signalisiert der Anwender das Ende der Konversation, indem er eine weitere Funktionstaste drückt, und die Anwendung antwortet, indem sie den Bildschirm leert und alle genutzten Ressourcen freigibt.

Ein CICS-Programm kann so geschrieben werden, dass es dem Ablauf einer Konversation entspricht. In diesem Fall wartet es auf die Eingabe des Users, um diese dann zu verarbeiten (z.B. einen Datensatz lesen). Das Ergebnis wird angezeigt und auf eine erneute Eingabe gewartet. Jede Seite teilt der anderen etwas mit und wartet auf deren Reaktion.

Wird ein Programm auf diese Weise geschrieben, nennt man es *conversational*. Während die Applikation auf eine Benutzereingabe wartet, bleibt sein gesamter Arbeitsbereich aktiv. Die Wartezeit für ein Computerprogramm ist sehr lang, selbst wenn der Anwender keine Zeit bei der Eingabe verliert. Diese Ressourcenverschwendung wirkt sich sehr schnell negativ aus, wenn mehrere User mit dem System arbeiten wollen. Jeder Task hat seinen eigenen Arbeitsbereich und hält ihn so lange im Speicher, bis der Anwender seine Arbeit beendet.

Solche Programme zu schreiben, ist das Schlechteste, was man unter CICS machen kann. Gleichgültig, wie gut ein solches Programm unter anderen Gesichtspunkten auch sein mag, Conversational-Programme sind stets ungeeignet für CICS.

19.3.3 Pseudoconversational Processing

Um dem Anwender die Möglichkeit zu geben, mit der Applikation auf die gewünschte Weise zu interagieren, ohne die beschriebenen Nachteile auf CICS-Seite in Kauf nehmen zu müssen, gibt es in CICS eine Technik, die *pseudoconversational* oder auch *transaktionsorientiert* genannt wird. Diese Technik gibt dem User den Eindruck einer fortlaufenden Konversation, erlaubt es aber, die Anforderungen mithilfe kleiner Programme abzuarbeiten. Da diese Programme nicht aktiv sind, während der Benutzer seine Bildschirmmaske ausfüllt, verbrauchen sie auch nicht unnötig Ressourcen.

Ein transaktionsorientiertes Programm endet unmittelbar, nachdem es Daten zur Anzeige an ein Terminal gesendet hat. In der Zeit, in der der Benutzer auf die Ausgabe reagiert, muss das Programm sich nicht im Hauptspeicher befinden. Es verbraucht keine Ressourcen. Wenn der Benutzer eine Datenübertragung auslöst ([ENTER], [CLEAR] oder durch eine Funktionstaste), startet CICS eventuell dasselbe Programm erneut.

19.3.4 TRANSID

Wenn ein Programm die Kontrolle an CICS zurückgeben will, macht es dies über das `RETURN`-Kommando. Ist das Programm transaktionsorientiert geschrieben, verfügt das `RETURN`-Kommando über die Option `TRANSID`. Diese Option benennt diejenige Transaktion, die aufgerufen werden soll, wenn der Benutzer einen Attention Identifier (`AID`) drückt. Dadurch weiß CICS, dass eine Transaktion nicht wirklich zu Ende ist.

19.3.5 COMMAREA

Eventuell müssen Daten zwischen zwei Programmaufrufen gespeichert werden. Das Programm hinterlegt alle notwendigen Informationen in einem Speicherbereich, der `COMMUNICATION AREA` oder kurz `COMMAREA` genannt wird. Die `COMMAREA`-Option der `RETURN`-Anweisung identifiziert diesen Bereich und die `LENGTH`-Option deren Länge. Wenn der User eine Datenübertragung auslöst und die Transaktion, deren Name über die `TRANSID`-Option der `RETURN`-Anweisung angegeben ist, gestartet wird, wird die `COMMAREA` an das gerufene Programm übergeben.

Die `COMMAREA` gehört zum dynamischen Speicherbereich eines Programms. Für COBOL bedeutet das, dass sie in der `WORKING-STORAGE SECTION` oder `LINKAGE SECTION` definiert ist.

Am Anfang eines transaktionsorientierten CICS-Programms testet man, ob eine `COMMAREA` existiert. Wenn ja, dann bedeutet dies, dass das Programm erneut innerhalb einer Sitzung gestartet wurde. Wenn nein, dann ist dies der erste Programmlauf und eine entsprechende Verarbeitung kann angestoßen werden.

Ein Programm kann feststellen, ob eine `COMMAREA` existiert, indem es die Variable `EIBCALEN` auswertet. `CALEN` steht für die Länge des Bereichs. `EIB` ist die Abkürzung für »Execute Interface Block«. Dieser Datenblock enthält verschiedene Informationen, die vom Programm genutzt werden können. `EIBCALEN` ist eine davon. Wenn eine `COMMAREA` existiert, hinterlegt CICS deren Länge in eben diesem Feld. Ist kein entsprechender

Bereich vorhanden, enthält dieses Feld den Wert null. Der EIB wird im Folgenden beschrieben.

```
LINKAGE SECTION.
01  DFHCOMMAREA.
    05 ...
PROCEDURE DIVISION.
```

Listing 19.3: COBOL-Programm mit DFHCOMMAREA

```
LINKAGE SECTION.
01  DFHEIBLK.
    02 ...
01  DFHCOMMAREA.
    05 ...
PROCEDURE DIVISION USING DFHEIBLK DFHCOMMAREA.
```

Listing 19.4: COBOL-Programm nach Vorübersetzung

Wenn CICS die Kontrolle an ein Programm übergibt, das mithilfe von CICS-Kommandos geschrieben ist, übergibt es die Adressen des EIB und der COMMAREA in Form von zwei Parametern. Der Vorübersetzer fügt den größten Teil des benötigten Codes ein. Listing 19.3 zeigt ein COBOL-Programm, wie es vom Programmierer geschrieben wurde, Listing 19.4, wie es nach der Vorübersetzung aussieht. Der Programmierer definiert den Aufbau der COMMAREA, aber nicht den des EIB. Ebenso verwendet er keine USING-Klausel bei der PROCEDURE DIVISION. Diese wird vom Vorübersetzer ergänzt.

Der Vorübersetzer erwartet als ersten Eintrag in der LINKAGE SECTION eine Variable auf Stufennummer 01 mit dem Namen DFHCOMMAREA. Findet er irgendetwas anderes vor, fügt er folgende Zeile ein:

```
01 DFHCOMMAREA PIC X.
```

19.3.6 EXECUTION INTERFACE BLOCK

CICS übergibt stets einen Execution Interface Block (EIB) an Programme, die auf dem Command Level geschrieben sind. Der Aufbau ist unabhängig von der verwendeten Sprache und die Namen der Felder sind immer gleich.

19.3.7 RETURN-Kommando

```
EXEC CICS RETURN
    [TRANSID (name)
      [COMMAREA (data-area)
        [LENGTH (data-value)]]]
```

Listing 19.5: -KommandoRETURN

Die Syntax des `RETURN`-Kommandos mit einigen Optionen ist in Listing 19.5 dargestellt.

Werden keine Optionen verwendet, beendet das `RETURN`-Kommando die Applikation und kehrt zu CICS zurück.

Bei Verwendung der `TRANSID`-Option muss `name` auf einen ein bis vier Byte langen CICS-Transaktionscode verweisen, der in CICS definiert sein muss. Hier kann entweder ein Literal in einfachen Hochkommata oder der Name einer Variablen angegeben werden. Die Verwendung dieser Option zeigt auf, dass es sich um ein transaktionsorientiertes Programm handelt. CICS merkt sich den Transaktionscode und ruft das damit verknüpfte Programm auf, wenn der Anwender eine Datenübertragung ausgelöst hat.

Die `COMMAREA`- und `LENGTH`-Option sind nur sinnvoll, wenn auch `TRANSID` codiert wurde. `COMMAREA` bezeichnet einen Speicherbereich, den CICS sich merken und bei Bedarf an das gerufene Programm übergeben soll.

Die `LENGTH`-Option definiert die Länge der `COMMAREA` in Byte. Hier kann eine numerische Konstante oder der Name eines binären Halbworts angegeben werden: `PIC S9(4) COMP`.

```
IDENTIFICATION DIVISION.
PROGRAM-ID. PGMA.
ENVIRONMENT DIVISION.
DATA DIVISION.
WORKING-STORAGE SECTION.
01  WS-COMMAREA.
    05  FIELDA PIC X(05).
    05  FIELDB PIC S9(09) COMP-3.
    05  FIELDC PIC X(14).
LINKAGE SECTION.
01  DFHCOMMAREA.
    05  FILLER PIC X(24).
PROCEDURE DIVISION.
    IF EIBCALEN EQUAL ZERO
        GO TO MASKE-SENDEN.
MASKE-EINLESEN.
    EXEC CICS RECEIVE MAP INTO...
        ...
    END-EXEC.
MASKE-VERARBEITEN.
    ...
MASKE-SENDEN.
    EXEC CICS SEND MAP FROM...
        ...
    END-EXEC.
PROGRAMM-BEENDEN.
```

```
EXEC CICS RETURN TRANSID (EIBTRNID)
     COMMAREA (WS-COMMAREA)
     LENGTH (24)
END-EXEC.
```

Listing 19.6: Beispiel für ein transaktionsorientiertes COBOL-Programm

Das Beispiel in Listing 19.6 zeigt den Aufbau eines typischen, transaktionsorientiert geschriebenen Programms. Außer beim ersten Aufruf beginnt es immer damit, den Inhalt der Bildschirmmaske abzuholen, die der Benutzer gerade ausgefüllt hat. Das erreicht er über das CICS-Kommando RECEIVE MAP. Danach werden die Eingaben verarbeitet und eine neue Maske mit dem Ergebnis gesendet (SEND MAP). Das RETURN-Kommando bestimmt, mit welchem Programm es danach weitergehen soll.

19.4 Fehlerbehandlung unter CICS

19.4.1 Statuscode EIBRESP abfragen

Jedes CICS-Kommando in einem Programm resultiert in einem Aufruf einer CICS-Service-Routine. Die Routine führt den Service anstelle der Applikation aus und liefert einen Statuscode an das Programm zurück. Es ist nun Aufgabe des Programms, mögliche Fehlersituationen abzufragen und entsprechende Aktionen durchzuführen. CICS beendet den Task mit einem ABEND, wenn eine Ausnahme auftritt, die das Programm nicht behandelt.

CICS liefert den Statuswert null, wenn der aufgerufene Service erfolgreich ausgeführt werden konnte. Andere Ergebniswerte sind für jedes Kommando definiert, um die dadurch möglichen Ausnahmebedingungen aufzuzeigen.

Es gibt zwei Möglichkeiten, den von CICS gelieferten Responsecode zu testen. Die erste setzt die Verwendung der RESP-Option bei jedem CICS-Kommando voraus. RESP kann bei allen CICS-Kommandos angegeben werden. Der Operand der RESP-Option ist der Name eines Datenbereichs, in den CICS ein binäres Vollwort schreibt, das Auskunft über das Gelingen oder Misslingen des Service gibt. Üblicherweise wird das Feld EIBREP aus dem Execute Interface Block für diesen Zweck verwendet. Es kann aber auch jedes andere Vollwort benutzt werden.

Wenn RESP in einem Kommando verwendet wurde, sollte das Programm den Inhalt des Feldes, das bei der RESP-Option angegeben wurde, unmittelbar nach dem CICS-Kommando auswerten. In Listing 19.7 versucht ein COBOL-Programm, einen Datensatz aus einer VSAM-Datei zu lesen. Die RESP-Option im READ-Kommando benennt das Feld EIBRESP als dasjenige, in das CICS den Ergebniscode der READ-Anweisung speichern soll. Unmittelbar nach dem READ-Kommando testet das Programm den Inhalt von EIBRESP, um festzustellen, ob der READ erfolgreich war. Das ist die übliche Methode, um das Ergebnis eines CICS-Kommandos zu überprüfen.

```
PROCEDURE DIVISION.
    ...
    EXEC CICS READ FILE (DSETNAME)
        INTO (WORKAREA)
        RIDFLD (RECKEY)
        RESP (EIBRESP)
    END-EXEC.

    IF EIBRESP EQUAL DFHRESP (NORMAL)
        NEXT SENTENCE
    ELSE IF EIBRESP EQUAL DFHRESP(NOTFND)
        PERFORM REC-NOT-FOUND
    ELSE IF EIBRESP EQUAL DFHRESP(NOTOPEN)
        PERFORM FILE-NOT-OPEN
    ELSE IF EIBRESP EQUAL DFHRESP(DISABLED)
        PERFORM FILE-NOT-AVAILABLE
    ELSE
        PERFORM ERROR-ROUTINE.
```

Listing 19.7: Abfrage des Statuscodes

Der Programmierer muss nicht die Nummern der Ergebniswerte kennen, die durch ein CICS-Kommando verursacht werden können. Dazu kann die CICS-Built-in-Funktion DFHRESP() verwendet werden. Das Argument dieser Funktion ist ein CICS-Bedingungsname. Wie Sie in Listing 19.7 sehen können, ist die Verwendung von Bedingungsnamen viel einfacher als die Abfrage auf einen bestimmten Code.

19.4.2 HANDLE CONDITION-Kommando

Die zweite Methode, das Ergebnis eines CICS-Kommandos zu testen, ist die Verwendung des HANDLE CONDITION-Kommandos vor demjenigen Befehl, der zu einer Ausnahme führen kann. Diese Technik ist mit mehr Einschränkungen verbunden, da sie es nicht ermöglicht, die Fehlerbehandlungsroutine quasi per PERFORM aufzurufen. Es wird vielmehr mittels GO TO an die entsprechende Stelle verzweigt.

In alten CICS-Versionen war das HANDLE CONDITION-Kommando die einzige Möglichkeit, das Ergebnis eines CICS-Kommandos zu testen. Daher findet man noch heute viele Programme, die diese Technik einsetzen. Aus diesem Grund muss man sich damit beschäftigen. Die RESP-Option wurde erst später eingeführt und sollte in allen neuen Programmen verwendet werden.

Ein COBOL-Beispiel, das das HANDLE CONDITION-Kommando verwendet, findet sich in Listing 19.8. Wie im vorhergehenden Beispiel versucht es, einen Datensatz aus einer VSAM-Datei zu lesen. Diesmal ist die RESP-Option beim READ-Kommando jedoch nicht angegeben. Daher wurde ein HANDLE CONDITION-Kommando vor der READ-Anweisung codiert.

```
PROCEDURE DIVISION.
    ...
    EXEC CICS HANDLE CONDITION
        NOTFND (REC-NOT-FOUND)
        NOTOPEN (FILE-NOT-OPEN)
        DISABLED (FILE-NOT-AVAILABLE)
        ERROR (ERROR-ROUTINE)
    END-EXEC.

    EXEC CICS READ
        FILE (DSETNAME)
        INTO (WORKAREA)
        RIDFLD (RECKEY)
    END-EXEC.
    ...
REC-NOT-FOUND.
    ...
FILE-NOT-OPEN.
    ...
FILE-NOT-AVAILABLE.
    ...
ERROR-ROUTINE.
    ...
```

Listing 19.8: Fehlerbehandlung mit HANDLE CONDITION

Das HANDLE CONDITION-Kommando behandelt alle Ausnahmen, die durch das READ-Kommando verursacht werden können. Der Programmierer behandelt die Bedingungen NOTFND (Datensatz nicht in Datei), NOTOPEN (Datei für CICS geschlossen) und DISABLED (Datei für CICS nicht zugänglich), die irgendwann auftreten können, und hat bestimmte Routinen in seinem Programm, die diese bearbeiten sollen. Die ERROR-Bedingung fängt alle Ausnahmen auf, die durch kein anderes HANDLE CONDITION-Kommando behandelt werden.

Wurde das HANDLE CONDITION-Kommando einmal ausgeführt, gilt seine Fehlerbehandlung dauerhaft und für jedes CICS-Kommando, das einen dieser Fehler produzieren kann. Die Programmkontrolle wird an die Stelle übergeben, die bei HANDLE CONDITION angegeben wurde. Wenn beispielsweise der Datensatz nicht gefunden werden kann, wird unmittelbar nach dem READ-Kommando an den Paragraphen REC-NOT-FOUND verzweigt und die Ausnahme nicht von Hand nach dem READ-Kommando überprüft.

In einem Programm kann das HANDLE CONDITION-Kommando so oft verwendet werden, wie es notwendig ist, um alle Ausnahmen zu behandeln. Wenn dieselbe Bedingung in mehr als einem HANDLE CONDITION-Kommando genannt ist, gilt stets die zuletzt gemachte Angabe.

In verschiedenen Publikationen zu CICS wird empfohlen, ein eigenes HANDLE CONDITION-Kommando vor jedes CICS-Kommando zu setzen. Dies funktioniert, sorgt aber für schlechte Performance und unübersichtliche Programme. Es sollten so wenig HANDLE CONDITION-Kommandos wie möglich in einem Programm verwendet werden, zumal man pro Kommando bis zu zwölf Ausnahmen behandeln kann. Ein oder zwei HANDLE CONDITION-Kommandos am Programmanfang sollten ausreichen, um alle relevanten Bedingungen zu berücksichtigen.

Vor Einführung der RESP-Option wurde eine Reihe weiterer Kommandos erfunden, um mit den Einschränkungen des HANDLE CONDITION-Kommandos leben zu können. IGNORE CONDITION ist das genaue Gegenteil von HANDLE CONDITION. Es kann ebenfalls bis zu zwölf Ausnahmen behandeln, weist CICS jedoch an, diese Ausnahmen schlicht zu ignorieren. Die Anweisungen PUSH HANDLE und POP HANDLE können dazu benutzt werden, HANDLE CONDITION-Kommandos auf einen Stack zu legen und wieder zu holen. Sie werden verwendet, wenn ein Programmteil unterschiedliche HANDLE-Angaben benötigt.

Die NOHANDLE-Option kann in jedem CICS-Kommando angegeben werden. Nur für dieses Kommando wird CICS aufgefordert, jegliche Ausnahmen zu ignorieren. Diese Option ermöglicht es, für einzelne Anweisungen alle HANDLE-Angaben zu ignorieren, ohne PUSH HANDLE und POP HANDLE oder IGNORE CONDITION explizit programmieren zu müssen.

Das HANDLE CONDITION-Kommando und seine Varianten werden durch Erzeugen einer Sprungtabelle realisiert. Die Kontrolle wird nach jedem CICS-Kommando an diese Tabelle übergeben, die dann an die entsprechende Fehlerroutine verzweigt, wenn CICS irgendeinen anderen Status als null zurückliefert. Diese Sprungtabelle wird umso länger, je mehr HANDLE CONDITION-Kommandos abgesetzt wurden. Jedes neue Kommando erweitert die Liste und überschreibt sie nicht.

19.4.3 EXECUTE INTERFACE BLOCK

Der Execute Interface Block (EIB) enthält verschiedene Felder, die für die Fehlererkennung hilfreich sein können, ohne weitere HANDLE CONDITION-, IGNORE CONDITION- oder POP/PUSH CONDITION-Kommandos verwenden zu müssen. CICS pflegt diese Felder automatisch und man kann sie nach jedem CICS-Kommando abfragen.

```
PROCEDURE DIVISION.
    ...
    EXEC CICS HANDLE CONDITION
        NOTFND (REC-NOT-FOUND)
    END-EXEC.
    EXEC CICS READ DATASET ('FILEA')
        ...
    END-EXEC.
```

```
    EXEC CICS READ DATASET ('FILEB')
        ...
    END-EXEC.
    ...
REC-NOT-FOUND.
    IF EIBDS EQUAL 'FILEA'
        PERFORM FILE-A-NOTFND
    ELSE
        PERFORM FILE-B-NOTFND
    END-IF.
```

Listing 19.9: Fehleranalyse über den EIB-Block

EIBDS

Das COBOL-Beispiel in Listing 19.9 zeigt, wie man die Situation behandelt, wenn in einem Programm aus verschiedenen Dateien gelesen wird (FILEA und FILEB). Ein einziges HANDLE CONDITION-Kommando installiert die Routine REC-NOT-FOUND für die Ausnahme NOTFND, die jeweils aufgerufen wird, gleichgültig in welcher Datei sie nicht gefunden werden konnte.

Eine Möglichkeit wäre, unmittelbar vor dem READ für jede Datei ein eigenes HANDLE CONDITION zu definieren. Dies bedeutet aber einen unnötigen Overhead und macht das Programm relativ kompliziert.

Einfacher ist es, den Inhalt von EIBDS abzufragen. Dieses Feld enthält den Namen der zuletzt durch dieses Programm angesprochenen Datei. In vorliegendem Beispiel, wenn die Routine REC-NOT-FOUND angesprungen wird, enthält das Feld EIBDS den Namen der Datei, in der gelesen wurde, als die Ausnahme NOTFND entstand.

EIBRSRCE

Der Name der letzten CICS-Ressource, die durch das Programm benutzt wurde, wird von CICS in dem Feld EIBRSRCE gespeichert, bevor das CICS-Kommando endet. Handelte es sich dabei zum Beispiel um eine Temporary Storage Queue oder Transient Data Queue anstelle einer VSAM-Datei, ist ihr Name eher in diesem Feld zu finden.

EIBRCODE

Das Feld EIBRCODE enthält einen numerischen Wert, der das Ergebnis des letzten CICS-Kommandos darstellt. Bevor die RESP-Option eingeführt wurde, haben viele Programmierer lieber den Inhalt dieses Feldes getestet, als die schwerfällige HANDLE CONDITION-Technik zu benutzen. EIBRCODE ist in höheren Programmiersprachen allerdings weniger günstig zu verwenden als EIBRESP.

19.5 Eigene Unterprogramme aufrufen

19.5.1 Programmkontrolle

Unter Programmkontrolle versteht man das Laden und Initialisieren individueller Programme innerhalb eines CICS-Tasks und nicht das Starten eines neuen Tasks. Die Kommandos zur Verwendung dieses CICS-Services sind:

- LINK
- XCTL
- RETURN
- LOAD
- RELEASE

Das LINK-Kommando ruft ein Unterprogramm auf. Ist dieses beendet, geht die Steuerung an die Anweisung zurück, die dem LINK-Kommando folgt. Es verhält sich wie ein CALL-Befehl einer höheren Programmiersprache.

Das XCTL-(transfer control-)Kommando ruft ebenfalls ein Unterprogramm auf, erhält die Kontrolle aber nicht mehr zurück. Wenn das XCTL-Kommando ausgeführt wird, terminiert das rufende Programm und das gerufene wird an seiner Stelle gestartet.

RETURN terminiert das aktuelle Programm und gibt die Steuerung an das Programm zurück, das auf der nächsthöheren Stufe steht. Gibt es dort kein Programm, terminiert der Task und die Steuerung geht an CICS zurück.

Wenn die TRANSID-Option im RETURN-Kommando verwendet wurde, terminiert zwar das Programm, das Terminal wird aber nicht für andere CICS-Programme freigegeben. Vielmehr behält CICS die Terminal-ID und den Transaktionscode der TRANSID-Option und ruft diese auf, wenn Daten von eben diesem Terminal übertragen werden. Die typische Verwendung der TRANSID-Option liegt in der Programmierung transaktionsorientierter Programme.

Das LOAD-Kommando lädt ein externes Programm, startet es aber nicht. Das Hauptprogramm läuft weiter und kann sich bei Bedarf auf das geladene Modul beziehen. Typischerweise enthalten geladene Module gar keine ausführbaren Anweisungen. Vielmehr bestehen sie aus Tabellen oder sonstigen Daten, mit denen mehrere CICS-Applikationen arbeiten wollen. Das RELEASE-Kommando wird verwendet, um den Speicher, der durch das vorher geladene Modul belegt wurde, wieder freizugeben. LOAD und RELEASE werden in diesem Buch nicht weiter beschrieben.

19.5.2 LINK und XCTRL

```
EXEC CICS LINK
    PROGRAM (name)
    [COMMAREA(data-area)
```

```
        [LENGTH(data-value)]
        [DATALENGTH(data-value)]]
      [INPUTMSG (data-area)
        [INPUTMSGLEN (data-value)]]
      [SYSID (system-name)]
      [SYNCONRETURN]
      [TRANSID (name)]
```

Listing 19.10: Das LINK-Kommando

```
EXEC CICS XCTL
      PROGRAM (name)
      [COMMAREA(data-area)
        [LENGTH(data-value)]]
      [INPUTMSG (data-area)
        [INPUTMSGLEN (data-area) ]]
```

Listing 19.11: Das XCTL-Kommando

PROGRAM muss stets angegeben werden und bezeichnet den Namen des Programms, das geladen werden soll. Der Wert kann als Konstante oder Variable angegeben werden. Es muss sich um einen gültigen Programmnamen handeln, der in CICS definiert ist.

Will man Daten übergeben, benennt man den entsprechenden Bereich in der COMMAREA-Option. Hier kann nur der Name einer Variablen angegeben werden. Dieser Bereich wird als COMMAREA bezeichnet.

Wenn LENGTH angegeben wird, kann sein Wert eine numerische Konstante oder ein arithmetischer Ausdruck, aber auch der Name eines binären Halbworts sein.

DATALENGTH sorgt für eine günstigere Übertragung der COMMAREA, wenn das gerufene Programm in einem anderen CICS-System läuft (Distributed Program Link).

INPUTMSG und INPUTMSGLEN ist eine andere Methode, um mit LINK/XCTL Daten zu übergeben. Das empfangende Programm muss die Daten mit dem EXEC CICS RECEIVE INTO (data-area) LENGTH (data-area)-Kommando abholen.

SYSID ist der Name einer CICS-Region, in die der LINK erfolgen soll.

SYNCONRETURN veranlasst CICS, einen Syncpoint zu setzen, wenn das Unterprogramm erfolgreich abgearbeitet wurde.

TRANSID definiert den Namen der Mirror Transaction innerhalb einer fremden CICS-Region, in der das gerufene Programm laufen soll.

19.5.3 RETURN

```
EXEC CICS RETURN
     [TRANSID (name)
       [COMMAREA(data-area)
```

```
        [LENGTH(data-value)]]
      [IMMEDIATE]]
    [INPUTMSG (data-area)
      [INPUTMSGLEN (data-value)]]
```

Listing 19.12: Das RETURN-Kommando

Die Syntax des RETURN-Kommandos ist in Listing 19.12 dargestellt. Es kann verwendet werden, um zum Abschluss einer Transaktion die Kontrolle an CICS zurückzugeben. Ebenso ist es möglich, ein transaktionsorientiertes Programm zu schreiben, das als Nächstes sich selbst oder eine fremde Transaktion aufbaut und optional Daten an diese übergibt. Die Funktion des RETURN-Kommandos hängt von seiner aktuellen Verwendung ab. Handelt es sich um ein Hauptprogramm und wurden keine weiteren Optionen angegeben, terminiert es die aktuelle Transaktion und gibt die Kontrolle an CICS zurück. Ein RETURN-Kommando mit TRANSID-Option, mit oder ohne COMMAREA- und LENGTH-Angabe, wird ebenfalls die aktuelle Transaktion terminieren, jedoch automatisch die Transaktion aufrufen, die in der TRANSID-Option angegeben wurde, wenn der Anwender eine Datenübertragung auf demselben Terminal auslöst.

Die COMMAREA- und LENGTH-Optionen von RETURN haben exakt dieselbe Bedeutung wie im LINK- und XCTL-Kommando.

IMMEDIATE weist CICS an, die Folgetransaktion der TRANSID-Option sofort zu starten, ohne auf eine Terminaleingabe zu warten.

INPUTMSG und INPUTMSGLEN können ebenfalls benutzt werden, um Daten an den nächsten Task zu übergeben, der via RETURN TRANSID IMMEDIATE aufgerufen wird. Das gerufene Programm muss das EXEC CICS RECEIVE INTO (data-area) LENGTH (data-area)-Kommando verwenden, um die Daten abzuholen.

19.5.4 Ausnahmebedingungen für LINK, XCTL und RETURN

Nachfolgend sind die häufigsten Gründe aufgeführt, die zur Auslösung einzelner Ausnahmen führen können.

Ausnahme	Bedeutung
NOTAUTH	Wird ausgelöst, wenn der User nicht berechtigt ist, das Programm aufzurufen
PGMIDERR	Kann auftreten, wenn das Programm nicht definiert ist, das Programm disabled ist, das Programm nicht von der Library geladen werden kann, ein Fehler im CICS-auto-install-Programm vorliegt
INVREQ	Kann auftreten, wenn die INPUTMSG-Option für ein Programm verwendet wird, das nicht mit einem Terminal verbunden ist; bei LINK, wenn INPUTMSG mit SYSID angegeben wurde; bei LINK, wenn es im Unterprogramm zu einem Fehler kam und SYNCONRETURN angegeben wurde; bei LINK, wenn die TRANSID leer ist; bei einem RETURN-Kommando mit COMMAREA- oder IMMEDIATE-Option für ein Unterprogramm

Tabelle 19.1: Mögliche Ausnahmen bei der Programmkontrolle

Ausnahme	Bedeutung
LENGERR	Kann auftreten, wenn COMMAREA oder INPUTMSG kleiner als 0 oder größer als 32767 Byte ist, die Adresse der COMMAREA null ist
ROLLEDBACK	Wird ausgelöst, wenn das LINK-Kommando die SYNCONRETURN-Option verwendet hat, das Unterprogramm aber keinen SYNCPOINT setzen konnte und deshalb einen ROLLBACK durchgeführt hat
SYSIDERR	Tritt bei einem ungültigen Wert in der SYSID-Option auf
TERMERR	Verweist auf einen schwerwiegenden Fehler innerhalb eines Distributed-Program-Links

Tabelle 19.1: Mögliche Ausnahmen bei der Programmkontrolle (Forts.)

19.5.5 Daten über die COMMAREA übergeben

Die folgenden Erklärungen zeigen, was passiert, wenn Daten über das XCTL-Kommando übergeben werden. Der wichtigste Unterschied zwischen diesem und dem LINK-Kommando liegt darin, dass CICS zunächst einen eigenen Speicherbereich anfordert, die Daten aus dem rufenden Programm dort hineinkopiert und erst dann die Kontrolle an das gerufene Programm übergibt. Dies ist notwendig, da alle Arbeitsbereiche des rufenden Programms freigegeben werden, wenn das XCTL-Kommando ausgeführt wurde. Der Originaldatenbereich innerhalb des Arbeitsbereichs des rufenden Programms existiert nicht länger, wenn das gerufene Programm die Kontrolle erhält. Daher muss CICS die Daten in einen eigenen Bereich kopieren und diesen zum Gegenstand des Arbeitsbereichs des gerufenen Programms machen.

Darin liegt der grundlegende Unterschied, wie das LINK- und das XCTL-Kommando die Übergabe der COMMAREA behandelt.

Es gibt aber auch Ausnahmen. Wenn beispielsweise ein Programm ein zweites via LINK aufruft und eine COMMAREA übergibt und das zweite Programm reicht dieselbe COMMAREA an ein drittes via XCTL weiter, dann übergibt CICS die Adresse des Originalbereichs aus dem ersten Programm an beide anderen Programme. In diesem Fall wird keine neue Kopie der COMMAREA erzeugt und alle Änderungen, die das zweite oder dritte Programm vorgenommen haben, wirken sich im ersten Programm aus, wenn es die Kontrolle zurückerhält. Der Grund dafür, dass das funktioniert, liegt darin, dass die COMMAREA in diesem Fall Bestandteil des Programms ist, das den LINK abgesetzt hat, und somit nicht freigegeben wird, wenn das zweite Programm die Kontrolle bekommt. Wenn der Speicher, den das zweite Programm belegt, durch XCTL freigegeben wird, betrifft das die COMMAREA nicht.

```
IDENTIFICATION DIVISION.
PROGRAM-ID. PROGA.
    ...
WORKING-STORAGE SECTION.
    ...
01  WS-COMMAREA.
```

```
    05  CA-FIELD1          PIC X(29).
    05  CA-FIELD2          PIC S9(5) COMP-3.
    ...
PROCEDURE DIVISION.

    EXEC CICS XCTL
        PROGRAM (PROGB)
        COMMAREA (WS-COMMAREA)
        LENGTH (32)
    END-EXEC.


IDENTIFICATION DIVISION.
PROGRAM-ID. PROGB.
    ...
WORKING-STORAGE SECTION.
    ...
01  WS-FIELD2              PIC S9(5) COMP-3.
LINKAGE SECTION.
01  DFHCOMMAREA.
    05  CA-FIELD1          PIC X(29).
    05  CA-FIELD2          PIC S9(5) COMP-3.
    ...
PROCEDURE DIVISION.
    IF EIBCALEN EQUAL ZERO
        GO TO NO-COMMAREA
    ELSE
        MOVE CA-FIELD2 TO WS-FIELD2
    END-IF.
```

Listing 19.13: Datenübergabe mithilfe der DFHCOMMAREA

19.6 IBM-3270-Geräte – Bildschirmsteuerung

19.6.1 Basic Mapping Support BMS

CICS-Applikationen können mit allen Geräten kommunizieren, die als Terminal an das System angeschlossen sind. In manchen Applikationen bestehen die »Terminals« aus Industrierobotern, Fließbändern, automatisierten Servicewagen, Bewegungsmeldern und Ähnlichem. Die meisten CICS-Applikationen kommunizieren jedoch mit normalen Video-Display-Terminals (VDTs), Druckern, Plottern usw.

Programme, die untypische Geräte als Terminals verwenden, müssen selbst wissen, über welche Steuercodes sie diese ansprechen und welche Meldungen von den Geräten zurückkommen. Diese Anforderung kann zu sehr komplexen Programmen führen, die weit mehr Code dafür aufwenden, sich mit den Geräten zu unterhalten, als für die eigentliche Programmlogik. Es ist möglich, sich mit VDTs und Druckern auf diesem niedrigen Level zu unterhalten, aber es ist nicht notwendig.

Applikationen, die mit 3270-Geräten kommunizieren, können immer dieselbe (oder zumindest ähnliche) Logik verwenden, gleichgültig, ob es sich um ein monochromes VDT, ein farbiges VDT, einen Drucker, eine intelligente Arbeitsstation oder einen PC mit Terminalsimulation handelt. Applikationen brauchen eben diesen Grad an Standardisierung, um mit den Details der 3270-Geräte-abhängigen Datenströmen und Codes arbeiten zu können. Ein wichtiger Bestandteil von CICS, genannt Basic Mapping Support (BMS), der in diesem Buch jedoch nicht ausführlich beschrieben werden soll, dient als Schnittstelle zwischen den 3270-Geräten und den CICS-Applikationen. Mithilfe von BMS kann sich der Entwickler auf das Aussehen und die Funktionalität einer Maske konzentrieren, ohne sich im Einzelnen mit dem Datenstrom beschäftigen zu müssen.

Das Format der Daten, die auf dem Terminal abgebildet werden sollen, ist in einer sogenannten BMS Map definiert. Eine oder mehrere Maps können zu einem Mapset zusammengefasst werden. Auch wenn nur eine Map benötigt wird, muss sie als Teil eines Mapsets angelegt werden.

Ein Mapset wird durch die Codierung und Übersetzung bestimmter Makros beschrieben. Die Makros erzeugen eine Tabelle von Informationen für die Anzeige eines Feldes. Ihre Bildschirmpositionen, ihre Attribute, ihre Länge und weitere derartige Informationen sind enthalten. Die erhaltenen Tabellen werden in Lademodule (MVS) oder Bibliotheken (VSE) gelinkt. BMS verwendet das Mapset als Anleitung für die Erstellung des 3270-Ausgabestroms und für die korrekte Interpretierung der Eingabedaten. Das Mapset muss für CICS definiert sein.

```
DFHMSD TYPE=MAP TYPE=DSECT
 beginnt die Definition eines Mapset

DFHMDI
 beginnt die Definition einer Map in einem Mapset

DFHMDF
 definiert ein Feld in einer Map

DFHMSD TYPE=FINAL
 beendet die Definition eines Mapset
```

Listing 19.14: Gerüst einer Bildschirmdefinition

19.6.2 Masken senden und empfangen

SEND MAP-Kommando

Das SEND MAP-Kommando ist mit Abstand das am häufigsten benutzte SEND-Kommando in Programmen auf CICS-Kommandoebene. SEND MAP veranlasst BMS dazu, einen ausgehenden 3270-Datenfluss zu konstruieren, der für das Zielterminal geeignet ist.

```
EXEC CICS SEND MAP(name)
     [MAPSET (name)]
     {FROM(data-area) [DATAONLY] [LENGTH(data-value)]
       | MAPONLY}
     [ERASE | ERASEAUP]
     [FREEKB]
     [ALARM]
     [FRSET]
     [CURSOR [(data-value)]]
```

Listing 19.15: Das SEND MAP-Kommando

Die Syntax des SEND MAP-Kommandos ist in Listing 19.15 dargestellt. Es gibt mehr Optionen, als hier gezeigt werden, aber diese sind die allgemein gebräuchlichsten.

MAP identifiziert die BMS-Map, damit die Ausgabedaten formatiert werden können. Der angegebene Name muss der Name einer BMS-Map sein, die vom DFHMDI-Makro in einem BMS-Mapset definiert wird, das wiederum mit TYPE=MAP übersetzt wurde.

MAP ist die einzig erforderliche Option im SEND MAP-Kommando. Wenn sonst nichts codiert ist, nimmt BMS an, dass der MAPSET-Name derselbe ist, der für MAP angegeben ist. BMS nimmt weiterhin an, dass der Datenbereich, der aus der symbolischen Map besteht, den gleichen Namen wie die Map hat, mit dem zusätzlichen O. In den meisten Fällen ist der Name des Mapsets nicht identisch mit dem der Map. Normalerweise wird die MAPSET-Option explizit codiert, um das benutzte BMS-Mapset zu identifizieren. Dieser Name muss vorher bereits in der CICS-Mapset-Definition definiert werden.

Die FROM-Option identifiziert den Datenbereich, der die Daten der symbolischen Map enthält.

DATAONLY und MAPONLY werden benutzt, um nur die Daten der symbolischen Map (DATAONLY) oder nur die Daten der physischen Map zu senden (MAPONLY), ohne diese beiden zu kombinieren. Diese Optionen werden aus Effizienzgründen benutzt. Im anfänglichen SEND MAP-Kommando eines Programms, wenn das Terminal initialisiert wird, wird normalerweise MAPONLY angegeben. Diese Technik ist sinnvoll, wenn das anfängliche Screen-Display nur die Default-Datenwerte enthält, die in der physischen Map definiert sind. Nachfolgende SEND MAP-Kommandos benutzen die DATAONLY-Option, um nur die Inhalte der variablen Maskenfelder zu verändern.

Die CURSOR-Option ermöglicht es Ihnen, die Position des Cursors auf dem Terminal zu steuern.

ERASE wird benutzt, um den Terminalpuffer vollständig zu löschen, bevor der Rest des ausgehenden Datenstroms verarbeitet wird. ERASEAUP löscht alle ungeschützten Felder im Terminalpuffer, hinterlässt allerdings alle geschützten Felder unverändert. ERASE und ERASEAUP werden oft mit SEND MAP DATAONLY-Kommandos benutzt, um dem User eine neue Maske zur Verfügung stellen zu können.

ALARM löst den akustischen Alarm aus.

FRSET setzt alle modifizierten Datenmarken neu. Das Modified-Data-Tag ist ein Flag, das kennzeichnet, ob der User Daten in dieses Feld eingegeben hat. Nur Felder mit gesetztem MDT-Bit werden vom Terminal gesendet.

FREEKB steht für »free keyboard«. Es schaltet die Tastatur frei, sodass Daten vom User eingegeben werden können. Falls FREEKB im SEND MAP-Kommando, im DFHMDI-Makro oder im DFHMSD-Makro nicht angegeben ist, muss der User die RESET-Taste drücken, bevor er Daten eingeben kann.

SEND CONTROL-Kommando

Das SEND CONTROL-Kommando wird benutzt, um einen ausgehenden 3270-Datenstrom zu konstruieren, der nur 3270-Befehl-Codes, aber keine Daten enthält. Wenn Sie einen oder mehrere Steuerungs-Codes senden müssen, aber keine Daten, sollte aus Performance-Gründen dieses Kommando statt des SEND MAP-Kommandos benutzt werden.

Ein typischer Fall für SEND CONTROL ist das Löschen des Bildschirms, bevor die Steuerung am Ende eines transaktionsorientierten Programms zu CICS zurückgeht. SEND CONTROL ERASE löscht den Terminalpuffer, ohne den Aufwand, Leerzeichen zum Terminal zu senden.

Ganz ähnlich löscht SEND CONTROL ERASEAUP alle Dateneingabefelder, ohne die Inhalte und Überschriften oder geschützten Felder, die programmgenerierte Meldungen enthalten, zu beeinflussen.

SEND CONTROL CURSOR kann benutzt werden, um den Cursor umzupositionieren, ohne irgendetwas an den angezeigten Daten zu verändern.

RECEIVE MAP-Kommando

Das RECEIVE MAP-Kommando dient dazu, Daten abzuholen, die von einem 3270-Terminal zum Host übertragen wurden. BMS übersetzt den 3270-Datenstrom, indem es die Werte aller Felder, deren MDTs gesetzt sind, in die richtigen Felder der symbolischen Map überträgt. Andere Felder der symbolischen Map werden auf X'00' (LOW VALUES) gesetzt. Die Eingabedaten werden in Felder mit der Erweiterung I platziert.

```
EXEC CICS RECEIVE MAP(name)
     [MAPSET(name)]
     [{INTO(data-area)|SET(ptr-ref)}]
```

Listing 19.16: Das RECEIVE MAP-Kommando

Die MAP-Option ist erforderlich und bestimmt die BMS-Map, die empfangen werden soll. MAPSET ist gewöhnlicherweise genauso codiert, obwohl es nicht erforderlich ist. Falls MAPSET weggelassen wurde, nimmt BMS für den Namen des Mapsets den gleichen Namen wie für die Map an.

Die symbolische Map, in die BMS die vom Terminal empfangenen Daten platziert, wird entweder von der INTO- oder der SET-Option bestimmt, nicht jedoch von beiden. INTO benennt einen Arbeitsbereich im Programm, SET benennt einen Pointer auf einen solchen, der die Daten der symbolischen Map bekommen soll.

Der Attention Identifier (AID) ist ein 1 Byte großer Code, der bestimmt, mit welcher Taste eine Datenübertragung zum Host ausgelöst wurde. Wenn Daten via CICS empfangen werden, wird der AID-Wert in das Feld EIBAID im Execute Interface Block (EIB) abgelegt. Dieser kann nun ausgewertet werden und den weiteren Programmablauf bestimmen. Er steht hier bereits zur Verfügung, bevor das eigentliche RECEIVE MAP-Kommando ausgeführt wird.

Die von CICS mitgelieferte Copystruktur DFHAID kann in beliebige Applikationen eingebunden werden. Sie enthält Definitionen für die unterschiedlichsten Tastaturcodes, die über einen symbolischen Namen angesprochen werden können. Um zu prüfen, ob der Anwender die Eingabetaste betätigt hat, kann man wie folgt programmieren:

```
IF EIBAID = DFHENTER...
```

Die meisten CICS-Programme erkennen bestimmte AIDs und reagieren speziell, wenn sie benutzt werden. Zwei Methoden können hierfür angewendet werden. Die eine ist, den Wert des EIBAID-Felds zu testen, wie oben beschrieben. Die andere ist, ein CICS HANDLE AID-Kommando zu codieren, das dem RECEIVE MAP-Kommando vorausgeht. Das HANDLE AID ist eine archaische Methode, die weniger effizient ist, als einfach den Wert des EIBAID-Felds zu überprüfen. Um die Verarbeitung zu steuern, wenn die ENTER-Taste gedrückt wird, könnte ein HANDLE AID-Kommando wie folgt codiert werden:

```
EXEC CICS HANDLE AID ENTER (label)...
```

Der Programmteil, der von LABEL bestimmt wird, erhält die Steuerung, sobald das RECEIVE MAP-Kommando verarbeitet wurde, vorausgesetzt, der User hätte die ENTER-Taste auf der Tastatur gedrückt.

Tastaturcode	Bedeutung
DFHENTER	Eingabetaste
DFHCLEAR	Löschtaste
DFHPA1-3	PA1- bis PA3-Taste
DFHPF1-24	PF1- bis PF24-Taste
DFHOPID	Magnetkartenleser
DFHMSRE	Erweiterter Magnetkartenleser
DFHPEN	Lichtgriffel
DFHCLRP	Löschfeldtaste

Tabelle 19.2: Mögliche Auslöser für eine Datenübertragung

Ausnahmebedingungen für RECEIVE MAP

In Tabelle 19.3 sind die wichtigsten Ausnahmebedingungen aufgeführt, die nach einem RECEIVE MAP-Kommando auftreten und mithilfe von HANDLE CONDITION behandelt werden können.

Ausnahme	Bedeutung
EOC	Das VTAM RU ist mit dem Setzen des End of Chain Indicators empfangen worden. Dies ist kein Fehler. Dieser Fall erscheint nur in einer VTAM-Umgebung.
EODS	Das BTAM RU enthält nur ein FMH (keine Daten). Diese Bedingung betrifft nur 3770-Batch-LUs und 3770- und 3790-Batch-Data-Interchange-LUs in einer VTAM-Umgebung.
INVMPSZ	Erscheint, wenn die angegebene Map zu lang oder zu breit für das Terminal ist. Dies indiziert fast immer einen Programmierungsfehler oder BMS-Mapset-Definitionsfehler.
INVPARTN	Erscheint, wenn die angegebene Position nicht existiert. Dies betrifft nur Devices, die BMS Positioning unterstützen (8775 und 3290).
INVREQ	Dies kann bei einem RECEIVE MAP-Kommando passieren, wenn die Anwendung nicht mit einem Terminal in Verbindung steht.
MAPFAIL	Es sind keine Daten (oder keine SBA) im empfangenen Datenstrom enthalten. Diese Meldung kann jederzeit erscheinen, sodass Sie in Ihren Programmen darauf reagieren müssen.
PARTNFAIL	Erscheint, wenn der User Daten in einen anderen Bereich eingibt, als mit INPARTN gekennzeichnet. Dies betrifft 8775 und 3290 Terminals.
RDATT	Diese Meldung betrifft nur das 2741-Communications-Terminal. Sie bedeutet, dass der User mit der ATTN-Taste den Vorgang abgebrochen hat. Es hat für die meisten CICS-Applikationen keine Bedeutung.
UNEXPIN	Dieser Fall betrifft nur Batch-Data-Interchange-Terminals. Er besagt, dass unerwartete oder unbekannte Eingaben empfangen wurden. Er ist für die meisten CICS-Applikationen nicht relevant.

Tabelle 19.3: Mögliche Ausnahmen nach RECEIVE MAP

19.7 Dateiverarbeitung

19.7.1 Unterstützte Formate

Wie bereits anfangs erwähnt, ist es COBOL-Programmierern unter CICS nicht erlaubt, klassische Dateien selbst zu definieren und zu verarbeiten. CICS bietet alle notwendigen Kommandos an, um diese Aufgaben zu übernehmen.

CICS unterstützt unter anderen die folgenden Zugriffsmethoden:

- VSAM: Virtual Sequential Access Method
- BDAM: Basic Direct Access Method
- DAM: Direct Access Method

Die mit Abstand typischste Dateiform, die von CICS-Systemen benutzt wird, ist VSAM. Unterstützung für ISAM-, BDAM- und DAM-Dateien wird ausschließlich aus Gründen der Abwärtskompatibilität angeboten. Neue Applikationen, die wahlfreie Dateizugriffe verlangen, sollten VSAM als Zugriffsmethode benutzen.

CICS-Programme können auf die drei grundlegenden Organisationsformen von VSAM zugreifen:

- KSDS – Key Sequenced Data Set: Jeder Datensatz in einer KSDS-Datei hat einen eindeutigen Schlüssel. Sätze können wahlfrei auf der Basis dieses Schlüssels gelesen, hinzugefügt, gelöscht und geändert werden. Eine solche Datei kann aber auch sequenziell vor- und rückwärts gelesen werden.
- ESDS – Entry Sequenced Data Set: Datensätze in einer ESDS-Datei haben keinen Schlüssel und werden in derselben Reihenfolge gelesen, wie sie geschrieben wurden. Jeder Satz hat eine eindeutige relative Byte-Adresse (RBA), auf die willkürlich zugegriffen werden kann.
- RRDS – Relative Record Data: unterstützen nur Sätze mit fester Länge. Es ist nicht möglich, über ein RRDS einen Alternativindex zu definieren.

CICS-Programme öffnen oder schließen Dateien normalerweise nicht. Das CICS-System öffnet sie während des Hochfahrens des Systems und schließt sie während des Herunterfahrens. Normalerweise nehmen Applikationen auf Kommandoebene einfach an, dass die Dateien, die sie benötigen, offen und verfügbar sind. CICS File Control löst die besonderen Bedingungen DISABLED oder NOTOPEN aus, wenn die Datei nicht verfügbar ist.

19.7.2 Lesen mit READ

Das READ-Kommando liest einen beliebigen Datensatz aus einer Direktzugriffsdatei. Das Dataset kann ein File im Format VSAM KSDS, VSAM ESDS, VSAM RRDS, BDAM oder DAM sein.

```
EXEC CICS READ FILE(name)
     {INTO(data-area)|SET(ptr-ref)}
     RIDFLD(data-area)
     [LENGTH(data-value)]
     [RBA|RRN|DEBKEY|DEBREC]
     [EQUAL|GTEQ]
     [UPDATE]
```

Listing 19.17: Das READ FILE-Kommando

Der Parameter FILE ist notwendig und bestimmt das zu lesende Dataset. Der angegebene Name kann als Literal in einfachen Hochkommata codiert sein oder als Name eines Datenfelds, das den Dateinamen enthält, angegeben werden. Der Dateiname muss zu dem, der im CICS File Control Table (FCT) Eingang für das File angegeben ist, passen.

RIDFLD steht für »Record Identification Field«. Es enthält den Schlüssel, der zum Lesen des Satzes benötigt wird. Der Key-Wert kann als ein Literal in einfachen Hochkommata codiert sein oder als Name eines Datenfelds, das den Schlüsselwert enthält, angegeben werden. Dieser Parameter ist erforderlich.

Einer der Parameter INTO oder SET muss codiert werden. Er bestimmt, wo CICS den gelesenen Satz abspeichern soll. Wenn INTO angegeben ist, benennt data-area ein Datenfeld innerhalb des Programms, wohin der Datensatz kopiert werden soll. Wenn SET angegeben ist, bestimmt ptr-ref einen Zeiger, den CICS mit der Adresse des Datensatzes füllen wird.

RBA gibt an, dass das zu lesende File ein VSAM ESDS ist. Der Satz, der wahlfrei gelesen werden soll, wird von seiner relativen Byte-Adresse bestimmt. Der RBA-Wert kann als numerische Konstante oder in Form eines Datenfelds, das den Wert als binäres Vollwort enthält, codiert werden und wird im RIDFLD-Parameter angegeben.

RRN indiziert das zu lesende File als VSAM RRDS. Die relative Satznummer (Relative Record Number) wird mit dem RIDFLD-Parameter codiert.

DEBKEY und DEBREC werden für BDAM-Dateien angegeben. Bei DEBKEY wird im RIDFLD der Schlüssel, bei DEBREC die Satznummer erwartet.

Bei der Angabe von EQUAL, was der Standardannahme entspricht, ist der Zugriff nur erfolgreich, wenn ein Datensatz mit exakt dem vorgegebenen Schlüssel gefunden werden kann. Bei GTEQ wird dagegen auf exakt dem vorgegebenen Satz positioniert oder auf dem mit dem nächsthöheren Schlüsselwert, falls es keinen mit exaktem Schlüsselwert gibt.

LENGTH ist erforderlich, wenn Sätze variabler Länge mit der INTO-Option gelesen werden.

Die Option UPDATE besagt, dass Sie vorhaben, den gelesenen Satz auf den neuesten Stand zu bringen. VSAM wird den Satz für ein Update sperren. Einem READ-Kommando mit UPDATE-Option muss ein UPDATE-, DELETE- oder UNLOCK-Kommando folgen, um die Satzsperre wieder freizugeben. Falls UPDATE weggelassen wird, nimmt CICS an, dass Sie den Datensatz lediglich lesen wollen.

19.7.3 Schreiben mit WRITE

Das CICS WRITE-Kommando dient dazu, einen Datensatz einer Datei hinzuzufügen. Diese Datei kann ein File vom Typ VSAM KSDS, VSAM ESDS, VSAM RRDS, BDAM oder DAM sein.

```
EXEC CICS WRITE FILE(name)
    FROM(data-area)
    RIDFLD(data-area)
    [LENGTH(data-value)]
    [RRN|RBA]
```

Listing 19.18: Das WRITE FILE-Kommando

Die Option FILE bestimmt die Datei, der der Datensatz hinzugefügt werden soll.

Die FROM-Option bestimmt den Datenbereich, der den Satz enthält, der in der Datei gespeichert werden soll.

LENGTH: Die Satzlänge muss explizit angegeben werden, wenn in eine Datei mit variabler Länge geschrieben werden soll.

Die RIDFLD-Option bezeichnet den eindeutigen Schlüsselwert des Satzes, der hinzugefügt werden soll.

RBA oder RRN: Falls der Satz einer VSAM ESDS-Datei hinzugefügt werden soll, muss RBA angegeben sein und die RIDFLD-Option die relative Byte-Adresse als binäres Vollwort enthalten. Falls der Satz einer VSAM RRDS-Datei hinzugefügt werden soll, muss RRN angegeben und die relative Satznummer als binäres Vollwort in der RIDFLD-Option enthalten sein.

19.7.4 REWRITE, DELETE und UNLOCK

Ein Datensatz wird für eine Änderung gesperrt, indem man die UPDATE-Option im READ-Kommando anwählt. Wenn Sie das gemacht haben, haben Sie die Möglichkeit, den Satz zu modifizieren und zu verändern, ihn zu löschen oder ihn doch wieder freizugeben, weil Sie sich dazu entschlossen haben, ihn nicht updaten zu wollen. Eines dieser drei Dinge muss getan werden, nachdem ein READ UPDATE abgesetzt wurde.

```
EXEC CICS REWRITE FILE(name)
    FROM(data-area)
    [LENGTH(data-value)]
```

Listing 19.19: Das REWRITE FILE-Kommando

```
EXEC CICS DELETE FILE(name)
    [RIDFLD(data-area)
      [RBA|RRN]]
```

Listing 19.20: Das DELETE FILE-Kommando

```
EXEC CICS UNLOCK FILE(name)
```

Listing 19.21: Das UNLOCK FILE-Kommando

Das REWRITE-Kommando ersetzt den Datensatz, der vorher mit READ UPDATE gelesen wurde, das DELETE-Kommando löscht ihn, das UNLOCK-Kommando gibt ihn wieder frei, ohne ihn zu verändern.

Die Parameter dieser Kommandos sind denen der READ- und WRITE-Kommandos, die schon beschrieben wurden, sehr ähnlich. Trotzdem ermöglicht das DELETE-Kommando, zusätzliche Optionen anzugeben.

Falls DELETE nach READ UPDATE ausgeführt wird, muss außer FILE kein anderer Parameter spezifiziert werden. Der RIDFLD-Parameter wird in diesem Fall nicht benötigt.

Ein DELETE-Kommando kann aber auch ohne vorheriges Lesen durchgeführt werden. Falls Sie schon wissen, welchen Satz Sie löschen müssen, können Sie den RIDFLD-Parameter im DELETE-Kommando angeben, ohne vorher mit READ UPDATE zu lesen.

19.7.5 Dateien sequenziell lesen

Ein Dataset kann sequenziell gelesen werden, indem eine Browse-Operation ausgeführt wird. Eine Browse-Operation wird von STARTBR, (Start Browse) in Gang gesetzt und wird durch ENDBR (End Browse) beendet. Zu jedem STARTBR-Kommando sollte explizit ein ENDBR-Kommando programmiert werden. STARTBR positioniert in der Datei entsprechend dem angegebenen Schlüssel und bereitet sie für einen sequenziellen Zugriff vor. Ab jetzt kann keine andere CICS-Transaktion die Daten modifizieren. Dies ist ein Grund, warum es wichtig ist, daran zu denken, jede Browse-Operation so bald wie möglich wieder zu beenden.

```
EXEC CICS {STARTBR|RESETBR} FILE(name)
    RIDFLD(data-area)
    [KEYLENGTH(data-value) [GENERIC]
      |RBA|RRN|DEBKEY|DEBREC]
    [REQID(data-value)]
    [SYSID(name)]
    [EQUAL|GTEQ]
```

Listing 19.22: -STARTBR beziehungsweise RESETBR-Kommando

RESETBR (Reset Browse) positioniert den Satzzeiger auf einen neuen Datensatz in der Datei. Damit kann während einer Browse-Operation neu positioniert werden, ohne sie zu beenden und neu zu starten. STARTBR und ENDBR sind regelmäßig genutzte Kommandos, während RESETBR nicht oft sinnvoll ist.

```
EXEC CICS ENDBR FILE(name)
    [REQID(data-value)]
    [SYSID(name)]
```

Listing 19.23: Das ENDBR-Kommando

FILE, RIDFLD, KEYLENGTH, GENERIC, SYSID: Diese Parameter haben dieselbe Bedeutung wie für das READ-Kommando, das bereits erwähnt wurde. In der RIDFLD-Option muss jedoch ein vollständiger Schlüsselwert angegeben werden, falls dem STARTBR oder dem RESETBR ein READPREV-Kommando folgt. Falls READNEXT verwendet wird, kann auch ein Teilschlüssel benutzt werden.

RBA, RRN, DEBKEY, DEBREC: Diese Parameter haben dieselbe Bedeutung wie für das READ-Kommando, allerdings sind DEBKEY und DEBREC für RESETBR ohne Bedeutung.

GTEQ oder EQUAL: Während EQUAL beim READ-Kommando Standard ist, ist es GTEQ für STARTBR und RESETBR.

Die REQID-Option steht für »REQUEST Identifier«. Damit können Sie mehrere Browse-Operationen in einer VSAM-Datei gleichzeitig durchführen. Dies ist zum Beispiel nötig, wenn Sie zwei unterschiedliche, aufeinanderfolgende Sätze von zwei verschiedenen Plätzen in einer Datei gleichzeitig aufrufen müssen. Sie bestimmen, welcher Browse welcher ist, indem Sie jedem einzelnen einen numerischen Wert zuordnen, der in der REQID-Option jedes STARTBR-, RESETBR-, ENDBR-, READNEXT- und READPREV-Kommandos spezifiziert ist. Falls Sie nur eine Browse-Operation in einer Datei durchführen wollen, brauchen Sie REQID nicht zu spezifizieren.

```
EXEC CICS {READNEXT|READPREV} FILE(name)
    {INTO(data-area)|SET(ptr-ref)}
    RIDFLD(data-area)
    [LENGTH(data-value)]
    [KEYLENGTH(data-value)]
    [RBA|RRN]
    [REQID(data-value)]
    [SYSID(name)]
```

Listing 19.24: Das READNEXT- beziehungsweise READPREV-Kommando

Die READNEXT- und READPREV-Kommandos haben Gültigkeit, wenn sie einem STARTBR- oder RESETBR-Kommando folgen. Wie ihre Bezeichnungen vermuten lassen, werden sie benutzt, um den nächsten oder vorhergehenden Datensatz in der Reihenfolge ihres Schlüsselwerts zu lesen.

Die Parameter FILE, INTO/SET, LENGTH, RIDFLD, KEYLENGTH, SYSID und RBA/RRN haben dieselben Bedeutungen wie vorher für die anderen Datei-Kommandos beschrieben.

Um in der Datei vorwärtszublättern, kann die RIDFLD-Option des STARTBR-Kommandos einen Teilschlüssel enthalten, dessen Länge in der KEYLENGTH-Option angegeben ist. Ein READNEXT-Kommando kann einem solchen STARTBR folgen.

Um in der Datei rückwärtszublättern, muss die RIDFLD-Option des STARTBR-Kommandos einen vollständigen Schlüssel enthalten. Teilschlüssel können nicht verwendet werden. Ein READPREV-Kommando, der einem STARTBR mit Teilschlüssel folgt, wird die NOTFND-Meldung auslösen.

Beim Rückwärtslesen wird ein extra READPREV benötigt, um den Satz zu lesen, der demjenigen, dessen Schlüssel dem RIDFLD im STARTBR-Kommando entspricht, vorausgeht. Das ist so, weil die ersten beiden READPREV-Kommandos auf denselben Datensatz zugreifen. Sie können die Richtung jederzeit wechseln, ohne die Browse-Operation neu beginnen zu müssen. Man erhält jedoch beim Richtungswechsel zweimal den gleichen Datensatz. Das ist so, weil ein READNEXT, der einem READPREV folgt, auf den gleichen Satz zugreift wie das READPREV, und ein READPREV, das einem READNEXT folgt, den gleichen Satz liest wie das READNEXT.

19.7.6 Ausnahmebedingungen

In Tabelle 19.4 sind die wichtigsten Ausnahmebedingungen aufgeführt, die vor einem Dateizugriff behandelt werden müssen.

Ausnahme	Bedeutung
DISABLED	Dies besagt, dass sich das File im deaktivierten Status befindet und im Moment nicht darauf zugegriffen werden kann.
DSIDERR	Diese Bedingung besagt, dass kein FCT-Eintrag für die in der DATASET- oder FILE-Option eines Datei-Kommandos angegebene Datei gefunden wurde (siehe FILENOTFOUND).
DUPKEY	Diese Bedingung tritt beim Lesen einer VSAM-Datei via Alternativschlüssel auf, wenn es noch einen weiteren Satz mit demselbem Schlüsselwert gibt. Sie kann nur bei VSAM-Dateien und nur bei Lese-Operationen auftreten.
DUPREC	Diese Bedingung ist nur unter dem WRITE-Kommando möglich. Sie besagt, dass bereits ein Datensatz mit demselben Schlüssel in einer Datei existiert.
ENDFILE	Diese Bedingung besagt, dass das Ende des Files mit dem READNEXT-Kommando erreicht wurde bzw. der Anfang mit READPREV. Falls Sie ein READ-Kommando mit der Option GTEQ absetzen, wird niemals die ENDFILE-Bedingung ausgelöst. Hier müssen Sie immer auf NOTFND testen.
FILENOTFOUND	Diese Bedingung bedeutet das Gleiche wie DSIDERR.
ILLOGIC	Diese Bedingung betrifft nur VSAM-Dateien. Sie wird gesetzt, wenn ein VSAM-Verarbeitungsfehler passiert, der nicht von einer anderen Bedingung abgedeckt werden kann.
INVREQ	INVREQ steht für Invalid Request. Grundsätzlich heißt das, dass die Dateioperation unter den herrschenden Umständen keinen Sinn macht. Zum Beispiel wird INVREQ ausgelöst, wenn ein READNEXT-Kommando ausgeführt wird, ohne dass jemals ein STARTBR-Kommando verarbeitet wurde.
IOERR	Diese Bedingung wird gesetzt, wenn ein Fehler bei einer Dateioperation auftritt, der durch CICS nicht abgedeckt ist. Diese Bedingung ist recht selten und erscheint gewöhnlich, wenn ein nicht beschreibbarer Fehler beim Zugriff passiert. Normalerweise ist es nicht nötig, auf die IOERR-Bedingung in CICS-Programmen zu testen.
ISCINVREQ	Diese Bedingung erscheint nur in einer Multisystem-(ISC-)Umgebung. Sie macht auf einen unbekannten Fehler aufmerksam, der während der Verarbeitung einer Remote-Datei aufgetreten ist. Es gibt nichts, was ein Programm tun kann, um diese Bedingung zu kompensieren.
LENGERR	LENGERR steht für Length Error. Sie wird unter folgenden Umständen gesetzt: (1) Ein READ INTO-, READNEXT INTO-, READPREV INTO- oder WRITE-Kommando wurde für eine Datei mit variabler Satzlänge abgesetzt, ohne dass die LENGTH-Angabe im Kommando enthalten ist. (2) Der LENGTH-Wert, der im WRITE-Kommando angegeben ist, ist größer als die für das File definierte maximale Satzlänge. WRITE wird durchgeführt, der Satz aber auf die maximale Länge abgeschnitten und die LENGERR-Bedingung gesetzt.

Tabelle 19.4: Liste der möglichen Ausnahmen bei der Dateiverarbeitung

Ausnahme	Bedeutung
	(3) Die aktuelle Länge eines Satzes, der mit READ INTO, READNEXT INTO oder READPREV INTO gelesen wurde, übersteigt den in der LENGTH-Option angegebenen Wert. Der Lesevorgang wird abgeschlossen, der Satz auf die Größe des INTO-Datenfelds (falls nötig) gekürzt und die aktuelle Länge des Satzes in das Feld der LENGTH-Option abgestellt (der Wert, der vor dem READ-Kommando angegeben war, wird überschrieben). (4) Die LENGTH READ-Option wird mit einem Kommando für eine Datei codiert, die Datensätze fester Länge enthält, aber der angegebene Wert unterscheidet sich von der aktuellen Satzlänge, die für das File definiert wurde. Die I/O-Operation wird nicht ausgeführt. (5) LENGTH darf für das Schreiben von Sätzen fester Länge nicht angegeben werden. Bedenken Sie, dass CICS die Transaktion beendet, wenn LENGERR erscheint, obwohl es nicht unbedingt ein wirklicher Fehler ist.
NOSPACE	Diese Bedingung kann bei einem WRITE- oder einem REWRITE-Kommando auftauchen, falls der zurückgeschriebene Satz länger ist als der in der Datei. NOSPACE besagt, dass nicht genügend Platz verfügbar ist, um den neuen Satz aufzunehmen. Der Datensatz wird nicht geschrieben.
NOTAUTH	Diese Bedingung besagt, dass ein Resource-Level-Security-Test fehlgeschlagen ist.
NOTFND	Diese Bedingung besagt, dass der Satz, dessen Schlüssel in der RIDFLD-Option eines Datei-Kommandos angegeben wurde, nicht gefunden werden kann.
NOTOPEN	NOTOPEN erscheint, wenn sich das File im CLOSING- oder im CLOSED - UNENABLED-Status befindet. Falls sich das File im DISABLED-Status befindet, erscheint DISABLED. Falls das File CLOSED - ENABLED ist, wird versucht, die Datei zu öffnen. Falls dies nicht gelingt, wird DISABLED ausgelöst, ansonsten NORMAL angezeigt.
SYSIDERR	Diese Bedingung betrifft nur Remote-Anfragen. Sie sagt aus, dass der Systemname, der in der SYSID-Option angegeben ist, entweder (1) in der Intersystem-Table nicht definiert ist oder (2) nicht verfügbar ist, weil der Link zum Remote-System nicht funktioniert.
LOADING	Ein READ UPDATE wird für eine User-eigene Datentabelle durchgeführt, die gerade erst geladen wird.
LOCKED	Es wird der Versuch unternommen, einen Satz mit UPDATE zu lesen, der jedoch, bedingt durch einen CICS oder VSAM-Systemfehler, gesperrt worden ist.

Tabelle 19.4: Liste der möglichen Ausnahmen bei der Dateiverarbeitung (Forts.)

Stichwortverzeichnis

E

F

T

U

V

W

X

Y

Z

Robert C. Martin

Clean Architecture

Das Praxis-Handbuch für professionelles Softwaredesign

Regeln und Paradigmen für effiziente Softwarestrukturierung

Deutsche Ausgabe

Praktische Lösungen für den Aufbau von Softwarearchitekturen von dem legendären Softwareentwickler Robert C. Martin (»Uncle Bob«)

Allgemeingültige Regeln für die Verbesserung der Produktivität in der Softwareentwicklung über den gesamten Lebenszyklus

Wie Softwareentwickler wesentliche Prinzipien des Softwaredesigns meistern, warum Softwarearchitekturen häufig scheitern und wie man solche Fehlschläge verhindern kann

Wirklich gute Software zu entwickeln, ist ein schwieriges Unterfangen und eine große Herausforderung. Aber wenn Software in der richtigen Art und Weise entwickelt wird, erfordert die Erstellung und Instandhaltung nur wenige Ressourcen, Modifikationen und Anpassungen lassen sich schnell und einfach umsetzen und Mängel und Fehler treten nur hin und wieder in Erscheinung. Der Entwicklungsaufwand ist minimal, und das bei maximaler Funktionalität und Flexibilität.

Was hier utopisch klingt, hat Robert C. Martin schon selbst erlebt und weiß deshalb, dass es so funktionieren kann.

Als Entwickler können Sie Ihre Produktivität über die Lebenszeit eines jeden Softwaresystems dramatisch verbessern, indem Sie allgemeingültige Grundsätze für die Entwicklung professioneller Softwarearchitektur anwenden. In diesem Buch verrät Ihnen der legendäre Softwareentwickler diese maßgeblichen Prinzipien und zeigt Ihnen, wie Sie diese erfolgreich und effektiv anwenden.

Basierend auf seiner mehr als 50-jährigen Berufserfahrung mit Softwareumgebungen jeder erdenklichen Art demonstriert Robert C. Martin in diesem Buch auf eindrucksvolle Weise, welche Entscheidungen Sie im Entwicklungsprozess treffen sollten und warum diese für Ihren Erfolg ausschlaggebend sind. Wie man es von »Uncle Bob« kennt, enthält dieses Buch zahlreiche unmittelbar anwendbare und in sich schlüssige Lösungen für die Herausforderungen, mit denen Sie im Berufsleben konfrontiert sein werden – jenen, die über Gedeih und Verderb Ihrer Projekte entscheiden.

In diesem Buch lernen Sie:

- Architektonische Zielsetzungen der Softwareentwicklung richtig abstecken und die dafür notwendigen Kerndisziplinen und -praktiken planvoll einsetzen
- Die grundlegenden Prinzipien des Softwaredesigns für den Umgang mit Funktionalität, Komponententrennung und Datenmanagement meistern
- Den Entwicklungsprozess optimieren durch die zielgerichtete Anwendung von Programmierparadigmen und die klare Definition der Handlungsspielräume der Softwareentwickler
- Wichtige systemrelevante Programmbestandteile von bloßen »Details« unterscheiden
- Optimale, hochschichtige Strukturen für Web, Datenbank, Fat Client, Konsole und eingebettete Anwendungen implementieren
- Angemessene Grenzen und Layer definieren und die Komponenten und Services in Ihrem System organisieren
- Faktoren für das Scheitern von Softwaredesigns und -architekturen erkennen und diese Fehler vermeiden

Clean Architecture ist für jeden gegenwärtigen oder angehenden Softwarearchitekten, Systemanalysten, Systemdesigner und Softwaremanager eine Pflichtlektüre – ebenso wie für jeden Programmierer, der die Softwaredesigns anderer Entwickler ausführen muss.

Probekapitel und Infos erhalten Sie unter:
www.mitp.de/724

ISBN 978-3-95845-724-9